100 fiches pour comprendre le digital

Vincent DUTOT
Professeur associé à l'IPAG Business School
Charles PEREZ
Professeur associé à la Paris School of Business

Bréal

Maquette et mise en page : Loïc Pennanéac'h
Correction : Marie-Noëlle Garnier

ISBN : 978 2 7495 3884 6

Sommaire

PARTIE I : Fondamentaux

PARTIE II : Canaux d'acquisition

PARTIE III : Médias sociaux

PARTIE VI : Valeur de la donnée

PARTIE VII : Cybersécurité

PARTIE VIII : Solutions technologiques

PARTIE IX : **Secteurs**

PARTIE X : **Nouvelles technologies**

PARTIE I

Fondamentaux

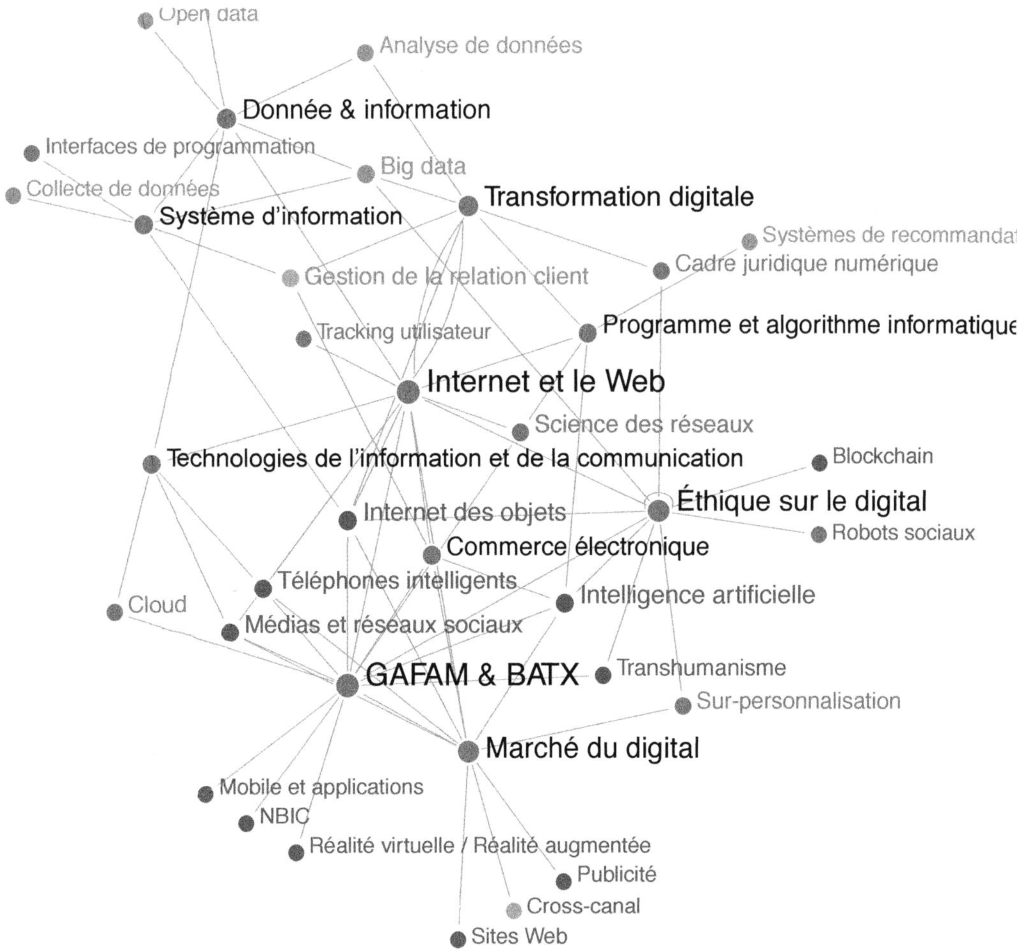

1 Transformation digitale

La transformation digitale, que l'on appelle parfois aussi transformation numérique ou digitalisation, désigne le processus qui permet aux entreprises d'intégrer les technologies digitales au sein de leurs activités. Plus généralement, il s'agit des changements et bouleversements liés à l'intégration de la technologie dans la société humaine. Celle-ci se base sur plusieurs grands piliers dont, entre autres, la mobilité, le temps réel, l'internet des objets, le *big data* et le web.

1) Définition

L'expression « transformation digitale » est assez récente comparée au terme « digitalisation » qui lui a déjà un historique plus important. En effet, l'expression est utilisée en France et est devenue populaire uniquement au début de l'année 2014. Le terme « digitalisation » est lui utilisé depuis 2004 et a longtemps été associé au mot « numérisation » qui fait référence aux dernières révolutions technologiques. La « transformation digitale » va au-delà et s'associe pleinement à la dimension de l'entreprise en prenant en compte à la fois les innovations technologiques, mais également les dimensions stratégiques et humaines. Le professeur et académicien français Michel Serres évoquait la digitalisation comme « la troisième révolution anthropologique majeure », preuve de son importance sur la société actuelle.

2) Piliers de la transformation digitale

La transformation digitale altère les modèles économiques des entreprises, ainsi que le rapport au travail des employés. Il est possible d'identifier 4 piliers de la transformation vers l'entreprise digitale. La **disparition des barrières** spatiales et temporelles constitue le premier pilier. La transformation digitale va en effet de pair avec la notion de temps réel, tandis qu'elle efface les distances entre les personnes. Le second pilier concerne la possibilité de **rester connecté en mobilité**. Ceci facilite notamment le télétravail au sein d'une société digitale. L'**internet des objets** ou IoT, qui engendre la rencontre du monde physique et digital, constitue le troisième pilier. Enfin, le quatrième pilier concerne l'**universalité du web**, à propos de laquelle il convient de rappeler que l'Organisation des Nations unies (ONU) fait de l'accès au web un des critères clés du développement.

Sous un autre regard, la transformation digitale est liée à 5 éléments fondamentaux : 1) les mutations organisationnelles au travers de nouveaux modèles d'affaires et de nouvelles structures décisionnelles ; 2) une transformation basée sur des technologies et de nouveaux processus d'innovation ; 3) de nouvelles ressources humaines et de nouvelles compétences pour accompagner ces changements (en analyse de données par exemple) ; 4) une refonte de l'offre de produits et services, le tout dans 5) un environnement changeant (le cadre juridique par exemple).

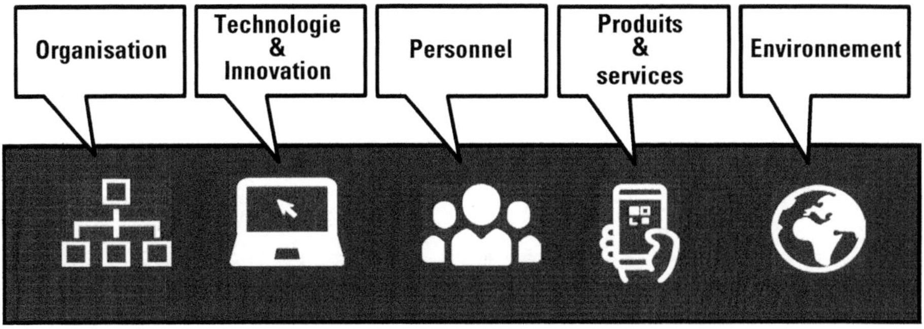

Il est essentiel que la transformation digitale s'accompagne d'un grand nombre de projets à mettre en place pour les organisations. Par exemple, on sait désormais que 75 % de la population mondiale dispose aujourd'hui d'un téléphone portable. Ceci doit s'accompagner d'un véritable changement dans l'approche client. Des entreprises ont tourné leur modèle économique sur le mobile, en misant notamment sur la géolocalisation ou le temps réel. C'est le cas d'Uber (service de VTC). Cette transformation permet aux entreprises d'accéder à une grande volumétrie de données sur leurs clients, au travers des informations que ceux-ci fournissent sur le web. En s'appuyant sur ces données, il devient possible de mieux cibler, d'optimiser les profits et de fidéliser.

3) 7 étapes pour amorcer la transformation digitale

Afin de comprendre et d'anticiper le digital au sein de l'entreprise, un processus en 7 étapes peut être amorcé :

- **établir la vision du digital au sein de l'entreprise** : il faut que l'ensemble des personnes dirigeantes de l'organisation portent la vision du digital et de la transformation ;
- **former les collaborateurs** en proposant aux salariés des formations sur les problématiques digitales. L'entreprise permet ainsi à ses salariés de comprendre les enjeux du digital, ses mutations et ses impacts. Cela permettra également d'augmenter la cohésion des équipes tout en renforçant la vision stratégique de l'entreprise ;
- **préparer la refonte de l'organisation** : pendant une transformation digitale, il est possible que la hiérarchie, le rôle des collaborateurs et les compétences évoluent. Il faut donc préparer l'organisation à ces changements ;
- **favoriser le travail collaboratif** : il faut impliquer les collaborateurs sur l'ensemble des projets, valoriser le savoir et les compétences de chacun et leur dissémination dans l'organisation ;

- **mettre le client au cœur de la stratégie** : la gestion de la relation client est au cœur de cette mutation, l'entreprise doit être le plus proche possible des demandes de clients et développer des approches de co-création ;
- **analyser les données** : l'analyse et l'exploitation des données doivent permettre aux entreprises de faire ressortir les besoins exprimés par les clients. Recruter des compétences spécifiques pour ces étapes devient crucial ;
- **s'adapter en temps réel** : l'ensemble des informations récoltées doivent permettre d'optimiser les décisions. Chaque nouvelle décision doit cependant être testée et ajustée afin de faire progresser l'organisation.

Au cœur de notre société actuelle, la transformation digitale amène de profondes mutations, autant pour les organisations que pour ses membres. Ces changements sont portés par des consommateurs toujours plus digitaux et demandeurs de nouveaux moyens d'interaction avec les entreprises. La réussite de ces bouleversements passe par des adaptations de toutes les parties prenantes de l'économie. Elle passe aussi par le positionnement du client au centre de la stratégie.

Internet et le web

2

L'internet et le web font partie des inventions les plus marquantes des technologies de l'information et de la communication. Ces deux termes, bien que quelquefois intervertis, font référence à deux technologies bien distinctes, mais toutes deux sont au cœur du digital. Quelques décennies après leur création, plus de 50 % de la population mondiale est connectée à l'internet et le web est constitué de plus de 2 milliards de sites.

1) Internet et le web

A. Internet

Le concept **internet** est issu de la contraction des deux termes *Inter* et *Network* signifiant « interconnexion des réseaux ». Il s'agit du plus grand réseau informatique d'ordinateurs connectés à l'échelle mondiale. Au cœur de ce réseau, la technique de commutation des paquets est conceptualisée dès le début des années 1960 et permet d'acheminer des données entre deux points de ce réseau. Celle-ci consiste à diviser les données à transmettre en paquets de petites tailles comportant en en-tête des métadonnées telles que la source et la destination des données. Cette technique permet d'assurer le déplacement du paquet pour atteindre la cible en exploitant au mieux les ressources du réseau. L'un des premiers précurseurs à l'internet est le réseau ARPANET qui fut mis en place entre l'université de Californie à Los Angeles et le Stanford Research Institute. Ce réseau fut étendu la même année 1969 par l'ajout de l'Université de Californie à Santa Barbara (UCSB).

Le nombre de foyers connectés à l'internet n'a cessé de croître au fil des années pour atteindre il y a peu la moitié de la population mondiale. Ce réseau mondial a rendu possibles des applications multiples telles que le courrier électronique ou le web.

B. Web et navigation

Web est un anglicisme utilisé pour faire référence aux pages accessibles par un navigateur et organisées sous forme de sites. Il est aussi connu sous l'acronyme WWW pour *world wide web*. Les deux chercheurs à l'origine du web sont Tim Berners-Lee et Robert Cailliau au CERN en 1989. Le premier site est toujours accessible à cette adresse : http://info.cern.ch. Le web est une application ingénieuse d'internet qui permet le partage de pages et les connexions entre celles-ci *via* des liens **hypertextes**, ce type de lien apparaissant souvent de manière textuelle et en couleur. La mise en relation des pages et des contenus entre différents sites est à l'origine du concept de « toile » (traduction de web) dont les hyperliens sont les fils et les pages les intersections de ces fils. La représentation du web en forme de toile avec la science de réseaux a permis à Google de proposer un algorithme (ici un moteur de recherche) pour ordonner les pages web.

Le **navigateur** est un logiciel qui permet de naviguer (« surfer ») sur le web. Il est en charge de se connecter et d'afficher les pages et les contenus des sites distants. Le protocole *hypertext transfer protocol* (HTTP) est utilisé pour assurer la communication entre le navigateur et le site web. Parmi les navigateurs les plus utilisés aujourd'hui figurent par exemple Google Chrome, Microsoft Edge, Mozilla Firefox, Safari et Opéra. Les navigateurs sont disponibles sur différents supports tels que les ordinateurs ou les téléphones intelligents.

2) Le web aujourd'hui

A. Les évolutions

Au départ, le web se présentait comme des contenus qu'il était uniquement possible de consulter. Ce web traditionnel a évolué peu à peu pour permettre une collaboration plus interactive, avec notamment la possibilité pour chacun de publier des contenus et de réagir aux éléments consultés. Les réseaux sociaux numériques sont des représentants de la vague du web social aussi mentionné comme web 2.0. Les appellations sont controversées, notamment celles du web 3.0 et du web 4.0 qui sont souvent présentes dans la littérature. Différents axes semblent apporter au web une nouvelle dimension, en particulier le web sémantique et l'internet des objets.

- L'internet des objets est souvent identifié comme une nouvelle évolution du web dans laquelle les objets peuvent interagir et agir intelligemment grâce à leur interconnectivité.
- Le web sémantique fait référence à une extension du web pour simplifier la réutilisation et l'exploitation des données et informations. Il a pour objectif ultime de permettre aux ordinateurs d'exploiter et de comprendre les informations.

B. Le W3C et la Fondation Web

Le **World Wide Web Consortium** ou W3C est l'organisme de référence pour le web. Il est responsable de la standardisation et de la promotion des technologies du web. Des exemples de technologies standardisées et essentielles à son fonctionnement sont : HTML, XHTML, CSS. Notons que le W3C a standardisé, dès 2011, le format de fichier RDF (*rich description framework*), l'un des langages de base du web sémantique.

La **Fondation Web** ou Web Foundation est l'organisation défendant le droit à un web gratuit et accessible à tous. La Fondation a publié en 2019 un rapport mettant en garde contre les abus présents sur le web. Il fait référence à l'utilisation des données personnelles, au pistage utilisateur (*web tracking*), mais aussi à la censure, à la divulgation de fausses informations et aux inégalités d'accès. À l'occasion de ce rapport, la Fondation propose pour le web un contrat présentant des principes clés de bienséance à respecter. Il est non seulement dédié aux entreprises, mais aussi aux gouvernements et aux internautes. Il a pour objectif ultime de finaliser un contrat présentant les rôles et responsabilités de chacun. Le W3C et la Fondation Web sont des organismes présidés par Tim Berners-Lee.

> Des années après leur invention, l'internet et le web sont toujours au cœur de nos activités quotidiennes. Socles de la transformation digitale, des améliorations et des évolutions y sont appliquées sans cesse et de manière continue. Le web est l'application symbolisant le mieux le succès de l'internet à l'échelle planétaire. En permettant la mise en relation entre les individus et les entreprises du monde entier, ces deux technologies ont été complémentaires. Elles ont bouleversé, en quelques années, non seulement nos sociétés, mais aussi nos entreprises et notre approche des relations sociales et professionnelles.

3 Donnée et information

La donnée est au cœur de nombre de termes émergents du digital tels que l'analyse de données, les données ouvertes ou le *big data*. Si nous parlons tant de cette donnée, c'est que son volume est sans cesse grandissant depuis l'apparition des technologies de l'information et de la communication. Sa valeur tient à son usage et à sa relation étroite avec l'information, si précieuse pour l'homme lors de ses prises de décision. À l'image d'une matière première, la donnée sert de base pour l'élaboration des informations et a donc une importance d'ordre stratégique pour les entreprises.

1) Donnée

A. Définition

La **donnée** se définit comme le résultat direct d'une observation ou d'une mesure. C'est une valeur brute qui n'a subi aucune transformation et qui n'a pas été mise en contexte. On utilise par exemple la formulation « base de données » pour indiquer l'emplacement où sont stockées les données sur un ordinateur. On parle de donnée quand aucun sens spécifique ne lui a été conféré. Prenons le chiffre 18 200, qui est la mesure du nombre de produits vendus par une entreprise : c'est une donnée brute qui représente uniquement une mesure. Dans ce cas précis, la donnée est modélisée sous forme de chiffres, mais elle peut aussi s'exprimer par du texte, des symboles, des signaux ou des tensions électriques. Le mathématicien Clive Humby est le premier à avoir comparé la donnée avec le pétrole dans son affirmation : « La donnée est le nouveau pétrole. » Cette métaphore de la matière première apparue en 2006 révèle que la donnée a une valeur financière qui ne peut être extraite que si elle est travaillée. En ce sens, elle est au cœur de processus et permet de générer un bénéfice attendu. Aujourd'hui, le terme *big data* fait référence aux très grands volumes de données qui sont générés, stockés et rendus disponibles, notamment grâce au développement des nouvelles technologies.

B. Les types de données

On peut catégoriser la donnée en fonction de son format structuré, non structuré ou semi-structuré.

- Le type **structuré** fait référence à une donnée facilement mémorisable dont on sait précisément à quoi elle correspond. Ce type de données est retrouvé dans les bases de données, mais aussi dans les fichiers plats (par exemple les fichiers CSV). Elle peut être exploitée sans traitement préalable pour en extraire de la valeur.

- Le type **non structuré** est plus complexe à appréhender. On peut citer par exemple un rapport numérique ou un document rédigé à la main sur une feuille de papier. Pour pouvoir être traitée, celle-ci nécessite des prétraitements spécifiques permettant de synthétiser des indicateurs. Un commentaire client sur internet s'exprime sous forme d'un texte qu'il est difficile d'étudier. On pourra analyser ce texte pour en extraire des données structurées. Par exemple, avec l'analyse du sentiment du commentaire, l'entreprise pourra mémoriser la tonalité (positive ou négative) du message déposé par le client. Cette donnée pourra être exploitée pour obtenir des informations relatives aux tendances de satisfaction des clients au cours de l'année.
- Le type **semi-structuré** se caractérise par un format mixte où certaines données sont facilement accessibles et correspondent à des mesures précises et d'autres n'ont pas de format spécifique. Le courriel fait partie de cette catégorie où émetteur et récepteur sont des données structurées et facilement identifiables, mais où le contenu du courriel est non structuré et nécessitera des prétraitements avant d'être exploitable.

2) Information

A. Définition

Une donnée associée à un contexte est entendue comme information. Une interprétation et un sens ont alors été ajoutés à celle-ci. Le chiffre 18 200 mentionné plus haut peut être mis en contexte de la manière suivante : depuis le recrutement du nouveau directeur des ventes, le nombre de produits écoulés a augmenté de 50 % entre le mois de juillet et le mois d'août. Le chiffre a été mis en contexte par rapport à la variable temps et une information sur l'évolution est présentée. L'information comporte un niveau d'abstraction bien supérieur à celui de la donnée qui était uniquement le résultat de la mesure. Notons que si les données sont source de valeurs, leur exploitation n'est pas toujours évidente. Les approches d'analyse de la donnée et de *big data* ont vocation à permettre d'extraire des informations qualifiées pouvant être utiles aux humains et les accompagner vers l'acquisition de connaissances. Le référentiel ITIL est un ensemble d'ouvrages recensant les bonnes pratiques du management du système d'information. Celui-ci présente données, information, connaissance, sagesse comme des concepts s'adossant les uns aux autres et dont le niveau de compréhension et de contexte est sans cesse grandissant. La représentation sous la forme DIKW, *data, information, knowledge* et *wisdom,* est illustré sur la figure ci-dessous.

Articulation donnée, information, connaissance et sagesse

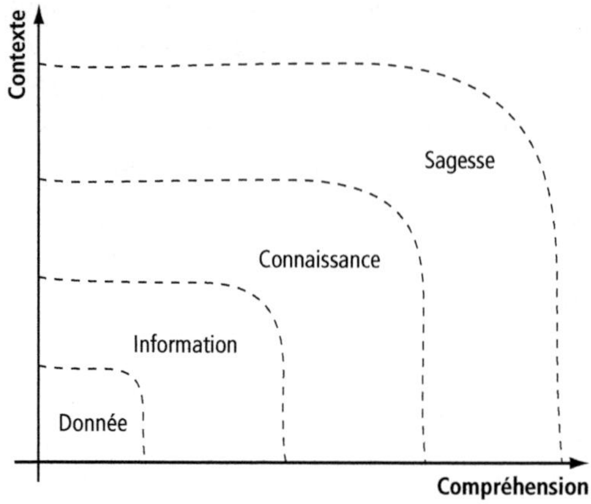

B. Termes connexes

On fait référence à la **société de l'information** pour définir une forme de société dans laquelle l'information joue un rôle central. Elle sous-entend que, dans ce type de modèle, l'information a un très grand pouvoir qui peut affecter les diverses activités d'un pays telles que l'éducation, la politique ou l'économie. L'absence de frontière est aussi un élément clé soulevé par cette expression singulière.

Notons que les problématiques de circulation des informations sont au cœur des entreprises. L'ensemble des ressources de l'entreprise qui permettent la gestion de l'information constitue le **système d'information**. Ce système est essentiel pour le maintien des fonctions critiques de l'entreprise, mais aussi dans le cadre de la prise de décision.

On parle de **surcharge informationnelle** ou d'« infobésité » pour dénommer les enjeux liés à l'excès d'informations auxquelles nous avons accès, ce qui peut compliquer grandement la prise de décision. Dans cette masse d'informations, des biais sur la qualité des sources, la validité de celles-ci et la complexité de les traiter en totalité sont à l'origine du concept.

Enfin, la **guerre de l'information** fait référence à la valeur accordée à l'information et aux dommages et préjudices que peut causer la perte d'une information de nature stratégique pour une entreprise ou un État.

> Le terme « donnée » est de plus en plus requêté sur les moteurs de recherche. Son association avec des concepts et des disciplines montantes telles que le *big data*, l'analyse de données ou l'*open data* illustre son caractère incontournable. Pourtant, ce concept fait uniquement référence à une mesure captée et qui peut se sauvegarder. C'est principalement sa mise en contexte et son exploitation qui sont aujourd'hui à l'origine de sa valeur. La donnée peut en effet être source d'information et apporter des éléments différenciants stratégiques dans de nombreux domaines liés à la prise de décision tels que le pilotage d'entreprises ou la veille concurrentielle.

Système d'information

4

La circulation de l'information dans une entreprise se base sur des ressources sociales et techniques spécifiques. On parle bien souvent du système d'information (SI) de l'organisation pour identifier cet ensemble. Cette fiche présente la définition, les composantes et les règles de conception d'un système d'information.

1) Définition

Le **système d'information** est l'ensemble des ressources de l'entreprise qui permettent la gestion de l'information. Par système, nous entendons un ensemble autoréglable interagissant avec l'environnement en fonction d'un objectif précis. L'information, elle, est la donnée enrichie d'un modèle d'interprétation.

Un système d'information est associé aux technologies (matériel, logiciel et communication), aux processus qui les accompagnent, mais aussi aux hommes qui les supportent. Un SI a pour but d'engendrer des flux ordonnés d'informations pertinentes provenant de différentes sources et destinées à servir de base aux décisions.

Le SI a deux fonctions principales pour une entreprise : d'une part, la production d'information, c'est-à-dire la collecte, le traitement, la transmission et la mémorisation des informations ; d'autre part, la mise en œuvre d'outils de gestion, c'est-à-dire les fonctions technologiques, économiques et sociales du système.

Système d'information *versus* système informatique

Le **système informatique** est l'ensemble des actifs matériels et logiciels de l'entreprise ayant pour vocation d'automatiser le traitement de l'information. C'est la partie visible à laquelle correspondent les infrastructures informatiques telles que le logiciel et les serveurs par exemple. On y inscrit également la recherche et développement, l'innovation, et toutes les techniques d'optimisation.

Le SI est, nous l'avons vu, l'ensemble des actifs des technologies de l'information (matériels et logiciels), qui comprend aussi et surtout les actifs humains et immatériels, les procédés, procédures et processus d'industrialisation sur lesquels on les affecte, les informations de niveau sémantique et organisationnel.

2) Modélisation d'un SI

De manière simplifiée, un système d'information peut se concevoir par les quatre composantes que sont l'infrastructure, les applications, les utilisateurs et l'administration :

– l'**infrastructure** est composée du matériel tels les serveurs, les espaces de stockage, les bases de données et les réseaux. Elle peut être conçue pour supporter les enjeux du *big data* ;

– les **applications**, dont le célèbre ERP (Enterprise Resource Planning ou logiciel d'organisation des ressources de l'entreprise) qui est au cœur du SI ; s'y greffent le CRM (logiciel de gestion de la relation client), le SIRH (système d'information des ressources humaines), le marketing, les métiers verticaux, les développements spécifiques, les services, les API (*application programming interface*) ;

– les **utilisateurs** s'appuient sur les outils et services offerts par le poste de travail ;

– enfin, l'**administration** fait référence à la gestion du système et de chacune de ses composantes.

Le SI est plus récemment représenté comme un sous-système de l'entreprise lié au système opérant et au système de décision. Le **système opérant** est chargé de la production et répond à la finalité de l'entreprise. C'est la chaîne de fabrication, l'atelier d'assemblage. Le **système de pilotage** dirige l'entreprise et maintient le cap sur ses objectifs. C'est le directeur, le chef de service, mais aussi, à son échelle, le contremaître responsable d'une unité de production. Enfin, le **système d'information** assure le lien entre les deux systèmes précédents. Il informe, après analyse, le système de pilotage des performances du système opérant. Symétriquement, il transmet à ce dernier, après les avoir traduites, les instructions du système de pilotage.

Représentation d'un système d'information

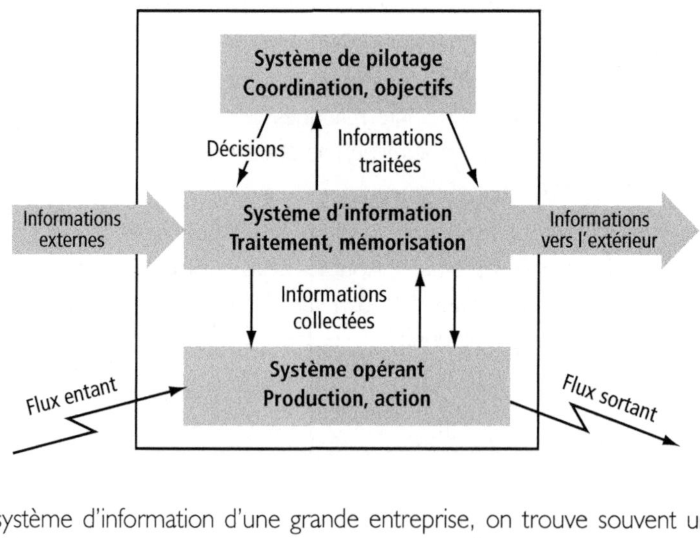

Dans un système d'information d'une grande entreprise, on trouve souvent un **ERP** (en français : PGI pour « progiciel de gestion intégrée »). Celui-ci intègre l'ensemble des systèmes informatisés transactionnels de l'entreprise et de ses services. On identifie aussi des systèmes dits « intégrés métiers » ou « verticalisés », qui sont des progiciels métiers, et qui couvrent aussi bien le *front-office* que le *middle*, puis le *back-office* et qui ne sont pas de conception maison, mais ont été bâtis par des éditeurs spécialisés. Enfin, le SI comporte aussi souvent des systèmes restants appelés « spécifiques », ou encore non standards, de conception « maison », développés sur mesure, introuvables sur le marché.

3) Conception d'un système d'information

La conception du système d'information se fait par étapes afin d'aboutir à un système fonctionnel reflétant une réalité physique. La phase de conception nécessite des méthodes permettant de mettre en place un modèle sur lequel on va s'appuyer. Cette modélisation consiste à créer une représentation virtuelle d'une réalité de façon à faire ressortir les points auxquels on s'intéresse.

En France, la méthode la plus utilisée est la **méthode MERISE** (méthode d'étude et de réalisation informatique pour les systèmes d'entreprises). Elle propose une démarche articulée simultanément selon trois axes pour hiérarchiser les préoccupations et les questions auxquelles répondre lors de la conduite d'un projet.

Le **cycle de vie** fait référence aux grandes étapes d'un projet. La première est l'analyse de l'existant et des besoins utilisateurs. Viennent ensuite la conception du système d'information et du logiciel et la réalisation. Se succèdent ensuite les tests du SI et son exploitation. En continu viendra la maintenance du système.

Le **cycle de décision** concerne les choix stratégiques, la définition du projet (étude détaillée), mais aussi les petites décisions relatives à la réalisation et à la mise en œuvre du système d'information. Chaque étape est documentée et marquée par une prise de décision.

Enfin, le **cycle d'abstraction** se situe (du plus abstrait au plus concret) aux niveaux conceptuels, d'organisation, logique et physique/opérationnel. L'objectif du cycle d'abstraction est de prendre les grandes décisions concernant le métier, pour les principales activités (conceptuel), sans entrer dans le détail de questions d'ordre organisationnel ou technique.

Ce développement peut s'opérer de différentes manières, ou plus communément selon différents cycles de gestion de projet. Notons par exemple le cycle Cascade, le développement en V, en spirale, ou encore le RAD pour *rapid application development*.

Élément déterminant de la stratégie d'une organisation, le système d'information doit accompagner celle-ci pour les tâches de récupération, de traitement et d'optimisation de la prise de décision. Un système adapté et évolutif est la base d'une entreprise saine et pérenne.

5 Programme et algorithme informatique

La possibilité de programmer un ordinateur afin de lui faire accomplir des tâches a permis son développement au fil des ans. Véritable reflet et vecteur de la transformation digitale, le nombre d'ordinateurs personnels a dépassé 2 milliards en 2019. L'augmentation régulière de la puissance de calcul et sa miniaturisation ont enrichi le champ des possibles. La programmation informatique est au cœur du processus d'automatisation qui a permis aux machines de gérer des tâches historiquement accomplies par l'homme. Cette automatisation est pilotée par des codes informatiques rédigés à l'aide de langages de programmation. Ceux-ci doivent respecter des règles lexicales, mais aussi syntaxiques, à l'image d'un langage naturel.

1) La programmation

A. L'assembleur

Un **ordinateur** est un appareil électronique capable d'exécuter des traitements. Il est composé a minima d'un processeur, de mémoires et de registres. L'ordinateur fonctionne sur la base de signaux électriques qui sont soit présents soit absents. Le « 1 » est utilisé pour représenter un signal présent et le « 0 » pour illustrer son absence. Ces signaux correspondent au **bit** informatique qui est l'unité de stockage fondamentale. À ce jour, les ordinateurs sont capables de traiter jusqu'à 64 bits à la fois.

Pour ordonner à une machine d'effectuer des actions, il faut s'adresser à son processeur. Les processeurs disposent de registres, qui sont des espaces comportant des données et des adresses qui peuvent être manipulés. Le processeur exécute les instructions du programme, mais il est uniquement capable de traiter des instructions liées à des modifications de signaux, autrement dit de 0 et de 1. Afin de simplifier la vie des développeurs, des langages de différents niveaux existent et sont ensuite retranscrits pour être interprétés par les processeurs. Le **langage assembleur** est un langage de bas niveau qui permet d'effectuer et d'appliquer ces instructions (actions) de manière symbolique. Cela passe par l'usage de mots clés dédiés et d'instructions mémorisées dans un programme. Il est possible d'effectuer des opérations telles que la mémorisation d'une valeur à un emplacement spécifique du registre ou de la mémoire, la lecture d'une valeur située à un emplacement ainsi qu'un ensemble d'opérations logiques sur ces valeurs (par exemple une addition). Aujourd'hui, il est possible de développer un programme sans manipuler les instructions liées au processeur. Le code sera rédigé avec un langage de plus haut niveau qui sera converti automatiquement en un format compréhensible par le processeur. Cette opération est dénommée la **compilation** d'un code. Le compilateur est alors en charge de convertir un programme compréhensible par un humain en un code compréhensible par la machine.

B. Les éléments clés d'un programme

Un programme informatique est une suite d'instructions rédigées par un programmeur et exécutées par une machine. Au plus simple, un code s'exécute de haut en bas et ligne par ligne. Des expressions manipulant des données peuvent être réalisées, par exemple des opérations mathématiques, mais aussi des manipulations de texte. En complément de ces opérations, des **variables** permettent de mémoriser certaines valeurs qui seront utiles tout au long du programme et qui sont susceptibles de varier. Les **structures de contrôles** permettent de modifier le cours d'exécution du programme en rendant par exemple certaines instructions conditionnelles ou répétitives. Le conditionnel est souvent exprimé par un mot clé *if* pour « si » et les répétitions par les mots clés *for* ou *while* signifiant « pour » et « tant que ».

Nous représentons ci-dessous un exemple de code Java permettant de retrouver la valeur maximale dans une liste de valeurs. À l'aide des variables et des structures de contrôle, le programme pourra identifier de manière automatique le maximum. Le principe du programme est le suivant : il définit la première valeur de la liste comme le maximum temporaire. Ensuite, il parcourt l'ensemble des nombres de cette liste et s'il rencontre une valeur supérieure au maximum, il modifie la valeur de ce maximum par le nombre rencontré. Il continue ainsi de suite jusqu'à la fin de la liste puis s'arrête.

Prenons l'exemple d'une liste comportant 6 chiffres comme représenté ci-dessous. Nous illustrons dans le tableau ci-après que, pour accéder au troisième élément de la liste, il faut indiquer l'instruction liste [2].

Une liste de valeurs organisées sous forme de tableau

Index	liste [0]	liste [1]	liste [2]	liste [3]	liste [4]	liste [5]
Valeur	5	7	3	9	4	3

La première ligne définit la variable « maximum » et lui attribue la première valeur de la liste. Ainsi, à la fin de l'exécution de la ligne 1, le maximum mémorisé est 5. La ligne 2 indique que les opérations suivantes de la ligne 4 à 7 seront répétées six fois au total (instruction *for*). La variable « i » se verra donc affectée des valeurs successives de 0 puis 1, 2, 3, 4, 5. Cette répétition permet de s'assurer que les 6 valeurs de la liste pourront être étudiées par le programme.

```
1. maximum = liste [0];
2.      for (int i = 0; i < 6; i++)
3.      {
4.         if(maximum < liste [i])
5.         {
6.            maximum = liste [i];
7.         }
8.      }
```

Pour chaque valeur de i, la ligne 4 effectue un test conditionnel. Si la valeur de la liste en position i est supérieure au maximum mémorisé, la ligne 6 sera exécutée. Si ce n'est pas le cas, elle sera ignorée. Suivant cette logique, quand i sera égal à 1, le maximum sera modifié à 7 (car il est supérieur à 5). Puis, il sera modifié une dernière fois pour i égal à 3 et vaudra 9. À la fin de l'exécution du programme, le maximum identifié est 9.

2) Les algorithmes

Les algorithmes existaient bien avant l'existence de l'informatique. Un **algorithme** est défini comme une suite d'instructions permettant d'accomplir une tâche précise. À l'image d'une recette de cuisine, l'algorithme définit une succession de tâches précises et simples afin d'obtenir un résultat recherché. Le programme présenté dans la section précédente est la mise en œuvre d'un algorithme afin de trouver de manière systématique le maximum dans une liste. L'algorithme est dit **systématique** car capable de trouver le maximum, quelles que soient les valeurs possibles de la liste. En ce sens, c'est une solution générique à un problème donné. L'algorithme de Dijkstra issu de la science des réseaux est un algorithme capable de trouver le plus court chemin entre deux lieux, en prenant en considération le réseau routier. Cet algorithme applicable en temps réel grâce au système de géopositionnement par satellite (GPS pour *Global Positioning System*) nous permet d'optimiser nos déplacements au quotidien.

Les algorithmes sont exécutés par ordinateurs afin d'accomplir automatiquement certaines tâches. On note leur prédominance sur le web dans le cadre des systèmes de recommandation. Ces systèmes sont capables de recommander des films et des ouvrages que vous apprécierez. Les moteurs de recherche peuvent proposer les sites web les plus pertinents par rapport à votre requête (par exemple PageRank de Google). Des algorithmes issus de l'intelligence artificielle sont capables de reconnaître des objets sur une photo ou même de prédire une situation future. Enfin, certains sites de rencontre prétendent détenir des algorithmes capables d'identifier le partenaire idéal pour vous accompagner sur le chemin de votre vie.

> La programmation informatique a rendu possible l'émergence d'un ordinateur au service de l'humain. Au fil des années, des programmes et des logiciels ont émergé pour accompagner les activités de l'homme dans ses multiples missions. Tandis que certaines tâches répétitives ont été rendues plus simples et moins ingrates grâce à l'informatique, d'autres ont tout simplement été entièrement prises en charge par les algorithmes et programmes. Notons que la programmation et l'algorithmique ont permis de faire émerger des technologies et services qui n'auraient pas pu voir le jour autrement. Certains algorithmes de l'intelligence artificielle ouvrent de nouvelles perspectives, apportant la promesse de pouvoir faire apprendre (et même quelquefois « rêver ») un ordinateur.

Technologies de l'information et de la communication

6

Qui n'a jamais lu ou entendu l'acronyme TIC ? Aujourd'hui, décider de la mise en place d'un outil informatique aussi petit qu'un téléphone portable ou plus important comme un système intégré de gestion peut se faire de manière très simple. Pour autant, il est important de comprendre ce qui se cache derrière cet acronyme.

1) Définition

Les **technologies de l'information et de la communication** (TIC) regroupent l'ensemble des outils, services et techniques utilisés pour la création, l'enregistrement, le traitement et la transmission des informations. Traduite de l'anglais *information and communication technologies* (ICT), il s'agit d'une expression au départ utilisée dans le monde universitaire pour désigner le domaine de la **télématique**. Par télématique, on entend l'informatique, l'audiovisuel, les multimédias, internet et toutes les télécommunications qui permettent aux utilisateurs de communiquer, d'accéder aux sources d'information, de stocker, de manipuler, de produire et de transmettre l'information sous différentes formes.

Ces techniques comprennent aussi bien du matériel (par exemple ordinateurs, tablettes, smartphones, réseaux filaires) que des outils dématérialisés (logiciels, connexions sans fil, courriers électroniques, internet/intranet/extranet).

TIC *vs* NTIC ?

Récemment, le concept de TIC s'est vu affublé du N pour désigner les nouvelles technologies de l'information et de la communication (NTIC), terme souvent utilisé au cours des années 1990 et au début des années 2000 pour caractériser certaines « nouvelles » technologies. Nous entendons distinguer les technologies basées sur l'internet par opposition aux télécommunications traditionnelles. Les **NTIC** désignent alors les outils nés du rapprochement de l'informatique, des télécommunications et de l'audiovisuel, tels que les *smartphones*, le micro-ordinateur, les tablettes, le *cloud*, etc.

Pour autant, il convient de distinguer les plateformes du web 2.0 par opposition aux premières technologies de l'internet qui ont maintenant trois décennies et sont obsolètes. Parfois, il s'agit de caractériser les services issus de la convergence des télécommunications et des multimédias utilisant des accès à haut débit, car les applications utilisant seulement les accès à bas débit peuvent difficilement être qualifiées de « nouvelles ».

2) Enjeux liés aux TIC

Le recours aux TIC a été documenté par beaucoup de professionnels et d'académiques. Au final, l'impact des TIC en entreprise se matérialise par :

- une plus grande **structuration du travail** : la mise en place d'outils et de logiciels informatisés permet aux entreprises d'améliorer l'organisation du travail (par une hiérarchisation des responsabilités et des tâches) et d'obtenir une meilleure rationalisation ;
- une **prise de décision accélérée** grâce à un accès plus rapide à l'information : la rapidité des outils de gestion (comme un ERP par exemple ou un système de gestion intégré) et de la recherche d'informations sur internet permet de trouver rapidement les informations nécessaires à la résolution des problèmes pour optimiser la prise de décision ;
- une meilleure **flexibilité dans le travail** : le recours aux TIC permet d'offrir aux salariés des conditions de travail moins rigides. Que ce soit grâce aux outils de visioconférence, de travail à distance ou bien de *cloud*, un salarié peut maintenant effectuer ses tâches dans n'importe quel environnement ;
- une **réduction des coûts** : l'avantage avancé souvent pour une mise en place de TIC est la réduction apportée par l'automatisation de certains processus par exemple ;
- une **amélioration de la performance** de l'entreprise : au final, le déploiement et l'utilisation de TIC apportent à une entreprise les moyens d'améliorer son efficacité et d'avoir de meilleures performances.

Pour autant, du côté du salarié, l'introduction de technologies dans le quotidien est souvent mal perçue. En plus de la peur du changement, ces salariés ont nombre d'appréhensions. Nous en décrivons quelques-unes ci-dessous.

La perception du **renforcement du contrôle** de l'activité : les TIC peuvent être vues comme des outils amenant une réduction de l'autonomie des employés. En effet, elles entraînent bien souvent un suivi, une traçabilité des actions (saisie dans un système, contrôle d'accès à un espace) et la peur d'être suivi s'intensifie. Ces contrôles et une course à la performance peuvent amener, pour les salariés, une perception de perte d'autonomie.

L'**augmentation du rythme et de l'intensité du travail** : les technologies de l'information et de la communication amènent historiquement une source de stress pour les salariés qui deviennent dépendants des outils qu'ils utilisent et sont tributaires des incidents techniques liés (coupure de réseau lors de l'envoi de mails importants, transaction interrompue, perte de données, etc.). Ces incidents sont susceptibles d'altérer le rythme de travail et d'entraîner du stress, pouvant influencer négativement le niveau de performance.

La disparition de la **frontière vie privée/vie professionnelle** : le fait de pouvoir accéder plus facilement et rapidement aux outils de travail (combien d'individus ont leur e-mail professionnel sur leur téléphone portable personnel ?) va perturber la frontière entre monde du travail et vie privée. Cela entraîne un risque d'augmentation du nombre d'heures travaillées et *in fine* l'apparition de risques psychosociaux de burn-out.

L'**augmentation de la déconcentration** : l'apport majeur des TIC réside dans la capacité à agréger et traiter un grand nombre d'informations. Cependant, les salariés n'ont pas encore la capacité de faire de même. Ces flots grandissants se traduisent par exemple par l'augmentation du nombre de mails et le besoin d'y répondre rapidement, l'essor des nombreux réseaux sociaux et leurs interactions quasi incessantes. Chaque notification peut devenir une véritable source de déconcentration et d'interruption pour le travail ;

L'**impact sur la santé** des salariés : en travaillant au contact des TIC, les moments de repos deviennent plus faibles. Dans le même temps, les salariés se retrouvent exposés aux ondes magnétiques, prennent des postures physiques différentes. Ces nombreuses fatigues peuvent à long terme impacter la santé du salarié.

L'**affaiblissement des relations humaines** : l'omniprésence des technologies peut engendrer un risque de déconnexion des autres. Combien de personnes n'utilisent pas leur téléphone lorsqu'elles sont au restaurant avec quelqu'un ?

Les TIC sont devenues des outils incontournables du quotidien, aussi bien des entreprises que des salariés, mais également de tout individu. Si la question de leur utilisation ne se pose plus, leur pertinence et leur apport pour l'amélioration du bien-être ou de la performance sont des sujets d'actualité. Pour les entreprises, il est essentiel de pouvoir choisir l'outil le plus en adéquation avec le moment, l'objectif et les ressources.

7 Marché du digital

Pour beaucoup, le digital est, de manière simple, un synonyme d'internet. Dans les faits, le digital est l'ensemble des plateformes prenant appui sur internet, mais aussi tous les outils ou appareils connectés au web (par exemple les objets connectés). Cette fiche présente les chiffres clés du digital, les grandes tendances, et propose un regard sur les adaptations nécessaires pour les professionnels.

1) Chiffres du digital

En 2018, le nombre d'internautes dans le monde s'élève à 4 milliards (soit plus de la moitié de la population mondiale) et est en croissance de 7 % sur un an, soit plus d'un quart de milliard de nouveaux utilisateurs en 2017. Ce sont plus de 3 milliards de personnes à travers le monde qui utilisent les réseaux sociaux (une augmentation de 13 % sur un an) et plus de 90 % d'entre eux y accèdent *via* des appareils mobiles (tablettes ou téléphones intelligents). Ce n'est pas uniquement le nombre d'internautes qui a augmenté au cours de l'année 2018, mais également le temps passé sur internet. L'internaute moyen passe environ 6 heures par jour à utiliser des appareils et des services connectés à internet, ce qui représente environ un tiers de son temps en dehors de ses heures de sommeil.

Facebook domine le paysage mondial des médias sociaux, avec une croissance de 15 % en un an, pour atteindre un total de plus 2,17 milliards d'utilisateurs fin 2018. WhatsApp et Facebook Messenger ont progressé deux fois plus vite que la plateforme principale de Facebook, avec une croissance de 30 % sur un an.

Si les deux applications mobiles sont encore à égalité en termes de nombre d'utilisateurs, WhatsApp est mieux implanté géographiquement. Elle est l'application de messagerie numéro 1 dans 128 pays à travers le monde, tandis que Facebook Messenger l'est dans 72 pays. Il n'existe aujourd'hui que 25 pays au monde où une application de messagerie appartenant à Facebook n'est pas la plateforme de messagerie numéro 1.

Instagram contribue également à la croissance remarquable de l'ensemble de Facebook Inc., voyant son nombre d'utilisateurs augmenter d'un tiers en un an.

Au niveau mondial, ce sont plus des deux tiers des habitants, soit 5,135 milliards de personnes, qui possèdent un téléphone portable ; ce chiffre est en hausse de 218 millions (soit près de 4 %) sur un an. La moitié des téléphones utilisés actuellement sont des téléphones intelligents, ou smartphones, facilitant l'accès à internet pour les utilisateurs. Enfin, 3 milliards de personnes consultent les réseaux sociaux sur leur mobile, chiffre en hausse de 14 % sur un an.

Le nombre mondial de personnes utilisant les plateformes de commerce électronique pour acheter des biens de consommation (mode, alimentation, électronique, jouets) a augmenté de 8 % pour atteindre la barre symbolique des 2 milliards d'acheteurs. Environ 45 % des internautes font des achats sur des sites d'e-commerce, mais la pénétration varie considérablement selon les pays. Les consommateurs ont dépensé près de 1 500 milliards de dollars sur les plateformes d'e-commerce en 2017, soit 16 % de plus qu'en 2016. Le secteur de la mode représente la catégorie la plus importante de dépenses. Ce sont les Anglais qui dépensent le plus, avec des dépenses annuelles supérieures à 2 000 dollars par citoyen.

Un regard rapide sur la France

En France, près de 65 millions de personnes sont connectées, soit 88 % de la population. Sur ce chiffre, près d'un demi-million de nouveaux internautes se sont connectés pour la première fois en 2017. En termes d'achat, la dépense annuelle moyenne par acheteur se situe juste en dessous des 1 800 euros. Le panier moyen d'achats en France diminue pour se situer à 68 euros (contre près de 90 euros en 2011), mais le nombre moyen d'achats par trimestre augmente pour atteindre 9 en 2019 contre 7 en 2015.

2) Tendances du digital

Il est important de mentionner que, depuis le 25 mai 2018, les organisations européennes sont soumises au RGPD (Règlement général pour la protection des données). Celui-ci oblige les entreprises à obtenir le consentement de l'utilisateur avant de lui envoyer des annonces. Cette réglementation force les annonceurs et entreprises à communiquer à un public consentant, donc potentiellement intéressé par le message délivré.

De fait, la première tendance importante liée au digital est la personnalisation (quelquefois surpersonnalisation) du contenu. Ainsi, quel que soit le support, le but est de pouvoir répondre efficacement et rapidement aux besoins spécifiques de chaque utilisateur. Les campagnes de *communication cross canal* permettent d'être sur tous les fronts à la fois : les appareils mobiles, les réseaux sociaux, la boutique physique ou le site web.

Marketing social

Le premier changement lié à cette plus grande digitalisation est la nécessaire maîtrise du marketing social par les marques. Les réseaux sociaux sont un vecteur de communication important et, bien que les audiences ne s'engagent plus aussi facilement sur Facebook, ce vecteur reste porteur pour qui entend fidéliser une communauté. Outre l'animation et la création de contenu, de partages et d'échanges, il devient également nécessaire de maîtriser la communication directe et la publicité sur ces formats.

Connaissance client

Une autre grande tendance est la meilleure connaissance de ses clients. L'exploitation des données issues des plateformes digitales doit permettre de parfaitement distinguer les différents profils d'utilisateurs susceptibles d'être intéressés par les produits ou par l'offre d'une entreprise ou d'une marque. Le prospect-consommateur étant toujours à la recherche d'informations, tisser une relation privilégiée avec lui devient essentiel. Les stratégies digitales doivent tenir compte du public auquel le message s'adresse, des canaux de communication sur lesquels le consommateur est présent et des besoins spécifiques à chaque individu. En effet, le profil d'un client provenant d'un réseau social peut différer de celui d'un client passé directement par le site web d'une entreprise.

Vidéo en marketing digital

L'une des caractéristiques propres au digital tient dans sa capacité à partager son contenu. On parle alors de viralité. La vidéo est aujourd'hui le levier le plus puissant pour voir son contenu partagé. Depuis des clips de quelques secondes (*story* sur Instagram, Snapchat, etc.), jusqu'au partage de véritables petits films, le support vidéo est devenu aujourd'hui un vecteur de communication (et d'engagement) fondamental.

Recherche vocale et contenu audio

Bien qu'elle en soit à ses débuts, la recherche vocale représente le présent et le futur de la communication digitale. Que ce soit *via* Alexa, Siri ou sur Google Home, les assistants vocaux sont devenus des partenaires digitaux essentiels au quotidien. L'intégrer dans sa stratégie, le tout renforcé par de l'intelligence artificielle, doit permettre aux entreprises de mieux se rapprocher de leurs prospects et consommateurs.

3) Le digital, une adaptation nécessaire

Le digital constitue un enjeu primordial pour de nombreuses entreprises. Pour autant, une grande partie des petites et moyennes entreprises (PME) se laissent submerger par la rapide crue des technologies. Manque de ressources humaines ou financières, manque de temps ou tout simplement absence de stratégie : les raisons sont nombreuses pour leur absence de digitalisation. Pour des prospects, l'absence de site web ou de présence sur les réseaux sociaux devient un critère de non-choix d'une marque par rapport à une autre. La présence en ligne n'est plus un avantage concurrentiel, mais son absence est un réel désavantage.

De nombreuses opportunités

L'enjeu que constitue le digital prend un sens particulier avec les nombreuses opportunités qu'il apporte. Être présent sur le web, c'est la possibilité de bénéficier d'une visibilité 24 heures sur 24. Toute personne tapant son nom ou celui de son activité locale dans Google pourra, si elle a mis en place un minimum de principes élémentaires, voir son site web apparaître ainsi que ses différents réseaux sociaux. Pour une entreprise, cette présence peut permettre d'atteindre une cible plus large, de nouveaux marchés, une meilleure notoriété et également un plus grand chiffre d'affaires. Google étant devenu le premier lieu de recherche d'informations en tout genre, il est absolument nécessaire d'y figurer, comme pour l'annuaire ou le Minitel il y a quelques années.

Ces changements et ces nouveaux modes de communication entraînent des modifications au sein des entreprises. Les compétences nécessaires pour exploiter tous ces leviers de communication doivent être intégrées aux effectifs. Les ressources humaines doivent évoluer et le recrutement de nouvelles ressources (par exemple *community manager, data scientist*) est essentiel.

> Le digital offre un nouveau champ des possibles porté par de nombreuses règles, actions et mesures à prendre pour les entreprises. Il s'agit d'un outil de détente, de connaissance et de rapidité pour les individus et les consommateurs. Dans cette grande transformation digitale, les GAFAM & BATX sont les leaders incontestés du marché.

GAFAM et BATX

8

Aussi connus sous le terme de géants du web, les GAFAM – pour Google, Apple, Facebook, Amazon et Microsoft – et les BATX – pour Baidu, Alibaba, Tencent et Xiaomi – sont les plus grandes entreprises de notre ère digitale. En 2018, les GAFAM pèsent plus de 3,4 milliards de dollars, soit l'équivalent du produit intérieur brut de l'Allemagne. De leur côté, les BATX, ou géants du web chinois, quelquefois moins connus des consommateurs français, pèsent plus de 1,3 milliard de dollars.

1) Les GAFAM

Les GAFAM sont aujourd'hui au cœur de notre société numérique. Ils ont contribué au développement de logiciels, matériels, plateformes et technologies qui définissent notre paysage digital. Ils regroupent et contrôlent une très grande partie de nos activités quotidiennes.

Google, dont l'objectif affiché est d'organiser les informations à l'échelle mondiale pour les rendre accessibles à tous, possède le moteur de recherche le plus utilisé au monde. Il recueille à lui seul plus de 80 % de l'ensemble des requêtes effectuées sur le web. C'est le site le plus visité à l'échelle planétaire. L'entreprise a été créée par Larry Page et Sergey Brin en 1998 suite à l'invention de l'algorithme PageRank issu de la science des réseaux. Son but est de trier les pages web par critère de qualité et de pertinence. Google propose aujourd'hui une multitude de services en ligne touchant des domaines tels que la messagerie, les systèmes d'exploitation mobile, le réseau social, la publicité, le *cloud*, les navigateurs.

Amazon est, en 2019, la deuxième capitalisation boursière au monde et le leader du commerce électronique. Au départ focalisé uniquement sur la commercialisation de livres, la firme a peu à peu étendu l'ensemble de ses activités sur des produits plus variées (high-tech, informatique, électroménager, sport, jeux...). Début 2018, Amazon dépasse les 50 milliards de dollars de chiffre d'affaires trimestriel. La vente de produits et de services, avec notamment Amazon Web Services (AWS), est au cœur des activités de la firme. Amazon a été créée en 1994 par Jeffrey Bezos, individu actuellement le plus riche au monde. La plateforme est régulièrement dans les 10 sites les plus visités de la sphère digitale.

Si l'on s'appuie sur son nombre d'utilisateurs, **Facebook** est le leader incontesté des réseaux sociaux. En 2018, le site web de l'entreprise est le troisième plus exploré au monde. Elle compte plus de 2,3 milliards d'internautes actifs par mois. Le géant américain a été créé en 2004 par Mark Zuckerberg, Chris Hughes, Dustin Moskovitz, Andrew McCollum et Eduardo Saverin. Au-delà d'un simple réseau social, Facebook est désormais une société technologique aux nombreuses filiales. Les acquisitions d'Instagram, de WhatsApp et de la solution de réalité virtuelle Oculus VR témoignent de cette volonté de diversification.

Apple est une entreprise qui commercialise des produits électroniques pour grand public. Ses meilleures ventes sont les ordinateurs portables, les téléphones et tablettes intelligents, les écouteurs sans fil et les câbles et adaptateurs. Créée par Steve Jobs, Steve Wozniak et Ronald Wayne en 1977, la marque à la pomme observe en 2018 une valeur boursière historique et sans précédent de plus de 1 000 milliards de dollars. Certains produits proposés par Apple ont été sources de bouleversement et d'innovation, dont le symbolique iPhone qui fut en 2007 le premier téléphone combinant écran tactile avec interface gestuelle, connectivité internet et des fonctionnalités se rapprochant d'un ordinateur. Le smartphone fut vendu plus d'un million de fois sur les deux premiers mois suivant sa sortie. En 2019, l'iPhone dans sa version X reste un produit phare de la marque.

Microsoft a été créé en 1975 par Bill Gates et Paul Allen. La société est connue du tout public pour la commercialisation de ses systèmes d'exploitation, mais aussi de sa suite logicielle Microsoft Office comportant les trois incontournables Word, Excel et PowerPoint. En janvier 2019, le système d'exploitation de Microsoft disposait de 86 % de parts de marché devant le système d'exploitation Apple pour environ 10 % et les systèmes Linux 2,5 %. Microsoft évolue aussi dans le domaine du jeu vidéo, avec notamment la console Xbox. L'entreprise est le concepteur du moteur de recherche Bing, qui est le second moteur après Google. La société développe une grande variété de logiciels. Citons par exemple les solutions basées sur le *cloud*, dont la suite Dynamics 365 pour la gestion de relations clients et la suite bureautique Office 365.

2) Les BATX

Les BATX, pour Baidu, Alibaba, Tencent et Xiaomi, sont les géants chinois du web, à forte croissance ; ils font office de potentiels concurrents des GAFAM.

Baidu est le moteur de recherche le plus utilisé en Chine. Avec plus de 66 % des parts de marché, il est largement devant ses concurrents sur son territoire. Baidu, souvent identifié comme le Google chinois, a été fondé en 2000 par Li Yanhong et Eric Xu. L'entreprise a construit sa réussite sur sa capacité à mieux interpréter et comprendre les requêtes de ses utilisateurs en mandarin. Baidu est aujourd'hui le quatrième site le plus visité au monde.

Alibaba a été fondé par Jack Ma et Peng Lei en 1999. Alibaba est à ce jour la plus grande plateforme de commerce électronique internationale pour les professionnels. L'entreprise a le projet de se développer en Europe et construira pour cela en 2021 un entrepôt de plus de 300 000 mètres carrés en Belgique. En plus de la logistique, la plateforme exerce dans des secteurs aussi variés que les solutions de paiement en ligne (Alipay), les contenus vidéo et filmographiques (Alibaba Pictures) et les magasins physiques (Hema Fresh Store).

Tencent a été créé en 1998 par Ma Huateng et Zhang Zhidong. Il s'agit de l'un des plus grands conglomérats d'investissement avec des activités concernant les réseaux sociaux, les systèmes de paiement, le commerce électronique, la publicité, le divertissement (Tencent Games par exemple). L'entreprise est le concepteur de l'application Weixin, aussi connue sous le nom de WeChat. Cette application mobile fait office de référence sur le marché chinois, car elle regroupe dans un seul logiciel un large ensemble des fonctionnalités nécessaires à l'usage des smartphones telles que la messagerie, le réseau social, le paiement, la réservation de services. Plus d'un milliard d'individus l'utilisent chaque mois. Les futures versions de l'application pourraient intégrer de nouvelles technologies telles que la réalité augmentée et l'intelligence artificielle.

Xiaomi est une entreprise d'électronique et d'informatique qui produit des appareils et des objets connectés. Elle occupe actuellement la quatrième place en termes de parts de marché sur les ventes mondiales de smartphones. Son tout dernier modèle est le Xiaomi Mi 9. Ce géant a été créé par Lei Jun en 2010 et fabrique entre autres des tablettes, des télévisions intelligentes, des caméras, des batteries, des écouteurs et une large gamme d'objets connectés. Depuis quelques années, Xiaomi affiche des ambitions européennes et est maintenant présente sur le marché français.

Au-delà de leur cœur de métier historique, le pouvoir des géants du web leur permet de diversifier leurs activités. On les retrouve désormais sur des secteurs aussi variés que la finance, la culture, la santé ou l'intelligence artificielle. Nombre de ces géants ont lancé des investissements considérables dans des projets aux ambitions exceptionnelles. Certains de ces investissements concernent notamment les domaines des nanotechnologies, biotechnologies, technologies de l'information et sciences cognitives (NBIC) et avec pour certains d'entre eux la volonté de repousser les limites de l'être humain (voir fiche 100 sur le transhumanisme).

9 E-commerce

En 2018, pas moins de 92 milliards d'euros ont été dépensés sur internet. Le montant des investissements publicitaires sur le web est aujourd'hui supérieur à tout autre canal. Le commerce électronique est devenu incontournable dans le paysage économique. Cette fiche dévoile les rouages et les modèles de réussite de l'e-commerce.

1) Définition

L'e-commerce ou **commerce électronique** regroupe l'ensemble des transactions commerciales s'opérant à distance par le biais d'interfaces électroniques et digitales. Il englobe essentiellement les transactions commerciales s'effectuant sur internet à partir des différents terminaux. On parle de **s-commerce** pour qualifier le commerce réalisé *via* les médias sociaux, et de **m-commerce** quand il s'effectue sur un support mobile (tablettes ou smartphones).

La valeur des achats sur le web est en constante augmentation (+ 13,4 % en 2018) et a dépassé 90 milliards d'euros en 2018. Le montant moyen des transactions en 2018 avoisine 60 euros, soit 5 euros de moins sur un an. Cette baisse est régulière depuis 2012, date à laquelle le panier moyen atteignait 90 euros.

Ces chiffres reflètent une évolution des comportements d'achat sur internet qui concernent de plus en plus des produits du quotidien. Ceci se répercute sur l'augmentation de la fréquence d'achat (plus de 3 achats par trimestre). Au total, le marché français a vu un bond du nombre de transactions avec plus de 1,5 milliard de commandes enregistrées, soit + 20,7 % par rapport à 2017.

Enfin, la création de sites marchands se poursuit avec une augmentation de 12,6 % sur un an, soit 21 800 sites supplémentaires et près de 200 000 sites marchands actifs à fin 2018. En ce qui concerne le m-commerce, ses ventes pèsent une part de plus en plus importante sur l'activité des sites, pour atteindre près de 30 % du volume d'affaires.

2) Différentes formes d'e-commerce

Le monde du e-commerce est très vaste, comme nous l'avons évoqué, et comprend plusieurs modèles distincts. Il est possible d'en faire deux classifications, la première basée sur le **profil commercial** défini en fonction de qui vend et qui achète, la seconde sur le **modèle commercial**.

A. Profil commercial

Concernant le profil commercial, il est important de comprendre que chaque activité s'adresse à un type de client spécifique. On distingue alors les typologies suivantes :

- **B2B** (***business-to-business***) : il s'agit d'entreprises dont les clients finaux sont d'autres entreprises ou d'autres organisations. En ligne, on peut citer alors Google (quand une entreprise paie pour son référencement, l'achat d'espaces publicitaires par une entreprise sur un site, l'offre de services aux entreprises, etc.). Ce modèle représente 60 % de la valeur du e-commerce ;
- **B2C** (***business-to-consumer***) : sont considérées ici les entreprises qui vendent directement les produits ou services aux consommateurs finaux. C'est la forme la plus courante de modèles sur le web. Citons par exemple des sites de vente en ligne comme ceux de la Fnac ou d'Amazon. En termes de valeur, le modèle B2C représente près de 30 % du commerce électronique, mais est le premier en nombre de transactions ;
- **C2B** (***consumer-to-business***) : nous parlons ici par exemple de portails sur lesquels les consommateurs proposent un produit ou un service que les entreprises peuvent acquérir. On peut alors penser à des portails d'emploi freelance, de création de design et plus généralement des auto-entrepreneurs ;
- **C2C** (***consumer-to-consumer***) : ce modèle représente les entreprises qui facilitent la vente de produits entre consommateurs. Les exemples les plus parlants sont Leboncoin, AirBnB ou tout portail de vente d'articles d'occasion entre particuliers.

Il existe également d'autres types d'e-commerce tels que le G2C (*government-to-citizen*) offrant notamment le paiement d'impôts en ligne, les taxes d'habitation (il en va de même en G2B), ou encore le C2G (*citizen-to-government*) ou B2G (*business-to-government*).

B. Modèle commercial

Concernant le modèle commercial, cela rejoint ce que la fiche 44 « Modèle d'affaires digitaux » présente. Il en existe des différents basés principalement sur les revenus générés ou la manière dont l'échange se produit. Nous pouvons citer par exemple :

- la **boutique en ligne** disposant de ses propres produits : il s'agit de présenter en ligne les mêmes caractéristiques qu'une boutique physique ;
- le ***dropshipping*** : pour le client, il semble s'agir d'un e-commerce normal. La différence vient du fait que c'est un tiers qui envoie le produit, et non le vendeur ;
- l'**affiliation** : le site d'e-commerce redirige le client vers une autre boutique qui lui paie une commission une fois la vente conclue ;
- l'**adhésion/abonnement** : ce type d'e-commerce cherche à ce que ses clients effectuent des achats récurrents. On peut penser aux marques vendant des « boîtes surprises » ;
- la ***marketplace*** : une marketplace est un lieu regroupant acheteurs et vendeurs dans un même espace (Amazon par exemple) ;
- les **services** : un e-commerce ne vend pas forcément que des produits, il peut également proposer des formations, des conseils, ou du coaching.

Différences entre e-business et e-commerce

Il est commun de confondre e-commerce et e-business. Pourtant, ces deux concepts doivent être différenciés. L'e-commerce se réfère seulement à la transaction de biens et services entre un acheteur et un vendeur. L'e-business, quant à lui, fait référence à l'ensemble du processus à mettre en œuvre afin de gérer un commerce en ligne. L'idée principale à retenir est que l'e-commerce est obligatoirement une forme d'e-business tandis que l'e-business n'implique pas forcément du e-commerce. Tandis que l'e-business vise à intégrer des systèmes avec des fournisseurs, des acheteurs et d'autres agents dans le but d'optimiser les processus, l'e-commerce, lui, est plus utile pour la concrétisation de l'acte de vente.

3) Enjeux de l'e-commerce

Que ce soit par les modèles et la capacité à générer des revenus, beaucoup d'entreprises voient dans l'e-commerce une source réelle d'**avantages** :

1. **nombre de clients** : ni une boutique locale ni une entreprise implantée dans plusieurs villes ne peuvent atteindre autant de personnes potentielles qu'un e-commerce. Pouvoir acheter et vendre depuis n'importe quel endroit du Globe élargit considérablement le public cible et permet d'obtenir davantage de clients ;
2. **pas d'horaires** : un site web ne ferme pas, contrairement à la majorité des boutiques traditionnelles. Un site web accessible 24 h/24, 7 j/7 offre une meilleure visibilité et une plus grande capacité à générer des revenus ;
3. **baisse des coûts** : pouvoir se passer d'un établissement physique permet de réduire les coûts par rapport au fonctionnement d'un commerce traditionnel. Il en va de même pour le personnel ; du côté de l'acheteur, c'est l'avantage principal dans la comparaison et la recherche du tarif le plus bas ;
4. **davantage de marge** : la réduction des coûts et l'augmentation potentielle du nombre de clients doivent permettre d'atteindre une plus grande marge qu'avec un commerce traditionnel, même en baissant les prix ;
5. **scalabilité** : en recourant au e-commerce, la limite de clients n'est plus la même qu'en boutique physique. Il s'agit, en ligne, de la capacité à attirer des visiteurs. Donc il devient possible de servir aussi bien une personne que des milliers.

Il n'en reste pas moins un grand nombre d'**inconvénients** :

1. **confiance de l'achat en ligne** : aujourd'hui encore, près de 40 % des internautes avouent avoir peur de réaliser un achat en ligne, et ce bien que les passerelles et les moyens de paiement aient fait d'énormes progrès ;
2. **produits et services que l'on ne peut ni voir ni toucher** : internet reste aujourd'hui le seul canal où on ne peut pas toucher ou nous rendre compte de manière concrète de la réalité et de la qualité du produit. Les clients veulent ainsi disposer de fiches produits complètes, de tutoriels, d'images ou de vidéos ;

3. **difficultés techniques** : dans le cas d'un achat en ligne, il se peut que certaines difficultés techniques apparaissent, que celles-ci soient liées à un manque de connaissance de l'usage ou à la plateforme du revendeur ;
4. **concurrence** : le support digital a certes quelques barrières à l'entrée, mais rien de comparable avec un commerce physique. De fait, la concurrence y est plus importante, tant du point de vue local qu'international ;
5. **retour sur investissement** : quand un commerce physique ouvre ses portes, les clients qui passent devant le voient ; sur le web la notoriété prend du temps à s'établir. Donc il est important, pour une marque comme pour un décideur, d'intégrer le fait que le retour sur investissement peut prendre du temps.

L'e-commerce est aujourd'hui ancré dans notre société, pour autant son fonctionnement est en constante évolution et son appropriation se fait à différents niveaux. Les enjeux qu'il continue d'offrir aux acheteurs comme aux vendeurs sont aujourd'hui réglementaires (comme le respect de la vie privée), mais aussi logistiques ou de marketing (la capacité d'attraction des prospects et de transformation en clients). Certaines tendances se font plus présentes et doivent être intégrées par tous. Par exemple : le m-commerce et la réduction du temps de chargement des pages ; la fin du *geoblocking* et la possibilité pour chaque acheteur de ne plus être limité à la page de son pays pour une marque (*shopping cross-border*) ; les assistants personnels et leur intégration dans la relation client ; la personnalisation grandissante et enfin l'intelligence artificielle, qui sont autant de défis et d'opportunités à saisir.

10 Éthique sur le digital

D'un côté, certaines entreprises exploitent les outils de *tracking* pour récupérer les données de millions d'utilisateurs dans l'objectif de les revendre ; d'un autre, beaucoup d'internautes consultent des films en streaming sans se soucier de la rémunération de leurs créateurs. Ces deux situations sont du même ressort qu'est l'éthique. Le développement des technologies fait constamment évoluer les barrières et les usages. Se pose alors la possibilité ou non de voire émerger une transformation digitale éthique.

1) Définition et protection

Selon le dictionnaire Larousse, l'éthique est l'ensemble des principes moraux qui sont à la base de la conduite de quelqu'un. Avec les intelligences artificielles qui nous entourent accompagnées à l'internet des objets, il serait sans doute plus juste de préciser « de quelqu'un ou de quelque chose ». Internet et ses multiples applications, dont le web, posent un grand nombre de questions éthiques telles que, par exemple, la protection des données, l'inégalité d'accès à l'information, l'anonymat, le libre arbitre, et l'infobésité (surcharge informationnelle). Face à ces enjeux, la Fondation Web estime aujourd'hui que le web est en danger.

Le premier défi est lié à la protection. Nous entendons ici trois dimensions à cette problématique : 1) la protection de la création ; 2) la protection de l'image ; 3) la protection individuelle, celle relative au droit à l'oubli.

Internet a permis d'offrir à toutes et à tous un accès illimité, en temps continu à presque tout contenu présent sur la toile. À titre d'exemple, il est désormais possible de visiter les plus grands musées du monde (à l'exception du Louvre) à partir de la plateforme Google Museums. Mais comment sont rémunérés les musées ? Ils ne le sont pas, ils gagnent en visibilité et donnent la possibilité à chacun de découvrir leurs œuvres. C'est ainsi que dans le domaine artistique, de manière générale, le web a remis en question le droit de la propriété intellectuelle.

Selon le ministère de l'Économie et des Finances, la propriété intellectuelle fait référence à « l'ensemble des droits portant sur les créations, telles que les inventions, les œuvres littéraires et artistiques, les dénominations, les titres, les logos, les images ou le design, etc. Les droits de propriété intellectuelle protègent les intérêts de leurs titulaires en leur conférant des droits de propriété exclusifs sur leurs créations ».

Le droit de la **propriété intellectuelle** se divise en deux branches : celui de la propriété industrielle et celui de la propriété littéraire et artistique. La propriété industrielle s'exprime notamment au travers des brevets et des marques tandis que la propriété littéraire et artistique s'exprime au travers, par exemple, des fameux droits d'auteur. Les enjeux économiques et les intérêts divergents sont bien souvent à l'origine de nombre de problèmes relatifs aux droits de la propriété intellectuelle. Comment peut-on rémunérer un créateur quand la plateforme digitale offre un accès aisé et une possibilité de reproduction à coût quasi nul ? Le Code de la propriété intellectuelle définit ces règles de fonctionnement et de rémunération.

Le second niveau de protection est à la fois professionnel et individuel. Il s'agit du droit à l'image. Selon le service public français, le **droit à l'image** se définit comme un droit exclusif dont tout individu dispose sur son image et sur l'utilisation qui en est faite. Les images peuvent être des photos ou des vidéos sur lesquelles une personne apparaît et est reconnaissable, quel que soit le contexte : vacances, événement familial, manifestation culturelle ou religieuse.

Pour autant, certaines images ne nécessitent pas l'autorisation des personnes concernées, sous réserve de ne pas porter atteinte à la dignité de l'individu représenté. Citons par exemple les images d'événements d'actualité qui peuvent être publiées sans l'autorisation des participants, au nom du droit à l'information ou à la création artistique. C'est aussi le cas des images de personnalités publiques dans l'exercice de leur fonction (élus par exemple), à condition de les utiliser à des fins d'information. Enfin, c'est aussi le cas des images illustrant un sujet historique.

La CNIL (Commission nationale de l'informatique et des libertés) va plus loin en spécifiant que, sur un réseau social notamment, un internaute doit s'assurer de recueillir le consentement explicite de la personne concernée avant de publier son image. Ce n'est donc pas en identifiant un individu (l'action de taguer quelqu'un) que l'accord peut se faire. Les réseaux sociaux ne constituent pas une zone de non-droit, et la responsabilité des personnes peut être engagée.

Depuis 2018 a émergé le **droit à l'oubli**. Celui-ci impose à l'ensemble des acteurs du web de pouvoir effacer certaines informations. Ce droit peut prendre plusieurs formes. Tout d'abord le **droit d'opposition** : il s'agit du droit permettant, pour des motifs légitimes, de refuser que ses données fassent l'objet d'un traitement (notamment dans le cadre commercial, lors de collectes de données). Ce droit ne concerne que la personne et ne peut être étendu aux proches. La seconde forme est le **droit à l'effacement**. Qu'il s'agisse d'une photo gênante ou d'une information erronée, il est possible de demander à l'organisme qui l'a collectée de l'effacer. Pour ce faire, il faut que la demande entre dans une des situations suivantes :

– l'individu retire son consentement d'utilisation ;

– les données ont fait l'objet d'un traitement illicite ;

– les données sont utilisées pour de la prospection ;

– les données ont été collectées tandis que la personne était mineure ;

– les données ne sont plus utiles par rapport à l'objectif de leur collecte initiale.

Pour en demander l'effacement, il faudra contacter l'organisme, exercer le droit d'effacement et conserver une copie de toutes les démarches. En cas de refus ou d'absence de réponse de la part de l'organisme concerné, il est possible de saisir la CNIL.

Enfin, le **droit au déréférencement**. Il s'agit ici de demander au moteur de recherche de ne plus référencer une page associée au nom et au prénom d'un individu. Le contenu n'est pas supprimé, mais bien déréférencé par le moteur de recherche pour lequel la demande a été faite. Très souvent, il faut en complément demander un droit à l'effacement.

RGDP

Le Règlement général de protection des données (RGPD) est un texte réglementaire européen qui encadre le traitement des données de manière égalitaire sur tout le territoire de l'Union européenne. Il est entré en application le 25 mai 2018. Le RGPD s'inscrit dans la continuité de la loi française du 6 janvier 1978 relative à l'informatique, aux fichiers et aux libertés, établissant des règles sur la collecte et l'utilisation des données sur le territoire français. Il a été conçu autour de trois objectifs : renforcer les droits des personnes, responsabiliser les acteurs traitant des données et crédibiliser la régulation grâce à une coopération renforcée entre les autorités de protection des données. Toute structure publique ou privée effectuant une collecte de données est concernée par le RGDP, quelle que soit sa taille et son activité.

2) Le cas des réseaux sociaux

Si le Web foisonne de comportements non éthiques, les droits présentés ci-dessus permettent de redonner une partie du pouvoir à l'individu en tant que créateur ou personne. Les réseaux sociaux n'échappent pas à ces mesures. En plus des droits à l'image, des enjeux et un cadre spécifiques à ces plateformes ont vu le jour.

Le premier enjeu est l'**infobésité**, ou surcharge d'informations, soit un nombre d'informations impossible à gérer ou à digérer pour un humain. Conséquence du *big data*, l'augmentation exceptionnelle du volume de données peut impacter fortement une personne. Le temps passé à traiter les données provenant de différentes sources comporte aussi des risques d'individualisation. Notons de plus que, face à cet important volume de données, les individus ont recours à des systèmes de personnalisation ou de recommandation : Google pour le choix des pages à consulter, Amazon pour le choix des produits à acheter, Facebook pour le choix des messages apparaissant dans votre flux d'informations. Dans chacun de ces cas, ce sont des algorithmes qui choisissent, sur la base de votre requête, les produits, articles, informations remontées par ces acteurs. Comment garantir la neutralité des choix faits par ces algorithmes et éviter le phénomène de **surpersonalisation** ?

Processus important dans le cadre professionnel, le sentiment constant d'urgence amené par ces canaux, tout comme la connectivité ininterrompue (on parle d'ultraconnectivité) et la réactivité instantanée créent un sentiment de stress. On parle souvent de technostress pour identifier ce phénomène. Ce n'est que depuis le début des années 2000 que le **droit à la déconnexion** est apparu. Celui-ci permet aux employés de ne pas avoir à être connectés à des outils logiciels en dehors des heures de travail. Chaque année, la Journée mondiale sans téléphone portable est un symbole de la déconnexion.

Le second élément est la circulation de fausses informations, connue plus généralement sous le nom de *fake news*. Du fait de l'instantanéité de la transmission d'informations, le recul nécessaire au traitement de l'information, son analyse et sa communication ne peuvent plus se réaliser. La recherche de la véracité n'est plus le maître-mot au profit du buzz médiatique engendré par l'information relayée. Certains **robots sociaux** peuvent contribuer à la création de *fake news* et sont difficilement détectables.

3) Faits marquants

Les GAFAM font régulièrement l'objet d'enquêtes relatives à des problématiques d'éthique. En effet, leur position sur le marché et le fort contrôle qu'ils possèdent sur les ressources digitales peuvent les amener quelquefois à mettre en œuvre des pratiques non éthiques et déloyales. La Commission européenne a en particulier sanctionné à plusieurs reprises les géants Facebook et Google. Récemment, une amende de 1,49 milliard d'euros a été prononcée à l'encontre de Google pour cause de pratiques anticoncurrentielles effectuées sur sa célèbre régie publicitaire AdSense. Google est accusé d'avoir violé les lois antitrust, par le biais de son service AdSence, en émettant des contrats de publicité exclusifs avec les éditeurs. Le groupe a fait appel de cette décision. Au total, sur deux ans, Google a été condamné à plus de 8 milliards d'euros d'amendes.

Facebook a été aussi touché par ce type de problématique avec le fameux scandale Cambridge Analytica. Sur cette affaire, Cambridge Analytica aurait obtenu l'accès à des données personnelles de dizaines de millions d'utilisateurs. Facebook est accusé de ne pas avoir suffisamment protégé les données de ses utilisateurs. Face à cette affaire, le géant provisionne une amende de 3 à 5 milliards de dollars.

Notons que certaines associations se positionnent autour des problématiques d'éthique qui visent à défendre les droits des citoyens sur le Web et à faire entendre leurs inquiétudes et leurs voix. Elles souhaitent tenir informés les consommateurs et les accompagner dans le cadre du respect de leurs libertés fondamentales sur internet.

La Quadrature du net (LQDN) est une association qui s'est fait notamment connaître pour son opposition à la loi HADOPI. Cette loi a donné lieu à la création de la Haute Autorité pour la diffusion des œuvres et la protection des droits sur internet. Cette instance a pour objectif de contrôler le partage de fichiers en pair-à-pair entre internautes lorsque ceux-ci sont en infraction des droits d'auteurs. Sur ce sujet, l'association dénonçait l'intimidation des utilisateurs d'internet et l'instauration d'un climat de peur qui en émergeait. En particulier, elle estimait que cette mesure était le résultat du souhait de maintenir un modèle économique dépassé dans l'industrie du divertissement. L'association s'interroge avec les citoyens sur la relation d'influence qui peut exister entre les technologies du digital, la société et sa gouvernance. L'objectif est d'œuvrer pour un internet libre, qui soit décentralisé et émancipateur.

Au cours des dernières décennies, de nombreuses mesures ont vu le jour pour protéger les individus, créateurs et entreprises du digital. Celles-ci ont été ajustées et adaptées avec des moyens de répression toujours plus importants. Cependant, chaque avancée technologique émerge avec son lot de nouveaux enjeux. L'intelligence artificielle et les objets connectés n'en sont que deux facettes. Le transhumanisme porté par certains grands noms du digital investit un terrain encore plus complexe en matière d'éthique. Il en est de même pour le questionnement et l'établissement d'un droit du robot intelligent. La *blockchain* est elle aussi en train de bouleverser certains codes. Dans ce contexte, disposer d'un cadre juridique numérique fort et en constante évolution est un impératif pour assurer l'avenir de notre société.

PARTIE II

Canaux d'acquisition

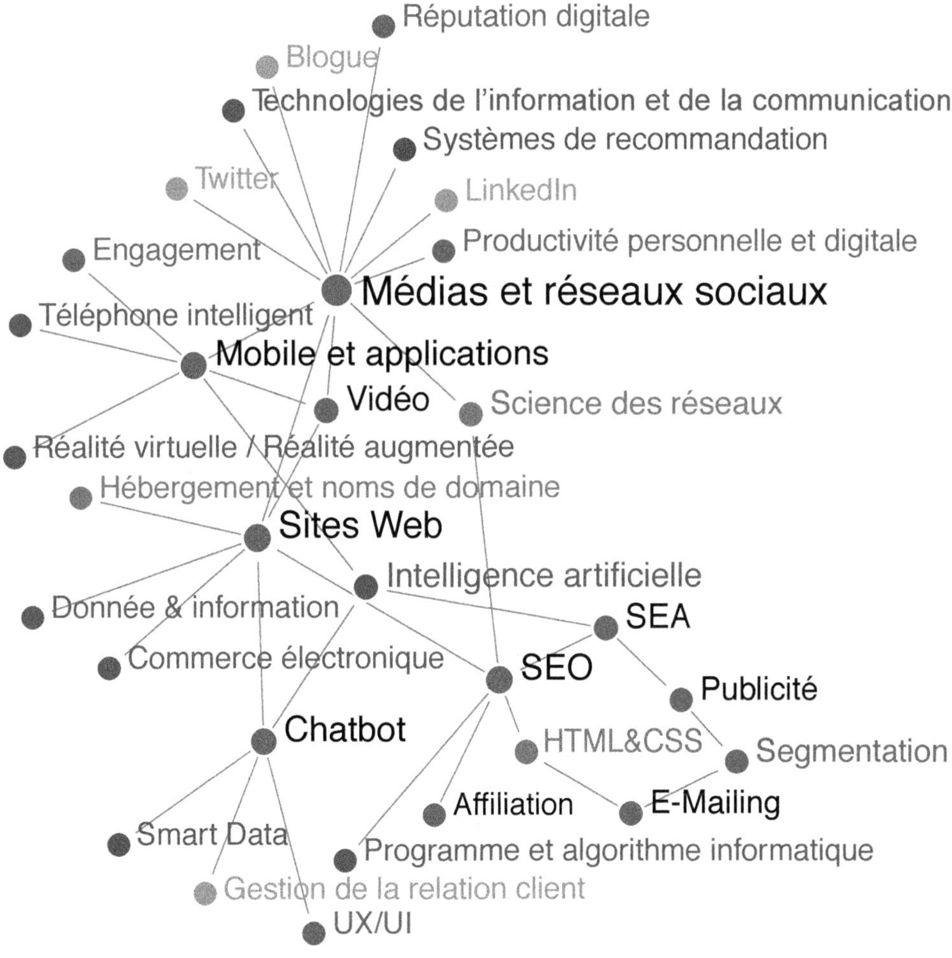

11 Sites web

Un site web est un ensemble de pages web et de ressources reliées par des hyperliens. L'ensemble des sites accessibles par une adresse web constitue ce que l'on appelle plus communément le web. Fin 2018, on comptait près de 2 milliards de sites web dans le monde. Parmi le top mondial, on retrouve logiquement Google, YouTube et Facebook. Dans le même temps, plus de 333 millions de noms de domaine ont été enregistrés. En France, on dénombre plus de 200 000 sites de commerce électronique et un temps moyen passé par un individu sur un site d'un peu plus de 2 minutes.

1) Familles de sites web

Un site web permet de véhiculer des données et des informations sur une entreprise. Le tout à moindre coût. Une fois défini l'objectif de la présence sur le web (par exemple notoriété, visibilité, vente), le choix du type de site est à faire. Il en existe trois principaux.

Le premier est le **site vitrine**. Il a comme rôle principal la mise en avant d'informations sur l'entreprise, le développement de l'image de marque. Il s'agit de présenter succinctement son activité, ses produits et ses services. Ce site ne sera pas amené à évoluer très régulièrement, mais offrira aux internautes une vue complète de ce que propose l'entreprise. Un site réalisé pour un restaurant au menu simple entre dans cette catégorie.

Le second type est le **site institutionnel** (aussi dit *corporate*). Il présente en détail l'organisation et les valeurs de l'entreprise. Il propose des descriptions des activités et met en avant les chiffres clés et les informations nécessaires pour le public visé. Un site tel que www.france.fr entre dans cette catégorie.

Le troisième type est le **site transactionnel** (ou de commerce électronique). Cette famille regroupe l'ensemble des sites vendant directement des produits ou services aux internautes et procédant au paiement en ligne.

En plus de ces trois grandes familles, peuvent être mentionnés les sites intranet (sites privés et internes aux entreprises leur permettant de partager un ensemble d'informations professionnelles), les portails (comme la messagerie, calendrier ou actualités), les blogs, les sites communautaires (comme les réseaux sociaux) et enfin les sites collaboratifs (comme un wiki).

2) Étapes de lancement d'un site

Les différentes étapes nécessaires à la conduite d'un projet web peuvent être résumées ainsi :

- le **lancement** : étude des besoins, de la concurrence et de l'existant pour établir un cahier des charges ;
- la **conception** : élaboration de la structure (arborescence), du contenu des pages et notamment de la page d'accueil, du graphisme, qui fait partie du cahier des charges fonctionnel ;
- la **réalisation** : réservation et gestion du nom de domaine, hébergement, développement de l'interface utilisateur et du *back-end* ;
- la **production** : le site est mis en ligne, devient accessible au public ciblé ;
- l'**exploitation** : phase de maintenance et de promotion du site, avec notamment le référencement naturel (Netlinking) ou payant (Google Adwords, Microsoft Adcenter, ou autres).

Afin de ne pas commettre d'erreurs lors de la création d'un site, il est essentiel de considérer les 10 éléments suivants :

1. **Définir un budget** : un site web informationnel variera entre quelques centaines d'euros à maximum 5 000 euros ; un site institutionnel pourra voir son tarif monter jusqu'à quelques dizaines de milliers d'euros, quand un site marchand peut se chiffrer à quelques centaines de milliers d'euros au maximum (mais des solutions types Prestashop ou Magento proposent des solutions à faible enveloppe budgétaire).
2. **Identifier ses cibles** : à qui le site s'adresse-t-il ?
3. **Analyser son marché sur internet** : prendre le temps de comprendre le marché et les compétiteurs. Quelles sont les offres minimales proposées qui devront être reproduites sur le site ?
4. **Trouver un nom de domaine** : penser au nom juste et vérifier sa disponibilité (un site comme OVH peut y aider).
5. **Choisir le mode d'hébergement du site** : soit en interne, soit sur une plateforme dont c'est le coeur de métier.
6. **Réaliser un cahier des charges des attentes et fonctionnalités du site.**
7. **Externaliser (ou internaliser) la création du site** : en fonction des moyens et expertises disponibles.
8. **Penser au référencement** : un site doit être connu et vu. Son contenu, ses liens et sa reconnaissance sont autant d'éléments essentiels à son succès.
9. **Mettre en place un outil de tracking** (Google Analytics) : une fois le site créé il faut le faire évoluer. Des outils de suivi existent afin de mieux ajuster le contenu.
10. **Faire la promotion du site** : enfin il faut s'assurer, tous canaux confondus, de faire la promotion de son site auprès des prospects et clients actuels.

3) Refaire son site

Une fois le site créé, il faudra, dans la durée, le faire évoluer, voire le refaire complètement : on parle de **refonte de site web**. Les raisons de la refonte peuvent être nombreuses. En règle générale, l'objectif est d'optimiser le site pour le référencement dans les moteurs de recherche, mais aussi de l'adapter aux nouveaux comportements des internautes. De plus, une évolution du positionnement (nouveaux produits, nouveaux services) peut également justifier la refonte d'un site. De la même manière que lors de sa création, il existe un ensemble de bonnes pratiques que nous présentons ci-après :

- **repenser l'arborescence** : si les internautes (experts ou novices) ne se retrouvent pas sur le site, il faut repenser les chemins de conversion. La règle des 3 clics (en 3 clics, un internaute doit trouver le contenu désiré sur le site) est à respecter ;
- **redirections** : dans la mesure où la refonte implique un nouveau nom de domaine, il est important de pouvoir retrouver l'ensemble du site et des liens ;
- ***backlinks*** : il s'agit de l'ensemble des liens pointant vers un site. Lors d'une refonte, il faut s'assurer qu'aucun de ces liens ne soit perdu, sous peine de perte de référencement ;
- **liens internes** : il est important de vérifier que toutes les sous-pages continuent d'être reliées entre elles car ce maillage influence fortement le référencement du site ;
- **contenu dupliqué** : la vérification du contenu de votre site et de possibles doublons de contenu est essentielle, car cela va influencer la pertinence des résultats de recherche ;
- **temps de chargement** : l'un des facteurs à garder en mémoire est le temps de chargement de votre site ; si pouvez le réduire (en le gardant sous les 3 ou 4 secondes), votre référencement en sera rendu meilleur.

Aujourd'hui, si disposer d'un site ne représente plus un avantage concurrentiel, ne pas en avoir peut s'apparenter à un désavantage tant les internautes s'appuient sur Google et la présence digitale pour découvrir et échanger avec une marque ou une entreprise. En se posant les bonnes questions et en travaillant sur la qualité du contenu, la présence en ligne sera pertinente et la visibilité plus forte.

E-mailing 12

Si l'on se demandait quelle action de marketing digital est la plus rentable, notre intuition nous guiderait sûrement vers Facebook ou Instagram. Peut-être même Google Adwords. Cependant, depuis sa création en 1971, le courrier électronique reste l'action ayant le plus grand retour sur investissement (ROI). Avec plus de 269 milliards de courriels envoyés chaque jour, l'e-mailing se porte très bien. Chaque minute, ce sont quasiment 190 millions de courriels qui sont envoyés.

1) Définition

Ce terme anglophone désigne l'envoi de mails à un groupe de personnes avec une grande rapidité, mais également une grande facilité grâce aux démarches simplifiées offertes par internet. L'**e-mailing** est un canal de communication qui rentre dans ce qu'on appelle la personnalisation *one-to-one* consistant à se servir de certaines données personnelles de chaque prospect pour leur envoyer un courriel entièrement adapté à leurs attentes et à leurs envies. Il s'agit d'une technique commerciale et d'une action de communication très utilisée pour fidéliser une clientèle.

L'e-mailing se distingue des envois de mails en masse dit **spams**. Le spam (ou courriel indésirable) est une communication électronique non sollicitée, en premier lieu *via* le courrier électronique. Il s'agit en général d'envois en grande quantité effectués à des fins publicitaires. Le spam représente 95 % des messages échangés en France. L'e-mailing est une technique entièrement personnalisée dans le but de ne pas envahir les boîtes mail des destinataires.

2) Objectif de l'e-mailing

Le but d'une campagne d'e-mailing est de fidéliser une clientèle ou de rechercher de nouveaux prospects susceptibles d'être intéressés par certains services ou produits. Pour ceux qui l'utilisent, cette technique devient essentielle pour se constituer un portefeuille de clients conséquent.

Les 5 avantages de l'e-mailing

Popularité et usages	Plus de 90 % des Français ont un accès internet. Ils disposent en moyenne de 2,1 boîtes mail. Le taux de lecture d'un courriel marketing est situé entre 15 et 20 %.
Simplicité	La rédaction et l'envoi de courriels se font en quelques clics. Une entreprise peut créer et sauvegarder des matrices afin de disposer d'une présentation standard. Grâce au correcteur des logiciels, on peut rédiger des messages exempts de fautes d'orthographe.
Variété	Le courriel n'a pas de limite de caractères (à la différence du SMS). L'email peut être un simple texte, contenir des illustrations, des tableaux, des graphiques. En intégrant un lien dans son email, le rédacteur peut diriger le lecteur vers une vidéo, vers la page d'un site en ligne, vers une newsletter.
Économique	Quand il est utilisé au sein du contrat classique et forfaitaire de l'un des grands fournisseurs d'accès à internet, le courriel est un message gratuit. Le recours à des prestataires (comme Mailchimp) permet de disposer, à des coûts relativement faibles, d'un envoi ciblé, efficace et évalué.
Mesurable	En raison de l'enregistrement de toutes les données électroniques dont on dispose, on peut établir des taux de performance à différents stades de la vie d'un courriel (taux de réception, d'ouverture, de lecture, de transformation). Le coût d'un courriel (conception, réalisation, envoi) est chiffrable, tout comme le chiffre d'affaires qu'il génère (taux de transformation). Pour une entreprise désireuse de mesurer le ROI de ses actions, l'e-mailing est idéal.

3) Fonctionnement de l'e-mailing

Pour utiliser au mieux cette technique, il existe deux solutions : la première est d'investir dans un logiciel performant pour intégrer une base de données facilement et créer des messages en HTML. Il est important alors d'avoir quelques connaissances en informatique, notamment en matière de maquette graphique pour créer une campagne e-mailing de qualité.

La seconde est de s'appuyer sur un prestataire de mailing qui se chargera de l'envoyer à votre place et qui assurera un suivi régulier des performances. Afin de réussir avec succès la campagne e-mailing, 5 étapes clés sont à définir :

– **penser la structure** et le design du mail : le message est essentiel, mais tout commence par le titre. Il doit être clair et concis, sans être trop commercial (sous peine de voir le message finir dans le dossier spam). Le contenu doit intégrer des *call-to-action* permettant au destinataire d'entreprendre rapidement une action ;

– **gérer la liste de diffusion** : même si l'email reste un outil de masse, il faut rapidement qualifier la base de données en nettoyant les segments non utilisés, les non-réponses, ou retirer simplement les personnes ayant fait part de leur volonté de ne plus recevoir de messages. Il faut s'assurer également de demander aux destinataires la mise à jour de leurs informations ;

– **segmenter l'audience** : afin de garantir une bonne réception des messages, la segmentation de l'audience est essentielle, en travaillant notamment sur la valeur des prospects. Il faut ajuster le message en se basant sur la démographie, la géographie, l'activité e-mail ou le degré de conversion par exemple ;

- **respecter les normes** : il existe un certain nombre d'organismes encadrant le courriel et son contenu (CNIL, W3C, ASA), que ce soit vous ou votre prestataire, assurez-vous de bien respecter les normes en termes de confidentialité, de contenu et de suivi. Il est par exemple interdit d'envoyer des messages commerciaux à toute personne sans son accord préalable ;
- **mesurer** : l'e-mailing permet de connaître l'impact d'une campagne grâce à des outils mis à disposition. À vous de suivre le taux d'ouverture du mail, mais aussi le taux de clics, le taux de désinscrits et le taux de transfert. En s'appuyant sur ces mesures, il faudra le cas échéant ajuster sa stratégie et son message.

L'e-mailing est un moyen peu coûteux et très efficace afin de toucher une clientèle ciblée pour la communication. Il peut avoir vocation à l'informer des dernières tendances, mais également des événements d'une entreprise et de communiquer sur ses produits. Ce domaine touche au domaine informatique (en particulier pour l'automatisation, la segmentation, le design), il reste donc conseillé de s'entourer de professionnels ou de suivre une formation adéquate afin de lancer une campagne efficace et de qualité. Pour conclure, il ne faut pas oublier que l'on ne dispose que de trois secondes pour éveiller l'intérêt du récipiendaire.

13 Affiliation

Il est connu qu'une grande majorité d'individus sont influencés par le comportement de leurs proches. En France, 55 % des utilisateurs de Facebook se disent influencés par les avis de leurs contacts. Savoir s'appuyer sur une plateforme plus importante ou à plus forte notoriété pour générer une action, voici la base de l'affiliation. Aujourd'hui, en France, l'affiliation représente plus de 10 % des investissements publicitaires digitaux.

1) Définition

L'affiliation est un partenariat entre un apporteur de trafic et un site commercial cherchant à développer son activité. Le site commercial, alors nommé **annonceur**, propose un programme d'affiliation au site souhaitant rentabiliser son trafic, alors nommé **affilié**. Le programme d'affiliation décrit la manière dont l'affilié sera rémunéré en faisant la promotion des produits ou des services de l'annonceur. Un même programme d'affiliation peut proposer plusieurs modes de rémunération en même temps, tels que le coût par clic (CPC) ou le coût par action (CPA). De même, il existe des paliers de rémunération : au-delà de 30 ventes par mois par exemple, vous passez à un pourcentage de rémunération sur ventes plus élevé.

Les 5 principaux modes de rémunération

Affichage : pour chaque affichage d'un visuel.

Clic (CPC) : le visiteur clique sur un lien vers un annonceur.

Double-clic : le visiteur clique sur un lien puis clique une deuxième fois dans le site de l'annonceur.

Formulaire (CPL) : le visiteur remplit un formulaire de l'annonceur en passant par votre site.

Vente (CPS) : le visiteur effectue un paiement sur le site de l'annonceur. Cette rémunération peut être variable ou fixe selon les cas.

Certains annonceurs ont leur propre programme d'affiliation, c'est le cas d'Amazon ou d'AirBnb. D'autres passent par des plateformes d'affiliation, qui disposent d'une technologie de *tracking* et d'une base d'affiliés déjà actifs sur d'autres programmes (par exemple : effiliation, affilae, affiliaweb, zanox). Lorsque plusieurs affiliés ont été acteurs sur une vente, le service d'affiliation attribue la vente à l'un des affiliés en fonction des règles établies par l'annonceur. En général, il s'agit d'attribution au dernier clic : le site affilié ayant généré le dernier clic se voit attribuer la vente, et donc la commission.

2) Objectif de l'affiliation

Aujourd'hui, ne pas faire d'affiliation revient à passer à côté d'un gros potentiel de revenus supplémentaires. Si vous gérez un site e-commerçant, l'affiliation doit occuper une place importante dans votre **mix-marketing** :

- elle permet l'augmentation du trafic vers votre site (parfait pour le SEO) ;
- elle assure un élargissement de votre base de prospects en touchant le réseau de contacts d'autres sites dans votre secteur ;
- elle a normalement un risque réduit sur vos finances : vous rémunérez vos affiliés à la vente ;
- elle permet d'accroître votre notoriété.

L'affiliation doit être un montage « gagnant-gagnant ». Vous devez disposer d'un produit qui se vend, ou d'un site qui a suffisamment de trafic pour garantir une transformation minimale. Dans le cas contraire, votre partenaire ne trouvera pas son compte et mettra un terme à la collaboration.

3) Affiliation par Amazon

Mettons-nous quelques minutes dans la peau d'un affilié qui veut travailler avec Amazon. L'affiliation Amazon est plutôt simple à comprendre : vous vous inscrivez au programme Partenaires Amazon avec votre site ; cette inscription permet d'accéder à des outils pour créer des liens vers les produits vendus sur Amazon que vous sélectionnez. Vous êtes donc autonome dans la sélection.

À chaque fois qu'un lecteur passe par votre lien pour effectuer des achats sur Amazon, vous touchez une commission, un pourcentage de la vente, qui dépend de la nature du produit vendu. Une fois que vous atteignez un seuil de gains, vous pouvez toucher votre rémunération sous forme d'argent ou de chèque-cadeau à dépenser sur Amazon. Ce format développé par Amazon reste simple à mettre en place et avantageux pour les sites. En effet, il permet de profiter du pouvoir d'attraction du géant. Le tableau suivant résume les avantages et inconvénients du programme d'affiliation.

Avantages et inconvénients du programme d'affiliation Amazon

Avantages	Inconvénients
Processus simple lors de la mise en place. Vaste catalogue de produits : peu importe votre métier, vous devriez trouver. Service d'accompagnement de qualité. Peu d'annulations. Dans le cas d'achats groupés, votre commission augmente. Amazon travaille pour vous à la conversion. Rémunération claire et précise.	Taux de commission peu élevé (entre 3 et 10 %) et qui tend à la baisse. Rejet d'Amazon par beaucoup d'acheteurs : en voyant trop la marque, la transformation diminue. La durée de vie des cookies diminue, donc si une personne tarde à acheter (plus de 24 h), la commission disparaît.

Outil fondamental d'une stratégie de *marketing mix*, l'affiliation présente un grand nombre d'intérêts. Elle doit cependant se penser sur le long terme et une fois que la notoriété d'un site ou d'une marque existe. En maîtrisant les commissions, ce canal d'acquisition peut permettre à une organisation des gains de revenus importants, à la fois pour l'annonceur ou l'affilié.

Vidéo en ligne 14

Que ce soit un film d'entreprise, un clip ou une présentation de produit, le contenu vidéo est devenu la clé d'une stratégie de communication. Le marketing vidéo permet de faire passer un message de façon marquée et d'immerger totalement le prospect dans l'univers de l'entreprise. Au-delà du contenu, le marketing vidéo permet de solliciter les prospects un minimum de temps dans leur navigation.

1) Vidéo et stratégie marketing

Avant de présenter en détail les raisons majeures pouvant amener une entreprise (ou une marque) à recourir à la vidéo pour interagir avec ses clients ou prospects, présentons quelques chiffres.

L'intégration d'une vidéo dans un site web augmente de 20 % l'engagement des prospects : prise de contact, remplissage du formulaire (source : *work.com*). On augmente de 85 % l'intention d'achat dans le cas d'une présentation produit (source : *Internet Retailer*). Près de 22 % des prospects ayant vu une vidéo se rendent sur le site web de l'entreprise concernée (source : *Online Publisher Association*). Plus de 26 % des prospects se renseignent sur le service ou produit spécifié (source : *Online Publisher Association*). Plus de 60 % des prospects préfèrent regarder une vidéo avant de lire le contenu d'un site web (source : *Diode Digital*). Enfin, la vidéo augmente de 53 % la chance d'être retrouvé en première page de résultat Google (source : *Forrester Research*).

La première raison importante de l'usage d'une vidéo tient simplement aux capacités humaines. Selon un article publié dans le *New York Times*, la **capacité moyenne de concentration** humaine est tombée en dessous de 8 secondes en 2016, ce qui est inférieur à celle d'un poisson rouge. De plus, les études scientifiques ont montré que le cerveau humain pouvait traiter les images environ 60 000 fois plus rapidement que les mots. Si une entreprise veut agir efficacement et transmettre un message rapidement, la vidéo est plus efficace.

Deuxième raison, la vidéo encourage l'engagement et est propice à la conversation. Les personnes interagissent et prennent la parole autour des vidéos. Cet engagement se traduit également par de meilleurs *leads* (+ 200 % pour un courriel contenant une vidéo) et de meilleures conversions (+ 80 % en moyenne pour un *landing page* suite à l'introduction d'une vidéo).

La troisième raison est le relais apporté par les réseaux sociaux. D'ici 2020, les différentes agences de marketing avancent que 85 % des contenus d'informations ou de divertissement en ligne seront sous forme de vidéos. Que ce soit sur Instagram avec son format *story*, sur YouTube avec YouTube Originals ou Snapchat, les réseaux sociaux encouragent la production vidéo.

La dernière raison de faire appel à la vidéo est la mise en avant de l'entreprise. En effet, être capable de créer du contenu de qualité et le diffuser permettent de créer un véritable sentiment de préférence de marque. Cela peut permettre à des entreprises de se différencier de leurs concurrents. Les vidéos avec prise de position, comme Nike, marquent les consommateurs, mais également l'opinion publique. Le recours à la vidéo présente un gain compétitif réel pour une organisation. Encore faut-il connaître les bases d'une bonne stratégie marketing vidéo.

2) Stratégie marketing vidéo

La vidéo capte l'attention des consommateurs de manière beaucoup plus puissante que les autres supports, et c'est ainsi qu'un internaute passe en moyenne 48 secondes sur un site qui ne comporte pas de vidéo, contre plus de 5 minutes sur un site qui en présente (*vid-marketing*, 2017). Comment assurer la création d'une vidéo à succès ? La réponse en quatre grandes étapes.

A. Définir les objectifs

Lorsqu'une entreprise (ou un individu) décide de créer une vidéo, il est important de fixer les objectifs de cette dernière. Ils sont généralement au nombre de trois :

Quel résultat ? L'objectif ici se comprend en termes de performance : la vidéo a-t-elle pour objectif de générer de nouveaux *leads* ? De transmettre des informations sur un produit ? De créer et/ou d'entretenir l'image de marque ? De marquer un événement particulier ? Quels sont les retours et réactions attendus de cette vidéo ?

Quel message ? Quel est l'objet principal de la communication, c'est-à-dire que souhaitez-vous qu'une personne visionnant la vidéo retienne ?

Quelle cible ? Il est primordial de définir un objectif d'audience. En effet, avec les mêmes objectifs de résultats et de communication, on ne construit pas une stratégie de la même manière selon que l'on s'adresse à tel ou tel public.

Ces trois objectifs ne sont pas séparés, mais bien complémentaires. Aucune stratégie de marketing vidéo ne sera efficace si l'un des trois objectifs n'est pas clairement défini.

B. Connaître et respecter les règles établies

Créer, produire et diffuser une vidéo ne s'improvise pas. Afin d'assurer la construction d'une vidéo, il est important de garder en tête que son esprit et son contenu doivent être en accord avec la marque et les valeurs qu'elle véhicule, et que les internautes perdent vite patience. La vidéo promotionnelle ne doit pas durer plus de deux minutes. Dans le cas contraire, on doit prévoir la possibilité de construire plusieurs vidéos séparées. Enfin, cette vidéo doit servir de canal d'acquisition pour une marque/entreprise. Pour cela, il faut penser aux *call to action* à inclure en fin de vidéo permettant à l'individu de prolonger son expérience avec la marque.

C. Diffuser la vidéo

Une fois pensée et réalisée, la vidéo doit être vue. La stratégie de diffusion revêt un aspect crucial. La première étape de cette diffusion est le référencement de la vidéo. Les moteurs de recherche, que ce soit Google ou YouTube pour la vidéo, proposent les résultats à l'internaute selon des algorithmes qui fonctionnent par mots clés. Il convient de ne pas négliger les tags et/ou la description, sous peine de perdre en visibilité. Seconde étape : le choix des réseaux sur lesquels la vidéo sera partagée. Chaque réseau ayant son objectif, son auditoire et ses propres règles, il faut imaginer une stratégie globale de diffusion.

Il faut penser la vidéo pour tout public et en tout mode de lecture. Aujourd'hui, 85 % des vidéos qui sont vues le sont sans le son et il est donc nécessaire que l'internaute puisse recevoir et appréhender le message. Sous-titrer le contenu présenté devient alors essentiel. Le dernier point concerne le moment de la publication. Par moment, nous entendons l'horaire et la fréquence. L'horaire tout d'abord : la plupart des marques admettent que le pic de visibilité d'une vidéo est atteint au bout de 24 h ; il est stratégique de poster le contenu à l'heure où l'audience sera la plus disponible pour le visionner. La fréquence ensuite : il faut arriver à créer avec l'audience une habitude dans la lecture du contenu créé. Une bonne approche peut être de donner des rendez-vous aux abonnées pour la diffusion des vidéos.

D. Données d'une vidéo

La dernière étape d'une bonne stratégie de marketing vidéo consiste à analyser l'ensemble des données liées aux vidéos afin d'ajuster le plus rapidement possible les actions. Prendre le temps de suivre et de comprendre le taux d'engagement, la visibilité totale, le taux de complétion, les moments de décrochage, doit permettre de limiter les erreurs. Cela doit surtout amener l'organisation à adapter sa stratégie vidéo par rapport à la réalité de son audience.

Élément majeur de communication, la vidéo reste l'outil permettant le meilleur engagement. Bien réfléchir à son utilisation et à sa diffusion sont les deux enjeux des entreprises. Mais attention, car si une bonne vidéo aura de l'impact, une mauvaise peut nuire durablement à l'image d'une marque.

15 Publicité en ligne

Chaque individu est exposé aux marques en moyenne entre 2 000 et 5 000 fois par jour. On dénombre quotidiennement plus de 2 000 messages publicitaires qui sont autant de stimuli commerciaux. La publicité est aujourd'hui le premier vecteur de relation entre une marque et ses prospects. Si internet a permis un meilleur ciblage, il n'en reste pas moins que la publicité est encore et toujours au centre des actions commerciales. Cette fiche présente les différents modèles de publicité en ligne ainsi que les principales mesures de performance.

1) Définition

La publicité en ligne est un terme utilisé pour désigner la publicité (action de rendre public) prenant place sur internet. Ce terme était historiquement associé à la publicité dite *display*, celle affichant des bandeaux publicitaires sur les pages web.

La première publicité digitale a fait son apparition en 1994 sur le site www.hotwired.com. Il s'agissait d'une publicité de la célèbre entreprise de télécommunication américaine AT&T.

La publicité en ligne désigne aujourd'hui les nombreux formats promotionnels diffusés sur les différents appareils connectés à l'internet : ordinateurs, smartphones et tablettes. Elle regroupe les actions visant à promouvoir un produit, un service, une marque ou une organisation auprès d'un ensemble d'internautes et/ou de mobinautes contre rémunération.

En termes de valeurs, le marché publicitaire français a réalisé en 2018 sa meilleure croissance depuis neuf ans pour atteindre le seuil des 11,5 milliards d'euros. Deux facteurs sont à l'origine de cette marche en avant : 1) l'augmentation de 3 % des investissements TV et 2) les recettes publicitaires numériques (vidéo, social, *search, display*) avec une hausse de 14 %, permettant de minimiser la baisse de 1 % des formats linéaires traditionnels tels que la presse écrite, la radio et la publicité extérieure.

2) Les formats

Il existe une grande variété de formats publicitaires en ligne. Ces formats sont proposés et améliorés par l'Interactive Advertising Bureau (IAB) depuis 1998. Parmi les formats les plus connus et utilisés on retrouve les formats dits standards, les formats émergents et les solutions *rich media*.

Les **formats standards** sont la bannière classique (468 x 60 px), dont l'usage diminue au profit de la large bannière (728 x 90 px), les skyscrapers simples (160 x 320 px) et larges (160 x 600 px), le rectangle simple (180 x 150 px) et moyen (300 x 250 px), la bannière verticale simple (120 x240 px) et large (120 x 600 px), le carré (250 x 250 px), le pop-up (250 x 250 px) ou l'interstitiel (800 x 600 px). Ces formats historiques restent importants, mais sont de moins en moins utilisés.

Les **formats émergents** tels que le *push down* (970 x 120 px), le *billboard* (970 x 250 px), le *sidekick* (300 x 250 px), le portrait (300 x 1 050 px) et le *native advertising* : les publicités natives s'insèrent automatiquement sur un site internet et possèdent un format visuel qui s'intègre parfaitement au reste du contenu de la page.

Enfin, il existe de nombreux formats qui intègrent des animations visuelles ou sonores. Ces derniers sont regroupés sous le terme de ***rich media***. Ce sont des objets animés type *out of the box* (50 x 50 px), *expand banner* (468 x 60 px à 468 x 540 px en position ouverte – l'objet est vu dans son intégralité en cliquant dessus ou en passant la souris dessus –), publicités audio-vidéo, *in text* (au cœur d'articles) ou *pre-roll* (au début du contenu vidéo).

3) Facteurs importants et mesure de performance

Afin d'accroître la réussite du message publicitaire, il est important d'employer un message percutant. Il faut alors présenter l'offre de manière distincte et synthétique. Une phrase courte restera mieux dans les mémoires qu'un long paragraphe. Il faudra chercher à se différencier par la musique, l'offre, les couleurs, l'humour, tout en encourageant une action.

Le design de la publicité doit être séduisant pour attirer l'internaute. En effet, ce dernier est noyé sous les messages publicitaires, il faut donc jouer sur la différenciation avec un message qualitatif (cohérence graphique), simple et facile à comprendre. Enfin, le format utilisé peut être un atout. Nous avons présenté des formats innovants, qui sont mieux intégrés dans la navigation (comme le *native advertising*) ou plus interactifs (*rich media*). En utilisant un support mobile, il devient possible de suivre les mutations d'usage des internautes.

Le message publicitaire étant particulièrement important, il est d'usage de le tester afin de ne l'envoyer que lorsque le timing est bon. Il est également recommandé d'éviter de surcharger un internaute de messages. Pour ce dernier point, il convient d'appliquer un *capping*, c'est-à-dire un nombre maximum d'expositions sur une période définie.

La réussite d'une publicité peut se mesurer de différentes manières et ce en fonction de l'objectif annoncé. Ainsi, si l'objectif est l'affichage, la mesure de réussite sera le nombre d'impressions (par exemple le nombre de vues par les internautes) du message. Dans le cas où l'on souhaite suivre l'exposition réelle, il s'agira de mesurer la quantité de publicités vues et la durée d'exposition. Si l'interaction est recherchée, la mesure sera alors la fréquence d'interaction ou encore la durée de celle-ci. Dans le cas où l'objectif est l'engagement, on comptera plutôt le nombre de clics, d'inscriptions ou bien de formulaires remplis. De manière générale, l'impact d'une campagne publicitaire peut se mesurer en fonction de l'image de marque de l'entreprise, de l'évolution des ventes ou bien tout simplement de la capacité de l'audience à se souvenir de la publicité et de l'entreprise.

Support de communication essentiel de la stratégie marketing de toute marque, la publicité en ligne offre un large panel de variantes. Des formats émergents, dynamiques, intégrés parfaitement au contenu des sites sont désormais disponibles. En travaillant sur la segmentation et le ciblage (sociodémographique, géographique, temporel, contextuel et comportemental), il est souvent possible d'optimiser sa réussite.

16 Médias et réseaux sociaux

Twitter, Facebook ou Instagram sont au cœur de l'activité digitale quotidienne des internautes. Si ces réseaux sociaux sont incontournables, c'est aussi le cas des blogs, wikis et autres médias sociaux. Nous présentons dans cette fiche un tour d'horizon des solutions appartenant à cette galaxie de services que sont les médias sociaux.

1) Média social

Le terme média désigne un support de diffusion massive de l'information. Historiquement, ces supports étaient par exemple la presse écrite, la radio ou la télévision. Si on lui adjoint le terme social, le média social a alors pour finalité la diffusion des messages à une large audience. Un **média social** est défini comme une plateforme qui permet à ses utilisateurs de créer du contenu, de l'organiser, de le modifier et de le commenter. Ce type de média répond à trois conditions principales : 1) il favorise l'interaction sociale, 2) il s'appuie sur les technologies de l'information et de la communication, 3) il est basé sur la création de contenus.

La particularité de ce type de média réside dans la nature et le rôle des parties prenantes. Tandis qu'un média traditionnel s'appuie sur un seul acteur pour diffuser du contenu, dans le cadre d'un média social chacun des participants peut à la fois jouer le rôle de cible et de diffuseur. Aujourd'hui, la conversation entre média et récepteur n'est plus à sens unique. Ce dernier point est l'un des facteurs les plus disruptifs à l'origine des médias sociaux. Il permet de laisser la parole et la possibilité d'agir à tout à chacun. Enfin, notons que ces interactions peuvent se faire de manière synchrone ou asynchrone.

On peut distinguer diverses catégories de médias sociaux :

- les médias sociaux de **messagerie** : ces médias facilitent les échanges et les discussions entre leurs membres. Skype et Messenger sont des représentants de cette catégorie. Les forums font également partie de cette famille ;
- les médias sociaux de **partage** : ils servent essentiellement pour le partage de tout type de contenu (photos, vidéos, musique), en public ou à son réseau. YouTube et Dailymotion sont des représentants de cette catégorie pour le partage de vidéos ;
- les médias sociaux dits de **réseautage** : ces derniers ont vocation à favoriser le développement d'un réseau. Dans le cadre personnel, Facebook permet de rester en relation avec les personnes qui comptent dans nos vies. Cette dernière phrase fut même le slogan de la plateforme. Dans un cadre professionnel, LinkedIn permet par exemple de développer un réseau professionnel. C'est à cette catégorie qu'appartiennent les **réseaux sociaux** ;

- les médias sociaux dits de **publication** : ce type de média est orienté sur la publication de contenus. Les plateformes de blogging font partie de cette catégorie. Citons, comme représentants, les célèbres WordPress, Tumblr, Blogspot et Blogger ;
- les médias sociaux de **collaboration** : ces médias tels que Slack permettent de collaborer à distance. Ils trouvent leur intérêt par exemple dans le cadre de la gestion de projet dans un objectif de productivité.

Le recours aux médias sociaux présente de nombreux intérêts et enjeux pour une marque. Ils permettent de mettre en place un dialogue avec leurs membres et de développer des interactions sociales et parasociales révélant un engagement de la part d'une communauté. Cet engagement peut même être à l'origine d'un phénomène de viralité ou de buzz. Ils permettent aussi de communiquer à tout instant et ce même en situation de mobilité. C'est aussi un vecteur pour augmenter la visibilité et la notoriété d'une marque. Les médias permettent enfin d'améliorer le référencement, de prospecter et d'établir une veille, d'assurer une relation client en temps réel et de gérer la réputation digitale de la marque.

2) Le réseau social

Un **réseau social numérique** est une sous-catégorie de média social défini comme un service qui s'appuie sur une infrastructure informatique permettant à un individu d'accomplir au minimum trois actions fondamentales.

La première est la possibilité de **créer un profil** en remplissant un formulaire plus ou moins exhaustif sur son identité. Un profil est généralement identifié de manière unique par une adresse de courriel ou un pseudonyme.

La seconde fonctionnalité est la possibilité de **gérer une liste de contacts**. Les contacts d'un utilisateur sont alors définis comme un ensemble de profils qui ont été identifiés et choisis par l'utilisateur. Cette identification permet d'activer des fonctionnalités spécifiques vis-à-vis de ces profils, telles les interactions *via* des messages textuels. Les contacts peuvent être des connaissances acquises en dehors du site (par exemple dans la vie réelle) ou bien acquises directement sur le réseau digital. Notons que la plupart des réseaux sociaux numériques possèdent désormais des systèmes de recommandation qui permettent de proposer à l'utilisateur des profils susceptibles de l'intéresser. Ce type de système est le plus souvent élaboré sur la base de contacts existants et/ou des préférences indiquées par l'utilisateur.

Enfin, la dernière fonctionnalité nécessaire à un réseau social numérique est la possibilité de **naviguer parmi les amis de nos amis**. Cette fonctionnalité est à l'origine de la dynamique du réseau, car bien souvent les amis d'amis nous ressemblent (c'est le principe d'homophilie) et peuvent ainsi être à l'origine de nouvelles relations.

Apparue en 1997, la première plateforme identifiée comme réseau social numérique était dénommée Six Degrees, faisant référence aux travaux de S. Milgram sur la théorie des « six degrés de séparation » (voir la fiche sur la science des réseaux n° 80), une expérience phare de la science des réseaux. Aujourd'hui, les cinq réseaux sociaux incontournables sont Facebook, Twitter, LinkedIn, YouTube et Instagram.

Chaque plateforme possède des caractéristiques propres qui imposent ou non des formats de contenu. Ainsi, en fonction de l'objectif, une entreprise devra se tourner vers une plateforme plutôt que vers une autre. Par exemple, un tweet n'a pas même longueur qu'un post, lui-même plus court qu'un article de blog, et parfois moins visuel qu'une image postée sur Instagram.

Être en capacité de bien déterminer les supports de communication d'une marque revêt une importance primordiale. En marketing digital, le temps est compté et chaque action doit être mesurée et calculée. En ajustant la stratégie en fonction du média social le plus pertinent, une entreprise pourra gagner en efficacité. Son choix peut l'amener en priorité sur un réseau social, un blog, un forum ou même un wiki.

Mobile et applications

17

La nomophobie est un phénomène nouveau qui s'exprime par la peur de ne pas avoir son téléphone portable avec soi. Cette inquiétude de manquer un appel, une notification, une offre et ce besoin de lien permanent avec les autres sont de plus en plus réels. Le téléphone intelligent est un objet relativement récent mais auquel l'humain a accordé une place grandissante dans ses pratiques. Il a su séduire par la variété des usages qu'il couvre, tels que, par exemple, la navigation web, la messagerie instantanée, les jeux ou les médias sociaux. Dans cette fiche, nous présentons quelques-uns des acteurs majeurs du mobile dans le monde et en France.

1) Marché du mobile

Le nombre de **téléphones mobiles** vendus a atteint 1,5 milliard en 2018. Pourtant, la croissance du secteur, florissante pendant ces cinq dernières années, présente des signes de baisse. En 2019, une diminution de la production mondiale de près de 7 % est attendue pour atteindre son niveau le plus bas depuis 2013.

Samsung est le premier producteur mondial ; cependant, ses livraisons ont chuté de plus de 8 % au début 2019. Chez Apple, la chute est encore plus importante avec près de 30,2 % de baisse par rapport à 2018, pour une part de marché mondial passant de 15 % à 11,7 %. L'acteur ayant le plus progressé sur cette période est le chinois Huawei, qui a connu une croissance de 50 % sur le premier trimestre 2019, et ce malgré son exclusion du marché des opérateurs américains. La décision récente de Google de ne plus proposer le système d'exploitation Android sur les téléphones Huawei va sûrement ralentir cette croissance qui en a fait le deuxième producteur mondial de smartphones.

Parmi les enjeux forts des acteurs du mobile, on note de nombreux challenges liés aux innovations. Citons par exemple l'arrivée de la 5G, le téléphone pliable et lisse, mais aussi l'intégration de la réalité virtuelle et augmentée, de l'intelligence artificielle, et enfin la durée de charge et d'autonomie des batteries. Notons de plus que le taux de renouvellement augmente, ce qui complique les ventes de smartphones. Ce taux est en moyenne de vingt mois dans le monde et de deux ans en France. Enfin, le marché se caractérise par des prix toujours plus élevés de ces appareils. Les derniers appareils Apple ou Samsung ont des prix de vente supérieurs à 1 000 euros. Tous ces facteurs, combinés avec une prise de conscience écologique de la part des utilisateurs, expliquent la tendance à la baisse des ventes.

Le top 5 mondial de ce secteur contrôle une part de marché de presque 70 %. La Chine en est le premier marché et représente à elle seule 30 % de la demande mondiale.

2) Les applications au cœur du mobile

Près de 90 % du temps passé sur un smartphone l'est *via* une **application mobile**, contre seulement 10 % sur le web. L'enjeu pour les marques est donc d'encourager le possesseur de smartphone à utiliser leurs applications. Au total, près de 194 milliards de téléchargements d'applications dans le monde ont été enregistrés en 2018, soit une progression de 35 % en deux ans. La Chine est le marché le plus important et couvre près de 50 % de tous les téléchargements. En France, Facebook, Messenger et WhatsApp sont les trois applications les plus utilisées. En moyenne, un Français possède près de 100 applications sur son téléphone mais n'en utilise pas plus d'un tiers chaque mois.

Le nombre d'applications mobiles disponibles sur les deux principales plateformes (Google Play et App Store) dépasse les 2 millions. Il est, dans ce contexte, particulièrement compliqué de se démarquer pour une entreprise. La perspective de générer des téléchargements et *in fine* de nouveaux utilisateurs devient un réel enjeu. Enfin, les applications génèrent des revenus importants. Entre 2010 et 2017, on estime à plus de 130 milliards de dollars les revenus générés *via* les applications mobiles. Les applications de jeux représentent plus de 30 % des téléchargements et 75 % des ventes.

Les étapes de création d'une application

La création d'une application n'est pas chose simple et certaines étapes clés doivent être respectées :

1. le cadrage du projet, à savoir quels sont les objectifs de l'application, quelle cible, quelles fonctionnalités ;
2. la création des wireframes et de la navigation, graphisme et flux ;
3. le détail des spécifications de l'application ;
4. le développement et les tests ;
5. la recette ;
6. la formation et le marketing pour encourager les premiers téléchargements ;
7. la publication sur les kiosques de téléchargement (avec un délai pouvant varier de 2 à 10 jours) ;
8. les analyses et retours pour ajustements et mises à jour.

3) Leviers d'acquisition sur mobile

Le mobile a la caractéristique d'accompagner quasiment en permanence son possesseur, ce support est donc devenu un allié incontournable d'une stratégie d'acquisition mobile. Parmi les leviers possibles et efficaces, nous en présentons deux : les **annonces mobiles** et la **vidéo publicitaire.**

Près d'un tiers des utilisateurs visionnant une annonce vont cliquer dessus pour obtenir plus d'informations. Parmi ces derniers, on compte plus de 21 % qui ont cliqué sur le lien de l'annonceur pour consulter son site web. Au total, ce sont près de 74 % des Européens qui agissent après avoir vu une annonce publicitaire sur leur mobile. Ce chiffre positionne le mobile comme le plus efficace des supports. Le format vidéo quant à lui est très largement plébiscité par les consommateurs et donc très utilisé par les marques car il permet de générer de l'engagement, de la notoriété et de la fidélisation à la marque. Autant d'éléments qui poussent l'utilisateur à acheter ou à racheter un produit.

Notons l'émergence de messages publicitaires et offres commerciales à durée limitée. Cette approche interpelle le consommateur qui doit agir « avant minuit » pour bénéficier de l'offre. La démarche exploite au mieux la nomophobie des mobinautes qui auraient peur de passer à côté.

Élément central de toute stratégie et support indissociable de l'individu, le smartphone est aujourd'hui le premier relais de la relation entre une marque et un consommateur. Des deux côtés de cette relation, un enjeu fort est porté sur la donnée. Les mobinautes sont conscients de la valeur de leurs données et savent que les marques s'en servent pour cibler plus efficacement leurs messages publicitaires. Le fait que 85 % des Parisiens, par exemple, activent continuellement leur fonction de géolocalisation montre que le phénomène peut être accepté par les consommateurs.

18 Search engine optimisation

SEO est un acronyme anglophone signifiant *search engine optimization* soit « optimisation du moteur de recherche ». Ces termes désignent le processus visant à l'optimisation d'un site web dans le but de lui faire obtenir la meilleure visibilité possible sur les moteurs de recherche. Cette visibilité est dite naturelle, car elle n'a recours à aucun mode de financement.

1) Principe

En pratiquant le SEO, une entreprise vise à optimiser le contenu de son site afin de correspondre au mieux à la logique du moteur de recherche. Ainsi, pour comprendre le fonctionnement du SEO, il faut appréhender le mode de fonctionnement d'un moteur de recherche. Un **moteur de recherche** est un vecteur de communication entre l'utilisateur (qui lance ainsi une recherche) et un contenu. Google, Bing, Yahoo et les autres vont, à l'aide d'algorithmes, comprendre une requête et lui faire correspondre le contenu le plus pertinent possible. Pour cela, un tri parmi la gigantesque quantité d'informations qui compose le web est effectué.

2) Fonctionnement du SEO

Le SEO s'appuie sur trois piliers que sont le développement technique, la sémantique et le maillage.

Les 3 piliers du SEO

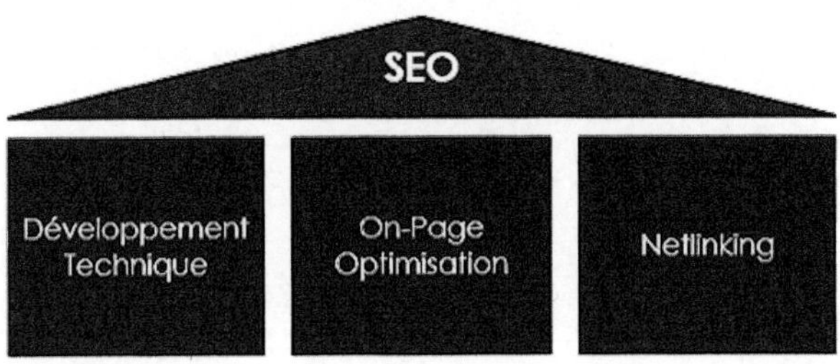

D'un point de vue **technique**, il est essentiel de comprendre que l'algorithme de Google par exemple s'appuie sur un ensemble de critères pour évaluer le site web d'une entreprise et le classer dans ses résultats. Le nombre total de ces critères est inconnu, mais certains d'entre eux sont identifiés et reconnus comme essentiels. Nous en détaillons 11 ci-après.

1. ***Meta title*** : le titre de la page qui s'affiche sur la page de résultats Google. Il doit être compris entre 50 et 65 caractères et inclure les mots clés pertinents ;
2. ***Meta description*** : la description de la page qui s'affiche en dessous du titre sur les pages de résultats de Google ; elle doit être comprise entre 150 et 170 caractères (si inexistante, Google récupère les 170 premiers caractères du site) ;
3. ***<hN> tags*** : la structure de la page que l'on retrouve dans le code source HTML. Tout titre doit être identifié en <h1>, sous-titre en <h2>, sous partie en <h3> ;
4. ***Image alt-tag*** : chaque image de la page doit posséder une description courte « *alt-tag* » (3-5 mots clés) pour la positionner *via* Google image ;
5. **Volume de texte dans une page** : une page de bonne qualité pour Google est une page avec du contenu, il est important qu'il y ait sur chacune des pages un bon ratio entre le code source et la quantité de texte ;
6. **URL** : les URL ne doivent pas comporter de caractères spéciaux et rester courtes et précises ;
7. **Maillage interne** : il est indispensable de créer des liens entre les pages. Ceci permet au site de bénéficier de la notoriété de la page d'accueil. Il faut également respecter la règle des 3 clics ;
8. **Contenus dupliqués** : Google considère deux pages ayant un contenu identique comme de mauvaises qualités, pénalisant votre référencement. Il est donc nécessaire de supprimer les pages en double ;
9. **Sitemap.xml & robots.txt** : formats de fichier permettant de gérer l'indexation des pages d'un site. Le fichier sitemap.xml permet de transmettre à Google la structure d'un site et de prioriser le parcours de chaque page tandis que le fichier robot.txt permet d'indiquer à Google les répertoires et fichiers qu'il ne doit pas parcourir ;
10. **Erreurs 404** : il s'agit des pages d'erreurs d'un site. Un site avec un volume de pages 404 trop important est considéré comme un site de mauvaise qualité ;
11. **Temps de chargement** : le temps de chargement d'une page d'un site doit être inférieur à 3 secondes, sous peine d'être pénalisé.

Quelques outils pour vérifier votre site web et sa compatibilité avec Google

Screaming frog : permet de crawler ou parcourir l'ensemble des pages d'un site et d'obtenir toutes les informations sur chacune des URL.

SeoQuake : permet de crawler une page d'un site.

Google Developer : permet d'analyser le code source afin de savoir si un site est compatible *Google*.

GTmetrix : permet de calculer le temps de chargement des pages d'un site.

Google webmaster tool : permet d'analyser les fichiers sitemap.xml et robot.txt et de connaitre le nombre de pages 404.

D'un point de vue **sémantique**, il est crucial pour une organisation de travailler sur le contenu. Vecteur essentiel de référencement, il permet de générer du trafic et d'améliorer son positionnement. Afin d'en saisir les points essentiels, il est nécessaire de faire une analyse sémantique. Il est recommandé de faire une liste des mots clés pertinents selon la thématique du site. Puis, à l'aide d'un logiciel tel que Google Tendance (Google Trends) ou SEM Rush, de rechercher les mots clés et de repérer ceux avec un fort volume de recherche. Après les avoir analysés, il ne reste plus qu'à les intégrer dans le contenu des pages.

Le troisième élément important est le **maillage** de votre site web. Aussi nommé *netlinking*, il permet de comprendre la dynamique de liens dans votre site et entre votre site et les sites à fort trafic. En effet, plus un site a de liens internes et externes (*backlinks*), plus il peut gagner en notoriété. Par liens internes, on parle de liens qui pointent vers une autre page du même site. Les *backlinks* sont des sites externes qui ont un ou plusieurs liens vers votre site. Attention cependant, car la qualité des liens est privilégiée à la quantité et des sites avec des *backlinks* artificiels seront pénalisés. L'algorithme original publié par Google s'appuyait essentiellement sur cette notion de liens et appartenait à la science des réseaux.

> Le SEO est, outre son aspect technique, un exercice de compréhension et de pertinence où faire passer un maximum d'informations avec un minimum de mots est essentiel. Ainsi, pour être efficace en stratégie SEO, il faudra comprendre vos utilisateurs, vos clients, vos prospects, et surtout leurs requêtes. En comprenant leurs requêtes, vous pourrez y faire correspondre votre produit et ainsi toucher vos cibles en plus grande quantité et de manière mieux qualifiée. Il existe une infinité de requêtes possibles et il est impossible et inutile d'en avoir une vision globale. L'important est de comprendre les requêtes qui vous concernent et de vous en servir pour adapter votre stratégie.

Search engine advertising

19

Le référencement payant, aussi appelé SEA pour *search engine advertising*, consiste en l'achat de liens sponsorisés. Quand on sait qu'en France 9 personnes sur 10 utilisent les moteurs de recherche avant achat, et que les trois premiers résultats affichés remportent 90 % des clics, il est essentiel pour une entreprise d'être bien référencée. Complément du SEO, il peut apporter notamment une meilleure visibilité. En effet, si une entreprise a des difficultés pour apparaître en première page Google, le référencement payant devient une option à envisager. Dans ce cas, le SEA s'apparentera à un « coupe-file » : au lieu d'attendre patiemment qu'un site soit bien positionné dans les résultats des moteurs de recherche, il est possible de payer un peu plus cher et de garantir cette visibilité.

1) Fonctionnement du SEA

Le principe du référencement payant est simple, il s'agit de mener une campagne sur le web. L'étape initiale est de créer une annonce sur un moteur de recherche (dans la majeure partie des cas Google). Afin d'être efficace, il faudra définir les mots clés qui seront appropriés au site web à promouvoir.

Il est important de trouver le mot exact que les internautes utilisent pour faire en sorte que les produits visés concordent avec les informations demandées. Pour ce faire, l'analyse de la concurrence et de leur positionnement est à effectuer, le recours à un outil tel que Google Keywords permettra de trouver des mots clés similaires pour élargir l'acquisition.

Une fois ce premier travail réalisé, on peut procéder à la rédaction du texte publicitaire. Charge ensuite à l'entreprise de fixer un budget pour ces actions et de tenir un suivi précis et régulier afin d'ajuster son positionnement.

2) Le budget

La présence d'une annonce publicitaire dans un moteur de recherche est en principe gratuite. Ce n'est qu'à partir de certaines actions que l'annonceur sera tenu de payer. Trois modèles de rémunération existent :

– le **modèle CPM** (coût par mille) : c'est le système de facturation le plus ancien. Lors d'une campagne web, l'annonceur sera facturé au coût pour mille impressions ou affichages de la publicité. Il est principalement utilisé pour des campagnes de *webmarketing* dans le but d'améliorer la notoriété d'une entreprise ou d'un produit, car l'annonceur contrôle parfaitement sa visibilité sur le réseau *display* choisi ;

– le **modèle CPC** (coût par clic) : lors d'une campagne de *display* ou de liens sponsorisés sur internet, l'annonceur est facturé lorsque l'internaute cliquera sur la publicité. Ce système est le plus utilisé dans les campagnes de Google Adwords (*cf.* encadré). Un budget hebdomadaire et mensuel défini par l'entreprise permet de contrôler précisément sa présence. En effet, Google diffuse les publicités jusqu'à ce que les différents budgets soient épuisés.
– le **modèle CPA** (coût par action) : l'annonceur est facturé uniquement à partir du moment où l'internaute réalisera l'action finale désirée. Le plus communément il s'agit d'une vente (la facturation a lieu alors au paiement) ou de l'arrivée sur une page dédiée (comme un formulaire à remplir ou une page spécifique d'un site).

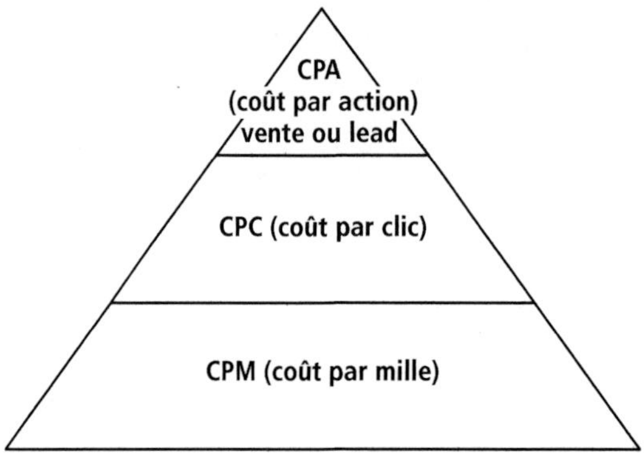

Les espaces disponibles sur le web sont affectés selon un principe d'enchère en temps réel (*real time bidding*). À chaque fois qu'un internaute fait une recherche sur internet, Google détermine si les publicités correspondent bien aux termes recherchés et si celles-ci sont utiles aux internautes.

Attention cependant, car si l'enchère au CPC de l'annonceur joue un rôle important dans le classement de l'annonce, Google utilise aussi un outil d'évaluation du niveau de qualité pour son AdRank. Celui-ci permet d'évaluer l'annonce et ainsi de déterminer sa position dans la page de résultats. Ce ***quality score*** (autrement appelé **QS**) est établi en fonction de plusieurs critères dont les principaux sont : le taux de clics sur les annonces, la pertinence du texte de l'annonce par rapport au mot clé sélectionné et enfin l'adéquation entre le mot clé tapé dans la recherche sur Google AdWords et le contenu de la page d'atterrissage (*landing page*).

Un haut classement signifie que l'annonce publicitaire aura plus de chances d'apparaître dans les résultats de recherche correspondants.

Google AdWords

Google AdWords est le programme de publicité sur internet de Google. Il permet de réaliser des campagnes de publicité avec des annonces simples et efficaces. Le principe de fonctionnement de Google AdWords repose sur un système d'enchères sur mots clés. Il incite les annonceurs à faire monter les enchères pour apparaître parmi les premiers résultats de recherche grâce aux mots clés choisis pour leurs campagnes.

3) Les objectifs du SEA

Le référencement payant permet aux administrateurs de sites internet de placer leurs annonces là où les clients potentiels font des recherches de produits et d'informations. Mais, au lieu d'imposer des publicités inappropriées aux internautes, le SEA fait en sorte que celles-ci soient ciblées et s'adaptent aux recherches internet. Ces publicités sont en général bien perçues par les internautes en raison de leur pertinence. Pour les administrateurs de sites, le SEA devient un instrument efficace pour optimiser le trafic, promouvoir un site et générer des conversions.

En général, les entreprises utilisent le SEA afin d'atteindre les objectifs suivants :

- **générer du trafic** : l'objectif premier du référencement payant est de gérer le flux de visiteurs entrant sur un site web. Le SEA représente une source importante de trafic pour les nouvelles pages web, où la concurrence est difficile pour se faire une place ;
- **promouvoir leur notoriété** sur le marché : le référencement payant est efficace pour augmenter la visibilité d'une marque sur un marché concurrentiel. En se positionnant sur les mots clés les plus cherchés, une entreprise pourra bénéficier d'un gain de notoriété auprès de nouveaux publics ;
- **générer des conversions** : la visibilité c'est bien, la transformation c'est encore mieux. La stratégie de référencement payant doit se traduire par une augmentation des ventes de produits et de services ou un plus grand nombre de clients. Les systèmes de publicité tels que Google AdWords permettent aux administrateurs de sites de mieux comprendre quand une annonce mène à une conversion sur un moteur de recherche, autrement dit, quand elle présente un intérêt pour le client. Suivre ces actions permettra à toute entreprise de s'ajuster rapidement et de continuer à convertir ses prospects en clients.

Outil indispensable des stratégies de marketing web, le SEA permet d'accroître la visibilité afin d'assurer une plus grande transformation. Il s'inscrit comme le complément parfait du SEO. Le recours à des agences spécialisées est souvent crucial pour une entreprise désireuse de se lancer dans une première action de SEA.

20 Chatbot

Rechercher une information sur un site sans la trouver ou se retrouver perdu sur une étape de paiement en ligne, mais ne pas avoir envie de décrocher son téléphone pour appeler le service client : comment répondre à ce problème ? Échanger avec un chatbot. La croissance quasi exponentielle de ces outils et les retours mitigés des consommateurs obligent les entreprises à mieux définir leurs besoins et leur utilisation de telles solutions technologiques.

1) Définition

Le terme **chatbot** est la concaténation de *chat* qui signifie « discussion en ligne » et de *bot*, l'abréviation du mot robot. Un chatbot se comprend donc comme un robot logiciel pouvant dialoguer avec un individu ou un consommateur par le biais d'un service de conversations automatisées. Cet agent conversationnel est un logiciel programmé pour simuler une conversation en langage naturel. Gartner définit en 2017 les chatbots comme des « applications des plateformes de voix et de *messaging*, définissant comment les personnes discutent avec vos services digitaux et vos données ».

À ses débuts, le chatbot utilisait de simples bibliothèques de questions et réponses, mais les progrès de l'intelligence artificielle lui permettent de plus en plus d'analyser et de comprendre les messages par le biais des technologies de traitement du langage naturel (NLP pour *natural language processing*). Ils sont aussi pour certains dotés de capacités d'apprentissage liées au *machine learning* (voir fiche 91).

Aujourd'hui, les chatbots sont principalement utilisés dans les cas suivants :

- **apporter de l'information en temps réel** : on parle alors de newsbots, présents sur les applications de messagerie comme Forbes, CNN, ou encore le *Wall Street Journal* ;
- **faciliter la vie aux utilisateurs** d'un service clients d'une enseigne : il s'agit alors de les guider au sein du magasin, de les informer sur les horaires, les tarifs, le magasin le plus proche ;
- **générer une vente** : en facilitant les réservations et les commandes en ligne, le chatbot peut accélérer le processus de transformation ;
- **améliorer le service client** : c'est de loin la plus grande utilisation actuelle des chatbots. L'outil permet de répondre aux questions des clients, de les informer sur la commande ou la réservation, ou de les rediriger vers une personne réelle ;
- **accroître la fidélisation** grâce au partage d'offres promotionnelles et de bons plans aux clients ciblés ;
- **apporter du conseil** : l'outil, basé sur vos préférences ou pages consultées, donnera ses recommandations de magasins ou de produits, astuces (beauté, mode, santé…) ;
- **offrir un divertissement** : jeux, faire le buzz.

2) Création de chatbots

Beaucoup d'entreprises se questionnent sur le processus de création de chatbots. En effet, tout outil mal pensé ne pourra servir efficacement la stratégie de l'entreprise. De nombreuses étapes sont importantes, mais les quatre proposées ci-après sont les plus stratégiques.

A. Trouver une identité pour le bot

Un outil technologique ne peut pas (encore) remplacer l'humain, il est donc crucial de bien le penser, en se posant les quelques questions suivantes :

– pourquoi construisez-vous ce robot ?

– quel est votre public cible ?

– quels problèmes le robot résoudra-t-il ?

– comment présentez-vous le robot : comme une personne ou comme un robot ?

Votre robot doit connaître son identité et comprendre ce que l'on attend de lui. Quand un utilisateur lui posera des questions telles que « Quel est votre nom ? », « Comment pouvez-vous m'aider ? », « Quelles questions puis-je vous poser ? », le robot doit être en mesure d'y répondre. Il devient alors essentiel de définir des cas d'utilisation du bot et de faire en sorte que le client n'en sorte pas.

B. Créer un flux de conversation

Mettre en place un robot revient en fait à générer un flux de conversation entre une entreprise (par le biais de la machine) et ses clients. Ce flux de conversation structuré est le cœur de la construction d'interfaces de conversation efficaces et engageantes.

En fonction de l'objectif de votre chatbot, vous devez imaginer l'ensemble des scénarios possibles. Par exemple, si les gens quittent les conversations rapidement, il sera déterminant d'inclure la possibilité de conversations courtes. Le robot doit déclencher des sentiments spécifiques propres à chaque utilisateur, puis créer des crochets pour tirer parti de ces sentiments et rendre l'expérience utilisateur meilleure. Ce faisant, on peut optimiser la transformation.

La conversation avec les chatbots est illimitée et un chatbot peut ne pas comprendre tout ce que les utilisateurs lui demandent. Il faut donc envisager des réponses dans tous les cas (par exemple : « Veuillez nous excuser, nous n'avons pas de réponse à votre question »). Il faut continuellement informer les utilisateurs si le robot comprend ou non. Celui-ci doit faire avancer la conversation et permettre aux utilisateurs de découvrir de nouvelles fonctionnalités.

C. L'essentiel est dans le contenu

Comme dans toute conversation, la réussite de l'échange passera par un contenu de qualité. Il faut chercher à rendre le robot le plus humain possible. Il faut que les utilisateurs aient envie d'avoir de nouveau des expériences avec lui. Le recours à un langage amical et inclusif est gage de réussite.

Le robot doit être en capacité d'apprendre (d'où le développement de l'intelligence artificielle dans ce domaine), dans la mesure où il doit être capable de corriger ses propres erreurs. Certains chatbots simples ont un contenu planifié au lieu de proposer une réponse émotionnellement appropriée. De même, il est essentiel de ne pas laisser la conversation ouverte à l'interprétation. Enfin, il peut être utile de répéter les informations afin que les utilisateurs se sentent plus à l'aise en sachant que le robot a bien compris l'information demandée ou à traiter.

D. Sélectionner les bons canaux

Une fois que le bot a été développé et créé, il devient essentiel de réfléchir aux canaux souhaités pour son action : qu'il s'agisse du site web, de Facebook Messenger, Slack, Telegram, ou encore WeChat. Il est essentiel de sélectionner les plateformes en fonction du public cible, de l'expérience offerte à l'utilisateur et des retours sur investissements attendus.

Un des cadres d'application les plus importants des chatbots est la gestion de la relation client. En effet, cette automatisation de la relation peut amener un grand nombre d'avantages pour la marque tout comme pour le client. Parmi ceux-ci, on retrouve une meilleure personnalisation, un gain de temps et une disponibilité immédiate du service, 24 h/24 et 7 j/7. Il permet aussi une expansion de la présence digitale de la marque : multiplication des supports (mobiles, desktop) et des points de contact, présence sur des applications de messagerie très utilisées et un meilleur ciblage des messages commerciaux à partir des données récoltées (*smart data*).

3) Coût d'un chatbot

De manière très simple, le prix d'un agent virtuel varie en fonction de son dimensionnement (ce qui permet de déterminer un forfait mensuel), de son utilisation (ce qui permet de déterminer un prix variable, par exemple à la minute) et du degré de personnalisation souhaité (pouvant entraîner des développements spécifiques). Les tarifs proposés variant alors de 500 à plus de 50 000 euros pour les solutions les plus personnalisées. À ces coûts s'ajoute le temps passé à préparer les questions et les réponses.

Les premiers prix pour un accueil téléphonique utilisant un chatbot vocal se situent aujourd'hui autour de 700 euros par mois.

Pour des plateformes plus sophistiquées utilisant des combinaisons de plusieurs lignes d'agents conversationnels supportant un centre de relations clients géré par des conseillers clientèle (approche hybride humain + digital dite du *techshoring*), les économies sont de l'ordre de 30-40 %. Il existe aussi des produits gratuits mais limités en termes de nombre d'utilisateurs ou d'interactions.

Quelques outils pour créer un chatbot

Botsify : chatbot pour Facebook Messenger, gratuit pour un chatbot (jusqu'à 100 utilisateurs).

Chatfuel : bots pour Messenger, aussi pour Telegram (100 % gratuit).

Flow XO : chatbot pour des dizaines de plateformes (Gmail à Slack en passant par LinkedIn), gratuit pour 500 interactions.

Imperson : chatbot au langage naturel, personnalité de la marque, s'améliorant grâce à l'IA, tarif sur mesure.

Outil destiné à un bel avenir dans la relation client, le chatbot reste tout de même soumis à son humanisation de la relation. Si et seulement si la capacité de tels robots se rapproche de celle des humains, alors les entreprises pourront en tirer les plus grands bénéfices possibles.

PARTIE III

Médias sociaux

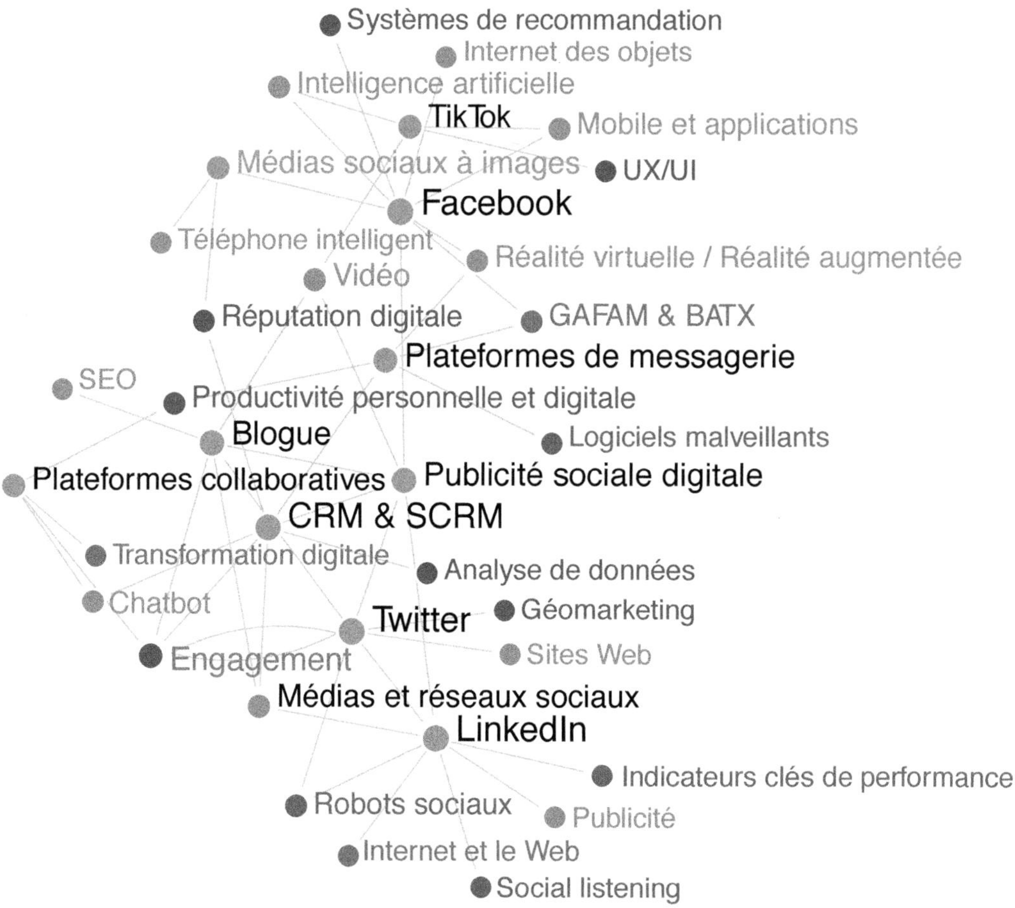

21 Facebook

Facebook est tout simplement le réseau social digital le plus large au monde avec plus de 2 milliards de membres. Chaque jour, ce sont plus de 1,5 milliard d'utilisateurs qui y sont actifs. Le réseau héberge la plus vaste banque d'images et de photos au monde. Enfin, Facebook est le réseau portant le plus grand nombre d'interactions et le troisième site le plus visité du web.

1) La naissance du géant

La plateforme imaginée en 2004 par Marc Zuckerberg, alors étudiant à Harvard, se nommait à ses débuts **The Facebook**. Il s'agissait de proposer un réseau ayant pour but de connecter les membres de l'université. Fonctionnant sur invitation, le réseau connaît un succès rapide et s'étend très vite à d'autres universités et établissements. En moins de six ans, le chiffre record d'1 milliard de membres actifs est atteint. Un succès incontestable qui présente à l'époque une forte source de disruption.

La plateforme accorde dès son origine une grande importance à l'individu, placé au cœur de sa stratégie. Pour cela, elle positionne au centre de son modèle la vie de ses membres. La possibilité de créer une page personnelle et de l'alimenter de contenu offre une vitrine à ses membres. L'entreprise a bien intégré que l'ego et la reconnaissance de soi étaient des facteurs essentiels de son succès.

Aujourd'hui, un internaute passe près de 40 % de son temps en ligne sur Facebook. On dénote même plus de 47 % des membres qui se rendent sur la plateforme pendant le repas, une activité sportive ou le shopping. Ces chiffres nous indiquent à quel point Facebook est ancré dans le quotidien de ses utilisateurs. Chaque jour, ce sont 4,5 milliards de *likes* sur la plateforme, soit 1,8 million par minute.

Depuis ses débuts, l'entreprise se rémunère grâce à la publicité qui lui assure plus de 85 % de ses revenus. Elle est cotée en Bourse depuis 2012, pour une valorisation estimée à plus de 100 milliards de dollars. Un autre élément de sa croissance est la revente de données issues des utilisateurs mais également ses stratégies d'acquisition, avec par exemple Instagram en 2012 et WhatsApp en 2014.

Depuis sa création, la firme a acquis près de 70 entreprises en forte croissance afin d'incorporer leur potentiel et leurs outils. Ces acquisitions couvrent notamment les domaines de la réalité virtuelle, les applications mobiles, les jeux vidéo, la conception 3D ou l'internet des objets. Comme ses homologues du GAFAM, Facebook affirme une volonté d'être présent sur des secteurs variés.

2) Le futur du géant

Pour continuer à régner en maître sur le monde compétitif des réseaux sociaux, l'entreprise californienne travaille aujourd'hui autour de trois axes.

Tout d'abord, sa plateforme historique : en continuant de faire évoluer les manières de générer de l'engagement, de permettre à ses utilisateurs de créer, partager et enrichir le contenu, elle travaille sur le cœur historique de son modèle. Facebook apporte à la fois de petites évolutions comme les variations du symbole *like* (avec les emojis), mais porte aussi des projets ambitieux autour de la détection des fausses informations.

Le second axe s'appuie sur les entreprises qu'elle a rachetées et qui obtiennent aujourd'hui une forte croissance, à commencer par Instagram. Le média à images est aujourd'hui l'un des pôles d'innovation et de croissance les plus importants du groupe.

Enfin, elle développe des offres dédiées aux professionnels, telle sa plateforme Audience Network pour la diffusion de publicité.

À un horizon plus large, elle investit et développe ses offres dans l'intelligence artificielle. Ceci concerne son système de recommandation mais aussi des applications pour le langage, l'apprentissage, la réalité augmentée et virtuelle. Le géant avait acheté très tôt l'entreprise Oculus et continue d'investir pour offrir une expérience unique à ses utilisateurs. Enfin, la firme effectue des investissements importants dans les infrastructures de télécommunication, les drones et même les lasers, élargissant son spectre de croissance.

Acteur majeur du web depuis sa naissance, Facebook reste toujours aujourd'hui le phare autour duquel un grand nombre d'acteurs gravitent. Si beaucoup annoncent depuis quelques années la disparition du géant, sa présence dans le quotidien des individus et des entreprises en font toujours, aujourd'hui, un leader incontestable.

22 Blog

Mot-valise issu des termes « web » et « log » en anglais, ou « journal de bord » en français, le blog (ou blogue) est un espace d'expression personnel qui permet de donner la parole à un individu ou à une entreprise sur le web. Le blogueur, porté par une thématique, cherche à raconter une histoire et à fédérer des lecteurs au fil de ses nouvelles. Les études montrent qu'une entreprise possédant un blog est mieux perçue par ses consommateurs. C'est donc un outil important de la communication digitale. Les spécificités de ce format sont présentées dans cette fiche.

1) Motivations pour la création de blogs

Le **blogage** (en anglais *blogging*) est une activité qui nécessite un investissement important et régulier. C'est aussi un espace d'expression personnel qui peut rapporter beaucoup à une entreprise ou à un particulier. Rédiger un blog est une opportunité de créer une relation de confiance avec des internautes. En proposant du contenu de qualité, il est envisageable d'acquérir une légitimité auprès de sa communauté et donc d'apparaître comme personne ou entreprise légitime. En partageant sa passion, ses engagements, son expertise au travers des messages, le niveau de confiance de son auditoire et de l'opinion publique peut être accru.

Une écriture régulière va encourager le blogueur (ou l'équipe du blogueur) à stimuler sa créativité. Pour les auteurs, des questions restent sans cesse d'actualité. Comment être pertinent et intéressant ? Comment apporter sa marque tout en se renouvelant ? Et surtout, comment mettre en avant quelque chose de nouveau et de différent ? L'écriture d'un blog va accroître les fonctions de veille, d'écoute du marché et d'analyses de tendances de celui qui la porte.

Outils pour créer un blog

Il n'est pas nécessaire d'être spécialiste informatique pour se lancer dans la création d'un blog. Aujourd'hui, un ensemble d'acteurs spécialisés proposent des plateformes faciles d'accès pour pouvoir en créer un rapidement. Parmi les principales offres, citons le leader Wordpress, qui détient 60 % du marché mondial. Gratuit, tourné aussi bien vers les professionnels que vers les débutants, il offre un design simple que l'on peut personnaliser à sa guise. Grâce à sa popularité, cette plateforme bénéficie d'un nombre important de ressources et de tutoriels facilitant son usage. Parmi les compétiteurs, citons Joomla ! (7 % du marché, en croissance, avec un service technique dédié), Drupal (5 % du marché), Magento (2,5 %, pour un blog avec fonctionnalité de site marchand) ou encore Shopify. Ce dernier n'affiche que 1,8 %, des parts de marché mais dispose de la croissance la plus forte avec Wordpress.

Le blog, comme tout média social, a pour vocation, à moyen terme, de permettre le développement et la fédération d'un réseau. Les lecteurs peuvent à ce titre devenir une future clientèle ou des prospecteurs et relais d'influence. Le blog peut offrir une source de revenus importante à son créateur. Plusieurs sources de rémunération sont envisageables telles que la publicité, l'offre de services, le contenu téléchargeable ou les formations en ligne. Pour une entreprise, si le trafic généré est qualitatif, il est alors assimilable à un levier d'acquisition supplémentaire permettant de déclencher des ventes.

2) Compétences pour la création de blogs

L'ingrédient essentiel à la réussite d'un blog est la passion pour le sujet que vous portez. Le partage de contenu autour de votre passion permettra un investissement de temps sans compter, condition *sine qua non* pour sans cesse se renouveler et maintenir l'engagement avec les lecteurs.

En pratique, les principaux blogueurs avancent quatre grands chantiers à maîtriser pour toute personne désirant se lancer dans l'exercice.

Tout d'abord, écrire n'est pas chose aisée. Il faut donc une bonne **aisance rédactionnelle**. On fait référence ici à la capacité de raconter une histoire captivante, basée sur des phrases bien construites et facilitant la lecture. Il faut de plus pouvoir maintenir une fréquence dans les billets de blog, leur structure et leur contenu.

Deuxièmement, le **contenu et sa présentation**. L'univers dans lequel entrent vos lecteurs n'est pas uniquement tourné sur le contenu. Les couleurs, la typographie et les animations sont des facteurs différenciants. Pour autant, le contenu sera l'élément qui fera venir et revenir vos lecteurs.

Ensuite, il faut maîtriser, *a minima*, **les enjeux techniques**. Car si certaines plateformes proposent des sites simples à créer, il est aussi important de pouvoir l'optimiser et l'ajuster à sa personnalité. Le blog idéal reflète son créateur. Il faut ensuite en assurer la promotion par un exercice de SEO ou de SEA et y intégrer du contenu riche (des images, des vidéos...). Le recours à des tutoriels spécialisés est alors essentiel pour les néophytes.

Enfin, il faut être capable de **créer, gérer et maintenir sa communauté**. Il s'agit de travailler sur la dimension sociale. Quelle stratégie d'acquisition est mise en place en plus du SEO ? Quel relais sur les autres plateformes digitales (réseaux sociaux, collaborateurs...) ? S'associer à d'autres blogueurs peut permettre une meilleure visibilité et offrir à votre site un coup d'accélérateur utile.

> Le blog est sans conteste un canal qui requiert une stratégie des plus réfléchies concernant le contenu. En addition à une aisance d'écriture et de conteur, il nécessite la mise en avant d'une expertise et/ou d'une passion. L'objectif de la démarche ne sera pas que la communauté adhère systématiquement aux contenus. En revanche, elle devra toujours y trouver une source de réflexion, d'inspiration, un conseil, un apport, un regard. Regard auquel elle pourra confronter sa vision.

23 Twitter

L'entrepreneur milliardaire Yusaku Maezawa possède un record sur Twitter. Le fondateur de la plateforme en ligne Zozo Inc. a publié un message qui a été relayé plus 4,5 millions de fois. Ceci en fait le micromessage le plus retweeté de l'histoire. Dans son message, il promet de partager 100 millions de yens entre 100 personnes sélectionnées au hasard parmi ceux qui partageraient son message. Au-delà de cette anecdote qui révèle le pouvoir d'engagement que peut engendrer un réseau social, Twitter est un réseau social de référence parmi les plus anciens et plus utiles pour accéder à de l'information en temps réel.

1) Principe de fonctionnement

Le réseau social Twitter s'est imposé comme leader des réseaux de navigation et plus particulièrement des plateformes de microblog. Le **microblog** est défini comme un dérivé concis du blog, qui permet de publier un article plus court que dans les blogs classiques. Twitter étant centré sur l'information, les contacts proposés sont liés aux centres d'intérêt. Dans ce but, Twitter propose lors de l'inscription de choisir des thèmes d'intérêt. Une liste des profils les plus reconnus (souvent des influenceurs) sur les thèmes sélectionnés est proposée, libre à l'utilisateur de choisir alors ses contacts nommés ***followees*** (ou **amis**). L'ensemble des individus qui suivent un même et unique profil sont dénommés les **abonnés (ou *followers*)** de celui-ci.

Sur Twitter, les utilisateurs échangent de l'information par le biais de **micromessages** (connus sous l'anglicisme tweets) qui sont de courts messages textuels. Ces messages semi-structurés peuvent contenir des mots-dièses (en anglais hashtags), des mentions et des liens vers des sites web.

Les mots-dièses sont des mots-clés précédés du caractère « # » qui permettent de caractériser un tweet. Par exemple, le hashtag #digital permet d'identifier le fait que le message traite du digital. Les **mots-dièses** permettent entre autres aux utilisateurs de rechercher les tweets en les filtrant.

Les mentions permettent de citer un utilisateur dans un micromessage sous la forme « @ » suivi de son pseudonyme. Un utilisateur mentionné recevra automatiquement le message, qu'il soit abonné ou non, du profil qui l'a émis.

Enfin, le fil d'actualité d'un @utilisateur est l'ensemble des tweets produits en temps réel par ses amis. Ce fil permet d'accéder à l'information produite par les contacts sélectionnés. Celui-ci est au cœur du service proposé par Twitter, car il met à disposition les informations de manière personnalisée.

2) Des chiffres au positionnement

Début 2019, Twitter compte 326 millions d'utilisateurs actifs par mois, soit 9 millions de moins qu'en 2018. La plateforme compte en moyenne 500 millions de micromessages publiés chaque jour et dispose d'une forte présence internationale. Seulement 20 % des utilisateurs de la plateforme sont d'origine américaine. Aujourd'hui, environ 80 % des twitteurs (ou twittos) sont des milléniaux (nées entre 1980 et 1999) et une partie non négligeable est issue de milieux aisés (34 % de CSP+).

Du point de vue professionnel, 75 % des entreprises sont présentes sur Twitter, contre 81 % sur LinkedIn. Cette présence est majoritairement dédiée à la gestion de la relation client.

En ce qui concerne les usages, Twitter est avant tout un outil de publication. Les publications ont un nombre limité de caractères (historiquement 140, puis 280 depuis novembre 2017). Cet outil de *microblogging* correspond à un besoin réel, celui d'une communication rapide et ciblée. Twitter est une mine d'informations pour ses utilisateurs et donc pour les marques. Le réseau offre une actualité en temps réel, un suivi et une interaction de tous les instants.

Aujourd'hui, les agents économiques, les plus grands politiciens de la planète, mais aussi les artistes, journalistes, citoyens sont présents sur la plateforme. Le réseau facilite la mise à disposition de l'information. En un clic, une mention ou un hashtag, un internaute peut suivre ce qui se dit sur une marque ou un sujet. De plus, la plateforme permet de s'appuyer sur des relais pour rendre visible un message. Enfin, pour un utilisateur ou une marque, la plateforme permet de traiter l'information de manière simple et rapide.

Avec son application mobile, Twitter permet au public de partager des informations contextuelles *via* le nomadisme numérique. C'est actuellement l'une des meilleures sources publiques de données spatio-temporelles avec environ 20 % de tweets géolocalisés. Plus de la moitié des utilisateurs de Twitter accèdent à la plateforme grâce à l'application mobile installée sur leurs smartphones, générant de grandes quantités de données spatio-temporelles pouvant être exploitées pour le géomarketing (voir fiche 49).

Twitter est un outil de veille extrêmement pertinent. Il est possible de suivre aisément l'actualité d'un secteur, d'une branche, des concurrents ou des plus grands influenceurs. Des outils peuvent permettre d'identifier les tendances du marché et d'ajuster rapidement les stratégies de communication. Notons toutefois que cet exercice de veille peut être compliqué compte tenu du nombre important de messages circulant sur la plateforme. Pour ce faire, une entreprise doit bien sélectionner les comptes à suivre et créer des listes par thématique afin de ne pas se retrouver submergée sous l'effet de l'infobésité. Enfin, il est possible d'avoir recours aux outils de filtrage offerts par l'usage des hashtags mais aussi par le moteur de recherche interne search.twitter.com.

3) Tisser son réseau

Twitter est avant tout un outil de communication. Le recours à cette plateforme doit donc permettre à l'entreprise de bâtir une communauté forte et réceptive aux messages. Comme dans toute communauté, il faut maîtriser le choix de la thématique : celle qui a le plus de chance de capter un auditoire, mais aussi celle qu'attend le public. L'enjeu pour beaucoup de professionnels ne se trouve pas uniquement dans le message ou la technique, mais bien dans la qualité du récepteur (par exemple humains *versus* robots sociaux) et son engagement. Une entreprise qui parvient à trouver le bon relais peut avoir un grand pouvoir d'influence. Il faut donc maîtriser les facteurs de diffusion des messages et travailler sur la fréquence, l'horaire et les mot-clés employés.

Si tous ces éléments sont réunis, l'entreprise ou l'individu pourra développer de manière efficace son image marketing ou *personal branding*. Plus large que l'e-réputation, il s'agit de la bonne gestion des codes du numérique. En optimisant son profil de manière régulière, en travaillant sur les messages et la communauté, il devient possible de faire de son compte Twitter un vrai canal d'influence.

Le processus pour une présence réussie sur Twitter passera par les six phases suivantes : 1) se créer un profil complet, 2) se constituer un réseau qualifié, 3) prendre soin de ce réseau en travaillant sur la bienveillance de tous, 4) travailler sur les messages et être percutant dans le contenu, 5) mettre en place une stratégie pour générer de l'interaction et 6) mesurer toutes ses actions et leurs performances pour ajuster agilement sa démarche.

Outil de veille et de publication basé sur l'instantanéité, Twitter, malgré une baisse de son nombre d'utilisateurs, reste un outil incontournable. Depuis peu, la plateforme affiche une santé financière positive grâce à son modèle de revenu centré sur la publicité. Il est vraisemblable que le leader des plateformes de *microblogging* continuera longtemps à offrir à ses utilisateurs un outil pertinent pour leur stratégie digitale.

Réseaux sociaux à images

24

La force des réseaux sociaux à image se résume assez bien par le simple et vieil adage : une image vaut mille mots. Avec le succès des téléphones intelligents qui sont devenus les premiers supports pour prendre des photos de qualité, certains médias sociaux se sont logiquement consacrés exclusivement à l'image. C'est le cas des leaders mondiaux que sont Instagram, Pinterest et Snapchat. Nous présentons dans cette fiche ces trois réseaux à la croissance exceptionnelle.

1) Instagram

Instagram est une plateforme développée et lancée en 2010, puis rachetée par Facebook en 2012 pour 1 milliard de dollars. L'application permet à ses utilisateurs de prendre ou de télécharger des photos et vidéos éditables à l'aide de différents filtres et organisées selon un système de tags et de localisation. Ces photos peuvent être documentées par une légende qui peut contenir les fameux mots-dièses ou hashtags. Les publications peuvent être incluses dans ce que l'on appelle l'histoire de l'utilisateur (dénommée *story* par anglicisme) et avoir une durée de vie de 24 heures ou bien être placées sur le mur de l'usager et rester persistantes. Chacun des contenus peut être apprécié par les membres de la communauté avec un simple clic. À ce jour, les catégories de photos les plus partagées sont les égoportraits (*selfies*), la nourriture, les animaux, les activités et la mode.

Sur Instagram, près de 70 % des utilisateurs se situent en dehors des États-Unis. D'un point de vue répartition, 65 % des membres sont des femmes (en France, le ratio est plus équilibré : 54 % de femmes pour 46 % d'hommes), âgées de 35 à 49 ans pour 42 % et de 15 à 24 ans pour 32 %. Au total, ce sont près d'un milliard de personnes qui, dans le monde, disposent d'un compte Instagram.

Si, d'un point de vue personnel, les raisons de l'utilisation d'Instagram ne sont plus à présenter (notoriété, influence et estime de soi), les entreprises ont de plus en plus recours à ce média. En effet, le réseau est dédié aux jeunes (50 % des utilisateurs ont moins de 30 ans), il est considéré comme tendance et accueille un large nombre d'utilisateurs. Ensuite, même si le nombre d'entreprises sur la plateforme est en croissance, toutes ne sont pas encore présentes. Il est donc possible d'y figurer avant les concurrents. Enfin, Instagram est un réseau porté sur l'image, par le mobile et facilitateur d'engagement pour la communauté. Il permet la co-création et est orienté vers les consommateurs.

2) Pinterest

Pinterest a été lancé la même année qu'Instagram, en 2010, montrant une fois de plus l'importance des supports à images. Le principe de Pinterest diffère de celui d'Instagram, car il s'agit ici d'« épingler » des idées sous forme d'images, comme on pourrait le faire sur un grand panneau en liège. Ces idées, qui sont des liens, sont regroupées par grandes thématiques. Les sujets les plus appréciés des femmes sont principalement la décoration, le mariage, les recettes de cuisine, les bébés et la mode. Du côté des hommes, ce sont la nourriture, les boissons et la technologie qui occupent les premières places. Le service est accessible par une application mobile. Concernant les utilisateurs, ce réseau est résolument féminin à plus de 85 % et près de 30 % de ses utilisateurs ont entre 25 et 34 ans. Sa croissance est plus faible que celle d'Instagram mais la plateforme comporte toutefois 265 millions d'utilisateurs à la fin 2018.

Tout comme Instagram, Pinterest présente un avantage réel pour les marques. Tout d'abord, c'est un réseau à image et donc un excellent support pour mettre en avant les produits. De plus, la cible est résolument féminine. Si vos clients sont de sexe féminin, Pinterest est donc un réseau à privilégier. Enfin, la durée de rétention d'un message sur la plateforme est plus grande. À titre d'exemple, Séphora a récemment annoncé que sa communauté Pinterest dépense 15 fois plus que sa communauté Facebook. Enfin, la présence sur ce réseau contribue à la visibilité d'une marque et à son référencement.

3) Snapchat

Snapchat est née du travail de trois étudiants de l'Université Stanford un an après Instagram et Pinterest. L'application se focalise autour du partage de photos et de vidéos selon une limite de temps de visualisation.

La spécificité de Snapchat ne se trouve pas dans la répartition hommes/femmes (65 % de femmes contre 35 % d'hommes), mais plutôt dans l'âge des utilisateurs. En effet, près de 71 % des utilisateurs ont moins 25 ans, ce qui en fait la plateforme la plus jeune en termes d'usagers. Ce dernier point est particulièrement pertinent pour les marques dont la cible est jeune. Pour une entreprise, les avantages sont nombreux. La cible jeune permet aux marques de commencer à élargir leur base de clientèle. Ensuite, être sur Snapchat, c'est être sur un réseau social basé sur l'instantanéité ; ce faisant, l'écart entre la marque et ses utilisateurs est réduit et le capital sympathie et par extension la réputation digitale décuplée. Enfin, en proposant des contenus inédits et créatifs qu'un consommateur n'a pas l'habitude de voir, une marque peut accroître le degré de fidélisation et donc à moyen terme espérer augmenter ses revenus.

Vecteurs de croissance et d'impacts réels, les réseaux sociaux dédiés à l'image offrent aujourd'hui la meilleure rétention et interaction entre les marques et leurs utilisateurs. Si la cible est principalement jeune, portée sur des produits visuellement attractifs, alors le recours à ces canaux devient une obligation pour les marques.

LinkedIn 25

Avec 590 millions de membres inscrits en 2019 et plus de 300 millions d'utilisateurs actifs par mois, LinkedIn est de loin le plus important des réseaux sociaux professionnels. En France, on dénote pas moins de 10 millions d'utilisateurs actifs par mois pour 16 millions d'inscrits. Ce chiffre correspond à près de 54 % de la population active. Cette fiche présente les objectifs et le fonctionnement de cette plateforme à succès. Elle propose aussi des recommandations à suivre pour y être visible.

1) Présentation

Fondé en Californie en 2003 et racheté par Microsoft en 2016, **LinkedIn** est un réseau social spécialement conçu pour le monde de l'entreprise. Sur ce réseau, chaque professionnel peut recenser ses expériences, ses compétences, ses réalisations et partager des messages et contenus avec la communauté. Les entreprises peuvent y présenter leurs activités et partager leur actualité avec des pages professionnelles dédiées à cet effet.

L'objectif principal de la plateforme est de connecter les professionnels du monde entier. Son service est donc développé autour d'une communauté digitale destinée aux affaires, aux entreprises, aux recruteurs et aux personnes en recherche d'opportunités. Que l'on soit entreprise ou professionnel, le réseau est un outil de recrutement amélioré. Sur LinkedIn, sont essentiellement présents des entreprises et des professionnels qui cherchent à gagner en visibilité, promouvoir leur marque, contacter de nouvelles personnes, se créer un réseau ou encore favoriser les affaires.

2) LinkedIn pour un individu

Un individu peut décider de rejoindre le réseau LinkedIn pour diverses raisons. Nous détaillons ci-dessous quatre avantages clés bénéficiant aux participants de ce réseau.

Employabilité

Le premier attrait de LinkedIn pour un individu est l'augmentation de l'employabilité, entendue comme la visibilité sur le digital en tant que potentielle recrue. L'objectif est de profiter des recherches menées par les recruteurs sur des profils similaires au vôtre pour vous positionner. Il est alors important : 1) de disposer d'un profil à jour en termes d'expériences ; 2) de savoir quelles sont les compétences recherchées dans votre secteur ; 3) de bien souligner les spécialités de votre curriculum vitæ et 4) d'énumérer toutes vos réalisations. Le niveau de détail doit être assez conséquent afin d'offrir une idée précise et par l'exemple des compétences. Ces actions contribuent au développement de ce que l'on appelle le *personal branding* ou marketing personnel.

Expertise et reconnaissance

LinkedIn fonctionne, comme beaucoup de plateformes, sur le principe de la recherche d'expertises et de compétences. Il est donc essentiel pour chaque professionnel de lister ses compétences et de s'assurer que les membres de son réseau les valident, confortant alors l'expertise affichée. Cette expertise se corrobore par un ensemble d'indicateurs qui relève du niveau de qualité du profil. Citons par exemple le niveau de complétude du profil, le nombre d'apparitions dans les recherches, le nombre de contacts, le nombre de vues d'un message/billet, le nombre de relais, le nombre de recommandations.

Réseau

LinkedIn doit permettre à tout un chacun de développer son réseau, c'est-à-dire de connecter à son réseau les personnes rencontrées dans sa vie professionnelle. En s'appuyant sur le réseau d'anciens collègues, de professionnels du domaine et de toute personne que vous jugez bon d'intégrer à votre réseau professionnel, il est possible de le faire grandir et évoluer. Il n'est pas conseillé d'ajouter n'importe qui afin de « faire le nombre », car LinkedIn s'intéresse bien entendu à la cohérence des profils. Qu'est-ce que le contact peut vous apporter, ou que pouvez-vous lui apporter ? La réponse à ces questions doit être à la base d'un ajout ou d'un refus.

Notons pour finir que le nombre maximum de contacts sur LinkedIn est limité à 30 000. La plateforme encourage donc les utilisateurs à avoir un nombre de contacts réaliste et limité afin de favoriser la qualité plutôt que la quantité. En ce sens, des alertes sont transmises aux utilisateurs dont le nombre de relations s'approche du maximum. Cette démarche permet de lutter contre les robots sociaux et de répartir l'influence de manière plus homogène entre les professionnels.

Curriculum Vitæ 2.0

En France, un CV traditionnel doit souvent pouvoir tenir en une seule page. Cependant avec une durée de carrière qui augmente, il est difficile de le faire tenir sur cette unique page. LinkedIn est une alternative permettant de présenter votre parcours professionnel de manière plus complète, voire interactive. Vous pouvez coupler les deux en insérant un lien vers votre page LinkedIn directement sur un CV traditionnel (par exemple avec un Code QR). De la même manière, vous pouvez faire apparaître ce lien dans votre signature de mail, comme une carte de visite virtuelle.

Une fois le CV mis en ligne et partagé, il n'y a qu'un pas vers la recherche d'emploi. LinkedIn est l'un des meilleurs sites pour identifier les offres en ligne. Par le biais de recommandations basées sur votre profil et sur vos compétences, vous pourrez certainement tirer profit de ce réseau.

3) LinkedIn pour une entreprise

Nous présentons ci-dessous sept motivations clés pour lesquelles les entreprises ont intérêt à être présentes sur un réseau tel que LinkedIn.

Notoriété et visibilité

LinkedIn est la plateforme de référence pour acquérir de nouveaux contacts et communiquer avec eux. Grâce au moteur de recherche interne, il est possible d'y retrouver des individus sur la base d'un prénom, d'un nom ou d'une expertise, puis d'engendrer une première interaction. Il est par exemple possible d'envoyer un courriel à un utilisateur grâce à l'outil Inmail.

La diffusion de messages peut aussi être élargie des contacts de l'entreprise aux contacts de vos contacts. Dans cette liste de diffusion élargie se trouvent des prospects, susceptibles de devenir de futurs clients, mais aussi des abonnés qui peuvent devenir prescripteurs en recommandant une entreprise et ses services.

Veille et cueillette d'information

Si une entreprise peut diffuser de l'information, elle peut réciproquement accéder à des actualités relatives à un secteur d'activité, à la concurrence, voire à des employés. Le réseau devient alors un facilitateur de veille qui permettra d'anticiper les évolutions et changements qui s'opèrent sur un secteur. Grâce à cette démarche de veille s'appuyant sur le *social listening*, il devient plus facile d'observer, de comprendre et d'agir en fonction des attentes de son public.

Recherche de nouveaux clients

LinkedIn est un canal de communication permettant la mise en place d'une stratégie de prospection commerciale. En effet, le contenu diffusé sur le réseau social est professionnel et la plateforme est redoutable pour rechercher, acquérir et fidéliser des clients.

Si l'on compare la plateforme à un site web institutionnel, le ton utilisé pour les communications (messages ou posts) est souvent moins formel et plus opérationnel. Le contenu y est donc plus facilement accessible et relayé. Pour accroître l'efficacité des messages, le recours aux campagnes publicitaires sur LinkedIn Ads peut être envisagé.

Communauté dédiée

La raison d'être de nombre de réseaux sociaux (Facebook, Instagram...) est de créer et fédérer une communauté autour d'une page professionnelle, permettant ainsi l'apparition des influenceurs. LinkedIn n'est pas en reste et, comme dans une logique BtoC (*business-to-consumer*), disposer d'une communauté dédiée en BtoB (*business-to-business*) présente de nombreux avantages.

On peut prendre la mesure du pouvoir d'attraction et de diffusion de tels réseaux en observant par exemple la page entreprise de Microsoft qui compte près de 7 millions d'abonnés. Ainsi, que l'on soit multinationale ou petite ou moyenne entreprise, LinkedIn offre une vitrine unique pour une organisation qui cherche à attirer et à fédérer. La page d'une entreprise peut se transformer en une communauté virtuelle professionnelle permettant à la marque de faire passer des messages importants, d'initier des discussions avec ses parties prenantes et de bénéficier de commentaires des acteurs de son secteur. Enfin, ce réseau offre la possibilité de différencier les stratégies commerciales telles que la vente d'un produit ou d'un service, des actions de communications telles que la réflexion sur un concept clé du secteur, le positionnement et l'avis d'un collaborateur.

Trafic qualifié

LinkedIn est un réseau de professionnels qui permet de déterminer rapidement la clientèle à laquelle un produit est destiné (le ciblage). Sachant que l'un des objectifs majeurs de toute organisation est d'accroître le trafic et le taux de transformation (une personne vient sur un site et réaliste ensuite une action – achat par exemple) sur son site, LinkedIn devient un canal incontournable de l'acquisition de prospects ou de lead qualifié. Grâce à ses options de ciblage, le réseau social contribue à apporter des visiteurs qualifiés.

LinkedIn est un formidable outil d'optimisation pour le référencement naturel sur les moteurs de recherche. En effet, Google valorise de plus en plus les liens provenant des réseaux sociaux afin de calculer le positionnement attribué aux sites web dans les résultats de recherche.

Relation presse (RP)

La communication des entreprises a bien souvent été, par le passé, unidirectionnelle et limitée aux temps forts de celles-ci. On se souvient de publicités dédiées au lancement de nouveaux produits ou en réponse à une situation de crise. Grâce aux plateformes sociales, les relations presses se sont désormais ouvertes à de nouvelles formes d'interactions permettant entre autres une plus grande réactivité.

Vivier de CV

Qu'il s'agisse de chasseurs de têtes ou simplement de dirigeants d'entreprises, en France, 8 recruteurs sur 10 utilisent LinkedIn. Choisir ce réseau social professionnel pour le recrutement représente donc un excellent moyen d'identifier les profils de candidats disposant des compétences pointues dans un domaine. Le réseau offre également une vitrine nationale et internationale pour informer sur de nouveaux recrutements. Cependant, et au même titre que les actions de relations presse menées sur LinkedIn, il ne faudra pas considérer le réseau social comme la réponse ultime à l'embauche de nouveaux talents. Bien qu'il s'agisse pour la grande majorité de profils de qualité, nombre de candidats privilégient encore les sites de recherche d'emploi ou l'envoi spontané.

Score LinkedIn Social Selling Index (SSI)

Le score LinkedIn SSI (https://www.linkedin.com/sales/ssi) mesure votre performance (ou celle de votre entreprise) dans quatre domaines clés également connus sous le nom de piliers SSI LinkedIn. Ces quatre piliers sont : 1) l'aptitude à créer et imposer votre marque professionnelle, 2) trouver les bonnes personnes, 3) échanger des informations de qualité et 4) construire des relations. La performance dans chacun de ces piliers est mesurée, puis la note compilée pour donner votre **indice de vente sociale**. Le score maximum de chaque pilier est de 25 %. Le score total est donc l'addition de ces piliers sur une échelle de 0 à 100 %. Bien que le score ne soit pas systématiquement synonyme de succès, il établit un lien étroit entre les activités de réseautage spécifiques et ciblées et une augmentation des opportunités de contact. Ce score est un indicateur de performance clé qu'il est bon de suivre régulièrement pour parfaire sa visibilité sur le réseau.

LinkedIn est un outil de référence pour les professionnels et experts de la relation entreprise. Avec plus de 300 millions d'utilisateurs actifs, elle est la plateforme indispensable pour optimiser l'acquisition de prospects, la relation avec les parties prenantes et la visibilité d'une marque. Maîtriser son utilisation devient donc crucial tant pour les entreprises que pour les personnes en recherche de visibilité et d'opportunités.

26 Plateformes de messagerie

« Je vous parle d'un temps que les moins de 20 ans ne peuvent pas connaître... ». Ces paroles de Jacques Plante pour Charles Aznavour paraissent appropriées pour caractériser le temps où les SMS étaient le moyen de communication le plus en vogue pour échanger entre deux individus, remplaçant à l'époque les appels téléphoniques. Des années plus tard, ces mêmes SMS, bien que toujours utilisés, sont supplantés par des services de messagerie instantanée. Ces applications de discussion, considérées comme conviviales et complètes, permettent de partager bien plus qu'un simple message textuel. Elles offrent la possibilité d'incorporer aux échanges des images, des GIF (images animées), des vidéos ou même les fameux emojis. Elles sont surtout suffisamment nombreuses pour offrir un choix important et adapté aux préférences des utilisateurs.

1) Utilisation des applications de messagerie

Comment expliquer le succès de ce nouveau type de plateforme ? En plus de leur simplicité et de leur praticité, il est important de reconnaître qu'elles savent répondre aux besoins non seulement des particuliers, mais aussi des entreprises. Ainsi, lorsque l'on interroge les professionnels sur les raisons de la mise en place d'outils de messagerie instantanée, on retient qu'ils recherchent avant tout un gain d'efficacité (22 %) et un meilleur travail d'équipe (14 %). Du côté des employés, les plus addicts avancent une augmentation de leur productivité (45 %), et une réduction du volume de courriels (14 %). Enfin, ils leur octroient une plus grande flexibilité (12 %) et une facilité d'utilisation (10 %). Les salariés et décideurs voient dans ces outils un accélérateur de collaboration et un élément indispensable à la mise en place réussie du télétravail.

Les outils de messagerie instantanée présentent quelques désavantages. Comme toute autre solution digitale, ils peuvent être exploités par des logiciels malveillants. En tant que vecteurs d'attaque, ces applications présentent l'inconvénient d'être un canal de propagation rapide et pouvant toucher des millions d'utilisateurs.

Ces applications peuvent également nuire à la productivité ou diffuser du contenu inapproprié sur un espace professionnel. Faire la séparation entre contenu personnel et professionnel reste alors souvent le plus grand défi des utilisateurs des outils de messageries.

Des études ont révélé l'impact de ces services sur le stress de l'utilisateur. En effet, ces messageries incitent à des réponses instantanées, ce qui nécessite une constante disponibilité des utilisateurs, quitte à arrêter une tâche ou un travail en cours. Ces sources de distraction et de rupture en phase de concentration sont souvent néfastes pour la productivité.

2) Quelques outils de messagerie

Nous proposons de passer en revue les outils les plus usités pour échanger de manière instantanée.

Skype, jusqu'à 20 collaborateurs

Skype, plateforme téléphonique sur internet, est utilisé dans le monde entier. C'est un outil adapté à la fois à un usage sur ordinateur ou sur mobile. La solution est gratuite et s'appuie sur le réseau internet pour permettre à ses utilisateurs de communiquer avec du texte, de la voix et de la vidéo. Un atout de cette plateforme concerne les appels en mode vidéoconférence qui permet un échange en direct avec un grand nombre d'individus.

WhatsApp Messenger, le leader

Racheté par Facebook en 2014, WhatsApp est pour beaucoup la solution de référence pour la messagerie. Cette application est utilisée par plus d'un milliard de personnes à travers le monde. Elle permet d'échanger des fichiers en haute qualité, d'appeler et d'envoyer des messages gratuitement par wifi depuis l'étranger et de créer et gérer des échanges par groupes.

Facebook Messenger

Facebook Messenger est la messagerie associée au plus grand réseau social mondial. Elle permet de contacter directement l'ensemble des contacts de sa page et autorise l'envoi d'images, de vidéos et de fichiers. Facebook Messenger dispose d'une version Lite, plus légère.

WeChat, l'incontournable sur le marché chinois

Utilisée par plus de 600 millions d'individus, WeChat est une application de messagerie mobile. Cette plateforme gratuite a été développée par l'opérateur Tencent (l'un des fameux BATX). Elle connaît un succès sans équivalent en Chine où elle est incontournable. Elle dispose d'un grand nombre de fonctionnalités et intègre notamment le service de paiement WeChat Pay.

En Asie, on parle avec Line

Si WhatsApp et WeChat sont très présents dans le monde, en Asie une autre application détrône les deux leaders. Il s'agit de l'application de messagerie textuelle et vidéo Line. Créée en 2011, cette application a connu une croissance du nombre d'utilisateurs plus forte que les réseaux historiques. L'application a notamment séduit les utilisateurs grâce à l'intégration de packs d'autocollants et de la réalité augmentée. Celle-ci propose de plus un système de chiffrement des messages qui lui permet d'obtenir la confiance des professionnels. L'entreprise, cotée en Bourse, se positionne désormais sur des marchés plus larges tels que celui du paiement en ligne et du commerce électronique.

Chez les jeunes, Snapchat

Pour terminer ce tour d'horizon des applications les plus populaires, il est essentiel de présenter Snapchat, conçu au départ sur le concept novateur des photos et vidéos éphémères appelées des *snaps*. Il est désormais possible de discuter en direct *via* l'application, de suivre en temps réel où se trouvent ses amis et d'explorer les *stories*. Ces dernières sont une collection de *snaps* affichés dans l'ordre chronologique dans lequel ils ont été capturés par un utilisateur.

Les messageries spécialisées dans la protection de la vie privée

Pour avoir des discussions confidentielles, certaines applications garantissent de protéger la vie privée de leurs utilisateurs. Pour ce faire, elles mettent en place un chiffrement de bout en bout des conversations. Cela garantit le caractère secret des messages, y compris pour le fournisseur du service. Les deux applications les plus connues sont Signal et Telegram.

Signal est une application, disponible sur iOS et Android, développée depuis 2014 par une organisation à but non lucratif : Open Whisper Systems. La force principale de Signal est qu'elle dispose d'un protocole de chiffrement de bout en bout et que son code source est public et librement consultable. Ce logiciel est libre, ce qui permet à n'importe quel internaute d'examiner la manière dont l'application est conçue, de la modifier et de la diffuser. Comme toutes les applications de messagerie, Signal permet à ses utilisateurs d'échanger des messages et de réaliser des appels, mais aussi de faire disparaître les messages pour assurer la confidentialité.

Telegram est, du point de vue de l'utilisation et de l'installation, aussi simple que WhatsApp et propose une sécurité robuste. Développé par les frères Durov, l'outil propose deux types de messages : un format simple passant par les serveurs de l'entreprise et un second qui utilise le chiffrement de bout en bout. L'application permet également la mise en place d'une minuterie d'autodestruction des messages. L'outil est organisé autour du concept de groupes d'utilisateurs pouvant aller jusqu'à 200 et même plus de 1 000 utilisateurs dans les supergroupes.

Plateformes indispensables dans le cadre d'échanges en temps réel et en mobilité de contenus, les applications de messagerie instantanée ont encore de beaux jours devant elles. En continuant de progresser sur la sécurité, la protection des individus et de leurs discussions, le tout dans une interface ludique et non contraignante, elles doivent permettre à tous les utilisateurs de disposer de plateformes fiables, efficaces et efficientes.

Plateformes collaboratives

27

Le web a été conçu sur le principe que chacun peut y trouver ce qu'il souhaite et que tous peuvent y contribuer librement. Ainsi, dès sa naissance, le web était une plateforme orientée sur le concept de collaboration. Cette idée est encore bien présente aujourd'hui et de nombreuses entreprises ont aussi basé leur modèle d'affaires sur le collaboratif. Cette fiche présente les enjeux de ce type de démarche.

1) Définition

La **plateforme collaborative** est un outil hybride réunissant les outils de communication et de collaboration au sein d'un espace de travail digital. Une plateforme de travail collaboratif met à la disposition de ses utilisateurs des ressources et des outils pour faciliter la productivité. Son objectif est de simplifier et d'optimiser la communication entre les individus, stimuler la création de documents ou la résolution d'une problématique. Quand elle est installée en interne, la plateforme devient un outil qui centralise l'ensemble des éléments de conduite d'un projet : gestion des connaissances, gestion des documents (GED), outil de messagerie instantanée, de visioconférence, voire des outils de co-création.

Quand elles décident d'installer ce type de plateforme, les organisations y voient une première étape s'inscrivant dans le cadre d'une transformation digitale et managériale. En ligne, les sites collaboratifs sont nombreux et peuvent permettre d'acheter ou de louer moins cher, voire d'échanger des services entre particuliers ou professionnels. Les célèbres entreprises Airbnb, Blablacar ou Uber entrent dans cette catégorie. Une plateforme collaborative est un lieu de contribution partagé. À ce titre, un wiki ou un forum en sont deux autres formes.

2) Collaboration en interne : le réseau social d'entreprise (RSE)

Un **réseau social d'entreprise** (RSE) est un outil collaboratif permettant aux membres d'une société de centraliser l'information sur une même plateforme et de mieux communiquer. Les utilisateurs peuvent notamment y travailler efficacement en groupe et mener des projets communs. Certains utilisent les réseaux sociaux d'entreprise comme diffuseurs d'informations, d'autres y verront un excellent outil de management ou encore un vrai vecteur d'émulation pour les salariés.

Les enjeux autour de la mise en place d'un RSE sont nombreux. Tout d'abord, il doit permettre d'accroître la cohésion entre les membres d'une même équipe. Véritable lieu de collaboration, le réseau offre une zone de discussion, d'échange et de règlement de conflits.

Il doit permettre de décloisonner les services et de développer une vision globale des activités de l'organisation. La communication qui se développera sur la plateforme doit ainsi accroître la vision transverse et à moyen terme offrir une plus grande productivité. Enfin, la mise en place d'un RSE encourage l'entreprise à mettre en commun l'information et donc à la partager. Quand on sait que bien souvent celui ou celle qui dispose de l'information détient une partie du pouvoir, le recours à de tels outils permet de mettre à niveau l'ensemble des acteurs d'une organisation.

3 RSE à connaître

Yammer est un RSE pour une entreprise ou une communauté spécifique. Il dispose d'une interface très proche de celle de Facebook (facile d'adoption), elle est intégrée dans le Pack Office 365 depuis son rachat par Microsoft en 2012 sous un format Freemium.

Slack est une plateforme de collaboration centralisant les applications de gestion des tâches, d'archivage, de communication et de recherche de contenu. La plateforme permet de limiter l'usage des courriels et d'accélérer le déroulement des projets. Elle intègre des chatbots et s'intègre facilement avec de nombreux autres services et applications (mailing, calendrier, gestion de projet...).

Jamespot est un RSE spécialisé dans le pilotage d'activité en mode collaboratif renforcé par des fonctions de communication et de collaboration. Le tout est intégré dans un environnement personnalisable.

3) Plateformes collaboratives pour les internautes

A. Les wikis

Un **wiki** est une application qui permet la création, la modification et l'illustration collaborative de pages à l'intérieur d'un site web. C'est un logiciel de gestion de contenu. Le plus célèbre des wikis sur le web est l'encyclopédie libre Wikipédia, gratuite et librement réutilisable.

Dans son format le plus simple, le wiki est un système collaboratif sans administrateur principal. Il est donc à la fois extrêmement démocratique, car tout individu peut se transformer en rédacteur et apporter sa contribution, mais aussi tyrannique, car si l'on peut créer, on peut aussi corriger ou effacer une contribution précédente. Si certains s'offusquent ou se plaignent de ce vandalisme digital, il est possible d'annuler des modifications grâce à un mécanisme d'historique. Ces wikis s'appuient sur un système de responsabilité qui permet à tout le monde de connaître les actions de chacun.

B. Les forums

Les **forums** sont des outils collaboratifs qui font référence aux sites et aux plateformes de discussion et d'échange asynchrones. Wikipédia (les wikis sont bien pratiques) nous indique qu'il existe deux catégories de forums : les « forums de discussion » dont les messages sont classés par date chronologique et les « forums de questions-réponses » dont les messages sont classés par votes.

Un forum est avant tout un lieu d'échanges qui peuvent durer aussi longtemps que les contributeurs le jugeront pertinent. Il exige bien souvent l'adoption par ses contributeurs d'une charte de bonne conduite permettant de stipuler les règles de comportements des utilisateurs du forum. Chargé de faire respecter ces éléments, le modérateur devra réguler les tensions entre les membres et gérer la communauté.

D'autres formes de plateformes collaboratives existent telles que le chat, les réseaux sociaux, les classes virtuelles ou même les bureaux de travail collaboratifs (par exemple Google Agenda ou Doodle).

> Aussi bien utiles pour simplifier la communication en interne que pour favoriser la création commune, les plateformes collaboratives offrent aux entreprises, à leurs salariés, mais également à chaque internaute un espace d'échange et de contribution. Significative ou non, génératrice d'engagements ou non, cette participation est à la base de la réussite de ces plateformes. Charge à chacun de créer des contenus suffisamment attractifs pour y venir, y contribuer et y rester.

28 TikTok

À chaque nouveau réseau social, les analystes y voient le possible nouveau Facebook. Si nombre d'entre eux ont échoué dans cette tâche ou plus simplement déçu, TikTok semble se créer sa propre trajectoire. Tout d'abord, son histoire est atypique, mais son positionnement et son engouement en font aussi un réseau unique. Nous proposons une mise en lumière de cette plateforme qui n'en finit plus de croître.

1) TikTok en détail

Pour ceux qui ne la connaissent pas encore, **TikTok** est une application mobile permettant d'enregistrer de courtes vidéos de 15 secondes et d'y appliquer des effets, des filtres et de la musique. L'application mobile est aujourd'hui la 9e plateforme sociale mondiale et compte plus de 500 millions d'utilisateurs actifs mensuels.

L'une des particularités des vidéos sur TikTok est la synchronisation labiale ou *lip sync*, technique visant à donner l'impression que les mouvements des lèvres d'une personne sont synchronisés avec les paroles d'une musique qu'elle est supposée prononcer. Ce format est de loin le plus populaire, accompagné par les courtes vidéos de promotions de groupes, des tours de magie et autres cascades.

La dimension virale de la plateforme est renforcée par les défis hebdomadaires (appelés *hashtag challenges*), appuyés par des outils d'édition adaptés, comme par exemple la possibilité d'enregistrer votre réaction à une vidéo lorsque vous la consultez, ou encore d'enregistrer sa propre vidéo en utilisant l'audio d'une autre vidéo.

En résumé, TikTok permet :

- de créer un compte en quelques secondes *via* un smartphone ;
- de réaliser une vidéo originale en ajoutant un morceau de musique, des filtres au choix et des effets spéciaux en option, le tout appuyé par des hashtags ;
- de mimer des scènes de films, reproduire des clips vidéo ou des chorégraphies dans la vidéo ;
- de participer aux challenges TikTok proposés dans le compte officiel sous forme de mots-dièses ;
- d'être spectateur-spectatrice en visionnant les contenus et en interagissant avec les autres utilisateurs.

Le succès de la plateforme provient aussi de son histoire. Quand certains réseaux ont joué sur la croissance unique du nombre de ses utilisateurs, TikTok a connu une vie légèrement différente. En 2014 naissait Musical.ly à Shanghai, qui est apparu en France un an plus tard en juillet 2015. Un peu plus tard, en septembre 2016, TikTok est lancée par ByteDance.

Cette même société rachète en novembre 2017 Musical.ly pour 1 milliard de dollars avant de la fusionner avec TikTok en gardant le nom de cette dernière.

L'audience actuelle de TikTok est bien évidemment jeune : 64 % de ses utilisateurs ont entre 16 et 24 ans. Dans les faits, près de 37 % du temps passé par sur la plateforme l'est par les 11-15 ans (Médiamétrie, 2019). En France, on parle déjà de 4 millions d'utilisateurs, majoritairement féminins (57 %), et d'un temps moyen d'utilisation par jour de près de 40 minutes. Cela constitue, en termes de contenus, 5 milliards de vidéos consultées chaque mois pour 8 ouvertures d'application par jour.

2) TikTok pour les entreprises, mythe ou réalité ?

TikTok est aujourd'hui l'une des plateformes sociales qui permettent la plus grande créativité. Ajoutez à cela une présence renforcée de la génération Z, il est plus que normal que les entreprises réfléchissent et commencent à se lancer sur ce format. Si les premiers résultats sont encore balbutiants, les marques semblent travailler sur la création, l'animation de compte avec de l'InFeed video, des *hashtag challenges* (ce qui marche le mieux) ou en proposant des filtres spécifiques.

On observe ainsi des entreprises en B2B, tout comme en B2C, investir la plateforme. En effet, en jouant sur la mise en scène de leur produits *via* des vidéos, il devient possible de rendre le produit et la marque plus attractifs.

L'une des principales caractéristiques de TikTok est qu'elle ne dispose pas de publicité ni de méthode de monétisation pour le moment. L'entreprise, portée par ByteDance, souhaite rendre l'expérience utilisateur (UX) la plus agréable possible. Pour les entreprises, le recours à la plateforme se fait dans un souci d'acquisition d'utilisateurs et de présentation de produits *via* une stratégie organique. Le fait que les utilisateurs puissent filmer leurs réactions peut permettre d'obtenir de précieuses idées marketing et donc d'adapter les stratégies de contenu sur d'autres plateformes.

La plateforme a une présence mondiale et, à la différence d'autres réseaux, TikTok a compris que les cultures étaient différentes d'un marché à un autre, un même message n'ayant pas forcément la même signification. L'application ne cherche pas à uniformiser son action et ses messages, mais bien à adopter et présenter une stratégie différente selon le pays, en proposant des contenus adaptés aux différentes cultures. Cela se matérialise en interne par l'existence d'une équipe dédiée à la création de challenges locaux permettant la promotion de produits basés sur la géolocalisation (en Europe, les challenges, en Chine le Rap of China par exemple).

> La réussite de TikTok n'est pas le fruit du hasard. Son créateur insiste depuis le départ de l'aventure sur un concept volontairement divertissant, une facilité d'utilisation et un contenu personnalisé, aidé en cela par une intelligence artificielle. L'entreprise dispose d'un regard client pointu. De plus, elle accorde une forte importance à la protection des données et des individus. Tout n'est pas encore parfait pour autant sur TikTok et de nombreuses voix appellent à un meilleur contrôle des vidéos et des réactions afin par exemple de ne pas voir apparaître du cyber-harcèlement.

29 CRM & social CRM

Toute entreprise, quelle que soit sa taille, doit entretenir un rapport de qualité avec sa clientèle. Si l'objectif ultime est bien évidemment l'augmentation des ventes, cela passe inévitablement par la loyauté et la fidélité. La gestion de la relation client présente un intérêt capital pour la réussite d'une entreprise. Historiquement liée à la relation établie avec le personnel en boutique, la gestion de la relation client a évolué avec l'effervescence du digital et des réseaux sociaux. Ceci a donné lieu à une nouvelle forme de gestion de la relation client dite sociale.

1) Définition

On fait référence à l'acronyme GRC pour identifier la gestion de la relation client. En anglais, la GRC est connue sous l'acronyme CRM pour ***customer relationship management***. Le concept de CRM est utilisé pour dénommer l'ensemble des techniques, outils, et démarches marketing visant à améliorer en continu la relation entre l'entreprise et le client. La finalité est d'améliorer l'expérience utilisateur dans l'ensemble de ces échanges afin de mieux fidéliser et d'engager.

Une approche de gestion de la relation s'appuie à la fois sur des techniques de collecte et d'analyse des données clients, des opérations marketing (par exemple le ciblage, la publicité) et des opérations de support (l'avant-vente ou l'après-vente). Puisque le client est désormais présent sur de multiples canaux (courriel, SMS, messagerie instantanée, web), le CRM utilise l'ensemble des canaux de communication disponibles.

Lorsqu'une solution de CRM s'élargit vers le prospect, c'est-à-dire un potentiel client, on parle alors de la **gestion de la relation prospect** (*prospect relationship management*). Cette dernière s'appuie sur de nombreux dispositifs complémentaires permettant d'intégrer les nouveaux canaux digitaux et leur contenu, comme les plateformes de gestion de données.

D'un point de vue technique, le CRM est associé à un dispositif informatique consacré à la gestion de la relation client. Il s'agira par exemple des logiciels de collecte des données, de traitement et des outils de campagnes marketing. Dans la plupart des cas, le processus est totalement intégré dans des suites logicielles complètes. Salesforce, n° 1 mondial, Microsoft Dynamics, V-Tiger pour les PME, sont des représentants de cette catégorie de solutions.

2) Les avantages d'intégration d'un CRM

La mise en place de CRM facilite l'amélioration des relations entre l'entreprise et sa clientèle. La solution permet alors de mettre en place les moyens d'accroître la fidélisation en tournant l'ensemble des fonctions de l'entreprise vers la posture client. Si l'intégralité de l'entreprise comprend et partage les besoins des clients, les réponses apportées seront alors plus complètes, homogènes et pertinentes. Cette fidélité doit ensuite se traduire par des flux de revenus accrus. Grâce à une meilleure connaissance client, il devient possible d'effectuer un meilleur ciblage, de proposer de meilleures offres et donc d'obtenir *in fine* une meilleure transformation.

Le fait de positionner le client au cœur de l'entreprise va permettre d'harmoniser la communication et de fluidifier les échanges entre les services. Le partage de données et d'information, rendu possible grâce au CRM, permettra d'accroître le travail collaboratif vers un objectif commun. Finalement, le CRM doit permettre de comprendre les besoins et le comportement des clients de l'entreprise. En identifiant les habitudes et les niveaux de rentabilité, il devient possible d'optimiser les actions marketing.

Avec la recrudescence des canaux sociaux digitaux, le CRM évolue avec l'intégration de ces nouveaux supports, devenant le *social CRM*.

3) CRM social (SCRM)

Le ***social CRM***, contraction de *social media* et de CRM, enrichit la stratégie relationnelle en intégrant dans son processus l'ensemble des interactions issues des médias sociaux. L'approche s'appuie entre autres sur les conversations entre la marque et ses clients, avec pour objectif premier de permettre un engagement plus fort sur les plateformes digitales. Cette démarche, à l'image du CRM traditionnel, vise aussi au développement et à la fidélisation des clients.

De manière opérationnelle, le CRM social regroupe un ensemble de techniques relatives au marketing conversationnel, qu'il soit automatisé ou non. Il englobe aussi les approches de collecte de données sur les réseaux sociaux dans le cadre du *social listening*. Les actions réalisées par le gestionnaire de communauté, ou *community manager,* peuvent alors être considérées comme parties intégrantes du CRM social, qui peut aussi prendre la forme très simple de chatbot par exemple.

Quels sont les intérêts du SCRM ?

Reprenant les bases du CRM, le CRM social présente des apports complémentaires. Tout d'abord, et c'est la clé de voûte du SCRM, l'engagement. En améliorant les relations avec les prospects, il devient possible d'engager encore plus les internautes dans l'objectif qu'ils deviennent ambassadeurs de la marque auprès de leur réseau. Ensuite, le recours à une stratégie dédiée aux médias sociaux permet de communiquer avec les utilisateurs experts de ces plateformes. Ce faisant, l'entreprise montre sa capacité à créer du lien direct avec ses cibles sur les canaux les plus adaptés. Enfin, en intégrant la dimension digitale, l'organisation (et les services internes liés) pourra détecter de nouvelles opportunités, maîtriser de manière plus directe son image et sa réputation digitale, tout en assurant un développement de son support client.

Les enjeux pour une réussite du SCRM

Si les avantages du SCRM sont nombreux, il n'en reste pas moins quelques risques. Le premier est, du fait de la présence en ligne, un risque sur l'e-réputation. Une mauvaise gestion des réclamations peut entraîner une dégradation rapide de l'image de l'entreprise. Il faudra alors mettre en place des stratégies de réponses adaptées à chaque réseau (délai, format de la réponse...). Il faudra ensuite identifier les influenceurs (positifs ou négatifs) de chacune des communautés, car ceux-ci sont des relais de la communication. Une bonne connaissance de chaque communauté et des interactions est essentielle pour assurer efficacement cette tâche.

La fidélité est au cœur de toute stratégie d'entreprise. En effet, il est en moyenne quatre fois moins coûteux de conserver un client existant que de réussir à en acquérir un nouveau. En jouant sur la qualité de l'information diffusée, sur la qualité de service, mais aussi sur la qualité des systèmes développés, l'entreprise pourra obtenir les bénéfices liés à la mise en place d'une bonne relation client.

Publicité sociale digitale 30

La publicité est un enjeu majeur de la réussite digitale. Il existe une grande variété de formats et de modèles de revenus. Dans le choix des canaux, le social semble s'établir comme la clé de voûte de la stratégie d'acquisition de clients en ligne. En effet, près de 9 entreprises sur 10 ont investi en *paid social media* en 2018. Nous présentons dans cette fiche les formats disponibles sur ces supports.

1) La publicité *via* Facebook

Facebook, premier réseau social au monde, dispose de son propre service de publicité. L'entreprise permet de mettre en avant une page professionnelle sur le réseau social, mais également de cibler très précisément une audience en s'appuyant sur un grand nombre de critères (par exemple les centres d'intérêt, l'âge, le sexe, le comportement de navigation, les moments de connexion).

Sur Facebook, il existe différents formats publicitaires. Parmi les plus utilisés, citons tout d'abord la combinaison photo + texte. Élément d'attraction extrêmement efficace, la photo permet de mettre en avant un produit ou une situation. Grâce au texte associé, il devient possible de personnaliser le message, de positionner une accroche solide qui générera plus d'engagements.

La vidéo est un format qui a su séduire sur le digital. En effet, les récentes enquêtes nous indiquent que plus d'un internaute sur deux est prêt à acheter en ligne à la suite du visionnage d'une vidéo. Quand on sait que la portée organique d'une vidéo Facebook est 135 % plus élevée qu'une photo (Socialbakers, 2019), on comprend l'intérêt accordé à ce support.

Enfin, le troisième format utilisé de plus en plus sur Facebook est le carrousel. Inspiré d'Instagram et des sites web, un carrousel permet d'afficher jusqu'à 10 photos au sein d'une seule et même publicité. Pour chaque image, en ajoutant un lien, il devient alors possible d'adresser des messages à différentes cibles.

2) La publicité sur YouTube

La vidéo est non seulement un vecteur d'acquisition fort, mais elle est également un canal de fidélisation important. À ce double titre, la publicité au format vidéo a un rôle important à jouer. Appartenant à Google, la plateforme YouTube est un canal de référence. Il s'agit du second réseau social le plus populaire au monde. Il compterait selon TechCrunch plus de 1,5 milliard d'utilisateurs. Au cœur de son modèle de revenu, la plateforme permet la diffusion de publicités en ligne. La vidéo connaît une croissance depuis près de cinq ans et la visibilité moyenne des publicités sur la plateforme est proche de 95 %, plus que sur n'importe quel autre réseau.

Au niveau des formats disponibles sur YouTube, présentons ici l'**annonce graphique**. Ce format simple s'affiche à droite de la vidéo consultée au niveau de la liste de suggestions. Il est également possible d'avoir recours aux annonces en **superposition**. Ce type d'annonce fonctionne avec une bannière qui vient s'ajouter en bas de la vidéo. Les annonces dites ***instream*** (ou appelées *video discovery*) vont apparaître à l'intérieur du contenu d'une autre vidéo populaire du même thème. Ce faisant, il devient possible de profiter de la popularité d'autres vidéos pour diffuser le message.

Enfin, les annonces vidéo sont désactivables ou non. Le type de publicité désactivable est le plus souvent utilisé sur YouTube : il s'agit d'annonces qu'il est possible d'ignorer après quelques secondes. Ces annonces dites *pre-roll* apparaissent avant la vidéo souhaitant être consultée par l'utilisateur. Concernant les annonces non désactivables, il s'agit de messages publicitaires obligatoires, c'est-à-dire devant être visionnées avant de pouvoir accéder au contenu souhaité. En moyenne, la durée de ces annonces ne dépasse pas 30 secondes. Ce format apprécié par certaines marques, car il garantit la visibilité, peut cependant engendrer une frustration des utilisateurs et générer un effet contre-productif sur l'audience. L'entre-deux proposé par YouTube est ce qui est appelé l'annonce *bumper*. Il s'agit, pour les internautes, de visionner une annonce non désactivable, mais sur un format de 6 secondes maximum avant de pouvoir regarder la vidéo souhaitée. En France, le blog du modérateur (2018) avance que 66 % des campagnes *bumper* ont eu un impact positif sur les marques (+ 14 % de notoriété positive).

3) La publicité *via* LinkedIn

Il est important de présenter les mécanismes de publicité sur un réseau de type professionnel. À ce titre, LinkedIn est le réseau social à retenir. Tout comme ses équivalents B2C, le réseau propose de la publicité, et ce *via* trois principaux formats.

Le premier est le **contenu sponsorisé**. En utilisant ce support publicitaire, les annonces apparaissent dans le flux d'actualités des utilisateurs. Elles sont subtilement intégrées dans le flux d'information de leur utilisateur, ce qui facilite leur acceptation par le public. La plateforme permet de définir des profils cibles spécifiques *via* divers critères, par exemple les données démographiques, mais aussi les postes occupés, les niveaux hiérarchiques et les expertises.

Le second format est la publicité par **annonce textuelle**. Tout comme l'outil Google Adwords, il est possible de placer une annonce textuelle à plusieurs endroits de la page LinkedIn. L'annonce peut comporter uniquement du texte ou bien insérer du display.

Le dernier format disponible sur LinkedIn est l'**Inmail sponsorisé**. Cet outil permet d'envoyer un message dans la boîte mail LinkedIn de membres auxquels vous n'êtes pas connecté. La personne recevra votre message et pourra répondre à vos sollicitations. Notons que l'envoi d'Inmail ne peut pas se faire avec un compte gratuit.

> La publicité est présente sur tous les canaux modernes de communication et les réseaux sociaux n'y échappent pas. Avec l'apport de méthodes de ciblage disponibles, mais également du fait que les utilisateurs y sont plus sensibles, les taux de rétention, de lecture et de transformation y sont plus importants que n'importe où ailleurs.

PARTIE IV

Marketing Digital

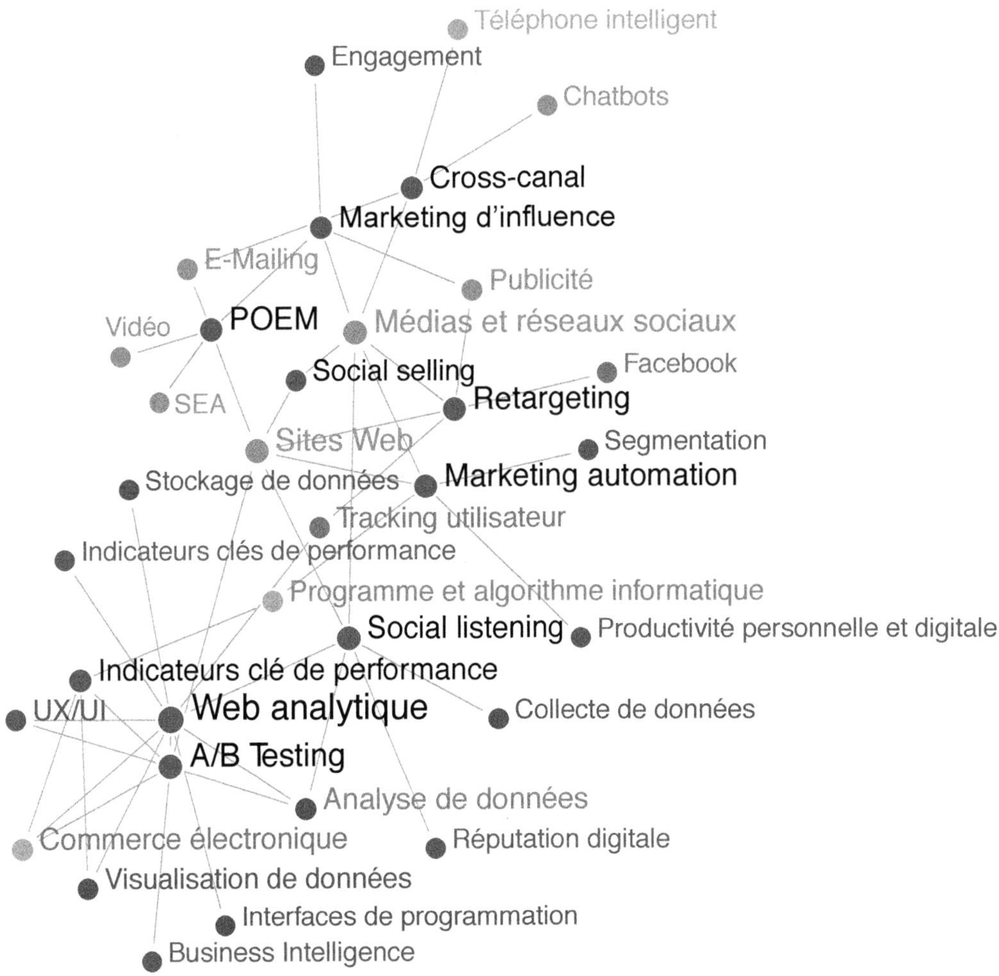

31 Marketing d'influence

Avec l'apparition des réseaux sociaux à images tels Instagram, Pinterest ou Snapchat, les influenceurs et le marketing d'influence digital sont devenus des leviers fondamentaux permettant de diffuser de l'information à une large audience. Ce faisant, la manière de promouvoir, auprès des consommateurs potentiels, l'image et la notoriété d'un produit, d'un service ou d'une marque, a été transformée.

1) Définition

Le **marketing d'influence** se définit comme l'ensemble des techniques marketing permettant de s'appuyer sur la force de recommandation et/ou de prescription des influenceurs afin d'accroître la notoriété et la visibilité d'une marque. Il est important de garder à l'esprit qu'un tiers des jeunes consommateurs réalisent des achats à partir d'informations récoltées sur les blogs. De plus, 80 % des achats réalisés par un individu sont influencés par le commentaire d'un proche. Le marketing d'influence devient donc un outil central d'acquisition.

Le marketing d'influence peut s'organiser en trois étapes clés. La première est de **déterminer la cible** et les acheteurs potentiels de la marque. Ce sera l'occasion de répondre à un ensemble de questions sur les prospects. Qui sont-ils et sur quels réseaux sont-ils actifs ? Quels sont les meilleurs moyens de les joindre ? La seconde phase est l'**identification des influenceurs** pertinents pour la marque. Un certain nombre d'entreprises sont spécialisées dans l'identification des influenceurs par secteur (Cision notamment). Enfin, il convient de faire **relayer des informations** par ces influenceurs. Une fois ceux-ci identifiés, une relation doit être nouée pour qu'ils puissent relayer des informations auprès des cibles identifiées (relation financière ou non).

Le marketing d'influence est une discipline dont les avantages et les bénéfices sont très différents des autres approches de marketing. Les influenceurs connaissent leurs communautés et vont créer du contenu plus précis afin d'interpeller leur audience. Celle-ci est, de manière générale, plus faible que celle de certains médias, mais elle est beaucoup plus spécifique et donc susceptible d'interagir avec la marque.

Un message provenant d'un influenceur apporte une impression plus authentique et attractive qu'un message issu d'un canal de communication classique porté par une marque. Ainsi, recourir au marketing d'influence présente de nombreux avantages tels qu'un meilleur ciblage, une amélioration du référencement naturel par l'apport de trafic, et un coût moins élevé.

2) Défis du marketing d'influence

Si le procédé paraît simple, il n'en reste pas moins que la concurrence est rude. Les marques recherchent les mêmes influenceurs et ces derniers savent faire jouer la concurrence. Il est donc essentiel que les entreprises soient conscientes des défis qui les attendent.

A. Identifier les influenceurs les plus pertinents

Ce n'est pas parce qu'un influenceur a beaucoup de *followers* qu'il est forcément pertinent pour la marque. En effet, l'influence n'est pas facile à définir et à mesurer. Si la quantité est importante, la qualité de la communauté l'est encore plus. En effet, une marque doit identifier un influenceur à partir de sa problématique et surtout de la cohérence entre le positionnement de celle-ci et celui des influenceurs.

Les trois critères les plus importants dans la mesure de l'**influence** sont :

- la portée du message et le potentiel d'audience (ce que l'on appelle le *reach*) ;
- le niveau d'engagement de l'audience sur chacun des visuels ou articles diffusés, c'est-à-dire le nombre d'interactions générées suite à un message (*like*, commentaires, partages, retweet, *embed*) ;
- la pertinence du message par rapport aux objectifs de la marque et aux centres d'intérêt de l'audience : le produit est-il en lien avec les valeurs et les attentes de l'audience ?

B. Prendre contact avec les influenceurs et les convaincre de collaborer

Une fois identifiés, il faut initier la relation avec les influenceurs. Cette relation se construit dans le temps et dépend souvent des exigences de ces derniers. La plupart d'entre eux accepteront de travailler avec des marques qu'ils aiment et qui correspondent à leur ligne éditoriale. Cependant, ils ne prendront pas le risque de décevoir leur audience en publiant n'importe quel type de publicité.

Comme nous l'avons mentionné, des agences spécialisées permettent d'accompagner les entreprises dans l'identification de ces influenceurs et la prise de contact avec eux.

C. Mesurer l'efficacité de la campagne

Le marketing d'influence a pour objectif d'améliorer non seulement la notoriété d'une marque, mais aussi son image. En moyenne, les marques avouent qu'elles accordent à ce type de campagne entre 1 et 20 % de leur budget de communication, ce qui peut vite représenter un montant assez conséquent. Afin d'évaluer les campagnes d'influence, il est pertinent de regarder certaines métriques précises, regroupées dans ce que l'on définit comme le ROA (retour sur attention), par exemple l'engagement généré sur les différentes publications (*likes*, commentaires, mentions), le partage de contenu et le nombre de relations touchées par le message. Enfin, le trafic entrant sur le site web de la marque ou dans la boutique suite à la mise en place de la relation.

3) Les leviers du marketing d'influence

Afin de mettre en place une stratégie de marketing d'influence, une entreprise peut recourir à différents leviers. Nous en présentons six ci-après.

Le ***buzz kit*** désigne la promotion d'un nouveau produit en l'envoyant à un influenceur. Celui-ci va pouvoir le tester pour partager son avis avec la communauté. On peut aussi rattacher ce principe à l'*unboxing* (*cf.* ci-dessous) si l'influenceur fait vivre l'expérience depuis le déballage du produit.

La **sponsorisation de contenu** est une technique qui consiste à sponsoriser un article de blog ou une publication sur les réseaux sociaux. Cette approche vise à toucher un maximum de personnes et à gagner en visibilité. C'est une action qui permet de gagner en viralité à court terme, mais qui peut également devenir une action pérenne pour la marque.

Le **placement de produit** est aujourd'hui utilisé de manière importante sur YouTube. Cette technique fait appel aux services d'un youtubeur spécialisé dans une thématique liée à l'univers de la marque. La marque placera alors subtilement le produit en question dans l'une de ses vidéos.

Les **blogs voyage** ont la cote et certains arrivent à fédérer des communautés très actives. Pour gagner en notoriété, certains voyagistes ont recours à ce type d'influenceurs pour promouvoir leurs produits. Ils offrent généralement à l'influenceur la possibilité de participer à un séjour tout compris ou à un événement spécifique en échange de photos prises et partagées *via* le blog et/ou les réseaux sociaux.

L'***unboxing*** est un phénomène très en vogue aux États-Unis et qui prend de l'ampleur en France. Il est généralement réalisé par un influenceur ou influenceuse face à sa caméra. L'action consiste à déballer un produit reçu en direct et faire vivre l'expérience à sa communauté. Un moment basé sur l'émotionnel et qui fonctionne très bien.

Le ***takeover*** est une technique qui consiste à donner le contrôle d'un compte entreprise ou d'une marque à un influenceur. Stratégie existante à la télévision (rédacteur en chef invité) ou dans la presse, il s'agit ici, pendant une période donnée, de laisser à l'influenceur le soin d'attirer l'attention de sa communauté sur un produit, un service, un événement ou un site.

Afin de réussir une stratégie de marketing d'influence, certaines bonnes pratiques sont à mettre en œuvre. Favorisez une prise de contact par étape. Une fois votre influenceur potentiel identifié, entamez la prise de contact par le biais de contenus qu'il partage déjà sur ses médias sociaux ou des échanges qu'il anime. Créez une relation gagnant-gagnant. La marque sera sans doute principalement concentrée sur la valeur que l'influenceur peut apporter, et non le contraire. Pourtant, il est essentiel de construire une relation durable avec un influenceur. La collaboration devra donc bénéficier à ce dernier, et pas seulement sous la forme d'une compensation financière, d'un échange de contenu, ou de visibilité. Choisissez un influenceur en adéquation avec le message de votre marque. L'influenceur idéal devra non seulement appartenir à votre marché, mais aussi produire du contenu cohérent avec celui de votre marque et transmettre un message en adéquation avec l'image que vous souhaitez renvoyer à vos clients. Mesurez les résultats de vos campagnes, car même si le marketing d'influence est une technique populaire, il reste essentiel de mener des recherches, de vous assurer que vos activités sont cohérentes avec votre stratégie marketing, de réaliser des tests et de suivre vos résultats afin d'améliorer vos performances, comme pour toute autre activité de marketing.

32 Cross-canal

Les consommateurs interagissent avec une marque de différentes manières et sur différents canaux : internet, mobile, boutique notamment. Autant de variations à suivre pour une entreprise et autant d'actions à mettre en place. Comment une organisation doit-elle alors assurer sa communication digitale ? Faut-il privilégier un canal par rapport à un autre ? Faut-il imaginer une action commune ?

1) Omni, cross ou multicanal ?

Pour accompagner ses prospects ou clients dans leur chemin vers la marque, il est possible de considérer les canaux de communication de manière séparée ou commune. Chaque stratégie présente des avantages et des inconvénients.

Dans une **stratégie multicanal,** tous les canaux sont entièrement indépendants les uns des autres. Cette stratégie caractérise l'expérience d'un client qui utilise un ou plusieurs des différents points de contact avec la marque (magasin, téléphone intelligent, tablette, chat, emailing, réseaux sociaux) mis à sa disposition pendant son parcours d'achat. Pour autant, la marque ne s'attachera pas à suivre un client sur différents canaux.

Le **cross-canal** est une stratégie de distribution qui met à profit plusieurs canaux. Elle caractérise une expérience client où l'ensemble des canaux sont utilisés de manière complémentaire lors des différentes étapes du parcours : de l'acquisition à la fidélisation en passant par la transformation. Ils sont ainsi envisagés de façon globale, de manière à respecter la promesse faite par la marque d'un canal à l'autre sans perturber le client.

Dans une stratégie cross-canal, tout repose sur l'expérience client. Ainsi, un client peut découvrir un produit sur son téléphone, l'acheter sur la boutique en ligne, utiliser un code de réduction reçu par SMS et suivre sa commande depuis l'application mobile.

Dans le cadre du cross-canal, le client n'est pas dans l'obligation de choisir un canal spécifique au détriment d'un autre, c'est à la marque de garder le même niveau d'expérience, de relation et de service sur tous les canaux empruntés.

Le terme **omnicanal** ajoute, par rapport à la stratégie cross-canal, la notion d'ubiquité. Un client pourra cette fois utiliser plusieurs canaux en même temps (utiliser son mobile pendant qu'il est dans la boutique). L'omnicanal induit une cohérence entre les canaux d'autant plus forte que le consommateur les expérimente simultanément.

2) Reconnaissance du « phygital » comme réalité marketing

Avec le cross-canal, les canaux traditionnels (le déplacement en magasin, l'achat concret en boutique, l'essayage de l'article, l'interaction avec un vendeur, le courrier ou bien le téléphone) s'accordent avec les canaux virtuels (la vente en ligne, les applications mobiles ou *smartphones*, les bornes en boutique, les chatbots). Ce faisant, les marques répondent aux actions des clients qui se renseignent de plus en plus en amont de l'acte d'achat grâce aux supports digitaux qu'ils ont à disposition. L'un des exemples les plus représentatifs de ce phénomène est le ROPO.

Le **ROPO** désigne un comportement d'achat du consommateur, celui de rechercher un produit en ligne (*research online*) pour finalement l'acheter dans un magasin physique (*purchase offline*). Internet est alors utilisé par la marque pour augmenter le nombre de ventes effectuées en magasins. Selon une étude IPSOS, 53 % des Français se renseignent sur le web avant achat, mais seulement 40 % passent effectivement commande dans une boutique en ligne. En parallèle, 91 % souhaitent que les boutiques soient également présentes sur le net (IFOP). En connaissant les chemins de conversion les plus utilisés par ces clients, une marque peut optimiser ses actions.

3) Objectifs d'une stratégie cross-canal

Une entreprise décidant de mettre en action une stratégie commerciale par le cross-canal le fait pour différentes raisons que nous explicitons ci-dessous :

- l'**augmentation des ventes** en adaptant l'offre aux besoins des clients. En effet, en accompagnant un prospect sur tous les canaux, elle garantit un même niveau de service amenant une meilleure transformation ;
- l'**élargissement du nombre de prospects** : une action n'est plus limitée à un canal, mais offerte à tous. Ce faisant, l'impact d'une action est plus fort ;
- l'**amélioration de la visibilité** de l'entreprise comme de son accessibilité, puisque le client n'est plus obligé de se déplacer en magasin. Il peut commander en ligne, par téléphone, ou bien par le biais du catalogue ;
- l'**augmentation du chiffre d'affaires**, notamment grâce aux ventes croisées (qui consistent à vendre un article, un service ou un accessoire complémentaire à un article principal acheté). La récolte d'informations sur les utilisateurs en ligne (des formulaires à remplir en amont d'un téléchargement d'informations, ou bien lors du remplissage d'un formulaire préalable au téléchargement d'un contenu par exemple) permet de savoir quand proposer un produit au bon moment et d'accélérer la transformation ;
- la **réduction des coûts** de communication grâce à une mutualisation des ressources (humaines et matérielles). Cette réduction va s'opérer sur du moyen terme, car il faudra réorganiser et redéfinir la stratégie de communication de l'entreprise ;

– l'**accroissement de l'attractivité de l'entreprise**. La stratégie cross-canal, prisée par les consommateurs, est vectrice de différenciation et de valorisation. Le client aura toujours tendance à privilégier l'entreprise qui répond à ses attentes et habitudes de consommation.

Pour une entreprise, il est essentiel de répondre aux besoins de ses clients par une fluidification de son parcours d'achat. De même, offrir un meilleur service post-achat est un enjeu crucial pour sa survie à long terme. La mise en place d'une stratégie cross-canal est un réel facteur de différenciation et de réussite. Celle-ci permet de répondre aux attentes des prospects et entraîne l'organisation à considérer la relation client de manière unifiée.

POEM 33

La majorité des secteurs se trouvent dans une phase de transformation numérique qui remet en cause la relation que les entreprises ont avec leurs consommateurs. Cette mutation implique de repenser la manière dont elles appréhendent leur communication digitale. Cette stratégie, en adéquation avec la stratégie d'entreprise, est à définir en prenant en considération les ressources internes, le marché, le positionnement des concurrents, les objectifs définis et les spécificités des canaux. Les organisations ont le choix entre un grand nombre de canaux digitaux de communication. Ceux-ci peuvent être regroupés de manière simplifiée en suivant la typologie POEM : *paid, owned, earned media*, qui signifie « média payant, possédé et gagné ».

1) Composantes du POEM

Le ***paid media*** désigne les espaces publicitaires achetés par la marque sur les médias en ligne (bannières, mots clés payants) ou hors ligne (télévision, presse papier, radio). Les médias payants d'une marque sont nombreux et apportent une belle visibilité. On peut nommer le SEA (référencement par achat de mots clés, Google Adwords, Bing Ads), le display (publicité digitale), l'emailing, le sponsoring, la rémunération d'influenceur. La visibilité obtenue par ce moyen a toutefois un inconvénient : elle s'achète. Dans bien des cas, une agence sert d'intermédiaire pour accompagner cette stratégie.

Le ***owned media*** désigne les points et supports d'exposition possédés et contrôlés par la marque. Le point central du *owned media* est le plus souvent le site web auquel peuvent s'ajouter des comptes Facebook ou Twitter ou un blog de marque. Dans un cadre plus large, les points de vente, la publicité sur le lieu de vente (PLV), les enseignes, peuvent également faire partie du *owned media*.

Le ***earned media*** désigne l'exposition dont bénéficie gratuitement la marque sur des supports personnels ou professionnels qu'elle ne contrôle pas. Il s'agit essentiellement des mentions sur les réseaux sociaux (Facebook, Twitter), sur les espaces de commentaires (avis consommateurs, commentaires articles presse) et des diffusions virales de vidéos. Les retombées presse et sociales peuvent également être considérées comme du média gagné.

Ces trois aspects de communication disponibles pour une entreprise ne doivent pas se concevoir comme dissociés ou séparés. L'*inbound marketing* est une stratégie visant à les faire travailler efficacement ensemble.

2) *Inbound marketing*

D'un point de vue littéral, l'***inbound marketing*** signifie « marketing entrant ». C'est une approche digitale qui consiste à faire venir spontanément le client à la marque par du contenu de qualité. Il est essentiel de comprendre que la relation à mettre en place par une marque repose davantage sur des mécanismes de suggestion et d'émotion que sur ceux de l'argumentation et de l'exposition propres au démarchage commercial traditionnel. Le contenu proposé doit être résolument celui de l'éditorial attractif, sous toutes ses formes.

L'enjeu n'est plus de se focaliser sur le seul acte de vente au plus grand nombre, mais de chercher à générer une audience avec laquelle la marque pourra tisser une relation privilégiée. Cette relation s'exprimant à tous les stades du cycle d'achat, de la découverte à la fidélisation, il est donc essentiel de favoriser le qualitatif sur le quantitatif pour conduire un parcours d'achat serein et s'assurer de la satisfaction de son client.

L'*inbound marketing* ne repose pas sur une action ponctuelle ; il suppose que l'individu prenne conscience de l'existence d'une marque, puis se familiarise avec son univers, soit conforté par sa capacité à répondre à son besoin avant, enfin, de devenir client. Il s'agit donc d'établir une relation de confiance pour que la marque devienne un référent simple et facile pour le futur acheteur. L'*inbound marketing* agit à deux échelles de temps : de manière instantanée, pour résoudre une question contextuelle, et de manière pérenne. Il s'agit alors de faire en sorte d'entretenir la relation avec ceux qui ont marqué un intérêt à un moment donné pour la marque ou l'entreprise. Cette phase de fidélisation intervient alors que l'audience est déjà identifiée, soit parce qu'elle est déjà devenue cliente, soit parce qu'elle a pris contact avec l'entreprise et s'est identifiée à un moment donné du processus. C'est le cœur de la stratégie, car il faut ensuite adresser un message ciblé au client et dont le contenu corresponde à un niveau d'intimité et de besoins adéquats.

> Il est important pour une entreprise de cesser de faire fonctionner ses actions par silo où chaque approche se dissocie des autres alors qu'elles ont bien souvent le même objectif. Citons par exemple la volonté d'attirer les prospects et de les transformer en clients fidèles et en acheteurs réguliers. En introduisant le POEM dans leur stratégie, les organisations feront d'une action spécifique une réussite globale.

Social selling 34

Le *social selling* est une nouvelle posture commerciale à adopter par les professionnels. Il s'agit d'une démarche de prévente visant à utiliser les réseaux sociaux professionnels afin de développer les ventes entre entreprises (*business-to-business*, B2B). Cette approche permet de trouver des prospects ou clients. Le *social selling*, qui se traduit par « vente sociale », est utilisé principalement dans le cadre du marketing et de la vente.

1) Définition

Le ***social selling*** consiste à rechercher, sélectionner, écouter et interagir avec des prospects *via* les réseaux sociaux numériques. Il s'agit donc d'une technique de marketing complémentaire aux techniques commerciales traditionnelles. Elle vise à mettre en œuvre une routine quotidienne d'actions afin de rendre l'organisation visible et influencer le cycle d'achat.

Le *social selling* entre dans le cadre de l'*inbound marketing* qui vise à attirer les clients vers un site de manière directe. Il se positionne à l'inverse de l'*outbound marketing* (la télévision ou le télémarketing) qui consiste à aller directement chercher les clients.

2) Les enjeux du *social selling*

La mise en place d'actions de *social selling* répond à quatre enjeux :

- la **construction d'une image de marque** : une entreprise souhaitant se positionner professionnellement sur un secteur, entrer en relation avec des prospects qualifiés ou changer son image, va recourir à des actions de prospection ciblées sur les supports digitaux ;
- le **développement d'un réseau** : la seconde mission importante rattachée aux actions de *social selling* est la constitution d'un réseau (sa gestion et son accroissement). En effet, des plateformes comme LinkedIn permettent d'accéder à des professionnels de tous secteurs et de les contacter via un simple clic. Qu'il s'agisse de la recherche de partenaires d'affaires, de prestataires, ou bien de prises de contact, le *social selling* organise le développement du réseau professionnel ;
- la **diffusion de contenu de qualité** : en effet, les professionnels sur le web et les plateformes digitales dédiées à ces relations (réseaux sociaux, places de marchés, forums ou groupes spécialisés) exigent un contenu de qualité et une adéquation parfaite entre leurs besoins et les informations partagées ou diffusées ;
- la **conversion** : l'enjeu final d'une stratégie de *social selling* est de transformer les prospects identifiés et qualifiés en clients. Pour cela, des actions ciblées et du *retargeting* doivent être envisagés afin de répondre aux attentes énoncées et de convertir le plus possible.

3) Les questions importantes

Afin de lancer une action efficace de *social selling*, une organisation doit se poser un certain nombre de questions lui permettant de mieux répondre aux attentes de ses prospects. Premièrement, il est crucial de se demander quelle est la cible principale de l'entreprise. La définition de *persona* (les clients parfaits) est essentielle et passe par la définition du PCS (professions et catégories socioprofessionnelles), mais aussi d'un genre, d'une fréquence d'achat, d'une catégorie d'âge par exemple. Celle-ci orientera les actions à mener, mais également le niveau de service à présenter.

Ensuite, l'entreprise devra définir sa posture, c'est-à-dire la manière dont elle communiquera avec des prospects ou avec ses clients. On entend ici l'image qu'elle souhaite se donner (celle-ci allant du langage à la charte éditoriale).

Troisièmement, car il est impossible de tout faire tout de suite, il faut se questionner sur les réseaux à prioriser. Ceux qui permettent de toucher rapidement les cibles définies seront à privilégier. La qualité des interactions étant à favoriser, mieux vaut partir petit et bien faire les choses. L'avant-dernier élément sur lequel une entreprise devra se positionner est la notion d'interaction. Comment peut-elle développer son (ses) réseau(x) ? En les questionnant régulièrement, en leur demandant de participer à la discussion, en les récompensant ? Le principal est de prendre conscience rapidement qu'une communauté animée et supportée par des contenus de qualité sera bénéfique pour une organisation.

Enfin, la question de la fidélisation se posera. Comment faire pour que vos consommateurs soient liés avec vous sur la durée ? En partageant votre quotidien, en leur offrant du contenu gratuit par exemple. L'enjeu est de retenir votre base tout en l'amenant à renouveler l'achat. Étant donné qu'un consommateur heureux réalisera un nouvel achat chez vous dans les deux mois, autant le satisfaire.

Toute organisation souhaitant appliquer une stratégie de *social selling* devra rester centrée sur ses acheteurs, rejoindre les communautés pertinentes, proposer et partager du contenu adapté pour ces cibles. De plus, elle devra partager les contenus aux bons moments, suivre les actions réalisées et enfin automatiser les actions.

Social listening 35

À l'ère digitale, il n'est plus envisageable d'avoir une stratégie statique. Garder un œil sur son marché, son image de marque et les actions de ses clients afin d'ajuster la stratégie s'avère crucial. Il devient vital d'analyser et de suivre en temps réel ces actions : il s'agit pour cela de mettre en œuvre le *social listening*.

1) Définition

Le ***social listening*** **(SL)** est l'activité de veille, le plus souvent automatisée et opérée sur les réseaux sociaux. Les résultats bruts du *social listening* doivent être ensuite analysés et utilisés pour l'action marketing. Parmi les champs d'utilisation potentiels du SL, on compte notamment l'analyse des campagnes marketing et le développement produit.

L'**analyse des campagnes marketing** fait référence à l'analyse des sites web (web analytique), des courriels ainsi que des données CRM. L'étude des données issues de ces médias sociaux fournira des informations sur le volume de mentions, la part de voix, la portée, les impressions et l'engagement. Ces indicateurs aideront ainsi l'entreprise à comprendre la portée globale de sa campagne, mais ne renseigneront en rien sur les personnes qui l'ont vue et ce qu'elles en ont pensé. Pour cela, il faut compléter cette première analyse d'outils de compréhension du sentiment et de l'étude des réponses émotionnelles.

L'écoute peut aider une entreprise à identifier des conversations autour de ses catégories de produits ou produits spécifiques. Ces conversations peuvent ensuite être analysées et catégorisées par fonctionnalités produit, sentiment, audience, données démographiques. Il en résulte un processus de co-création autour du **développement produit**.

Le ***social selling*** peut permettre à une entreprise d'identifier les *leads* potentiels qualifiés. Il peut s'agir de personnaliser le contenu et d'identifier les influenceurs pour veiller à ce que le service client soit optimisé pour les opportunités commerciales. Surveiller les conversations autour des produits concurrents peut aussi créer des opportunités de vente directe. Il est également possible de suivre le vocabulaire lié à l'intention d'achat et les demandes de recommandations pour en tirer des informations précieuses.

Une des premières fonctions de veille est d'identifier et écouter les tendances. Pour ce faire, il existe un grand nombre d'outils comme Google Trends, les outils de Brandwatch (comme la fonction Signals, ou Audiences).

Les influenceurs peuvent aider à diffuser plus largement un message sans dépenses publicitaires. Le *social listening* peut alors permettre d'**identifier les influenceurs.** Les consommateurs font en effet davantage confiance aux messages relayés par les individus qu'aux publicités. L'identification de ces relais est essentielle et des entreprises peuvent aider une marque à trouver ces personnes.

On peut citer d'autres applications comme l'optimisation du service client, l'aide au recrutement, l'e-réputation et la gestion de crise ou l'identification de *personas*.

2) Fonctionnement

Les données issues du *social listening* peuvent impacter l'ensemble des fonctions d'une entreprise. Afin de faciliter sa mise en œuvre, les solutions et plateformes de *social listening* peuvent s'appuyer sur de nombreuses techniques de l'analyse de données, comme la sémantique, l'analyse des sentiments, celle des émotions, la reconnaissance d'images, le *visual listening*, la reconnaissance produit ou bien encore la géolocalisation.

Une entreprise doit recourir à des plateformes de *social listening*. Ce sont des solutions logicielles de veille et d'analyse des médias sociaux. Ces plateformes permettent de définir des périmètres d'écoute sur la base desquels des tableaux de bord sont établis et des procédures d'alertes créées.

Ces plateformes de *social listening* vont « aspirer » les sites web (appelés sources) pour récupérer les contenus et données du site. La collecte peut se faire en temps réel pour certains sites web (Twitter notamment) ou à intervalles réguliers pour d'autres (une fois par jour par exemple). Tous ces contenus et informations sont ensuite indexés dans une base de données, permettant ainsi de retrouver et d'analyser rapidement les données collectées.

Les données peuvent prendre la forme de textes (par exemple le contenu, les commentaires associés, les posts), des images ou vidéos et des données contextuelles à ce texte (auteur de la publication, date, géolocalisation). L'analyse peut ensuite se faire de manière automatique et sous le contrôle d'un analyste de données.

3) Mise en œuvre

Collecter des données est bien, pour autant, c'est l'utilisation que l'entreprise en fera qui déterminera l'utilité d'une stratégie de *social listening*. Suite à l'analyse des données, une entreprise peut adapter sa ligne éditoriale en fonction de ses publics cibles. En connaissant les utilisateurs de chaque plateforme, leurs habitudes, leurs moments de connexion et les sujets qui les intéressent, il est possible d'accroître l'efficacité des actions. Elle peut également identifier de nouveaux canaux de communication (un canal où la marque est fortement mentionnée par exemple) et valider son positionnement (quels sont les mots utilisés pour parler de l'un des produits ?). Enfin, elle permet d'identifier de nouvelles opportunités et d'optimiser sa relation client.

Il existe un grand nombre d'outils de veille. Le géant Google est positionné sur ce marché avec les deux solutions gratuites Google Trends et Google Alerts. Nous présentons ci-après d'autres solutions.

Hootsuite permet de configurer des flux sur les réseaux sociaux, destinés à suivre des conversations ou des mots clés. En format de base, le nombre de plateformes est limité, cependant, *via* Hootsuite Insights, il est possible de monitorer plus de 25 médias sociaux ainsi que des sites d'actualités, des blogs, des forums et d'autres ressources en ligne grâce à des rapports présentés sous forme de graphiques.

Talkwalker est un outil de veille et d'analyse qui couvre plus de 150 millions de sources, allant des blogs, des forums, des plateformes vidéo, des sites d'actualités ou d'évaluations aux médias sociaux. Il est possible et intéressant de jumeler par exemple Hootsuite à cet outil.

Avec **Synthesio**, il devient possible de suivre des conversations portant sur des sujets précis entre des utilisateurs appartenant à un segment spécifique. Cet outil classera ensuite les mentions de la marque en fonction notamment de la langue, de l'emplacement géographique, de l'âge, de l'opinion et de l'influence. Il propose des rapports qui informent l'entreprise de sa réputation digitale.

Avec **Audiense**, l'entreprise peut identifier ses audiences clés, les suivre et mesurer l'impact des conversations sur les médias sociaux.

> L'écoute sur le web devient un enjeu majeur pour les entreprises, tant du point de vue du développement de marché que de l'amélioration de la relation client. La réussite de cette stratégie peut s'accompagner d'un ajustement des structures internes en cassant les silos organisationnels afin de faciliter la transmission et le partage d'informations.

36 Indicateurs clés de performance

Si mettre en place une stratégie est un bon point de départ, pouvoir suivre ses actions et s'adapter en temps (quasi) réel est idéal. Selon HubSpot, en 2017, près de 39 % des responsables marketing français déclaraient que la mesure du retour sur investissement de leurs actions digitales était une priorité. Pour cela, toute organisation ou tout service a besoin de définir des critères de mesure de réussite. Ces critères sont souvent appelés « indicateurs de performance », raccourcis en KPI en anglais.

1) Définition

Un **indicateur clé de performance** (KPI pour *key performance indicator* en anglais) peut se comprendre comme une donnée permettant de piloter et de mesurer la performance de l'action. De manière simple, un KPI est une mesure évaluant la qualité de l'exécution de la vision stratégique.

Un KPI peut être utilisé de manière ponctuelle pour une campagne ou de façon permanente pour mesurer les résultats d'un dispositif (trafic sur un site de commerce électronique, taux de transformation dans un magasin, engagement pour une action digitale, suivi de la relation client. De manière générale, afin d'assurer un bon suivi et d'optimiser le pilotage d'une activité, les KPI peuvent se regrouper dans un tableau de bord.

> Un **tableau de bord** est un document synthétique reprenant les principaux KPI utilisés par un service pour juger de l'efficacité de sa stratégie et de ses actions. Cet outil de visualisation de données peut être dédié au pilotage de l'ensemble de l'activité ou seulement à l'une de ses composantes (tableau de bord e-commerce, baromètre global de satisfaction client…). Il s'agit souvent d'un fichier Excel reprenant les mesures principales en les confrontant aux objectifs, délais, coûts, etc.

Cette mesure stratégique doit faire l'objet d'un consensus entre l'ensemble des acteurs concernés. Il est essentiel que tous s'entendent sur ce qu'elle représente et sur l'interprétation à donner à ses variations. Il faut ainsi être capable de la suivre efficacement, mais surtout de la comprendre et d'agir rapidement suite à sa remontée dans le tableau de bord.

2) Exemples de KPI

Il existe deux grandes familles d'indicateurs de performance : les indicateurs bruts et ceux calculés ou synthétisés. Par « bruts », nous entendons les indicateurs qui sont extraits sans aucun traitement et par « calculés » ceux utilisant des algorithmes ou formules de calculs.

Nous présentons ci-dessous des exemples d'indicateurs bruts et calculés.

Indicateurs bruts

Visiteurs uniques

Nombre de *followers*

Audience

Nombre de nouveaux contacts par stade de maturité (*leads*, *opportunity*, MQL)

Nombre de liens sortants

Dépenses promotionnelles digitales

Nombre de pages vues

Nombre de clients

Nombre de commentaires positifs

Indicateurs calculés

Coûts d'acquisition d'un nouveau client par segment = total des dépenses promotionnelles par segment / nombre de nouveaux clients du segment

Taux d'engagement = (*like* + commentaires + partages) / nombre de fans actifs

Life time value = revenu moyen généré par un client durant la totalité de sa relation avec la marque

Taux de conversion par segment et par objectif

Taux de croissance net mensuel = nombre de contacts M – nombre de contacts M–1

Taux de rebond

Pourcentage de membres ou de clients actifs

3) Les étapes de mesure de performance digitale

La mise en place de KPI et leur analyse se comprennent dans une perspective générale qui est la mesure de performance des actions digitales. De fait, il est essentiel de bien comprendre les étapes importantes pour cette mise en place et sa bonne utilisation. Une approche en 5 étapes est recommandée :

- **étape 1** : définir les objectifs stratégiques de la marque : visibilité, influence, *leads*, ventes en lignes, etc. ;
- **étape 2** : traduire les objectifs stratégiques en objectifs digitaux, autrement dit quelles actions sont attendues par les prospects ou clients une fois sur votre interface digitale (remplir un formulaire, générer des commentaires, des avis, passer du temps sur une page spécifique, télécharger un document, ou bien acheter) ;
- **étape 3** : définir les indicateurs clés de performance permettant de mesurer l'atteinte des objectifs digitaux ;
- **étape 4** : quantifier les KPI en fonction des objectifs stratégiques à atteindre (quels objectifs, quelle fréquence de mesure, quel délai) ;
- **étape 5** : définir les segments et canaux pertinents sur ses KPI (par exemple réseaux sociaux/trafic direct, marketing/ventes, homme/femme).

La mesure permise grâce aux plateformes en ligne est devenue essentielle au suivi des actions digitales. Pour autant, il est essentiel de faire attention à l'interprétation des KPI. Un indicateur toujours positif peut signifier un objectif annoncé trop faible ; à l'inverse, un indicateur structurellement négatif doit être comparé au marché avant d'en tirer de mauvaises conclusions. Sur la durée, les KPI sont amenés à évoluer, tout comme leur analyse.

Retargeting

37

Être capable en tout temps de suivre les faits et gestes de prospects et de proposer le meilleur produit au meilleur moment, voici tout l'enjeu et les raisons du succès du *retargeting*. Outil majeur dans les campagnes digitales des entreprises, cette stratégie reste peu utilisée. Cette dernière s'appuie sur les techniques de *tracking* utilisateurs.

1) Définition

Le ***retargeting*** ou **reciblage publicitaire** est une technique de marketing en ligne permettant de cibler les visiteurs d'un site ou d'une page web (et ayant donc déjà montré un intérêt pour une marque, un produit) avec une campagne de publicité display. Il permet à l'entreprise d'obtenir une deuxième chance de convertir l'individu (l'amener à acheter), par une annonce personnalisée, l'incitant à revenir sur le site et à terminer son achat.

Techniquement parlant, lorsqu'un prospect est sur la page d'un produit, un cookie (un fichier texte de petite taille) est stocké sur le navigateur de ce prospect. Ce dernier permet de l'identifier et de le reconnaître. En poursuivant sa navigation sur d'autres sites, l'annonceur aura la possibilité de lui réadresser un message sous la forme d'une publicité.

Le *retargeting* présente l'avantage de s'adresser à des prospects qui ont déjà démontré de l'intérêt pour une marque. Ceci signifie qu'au travers d'un meilleur ciblage, une entreprise peut atteindre plusieurs objectifs :

1. Augmenter sa notoriété

En réexposant l'ensemble des visiteurs au produit ou à son nom, une marque augmente ses chances de convertir ces prospects en clients.

2. Nourrir et qualifier les prospects

Le *retargeting* permet de cibler les personnes qui ont consommé un des contenus de la marque en leur proposant une nouvelle opportunité de transformer leur intérêt pour le produit ou service. Prenons l'exemple d'une entreprise menant une stratégie d'*inbound marketing* et offrant par exemple le téléchargement de livres blancs. Grâce au *retargeting*, il est possible de toucher les lecteurs de son blog ou de ses pages d'information pour leur proposer de télécharger un document. Cette stratégie de *lead nurturing* permet de placer l'entreprise comme point de référence de son domaine grâce à des contenus pertinents.

3. Convertir un visiteur potentiellement qualifié

Pour tirer profit des visiteurs à fort potentiel, une marque peut recibler ceux ayant consulté des pages spécifiques, comme la page de tarifs ou certaines fiches produits. Un visiteur intéressé aura tendance à passer plus de temps sur la page web, car il la lit attentivement au lieu de la survoler.

4. Réduire l'abandon de panier

Il s'agit ici, à travers le ciblage de personnes ayant abandonné leur panier, de tenter de les faire compléter leur commande. Même s'ils n'ont pas finalisé leur commande, ces futurs clients ont placé des objets dans leur panier et ne sont plus qu'à un clic de l'acte d'achat. En diffusant des publicités auprès de ces utilisateurs, une entreprise augmente ses chances de transformer l'essai. Pour plus d'efficacité, les bannières peuvent même afficher les objets qui ont été placés dans le panier.

5. Encourager le rachat

La relation avec des clients ne s'arrête pas au moment de leur commande. Souvent, elle ne fait que commencer ! Par exemple, certains produits vendus ont une durée de vie limitée, il devient alors possible d'estimer la fin de consommation de ceux-ci et de recibler les clients une fois celle-ci achevée. Le *retargeting* peut permettre également à une entreprise de mettre en place une stratégie de *cross-selling* en proposant des accessoires ou des produits supplémentaires aux clients qui ont passé commande.

Non seulement les stratégies de *retargeting* sont claires, mais l'efficacité l'est tout autant. Ainsi, selon eMarketer, 30 % des clients ont une réaction positive face aux annonces reciblées, quand 11 % ont un avis négatif. Celui-ci n'est donc pas perçu comme intrusif. Les visiteurs reciblés ont 70 % de chances supplémentaires de convertir sur le site par rapport aux autres. Enfin, l'impact est réel et positif sur l'image de marque, dans la mesure où l'entreprise n'en abuse pas (la mise en place d'une stratégie de *capping* est alors essentielle).

Pour être efficace, le *retargeting* suppose une bonne connaissance de son audience cible et de son tunnel de conversion. Très souvent alors, le choix du canal le plus approprié pour le *retargeting* doit être effectué.

2) Canaux les plus utilisés pour le *retargeting*

Les options de *retargeting* sont présentes sur plusieurs plateformes, chacune avec ses options spécifiques. Pour choisir la bonne plateforme de *retargeting*, vous devez prendre en compte plusieurs critères : 1) le budget, 2) les objectifs (trafic vers votre site, achat, notoriété) et 3) le parcours typique de vos clients (sont-ils présents sur Facebook ? Quels sites sont-ils susceptibles de visiter ?).

Le format le plus utilisé est le *retargeting* en bannières display. Nous entendons ici l'ensemble des publicités affichées sur des sites tiers grâce aux cookies présents dans les navigateurs. Pour ce type de *retargeting*, le plus simple et le plus pratique est de recourir à des régies publicitaires (comme Adroll, Critéo ou Azaméo), qui gèrent les annonces des sites et les enchères des publicitaires. En fonction du profil de l'internaute et des cookies, les publicités les plus pertinentes sont affichées. Selon les formules, vous payez par clic sur votre publicité ou bien pour le nombre de fois où elle a été affichée.

Le second canal est constitué des réseaux sociaux avec Facebook en chef de file. Le *retargeting* sur les réseaux sociaux vous permet d'afficher des annonces sponsorisées aux visiteurs de votre site sur leur plateforme favorite. En général, Facebook est privilégié, car c'est le réseau social le plus généraliste, le plus étendu et le plus efficace pour le ciblage. Toutefois, il est possible d'adapter sa communication sur d'autres plateformes en fonction des besoins et d'une stratégie. Par exemple, LinkedIn pour les entreprises B2B, Instagram ou Pinterest pour la mode, la beauté ou la nourriture, ou Snapchat pour une cible jeune.

Enfin, le *retargeting* par courriel consiste à envoyer des emails aux contacts ayant visité votre site pour les inciter à revenir. L'entreprise ne dispose pas forcément de l'adresse email de ces prospects. Il s'agit alors de passer par des entreprises proposant des bases de données de millions d'adresses pour pouvoir contacter les profils intéressants. Avec la mise en place du RGPD, cette pratique tend à se minimiser.

Véritable levier de la stratégie marketing digitale, le *retargeting* est aussi efficace en acquisition et transformation qu'en fidélisation. Il demande cependant de bien maîtriser le parcours client. La réussite d'une telle stratégie passe par la connaissance des clients, le choix d'un partenaire efficace et reconnu et enfin l'apport d'une vraie valeur ajoutée pour le prospect.

38 A/B Testing

Faut-il positionner le bouton d'achat à gauche ou à droite de la photo du produit ? Est-il mieux d'utiliser le bleu ou bien le rouge dans un courriel de bienvenue ? Des questions simples qui peuvent paraître futiles, mais qui pour une entreprise sont essentielles. En effet, des modifications, même mineures, dans l'interface utilisateur d'une plateforme de commerce électronique peuvent permettre à une entreprise de générer des gains financiers considérables.

1) Définition

La procédure dite ***A/B testing*** est utilisée en marketing pour mesurer l'impact d'un changement sur les mesures d'un indicateur clé de performance. L'*A/B testing* est utilisé pour comparer deux versions d'une même variable afin de connaître celle qui est la plus efficace. Les lettres A et B font référence aux deux variantes qui sont présentées aux groupes d'utilisateurs distincts. Leur comportement est ensuite analysé et exploité pour l'ajustement de la stratégie. Chaque support digital peut bénéficier de l'*A/B testing* car il y a toujours au moins un objectif mesurable et donc une possibilité d'amélioration. Dans le cas de prospects clients par exemple, l'*A/B testing* peut servir à optimiser les *leads* spécifiques par sexe, par âge ou encore par pays. Dans le cadre du commerce électronique, l'*A/B testing* est en priorité utilisé pour accentuer l'efficacité commerciale du site web ou de l'application mobile. On parlera par exemple de la taille et du positionnement des boutons d'incitation à l'action.

Sur une page web, presque tous les éléments peuvent être présentés de plusieurs manières aux internautes. Parmi les éléments les plus souvent testés, citons : 1) les intitulés de titres et de section, permettant ainsi de voir quel titre est plus accrocheur qu'un autre ou quel type de police de caractère fonctionne le mieux ; 2) les boutons par un travail sur les couleurs, les formes ou la taille ; 3) les appels à action pour identifier les emplacements les plus efficaces en plus de la couleur et de la taille afin d'améliorer le taux de conversion ; 4) les images pour identifier celles les plus regardées, les plus cliquées ; 5) la structure des pages web et l'organisation des blocs sur celles-ci.

Avec la montée en puissance du marketing digital, l'utilisation de tests et le contrôle des résultats se sont diversifiés. L'*A/B testing* est désormais utilisé pour tester des courriels, des pages web, des pages de renvoi, des formulaires ou des visuels publicitaires. Les sites marchands et les marques ont désormais des équipes dédiées à la mise en place continue de tests A/B.

L'analyse de données permet de tester l'efficacité de la version A et de la version B en se basant sur différents indicateurs tels que le taux de conversion, le temps passé sur la page, le taux de rebond. Il devient alors possible de vérifier, pour chaque version, celle qui génère le plus d'achats, de clics ou d'abonnements. Ces données sont ensuite exploitées pour ajuster la stratégie à adopter et se tourner vers la version la plus efficace.

2) Catégories de tests A/B

Il existe trois principales variantes des tests A/B : le test classique, le test par redirection et le test multivarié.

- Le **test classique** présente aux internautes deux variations d'une même page sur une même URL. Il est alors possible de comparer deux ou plusieurs variations d'un même élément ;
- le **test par redirection** dirige le trafic entrant vers une ou plusieurs URL distinctes. Cela permet en temps réel de comparer le comportement utilisateur sur les deux variantes et d'analyser en complément les logiques de navigation par URL ;
- le **test multivarié** ou test MVT permet de comparer les résultats issus de plusieurs modifications d'une même page (bannière, la couleur du texte ou la taille des éléments). Le test MVT offre alors la possibilité de détecter la combinaison la plus performante.

Les solutions de tests de type A/B sont exploitées par les entreprises dans un souci d'optimisation. Si l'*A/B testing* permet de capter, d'un point de vue statistique, les habitudes de fonctionnement, cette méthode ne permet pas de comprendre l'intégralité du comportement des consommateurs. L'*A/B testing* doit alors être alimenté par d'autres disciplines afin de mettre à la disposition des décideurs l'ensemble des éléments permettant de prendre la meilleure décision. Parmi celles-ci, citons notamment : les données issues de Google Analytics, l'audit ergonomique, l'analyse de tests utilisateurs, le suivi de la souris (*mouse tracking*) ou bien encore les retours clients. L'*A/B testing* pourra en ce sens faire partie d'une stratégie de web et de *business intelligence*.

Si certaines agences spécialisées proposent la mise en place de tels tests, il reste essentiel pour une entreprise de bien comprendre les enjeux de l'*A/B testing* et donc de recourir à une méthodologie rigoureuse. Si la taille et les ressources de l'entreprise le permettent, il faudra constituer une équipe projet combinant les expertises requises (données, expérience utilisateur, statistiques et stratégie). Cette équipe aura pour mission de définir les tests à effectuer, en les priorisant par exemple en fonction de la difficulté de mise en place, du gain potentiel, de l'importance stratégique. Viendront ensuite l'exécution concrète des tests et leur analyse. Une fois celle-ci terminée, il sera important d'implémenter les changements sur le site ou l'application et de diffuser les résultats (ou les modifications) à l'ensemble du personnel.

> La mise en place d'une approche de test A/B permet à une entreprise de suivre au plus près les changements de comportement de ses prospects et consommateurs face à deux variantes d'un même artefact. L'intégration de ce type de test doit se faire en respectant quelques bonnes pratiques sous peine de ne pas pouvoir exploiter les avantages d'une telle technique. Il faut être certain de maîtriser la qualité des données et leur fiabilité. Il est recommandé de commencer de manière simple avec un seul test à la fois pour ne pas confondre ou mal interpréter les résultats. Il est aussi important de s'assurer de disposer d'un jeu de données suffisantes pour l'analyse. Le comportement d'un petit groupe d'individus ne doit pas en principe engendrer un changement complet. Enfin, il est recommandé d'intégrer dans la stratégie d'autres variables exogènes. Une campagne promotionnelle sur un produit peut venir fausser les résultats des tests.

39 Web analytique

Le web analytique ou analyse d'audience fait référence au processus de collecte, stockage et traitement des données relatives aux visiteurs d'un site web. Pour une entreprise, cette pratique permet de connaître son audience digitale et d'analyser le comportement des utilisateurs de son site. Au-delà d'un outil de simple reporting et de mesure, le web analytique peut être utilisé de manière proactive pour ajuster, modifier voire personnaliser l'apparence et le contenu d'un site web afin de maximiser son efficacité. C'est une discipline phare du marketing web et un enjeu clé à l'ère digitale.

1) Web analytique

A. Définition

Le web analytique fait référence à l'ensemble du processus de mesure, collecte, traitement et analyse des données relatives à un site web. Son objectif premier et de mieux comprendre le comportement des visiteurs. Cela permet d'optimiser la présentation du service afin de maximiser certains indicateurs de performance digitaux. À titre d'exemple, la mise en place de traqueurs web permet aujourd'hui de connaître le nombre de visites à chaque instant, mais aussi leur origine géographique ainsi que la durée de leur visite. Avec des outils dédiés, il est possible d'identifier les pages les plus visitées, les mots clés recherchés, les produits vus, et de retracer le parcours client ayant mené à l'acte d'achat. Il est aussi possible de connaître la source du trafic et le canal d'acquisition, c'est-à-dire le point déclenchant la visite de l'utilisateur sur le site (par exemple réseaux sociaux, courriel, moteur de recherche). L'ensemble des mesures effectuées peut être présenté sous forme d'un tableau de bord interactif permettant un accompagnement lors d'une prise de décision.

B. Source stratégique

Au-delà d'un simple outil de collecte de données, le web analytique permet d'être proactif. Des modifications et des ajustements du site web peuvent être apportés suite à l'identification de certains comportements et de certaines tendances. Par exemple, une entreprise peut détecter si un grand nombre de visiteurs abandonnent leur visite au moment de renseigner le questionnaire d'inscription. Dans ce cas, il est possible de tester de nouveaux formats de questionnaire et de suivre l'évolution de l'indicateur suite à ce changement. Le web analytique est, en ce sens, un maillon important pour la mise en place d'une stratégie d'*A/B testing*.

L'usage de cette discipline s'est répandu dans de nombreux secteurs avec un impact clé dans le domaine du commerce électronique. L'enjeu de ce type d'approche concerne à la fois la maximisation des indicateurs, mais aussi l'amélioration continue de l'expérience utilisateur. Les outils les plus utilisés pour assurer cette mission sont à ce jour : Adobe Analytics, AT Internet, IBM Analytics, Google Analytics, Webtrekk et MixPanel.

2) Gestion des données analytiques

Les outils de web analytique s'appuient sur la captation de données utilisateurs et comportementales sur un site web. Ils nécessitent l'ajout de scripts à intégrer dans le code source de chaque page du site web. La technologie repose sur l'usage du JavaScript et l'envoi de données au gestionnaire se fait par les interfaces de programmation. Les différentes formes de scripts de *tracking* proposés par les différents services digitaux sont dénommées des **tags**.

A. Exemple de tags

Il existe une multitude de tags qui se caractérisent par leurs fonctions diverses. Par exemple, l'un des tags les plus utilisés est Google Analytics. Celui-ci permet d'obtenir le nombre de visiteurs du site, mais aussi leur nombre pour chaque page, les pages les plus vues, la source de leur visite, le temps passé sur le site. D'autres données peuvent être paramétrées pour être transmises sur mesure.

La solution Facebook Pixel propose de suivre les campagnes de publicité Facebook et de mesurer le taux de conversion obtenu grâce au tag. En effet, tout visiteur qui, suite à une publicité sur le réseau social Facebook, consulte le site pourra être identifié. L'entreprise pourra connaître l'efficacité de la publicité Facebook et ainsi améliorer le ciblage de l'audience. Dans la même ambition, beaucoup de services digitaux mettent à disposition un tag qui permet de connaître le trafic apporté par chaque canal. Cette démarche permet de mesurer l'impact de la stratégie marketing employée sur chacun d'entre eux.

B. Management de tags et unification des données

La présence de multitudes de tags sur un site peut rendre complexe l'exercice de gestion des données et des scripts. La mise à jour des tags, l'ajout de nouveaux tags et l'usage de multiples tableaux de bord rendent l'exercice laborieux. Pour faciliter cette gestion, des outils de **management de tags** ont été proposés. Ceux-ci permettent d'unifier la gestion de ces tags issus de sources variées (appareils, outils et logiciels).

Au-delà de la gestion des tags se pose le problème de la cohérence et d'un langage commun à toutes ces sources. L'usage de multiples canaux de communication rend complexe la gestion des données analytiques. Les outils de *tracking* variés et dédiés aux objectifs spécifiques peuvent mener à une organisation en silo des données. Les données web, données de moteur de recherche, publicités sociales, peuvent manquer d'unité. Pour répondre à ce problème, des solutions permettent d'obtenir une vision unique et homogène du comportement des visiteurs. On parle de **couche de données** pour faire référence au vocabulaire commun utilisé pour caractériser le comportement utilisateur. Cette couche de données permet de normaliser le vocabulaire entre différentes applications. De plus, les données peuvent être envoyées directement dans un lieu de stockage ou transmises vers des outils de visualisation.

Le web analytique est un outil qui permet non seulement la collecte, mais aussi le traitement et l'analyse des données issues des visiteurs de sites web. Les rapports et indicateurs de performance clés remontés grâce à ce processus permettent d'éclairer sur le comportement visiteur et sur l'efficacité des actions marketing. Le nombre de visiteurs, le nombre de pages visitées, la zone géographique des visiteurs, mais aussi la durée de visite, les taux de conversion, permettent une meilleure compréhension de l'audience. Dans ce contexte, il devient possible d'ajuster sa stratégie et de mesurer son efficacité pour optimiser les performances. Ce travail réalisé à large échelle sur de multiples canaux, grâce à des outils dédiés et à une expertise métier spécifique, est essentielle à l'ère du digital.

Marketing automation

40

Le *marketing automation* (MA) se comprend comme l'utilisation de logiciels et services web pour exécuter, gérer et automatiser des tâches marketing. Il permet notamment de produire et organiser du contenu dynamique, d'optimiser la génération de *leads* liés à ces contenus, de qualifier et évaluer des *leads* et entreprises. Il participe aussi à la génération de prospects et à l'alimentation efficace en *leads* des équipes commerciales.

1) Définition

Le ***marketing automation*** est né de la volonté de gagner en productivité en automatisant un maximum d'actions liées à l'acquisition de prospects et à leur conversion en clients. L'automatisation se fait à travers des scénarios préconçus en fonction du comportement utilisateur. Par exemple, l'envoi d'un email de bienvenue lors de son inscription à une liste ou d'un courriel de relance lorsqu'il abandonne un panier.

Le *marketing automation* est souvent utilisé pour gérer les processus marketing liés au site web de l'entreprise ou à sa présence sur les réseaux sociaux. D'une manière générale, le système se base sur le comportement des internautes pour leur adresser des messages ciblés en les catégorisant selon des critères et des scénarios préétablis (segmentation automatique).

En opposition à l'emailing qui consiste à envoyer un mail à une liste de contacts, le *marketing automation* envoie des emails automatiques et ciblés. Ceux-ci sont déclenchés par des actions précises des contacts. Il s'agit donc de messages plus opportuns et calibrés individuellement pour chaque utilisateur en fonction de son progrès dans le parcours client.

Le comportement des internautes peut être évalué par :

1) l'analyse de leur navigation sur le site web : quelles pages ont été consultées, dans quel ordre, à quel moment ?

2) leur réaction à un e-mailing : ont-ils lu le message, sur quel(s) lien(s) ont-ils cliqué(s) ?

3) leurs interactions avec l'entreprise sur les réseaux sociaux : quels contenus sont-ils enclins à aimer ou à partager ?

2) Fonctionnement

La première étape pour automatiser une tâche est de mettre en place un scénario, aussi appelé ***workflow***. Chaque scénario commence par un point d'entrée, qui correspond à la condition de déclenchement. Par exemple, le point d'entrée peut être l'inscription d'un nouveau contact sur un site ou encore l'ajout d'un produit au panier.

Dès qu'un individu entre dans un scénario qui a été programmé, celui-ci se déroule soit de manière linéaire, soit en fonction de connecteurs d'implication (« si / alors ») qui le séparent en deux branches pouvant elles-mêmes se ramifier à leur tour. Chaque *workflow* est composé de différents cas de figure en fonction d'une question très simple : ce contact répond-il à la condition X ? Si la réponse est oui, le contact emprunte la branche correspondante du scénario. Dans le cas contraire, l'autre branche du scénario s'active (*cf.* figure ci-après). Ce processus suit les règles de l'algorithmique, il est donc facilement programmable.

Exemple de *worflow* en marketing *automation*

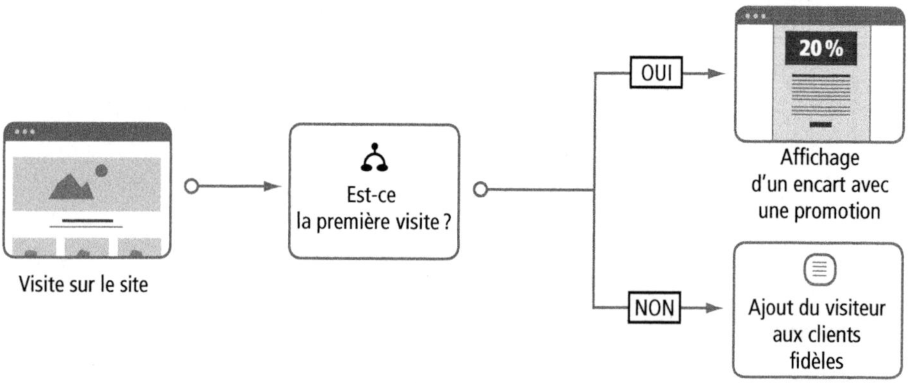

Les conditions qui vont déclencher tel ou tel déroulement de scénario peuvent être de deux types : celles liées à l'identité et celles liées au comportement. En ce qui concerne l'**identité**, les conditions utilisent les informations récoltées dans la base de données utilisateur. Par exemple, l'utilisation des dates de naissance de vos contacts pour leur envoyer un email le jour de leur anniversaire. Pour le **comportement**, c'est une action sur le site ou une ouverture d'un email qui sera le déclencheur. Il s'agit par exemple d'envoyer une invitation à une vente privée aux clients qui ont acheté au moins 5 produits au cours des trois derniers mois.

3) Clés pour réussir une stratégie de *marketing automation*

1. **Comprendre le comportement de ses clients** : qui est le prospect ? qu'est-ce qui le motive ? et surtout quel est son processus de décision d'achat ? Il faut repenser les points de contact et se trouver là où il est présent.
2. **Définir des objectifs mesurables** : il faut définir des objectifs réalistes en suivant notamment la typologie SMART (simple, mesurable, accessible, réaliste et temporel).

3. **S'assurer d'une vision commune entre marketing, commercial et stratégie** : chaque équipe doit aider l'autre dans le filtrage des contacts, le suivi des prospects et leur lien avec la stratégie, sous peine de perdre les bénéfices de cette automatisation.
4. **Réaliser régulièrement des audits de contenu** : on entend ici le recensement et l'analyse des contenus sur lesquels il sera pertinent de s'appuyer. Le but est de vérifier pour l'ensemble l'adéquation entre trois niveaux : 1) la cible/le *buyer persona* : quel contenu fera le plus écho auprès de la cible ? 2) l'étape du parcours client : un prospect sera plus volontiers intéressé par une brochure commerciale en phase d'achat plutôt qu'en phase de découverte ; 3) l'offre : le but est de guider le parcours d'achat ; gardons en ligne de mire qu'il s'agit bien de vendre en faisant adhérer le futur client à une offre.
5. **Établir des plannings et les respecter** : une campagne d'automatisation nécessite du contenu, il faut donc disposer de temps pour le produire et le tester.
6. **Choisir une technologie d'automatisation** : les solutions les plus connues (Hubspot, MailChimp, Marketo) se basent sur un même socle de fonctionnalités (création de scénarios, envoi d'email, segmentation de clients), il s'agit donc de choisir la plus pertinente et adaptée.
7. **Suivre les indicateurs et tester** : toute campagne doit être analysée et évaluée selon un certain nombre de critères clés (par exemple le taux de conversion, le nombre de *leads*, le taux de clics, le taux d'ouverture, etc.). Ce faisant, les entreprises peuvent améliorer de manière continue leur dispositif d'acquisition.

Le *marketing automation* présente pour une entreprise un gain de temps majeur. Cela permet, par l'automatisation des processus, de guider les *leads* d'un bout à l'autre du tunnel de conversion. Grâce au temps libéré, les équipes commerciales pourront alors se consacrer à d'autres tâches plus stratégiques.

PARTIE V

Enjeux

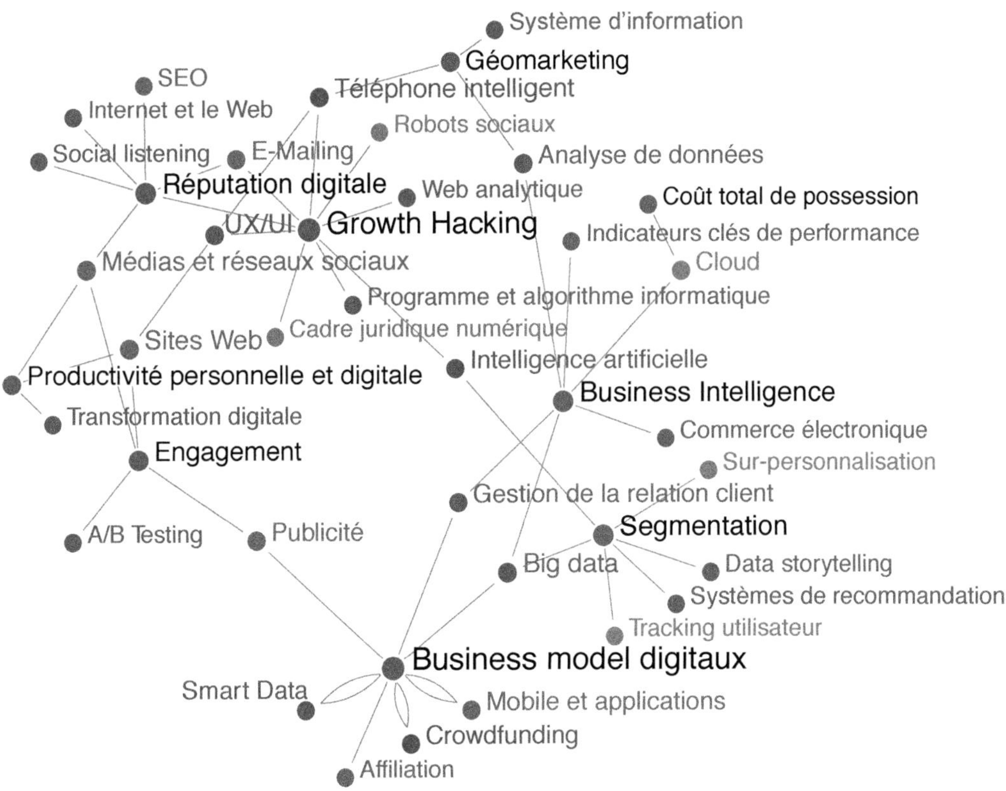

41 Réputation digitale

Une fois présente sur internet, une entreprise se trouve confrontée à la perception de ses consommateurs, mais également de ses clients. La réputation de l'organisation est alors au centre des préoccupations. Le célèbre cabinet de conseil Deloitte avance que près de 40 % des entreprises françaises considèrent l'e-réputation comme leur risque numéro un.

1) Définition

L'**e-réputation** ou **réputation digitale** est définie comme l'image véhiculée par une entreprise, une marque, une institution, une personnalité publique, un produit ou un service, *via* les supports digitaux. Celle-ci peut s'appréhender comme l'ensemble de ce que disent et font une entreprise et ses parties prenantes sur le digital. On peut donc y voir le pendant digital de la réputation traditionnelle. Cependant, à la différence de la réputation qui se construit sur la durée et pour laquelle l'ensemble des actions peut venir impacter la marque, l'e-réputation a un caractère plus volatil et peut avoir un impact instantané sur une organisation.

2) Mesure de l'e-réputation

Comme pour toute présence digitale, il est essentiel de pouvoir mesurer les retombées de ses actions ainsi que la perception des interlocuteurs. La mesure de l'e-réputation est un enjeu majeur pour toute organisation. De nombreux outils sont mis à la disposition des entreprises, tels que **l'*e-reputation mix***. Cet outil de mesure comporte trois niveaux qui sont l'***e-character*** (la personnalité de la marque), l'***e-identity*** (la structure et ergonomie du site) et l'***e-experience*** (cohérence entre ce qui est promis par la marque et ce qui est réellement présenté). Il est également possible de se tourner vers le **RepTrak Pulse©**, outil prisé par un grand nombre d'entreprises. Ce dernier intègre quatre dimensions (l'admiration, le respect, l'attitude et la confiance) découpées en critères plus spécifiques comme la performance de l'entreprise, les produits et services offerts, la qualité de travail, la gouvernance et la RSE.

3) Stratégies et enjeux

Afin de mieux appréhender son comportement en ligne et de mieux le contrôler, une entreprise peut mettre en place différentes approches. La première consiste en une **veille stratégique**. Google possède plus de 90 % du marché de la recherche en France et près de 74 % des consommateurs se renseignent avant d'acheter un produit ou un service. Il est donc crucial pour toute entreprise de savoir ce qui se dit à son sujet. Ainsi, la mise en place d'un système d'écoute, par le biais d'outils comme Google Alerts ou Mention, doit lui permettre de se tenir informée de ce qui est dit sur elle, mais également sur ses concurrents, voire son marché. Cette démarche s'inscrit dans une approche de *social listening*.

La seconde stratégie est plus **défensive**. Si l'entreprise considère qu'elle est en position de leader sur son marché et qu'elle contrôle bien les informations circulant à son sujet, elle peut alors prendre du recul et attendre un événement pour réagir. Sachant que près de 82 % des informations liées à une marque ne proviennent pas d'elle, il est important de définir des procédures de réponse pour chaque problème (rumeurs, vidéos...). Si certaines entreprises de moyenne et grande tailles disposent de cellules de crise, ce n'est pas toujours le cas des petites.

La troisième et dernière stratégie est celle **promotionnelle**. En suivant cette orientation, une entreprise considère que le web est un vecteur d'action et de prise de pouvoir dans la relation entre elle et ses parties prenantes. Il faut ainsi être proactif dans la communication sur la marque et dans le recours aux influenceurs et canaux d'acquisition (par exemple : emailing, réseaux sociaux).

En plus de ces trois stratégies, les entreprises et marques doivent intégrer un ensemble de facteurs de réussite. Le premier est de ne jamais perdre de vue que la principale menace vient de l'intérieur. Les salariés, collaborateurs et partenaires sont les premiers ambassadeurs de la marque. En les mettant au centre de vos actions, les chances de contrôle de l'e-réputation sont plus grandes. De plus, une organisation doit faire siennes les notions de transparence (pouvoir rendre compte de ses actions et reconnaître ses erreurs), d'honnêteté (être fidèle à ses valeurs et ne pas mentir), de rapidité de réponse à tout commentaire la concernant, de flexibilité (prise en compte des remarques pour ajuster sa stratégie) et enfin d'intégration de l'ensemble des parties prenantes dans les actions menées.

4) Quelques exemples

L'e-réputation n'est pas une fatalité et les outils digitaux existants (comme l'optimisation des moteurs de recherche ou SEO) permettent aux organisations de se forger une image de marque, voire de consolider leur notoriété. Pour autant, il ne faut jamais négliger le pouvoir du web, car des entreprises de toutes tailles peuvent être impactées. Il y a près de dix ans, Dominos Pizza n'avait pas su identifier et contenir rapidement une vidéo de deux salariés réalisant une pizza avec des ingrédients douteux dans l'une de leurs franchises. La vidéo a généré une perte équivalente à un an de chiffre d'affaires et une notoriété aux États-Unis très dégradée. Plus récemment, un passager d'un avion United Airlines a été débarqué violemment en raison d'un surbooking. Une vidéo témoin a été relayée sur de nombreuses plateformes et la marque a vu son cours d'action dévisser, tout comme sa réputation descendre en flèche.

Enjeu majeur des marques et des entreprises depuis toujours, la réputation a vu les supports digitaux influencer encore plus son impact. Comprendre que chaque action peut influencer la perception des parties prenantes et apprendre de ses erreurs sont des éléments stratégiques pour la pérennité des entreprises en ligne.

42 Business intelligence

Depuis de nombreuses années, les entreprises ont compris la nécessité d'intégrer des critères et des indicateurs clés de performance dans leur approche du management. Les remontées de données se font désormais en grand volume et de manière quotidienne dans des entrepôts dédiés. La *business intelligence* ou informatique décisionnelle désigne l'ensemble du processus d'exploitation de cette donnée pour l'accompagnement au pilotage de l'entreprise.

1) Définition

L'**informatique décisionnelle** (BI en anglais pour *business intelligence*) regroupe un ensemble de technologies, processus et méthodologies ayant pour but d'accompagner la prise de décision stratégique en entreprise. Pour atteindre leur but, ce type d'applications et de technologies permettent de rassembler, stocker, analyser, partager les données afin d'aider les acteurs de l'entreprise à prendre de meilleures décisions de gestion. Les outils de *business intelligence* couvrent des dimensions telles que le reporting (avec des tableaux de bord), l'analyse, la surveillance et la prévision.

La BI est utilisée pour le pilotage de l'ensemble des fonctions de l'entreprise, dont en particulier le marketing et la vente. Dans ce cadre, elle permet d'analyser l'impact des campagnes marketing, d'estimer les rendements suite aux actions commerciales, ou de suivre et d'analyser l'évolution des ventes. La BI peut avoir un impact sur des domaines d'application tels que la gestion de la relation clients et le commerce électronique.

Une démarche de BI est un exemple d'approche d'analyse de données. Elle suit donc l'ensemble des étapes et problématiques de ce type, comme la collecte, l'intégration, la visualisation et la diffusion sous forme de rapports de synthèse. En particulier, le challenge de l'intégration des données est important. En effet, la convergence de données permet d'obtenir un regard unique au travers du spectre des multiples canaux et sources de données de l'entreprise.

2) OLAP

Le traitement analytique en ligne ou **OLAP** (pour *online analytical processing*) est une solution de référence pour la *business intelligence*. Ce traitement s'appuie sur une représentation en dimensions afin d'analyser un ou plusieurs indicateurs de performance clé. Des exemples de dimensions peuvent être la zone géographique, l'échelle de temps d'étude, la catégorie de produits, etc. Le principe de la démarche est de pouvoir obtenir une vision plus ou moins précise d'une variable à importance décisionnelle telle que le nombre de ventes en fonction de différents niveaux d'observation pour les dimensions. On parle de cube OLAP pour désigner cette organisation des données en dimensions et à usage décisionnel. Avec la manipulation d'un cube OLAP, il est possible pour un analyste d'obtenir une vision agrégée du chiffre d'affaires à l'échelle d'un pays, d'une ville, d'une région, et ce pour une échelle de temps variable du jour à la semaine, au mois ou à l'année. Il peut aussi filtrer son analyse en fonction du type de produit étudié et obtenir ainsi une vision par segment de produit. La facilité d'usage des dimensions, la possibilité de choisir la formule d'agrégation (par exemple minimum, maximum, moyenne) sur les données de large volume, en font un outil redoutable pour l'investigation stratégique des données.

Parmi les outils de BI les plus utilisés à ce jour on note Power BI de Microsoft, Tableau Software, Qlik, SAS Enterprise BI, Jaspersoft, MicroStrategy, SAP BI, IBM Cognos Analytics, ou bien même Microsoft Excel.

Le domaine de l'informatique décisionnelle a l'objectif de fournir un outil précis et efficace pour la remontée d'indicateurs clés de performances à l'usage des décideurs. Les approches traditionnelles sur de grands volumes de données ont nécessité la création d'entrepôts de données avec quelquefois des temps de réponse relativement longs. Avec l'émergence des solutions issues du *big data* et du *cloud*, les approches de *business intelligence* permettent désormais d'obtenir une vision en quasi-temps réel des indicateurs et même d'obtenir des projections à plus ou moins courts termes d'évolutions futures.

43 Engagement

Beaucoup d'utilisateurs des réseaux sociaux sont à la recherche du Graal, à savoir acquérir une large audience et devenir de véritables influenceurs. Quelle entreprise n'a pas rêvé de voir une de ses vidéos créer un véritable buzz au sein de sa communauté ? Quel gestionnaire de communauté ne suit pas l'engagement des fans de sa marque ? L'engagement est aujourd'hui devenu un critère majeur de toute stratégie digitale. Si dans le commerce traditionnel parler d'engagement et de désengagement n'est pas nouveau, ce concept est relativement récent sur le digital.

1) Définition

L'engagement est un terme utilisé dans le cadre de la stratégie web pour désigner le niveau d'interaction qu'ont les internautes avec un site ou une plateforme sociale. On peut distinguer l'engagement en trois grandes catégories : 1) **l'engagement auprès d'une page web** qui correspond au nombre d'utilisateurs ayant eu une interaction avec la page (par exemple s'abonner à une page) ; 2) **l'engagement auprès d'un post** qui correspond au nombre d'utilisateurs ayant eu une interaction avec ce post (*like*, relais, vue, commentaire) ; et 3) **l'engagement d'une cible**, qui fait référence à un profil spécifique de public interagissant avec un post. L'engagement est un facteur primordial pour une marque afin de maximiser les retours sur investissement des campagnes publicitaires.

L'engagement est recherché par les professionnels, car il signifie que les visiteurs réagissent aux contenus et qu'ils deviendront possiblement promoteurs de l'entreprise et de son message auprès de leurs pairs. L'engagement est bien souvent le premier pas vers la conversion de prospects en acheteurs. En complément, l'engagement est un outil de fidélisation, car l'interaction des consommateurs permet de lier, sur du long terme, un lien affectif. Enfin, grâce aux commentaires clients ou à la co-création, l'entreprise trouve une source importante pour l'innovation.

À titre d'exemple, Danette a pratiqué le principe de co-création en demandant aux consommateurs leurs préférences pour les nouveaux parfums de yaourt. Par le biais d'un vote effectué sur leur site web, les internautes pouvaient choisir parmi les deux finalistes : la danette saveur chocolat-orange ou la danette saveur crème brûlée.

Ne pas chercher à créer de liens, ou trop en faire, peut amener une communauté à se désengager. Le **désengagement** est alors le fait de libérer quelqu'un d'un engagement ou de cesser d'être engagé. Cette notion renvoie souvent au verbe « dégager » qui signifie « libérer quelqu'un de ce qui constitue pour lui une gêne, une entrave ou une contrainte ». Par conséquent, lorsqu'il y a désengagement, l'individu est moins impliqué vis-à-vis de la marque ou de sa communauté.

2) Mesurer l'engagement

Les éléments de mesure de l'engagement sont assez triviaux. Par exemple, pour un post, on regardera principalement le nombre de *likes* (qui peut aussi s'appeler cœur, j'aime ou + 1), de commentaires et de partages. Si ces trois chiffres sont connus, le calcul de l'engagement pour un post, sur une journée, peut alors se faire de la façon suivante :

(likes + commentaires + partages) / nombre de fans actifs x 100

Ce calcul est à appréhender avec précaution car ces trois indicateurs n'ont pas systématiquement le même niveau d'importance. Un *like* peut être considéré moins intrusif et donc moins important qu'un partage avec sa communauté. De la même manière, laisser un commentaire est beaucoup plus engageant que simplement dire que vous avez aimé. De fait, il faut pouvoir pondérer les différents éléments pour être plus précis dans son calcul du taux d'engagement. À l'image d'une pyramide, on considère par ordre d'engagement du plus faible au plus fort : les *likes*, les partages et enfin les commentaires. L'importance de chacun est à définir au cas par cas par les entreprises.

3) Stratégies pour augmenter l'engagement

Une marque a tout intérêt à travailler sur l'engagement de ses membres. Pour autant, il lui faut intégrer le fait que, pour chaque plateforme, les actions peuvent être légèrement différentes. Nous présentons ci-après les principales actions pour un site web, puis pour un réseau social.

Si une entreprise souhaite accroître son taux d'engagement sur son site, il lui faudra en priorité créer un contenu de qualité, c'est-à-dire en lien étroit avec les attentes de ses clients mais également proche des tendances recherchées. Il convient aussi de récolter régulièrement l'avis des visiteurs afin d'améliorer constamment le site. Cet avis peut être demandé ou obtenu indirectement grâce aux approches de *A/B testing* par exemple.

D'un point de vue technique, il est essentiel de proposer aux internautes un site efficace avec un temps de chargement faible et supprimer les pages ayant un taux de rebond important. Le taux de rebond d'une page est le pourcentage d'internautes qui ont quitté le site après avoir visité cette page. Le site doit de plus être *responsive* et ergonomique. Enfin, une présence sur les réseaux sociaux permettra un meilleur référencement favorisant l'engagement de la communauté.

En ce qui concerne les réseaux sociaux, une entreprise doit travailler tant sur le fond que sur la forme de ses messages. Ainsi, le recours à des **visuels** attrayants permettra bien souvent de générer plus d'engagements. Les images attirent l'œil lorsque l'utilisateur fait défiler son fil d'actualité sur Facebook ou Twitter. Instagram, qui est basé entièrement sur l'image, demandera une stratégie particulière à cet effet. L'entreprise devra intégrer la **saisonnalité** dans ses posts. Certains moments forts de l'année peuvent servir de catalyseurs pour générer de l'engagement. En B2C, le début de l'été, Noël ou la Saint-Valentin peuvent permettre d'accomplir une action spéciale. En B2B, les actions peuvent être liées à un salon, à la fin d'un exercice comptable ou à un anniversaire d'entreprise. Ensuite, une marque peut, grâce à ses actions, donner de l'inspiration. En montrant une recette, une idée de décoration, l'envie peut naître chez les utilisateurs. Dans la même veine, pour ne pas tomber dans une certaine routine de communication avec sa communauté, il faut savoir pratiquer **l'inattendu** et jouer avec de nouvelles associations d'idées, recourir à un discours ou des images décalées, et enfin travailler sur la participation de ses abonnés. Les réseaux sociaux sont un endroit rêvé pour organiser des jeux-concours, des actions participatives (par exemple : « Quelle destination est la plus romantique ? »). Les internautes n'hésiteront pas à partager et à interagir, augmentant ainsi engagement et visibilité du post et donc de la marque.

L'engagement est une notion qui peut aller d'une implication très volatile à un lien fort envers la marque. C'est un axe primordial à travailler pour le gestionnaire de communauté, mais aussi pour toute l'entreprise tant les retombées (fidélisation et business) peuvent être importantes. Une entreprise va mettre en place différentes actions pour asseoir son image, gagner en visibilité et se rapprocher de sa communauté dans le but de l'impliquer dans sa communication. Si l'objectif final reste l'augmentation des revenus, être en capacité de transformer certains membres de sa communauté en ambassadeurs est toujours valorisant. Il est aussi important de mesurer en continu les actions et les commentaires des membres de la communauté, car il existe toujours le risque du désengagement.

Business models digitaux

44

Le modèle d'affaires (*business model* ou BM) est un élément essentiel, mais quelquefois négligé, de la stratégie d'une entreprise. Cette expression décrit la manière dont l'entreprise crée, livre et capitalise de la valeur pour en tirer des revenus. Ce modèle ne doit pas être figé. Dans un contexte de digitalisation de plus en plus fort, il est critique pour une organisation de tester, évaluer et faire évoluer son modèle d'affaires.

1) *Business model canvas*

Pour aider l'entreprise dans cet indispensable exercice stratégique, les entreprises ont recours à un outil développé par Osterwalder et Pigneur (2011) : le ***business model canevas***. Composé de 9 éléments, il permet de faire une photo à l'instant précis du fonctionnement d'une organisation.

Business model canevas
(Osterwalder et Pigneur, 2011)

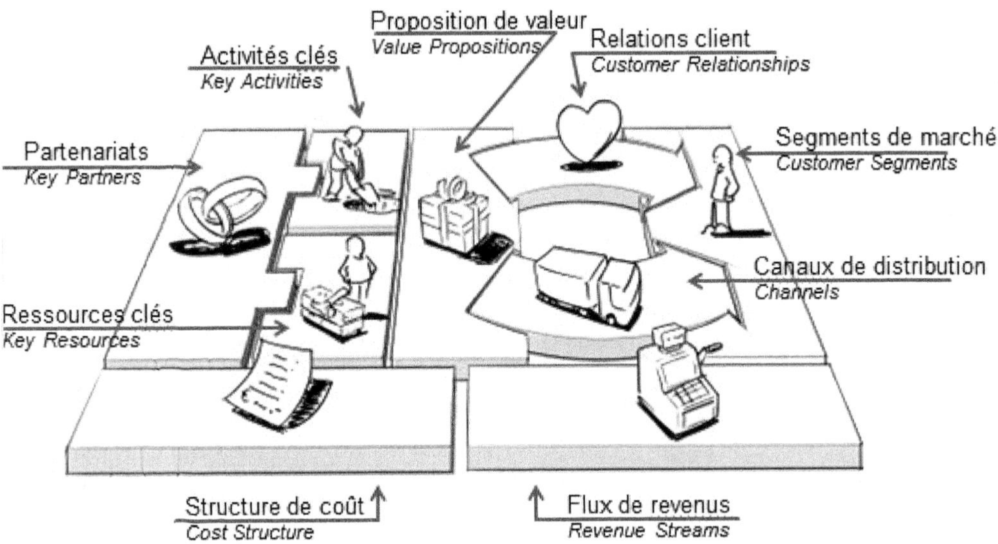

Le tableau ci-après présente en détail les 9 composantes de ce modèle.

Élément	Définition
Proposition de valeur	Pourquoi vos clients devraient-ils acheter votre produit ? Quels problèmes résoudront-ils en consommant votre solution ? Pour chaque besoin, quels sont les produits/services proposés ? Quelle est votre valeur ajoutée par rapport à la concurrence ?
Segments de marché	Vos clients : quel est leur profil ? Est-ce un marché de masse ? De niche ? Quels sont leurs besoins ? Attention, inutile de mélanger tous vos segments si votre entreprise s'adresse à plusieurs types de clients différents (B2B et B2C). Si vos profils clients nécessitent des stratégies différentes, privilégiez une matrice pour chaque profil.
Canaux de distribution	Par quels biais vendez-vous votre produit/service ? Est-ce en ligne uniquement ? Si oui, quelle solution de livraison avez-vous choisie ? Cette partie concerne l'ensemble des circuits de distribution pour délivrer votre solution.
Relations client	Comment fidéliser vos clients ? Par quelles actions ? Quels sont les outils mis en place ? Combien coûtent-ils ? La relation client est bien évidemment un élément clé dans votre création de valeur. Si vos clients ne sentent pas cette proximité, ils risquent de ne plus acheter les produits.
Flux de revenus	Il s'agit de l'ensemble des revenus générés par vos segments de clientèle, mais également le budget dépensé pour créer votre valeur. Comment gagnez-vous de l'argent ? Quels sont les prix établis ? En contrepartie, combien dépensez-vous pour chaque activité ?
Ressources clés	Il s'agit de tous les éléments indispensables pour vous développer : ressources humaines, aspect financier, besoins mobiliers et immobiliers. Notez ce que vous possédez et ce dont vous avez besoin.
Activités clés	Il s'agit de toutes les activités indispensables que vous devez mettre en œuvre pour créer de la valeur, toutes les tâches importantes sans lesquelles votre entreprise ne fonctionnerait pas. Il peut s'agir d'activités quotidiennes comme mensuelles.
Partenaires	Quels sont vos partenaires stratégiques ? Quels sont les avantages de ce partenariat pour votre business ? Nouer des partenariats peut devenir bénéfique dans le sens où ils vous apportent des actifs supplémentaires comme une visibilité, des fonds ou des clients.
Structure de coûts	Parmi toutes ces ressources listées, il s'agit maintenant de savoir celles qui seront plus coûteuses que les autres. Quels sont les coûts prioritaires ? Les plus élevés ?

2) Les principaux modèles d'affaires digitaux

Les entreprises évoluant dans le digital peuvent recourir à différents modèles d'affaires. La **stratégie freemium** consiste à faire adhérer le plus grand nombre de personnes à un service gratuit pour les rediriger ensuite vers un service payant plus complet. Ce dernier offrira des fonctionnalités à plus grande valeur ajoutée. De très nombreux logiciels ou plate-formes digitales fonctionnent ainsi : Dropbox, Hootsuite, LinkedIn, Skype, Prestashop, les applications mobiles, etc.

Le modèle de l'**abonnement** consiste à payer pour l'accès plutôt que pour la possession. Dans ce modèle, ce n'est pas le produit qui a de la valeur, mais bien son usage. Ce BM n'est pas nouveau (on pense au leasing automobile, informatique ou d'équipements industriels), mais il s'étend maintenant à un ensemble de secteurs. On paie à l'utilisation réelle d'un produit ou pour un service rendu. On pense notamment au *cloud*, qui permet de déployer de nouvelles applications beaucoup plus rapidement (externalisation des serveurs et des services, de certaines applications spécifiques). Pour les particuliers, on peut citer le recours à des plateformes comme Netflix pour visionner du contenu vidéo à la demande.

Il existe des **modèles orientés sur les données**. Bien souvent, les entreprises complètent leur modèle d'affaires en y intégrant les données et leur analyse. Il s'agit de comprendre comment utiliser et rentabiliser les énormes quantités de données qu'elles recueillent. On parle alors de *big data*, mais aussi et surtout de *smart data*. On voit ainsi émerger des entreprises capables d'exploiter les données pour améliorer leurs processus internes (décision ou fabrication), pour décider mieux et plus vite.

Le modèle d'**économie collaborative** propose la mise en relation directe, mais aussi la co-création de masse. Les entreprises comme Airbnb, Blablacar ou Uber ont construit leur BM sur la foule (*crowd*) et la mise en relation directe de tous les acteurs. Ces actions peuvent prendre plusieurs formes, couvrant potentiellement l'ensemble de la chaîne de valeur de l'entreprise. Le *crowdsourcing* permet de collecter les avis clients pour co-construire un produit ou service, ou de recourir à des professionnels pour développer une solution. Le *crowdfunding* est une stratégie permettant de lever des fonds sur des projets innovants (Kickstarter, Ulule, Indigogo, Kiss Kiss Bank Bank). Le *crowdretailing* assure une meilleure distribution *via* les *marketplaces* et la communication *via* les réseaux sociaux. Le *crowdshipping* a recours à des partenaires (bien souvent des particuliers) pour faire transporter les colis. Ces modèles collaboratifs sont basés sur la désintermédiation (retirer des intermédiaires entre une marque et ses clients) et accordent une importance primordiale à l'expérience utilisateur et à la fidélisation des clients.

D'autres modèles d'affaires, plus traditionnels, existent et sont présentés ci-après.

Modèle d'affaires	Description	Exemple
Courtage	Générateurs de marché. Mettent en rapport un acheteur et un vendeur pour faciliter une transaction. Prise d'un pourcentage pour chaque transaction.	E-Bay, Paypal
Publicité	Fournit du contenu pour des services ou du contenu et y présente des messages publicitaires.	Yahoo, Google
Marchand	Vente de produits ou services.	Apple, Amazon
Fabricant	Accès direct aux acheteurs sans passer par des intermédiaires.	Dell
Affiliation	Génère des transactions à partir du réseau de partenaires.	Amazon
Communautés	Fondé sur la fidélité des utilisateurs. Revenus basés sur la vente de produits connexes ou de contributions volontaires.	Facebook, LinkedIn, Wikipédia
Abonnement	Les utilisateurs sont facturés de façon périodique. Les frais d'abonnement sont exigibles.	*Le Monde*, Réseau Contact
Utilité	Les utilisateurs sont facturés à l'utilisation du service.	Skype
Infomédiaire	Collecte d'informations sur les consommateurs et revente des données.	Facebook, Google

3) Cinq facteurs de disruption

Des ruptures existent qui sont principalement portées par cinq facteurs identifiés par le cabinet de conseil PwC :

- **les consommateurs** : la marque doit se questionner sur la manière de répondre à des clients plus exigeants, plus volatils, mieux informés et moins fidèles ;
- **les concurrents** : de nouveaux entrants arrivent sur le marché avec l'idée de révolutionner le marché, comment faire pour s'y adapter ?
- **la distribution** : une marque doit saisir les opportunités qu'offre la multiplication des supports de distribution comme les objets connectés, l'intelligence artificielle, le *big data* et l'économie de partage ;
- **la production** : comment adapter les processus et les méthodes de production en intégrant les nouvelles technologies pour accélérer le développement de produits et services ?
- **la régulation** : comment s'adapter aux nouvelles réglementations, plus strictes, auxquelles sont soumis de nombreux secteurs (finance, énergie, transport) ?

> Afin de se lancer efficacement, mais aussi pour perdurer, une entreprise doit développer et faire évoluer continuellement son modèle d'affaires. Il s'agira pour elle de ne pas être dépendante d'une seule et unique source de revenus, d'un client ou d'un partenaire. En analysant régulièrement son positionnement et ce qui la différencie, elle pourra ajuster sa stratégie.

Segmentation 45

Le processus de segmentation fait référence à la découpe d'un marché en différents segments de nature homogène. Cette démarche marketing permet de mieux appréhender la complexité d'un marché et de déceler des tendances communes de consommateurs. Le marketing digital exploite cette approche afin d'ajuster des stratégies propres à chaque segment et augmenter la personnalisation et la performance. À l'ère de l'intelligence artificielle et du *big data*, les approches de segmentation permettent d'obtenir une vision très fine des comportements clients.

1) La segmentation

A. Définition et *persona*

Les entreprises ont pour objectif de répondre du mieux possible aux besoins de leurs clients. Afin de bien les comprendre, elle va devoir mettre en place une approche permettant de les qualifier et de les décrire. L'approche visant à identifier et regrouper les clients sur la base de leur comportement est dénommée **segmentation**. Cette méthodologie permet de diviser le marché en sous-marchés ou segments caractérisant des individus aux nombreux points communs et pouvant être considérés comme uniformes. Chaque segment pourra faire l'objet d'une étude fine permettant à l'entreprise d'ajuster son produit, sa communication et plus généralement sa stratégie marketing. C'est l'usage d'une segmentation qui a conduit à la fameuse formule peu glorifiante de « ménagère de moins de 50 ans » représentant le large segment relatif aux femmes de moins de 50 ans qui appartiennent à la classe moyenne. Il en était de même avec l'expression « jeune cadre dynamique » représentant un homme, de classe aisée malgré son jeune âge et qui est actif dans son temps libre.

Afin d'apporter une représentation plus visuelle des segments, les professionnels du marketing peuvent avoir recours à l'usage de ***persona***. Cette démarche a été proposée initialement en 1999 par Alan Cooper dans le cadre de l'intégration de la pensée utilisateur dès la phase de conception logicielle. Le *persona* est un individu fictif créé et utilisé pour être le représentant d'un segment, segment aux caractéristiques communes et dont les motivations et attentes peuvent être aussi similaires. Ainsi, au lieu d'utiliser les termes « ménagère de moins de 50 ans » on va cette fois-ci lui attribuer un nom, un prénom, un visage, un âge et la présenter sous un angle personnel en intégrant des caractéristiques psychologiques et comportementales au profil.

Marie Dupond a 48 ans, elle est mariée à Pierre. Elle vit en Île-de-France et a deux enfants. Elle travaille dans le secteur de la vente et accorde, dans le cadre de son métier, une grande rigueur et importance à la relation client. Elle est passionnée par l'art et occupe ses week-ends à partager sa passion avec sa famille. Cette approche plus imagée du persona peut s'apparenter à une certaine forme de *data storytelling*. La représentation mentale qui en sortira de la part des équipes permettra de mieux projeter l'effet d'un produit, d'une action marketing ou d'une stratégie par rapport au personnage. Notons que les *persona* ne sont pas des clients réels et peuvent représenter des clients idéaux, ceux visés par la stratégie de l'entreprise.

B. Les types de critères utilisés

Il existe quatre familles de critères pouvant être exploitées dans l'exercice de la segmentation : géographique, comportemental, sociodémographique et psychographique. Elles peuvent être analysées séparément, mais prennent d'autant plus d'intérêt dans le cadre d'une analyse conjointe.

- Le **critère géographique** est de plus en plus utilisé dans le marketing, donnant lieu au terme géomarketing. La connaissance du lieu de vie et de travail des clients à l'échelle de la région, de la ville, de la rue et même du numéro de rue peut permettre un ajustement des stratégies. Prenons le cas d'un artisan installé en centre-ville : la connaissance du niveau de vie et des caractéristiques des individus vivant et travaillant aux alentours vont lui permettre d'ajuster sa politique de prix.
- Le **critère sociodémographique** fait référence à l'âge, au sexe et à la catégorie socioprofessionnelle d'un individu. L'Institut national de la statistique et des études économiques (Insee) a développé en 1982 une nomenclature permettant de segmenter les professions et catégories socioprofessionnelles afin d'ajuster le degré d'analyse requis sur ce critère. Partant des plus de 11 000 appellations différentes de métiers, regroupés en environ 400 professions, elle précise un peu plus de 40 catégories socioprofessionnelles (CSP), elles-mêmes regroupées en seulement 6 catégories dites professions et catégories socioprofessionnelles (PCS). Cet outil nous permet aujourd'hui d'avoir une vision fine et compréhensible de la population active française. Les 6 PCS sont les suivantes : agriculteurs exploitants ; artisans commerçants chefs d'entreprise ; cadres et professions intellectuelles supérieures ; professions dites intermédiaires (instituteurs, fonctionnaires, employés administratifs) ; employés ; ouvriers.
- Le **critère psychographique** fait référence à des critères issus de la psychologie des individus. Ainsi, leur personnalité, leur ressenti, leur émotion, leur perception, leurs valeurs, mais aussi leur style de vie et leurs croyances vont faire partie de cette catégorie. Ce type de critères et les études associées permettent de mieux comprendre le comportement du consommateur. Il devient possible d'identifier les leviers psychologiques à l'origine de l'intention d'achat, de la perception de la qualité d'un produit, de l'image de marque. Ce type de démarche s'effectue souvent par le biais d'enquêtes directement administrées aux consommateurs. On parle de **données émotionnelles** ou de *feel data* pour faire référence aux données des consommateurs relatives à leurs réactions affectives vis-à-vis d'un produit, d'une marque, etc. Celles-ci font désormais aussi partie des analyses marketing.

– Le **critère comportemental** s'appuie sur la mesure et l'étude du comportement des consommateurs. Ce comportement peut être obtenu et sondé grâce aux outils de *tracking* utilisateur avec les cookies, mais aussi simplement par les actes d'achats enregistrés sur des plateformes ou magasins physiques. À l'ère digitale, les actions effectuées sur un site peuvent être mémorisées et exploitées pour ce type de tâche (temps passé sur le site, nombre de clics, nombre de produits vus, mots clés renseignés, etc.).
Les systèmes de recommandation s'appuient sur un grand nombre de variables comportementales pour créer une segmentation, de sorte que chaque individu appartient à un segment très fin, et même unique. Dans ce dernier cas, on parle alors de personnalisation, voire de surpersonnalisation de services.

2) Exemple de segmentation

A. RFM

La segmentation de type RFM s'appuie sur trois variables comportementales qui sont : 1) la récence, 2) la fréquence et 3) le montant des achats. Cette approche est dédiée à la segmentation des clients sur les plateformes de vente en ligne en particulier, mais a été adaptée à d'autres contextes et secteurs. La **récence** est une variable temporelle qui correspond au temps écoulé depuis le dernier achat. Elle peut se mesurer en jours, en semaines ou en années en fonction des produits et des plateformes. La **fréquence** mesure le rythme avec lequel les achats sont effectués. Des fréquences élevées nous indiquent un client qui achète très régulièrement. Une fréquence faible indique un acheteur aux achats ponctuels. La fréquence peut être mesurée par jour, par semaine, par mois ou par trimestre. Enfin, le **montant** correspond à la valeur monétaire des biens achetés sur la plateforme. Celle-ci peut se mesurer par la valeur du panier moyen ou aussi à travers la somme cumulée des produits achetés sur une période de temps donnée. Ces trois variables sont mesurées conjointement sur l'ensemble des clients. Des tendances pourront ensuite être décelées à l'aide d'une matrice à trois dimensions ou par des algorithmes de *clustering* issus de l'intelligence artificielle.

Les trois variables du modèle RFM permettent la mesure de la valeur client sur laquelle sont souvent indexés le niveau de fidélisation et les offres de la marque. Notons que la détection de segments dont la fréquence d'achat est habituellement élevée et dont la récence est faible peut permettre d'identifier un risque de *churn* (perte de client). Si ce segment a un montant élevé, le problème est d'autant plus critique pour l'entreprise, qui devra ajuster une stratégie de rétention de ces clients. La simplicité du modèle RFM permet un usage efficace et facilement actionnable dans le cadre de la stratégie marketing. Les actions mises en œuvre pourront concerner les 4P : produit, prix, promotion et point de vente. Les déductions et ajustements des offres des campagnes sont des leviers possibles à mettre en œuvre sur les segments en question.

B. Segmentation multidimensionnelle

L'émergence des données en grand volume (*big data*) a nourri les ambitions d'analyser les caractéristiques des consommateurs au plus près et au plus juste de la réalité. Pour cela et dans le cadre d'une vision client complète dite 360 degrés, des approches mathématiques seront utilisées pour intégrer le maximum de catégories de variables dans la segmentation. Lorsqu'il est automatisé, ce type d'algorithmes est capable de générer automatiquement les segments optimaux et de les caractériser avec des *persona* obtenus.

La segmentation par les **K-moyennes** fait partie de la famille d'approches répondant à ce besoin. L'algorithme K-moyennes représente chaque client comme un point dans l'espace. Nous illustrons le mode de fonctionnement de cet algorithme sur une segmentation à deux dimensions : l'âge et le revenu tel qu'illustré sur la figure. Sur ce modèle, un client à l'âge et au revenu élevé apparaîtra en haut à droite de l'image. À vue d'œil et grâce à notre capacité cognitive, nous sommes en mesure d'identifier les 5 segments homogènes. L'enjeu d'un algorithme est de réussir à opérer un traitement équivalent par un ordinateur et de manière automatique.

Processus de segmentation par la méthode dite des K-moyennes

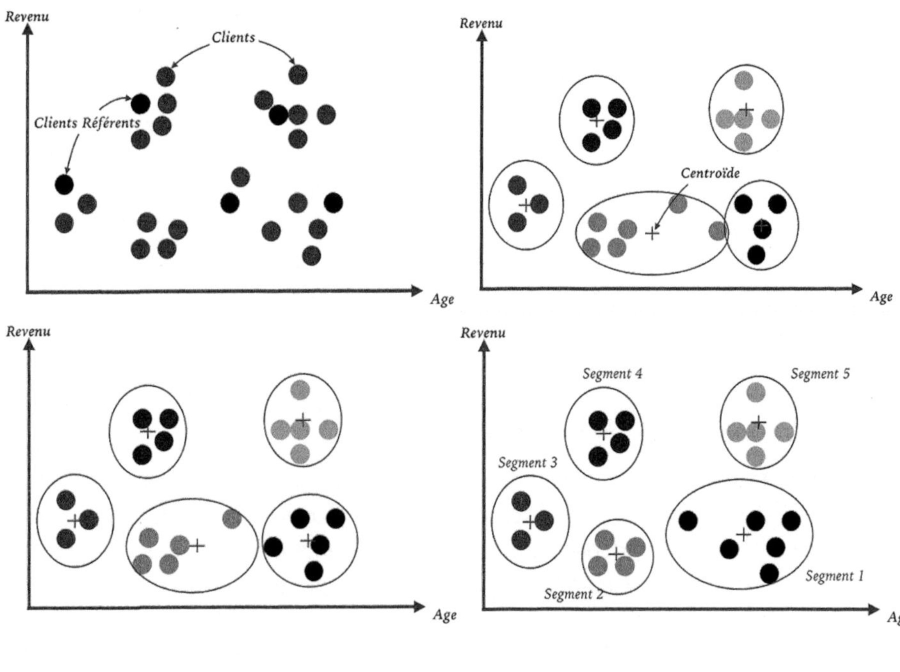

L'algorithme va commencer par choisir de manière aléatoire K représentants de chaque catégorie (K étant le nombre de segments recherchés *a priori*). Il va ensuite attribuer un groupe à chaque client en fonction de la proximité de celui-ci avec chaque référent. Les clients proches du même référent se retrouvent alors dans le même groupe. Les groupes étant créés, l'algorithme va calculer la moyenne des valeurs du groupe pour identifier un barycentre fictif, dit centroïde (représenté par une croix sur le visuel ci-dessus).

Ce centroïde va définir la nouvelle référence pour le groupe. Le processus de calcul de la proximité entre chaque client et les différents centroïdes permettra un ajustement progressif des groupes. Le processus est reproduit à plusieurs reprises jusqu'à stabilisation, tel qu'illustré sur l'image. À la fin d'un tel processus, chaque client appartient à l'un des K groupes et les centroïdes obtenus donneront les valeurs des *persona* associés. Tel que construit, l'algorithme appuie son intelligence sur la notion de distance dont la mesure mathématique est relativement simple.

À l'inverse de notre cerveau humain, la machine programmée pour accomplir la tâche de segmentation *via* des scripts et intégrant les critères mathématiques adéquats sera capable de traiter des millions de clients caractérisés dans des espaces à dimensions très élevées (des dizaines, des centaines, voire des milliers), le tout en seulement quelques secondes.

> La segmentation est un outil marketing ayant pour objectif la décomposition d'un marché en plusieurs segments de nature homogène. Cette démarche stratégique permet de mieux appréhender la réalité des différents comportements et caractéristiques des consommateurs. Les approches à faible nombre de variables sont redoutables car facilement actionnables et transposables en stratégie marketing. Depuis l'émergence des outils digitaux, du *big data* et de l'intelligence artificielle, il est désormais possible d'étudier les caractéristiques des clients de manière multidimensionnelle et automatique. Certains processus sont si bien optimisés et ajustés qu'aucune intervention humaine n'est requise. Les algorithmes sont alors capables d'ajuster automatiquement la stratégie de présentation des produits et les publicités contextuelles par segment.

46 *User eXperience*

1/20ᵉ de seconde : c'est le temps nécessaire à un internaute pour évaluer si le site web sur lequel il vient d'arriver lui plaît et donc s'il souhaite poursuivre sa navigation. Pour une entreprise, il est ainsi crucial de présenter à chaque individu le site le plus approprié et en lien avec l'image de sa marque. C'est là qu'intervient la science de l'expérience utilisateur.

1) UX et termes associés

L'**expérience utilisateur** (abrégée en UX) est une expression qui englobe l'ensemble des interactions entre un utilisateur est un service digital. La plupart des professionnels s'accordent pour dire que l'UX s'appuie aussi bien sur l'utilisabilité (facilité d'usage d'une interface) que sur l'impact émotionnel. Ces deux aspects de l'expérience utilisateur sont indispensables et indissociables pour qualifier une bonne expérience. L'UX implique l'impact émotionnel ressenti lors de l'interaction. Elle comprend même l'anticipation de l'utilisation, comme le faisait remarquer Donald Norman, le premier à utiliser cette expression. Il indique que l'UX correspond aux réponses et aux perceptions d'une personne résultant de l'usage ou de l'anticipation de l'usage d'un produit, d'un service ou d'un système.

Jesse James Garret conçoit l'UX selon 5 plans indispensables pour concevoir une bonne interface. Du plus abstrait au plus concret, ces niveaux sont :

1. la **vision stratégique** servant à définir les besoins de l'utilisateur et donc les objectifs ;
2. les **fonctionnalités de l'application** ou le contenu de l'interface découlant directement des objectifs ;
3. la **structure**, c'est-à-dire l'enchaînement des pages ou des écrans, selon le design d'interaction et l'architecture d'information ;
4. le **squelette** servant à concevoir une interface claire et parfaitement lisible ;
5. l'**aspect visuel** rendant l'interface plus attractive et désirable.

2) L'*UX design*

L'***UX design*** se définit alors comme l'ensemble des moyens mis en œuvre pour concevoir une interface qui réponde pleinement aux exigences d'une bonne expérience utilisateur. Cette approche vise à concevoir un site web de manière à ce que l'utilisateur se sente bien, en confiance, et puisse trouver les informations qu'il cherche tout en ayant envie d'interagir avec le site.

Les 5 plans de l'UX (Garret)

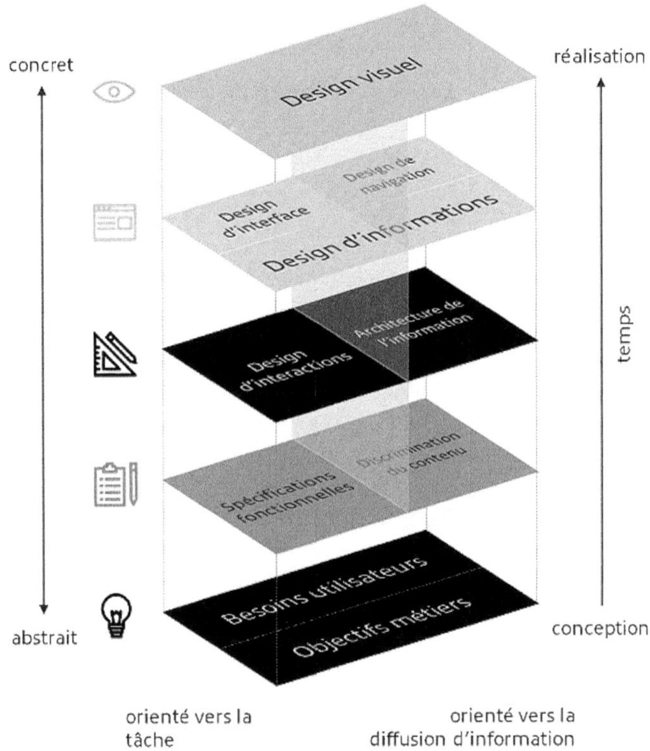

Parmi les éléments importants de l'expérience utilisateur, on trouve :

1. l'**apparence du site et son ergonomie** (cohérence du design, placement des éléments ; *cf.* encadré ci-après) ;
2. sa **capacité à rassurer l'utilisateur sur sa crédibilité** (pas d'erreurs, identification de l'entreprise, témoignages) ;
3. l'**efficacité du site** : on doit trouver intuitivement et facilement les informations recherchées (moteur de recherche interne, catégorisation des contenus) ;
4. le **référencement** : il doit permettre aux utilisateurs de trouver ou retrouver le site facilement depuis les moteurs de recherche ;
5. la **facilité d'usage** : par exemple, un processus de commande fluide pour une boutique en ligne ;
6. la **capacité à s'adapter aux différents terminaux utilisés par les utilisateurs** (c'est le *responsive design*) : téléphone intelligent, tablette, grand écran. Le site doit pouvoir s'afficher avec la même qualité sur tous ces supports.

UX et UI, termes liés

L'UX est, comme nous l'avons présenté, l'expérience globale de l'utilisateur sur l'application. L'**interface utilisateur** (ou UI) est, quant à elle, la partie « visible », « perceptible » d'un produit : c'est ce que l'on voit, entend, touche lorsque l'on utilise une application mobile par exemple. C'est la couche visuelle, ou « interface », qui permet à l'utilisateur d'interagir avec le produit.

Les règles d'or de l'UX : les 4 C

L'ergonomie web s'appuie sur quatre piliers résumés dans les 4C : *clear, concise, clever, cooperative* :

- *clear* (clair) : l'utilisateur a besoin de savoir où il est et de trouver ce qu'il cherche facilement ;
- *concise* (concis) : rassembler les informations de la manière la plus efficace possible ;
- *clever* (intelligent) : éviter le plus possible que l'utilisateur ait à hésiter ;
- *cooperative* (coopératif) : aider l'internaute dans son parcours en fournissant au besoin des informations (définitions, liens).

3) Enjeux de l'UX pour une entreprise

L'UX est déterminante pour la relation entre l'entreprise et l'utilisateur puisqu'elle va instaurer directement une confiance entre les deux parties. Elle va influencer le comportement d'achat du consommateur, la manière dont il perçoit les produits ou services et l'engagement qu'il prendra après la visite du site.

Une entreprise a beaucoup à perdre si l'expérience ne se déroule pas bien : 89 % des utilisateurs mettent fin à tout rapport avec une marque après une mauvaise expérience utilisateur (par exemple un site trop long à charger, une image floue, un paiement trop long). À l'opposé, 49 % seraient prêts à recommander une bonne expérience à leur entourage (Paul Boag, *User Experience Revolution*). Enfin, 100 % des utilisateurs ayant vécu une mauvaise expérience vont par contre en parler à leur entourage.

> Les consommateurs sont exigeants et leur comportement peut évoluer de manière très rapide. Il est donc essentiel de pouvoir étudier les comportements, les attentes et les besoins afin de leur proposer sur le site web un parcours optimal de navigation. Le piège classique est de confondre *UX design* et *UI design*, le second n'étant qu'une simple étape du processus. Si l'emballage est un aspect essentiel de l'expérience utilisateur, la qualité du produit à l'usage l'est tout autant.

Pour aller plus loin, quelques outils pour l'UX design

Xmind : programme *open source* de construction de cartes mentales.

Gliffy : plateforme de création de diagramme et de *wireframe*.

Invision : plateforme de *prototyping*.

Power Mockup : création de *wireframe* avec Power Point.

Justinmind : création de *wireframe* pour web et applications mobiles.

Growth hacking

47

Le *growth hacking* est une discipline visant à augmenter la croissance d'un service ou d'un produit par le biais d'approches marketing innovantes. Tirant profit des possibilités offertes par les technologies numériques et mélangeant astuces avec logique, le *growth hacking* est une discipline montante. Les *growth hackers* disposent de compétences variées alliant marketing et technique avec un unique objectif : optimiser le tunnel de conversion pour augmenter la croissance.

1) Le *growth hacking*

A. Définition

Le ***growth hacking***, ou littéralement le piratage de croissance, fait référence à des pratiques, tactiques et démarches marketing permettant d'augmenter la croissance. L'expression a été évoquée pour la première fois en 2010 par l'entrepreneur à succès Sean Ellis, le créateur de Dropbox. La notion de piratage fait référence aux qualités attendues d'un *growth hacker* en termes d'approche du problème. À l'image d'un *hacker*, le *growth hacker* doit investiguer de nouvelles pistes, faire preuve de créativité et être imaginatif afin d'atteindre son objectif. Il pourra par exemple s'appuyer sur l'informatique, les données, les algorithmes et de la programmation pour accomplir sa mission.

À l'image d'un couteau suisse, la démarche de *growth hacking* va nécessiter des connaissances et techniques issues de disciplines variées. Il s'appuie ainsi sur des compétences en technologies digitales, en design, en expérience utilisateur, mais aussi en sociologie ou en marketing et en web analytique.

B. Le cas Hotmail

Hotmail est l'un des exemples les plus marquants de *growth hacking*. L'entreprise proposait la création d'une boîte de messagerie gratuite pour ses usagers. Afin de lutter contre la faible croissance observée, Sabeer Bhatia et Jack Smith ont mis en place la première stratégie de *growth hacking*.

Ils décidèrent d'ajouter à la fin de chaque courriel envoyé par les utilisateurs du service le post-scriptum suivant : « *PS : I love you. Get your free email at Hotmail* », ce qui signifie : « PS : Je t'aime. Obtiens ton courriel gratuit sur Hotmail ». Le nombre d'utilisateurs Hotmail est passé de 20 000 à plusieurs millions grâce à cette approche simple et innovante de piratage de croissance. L'usage de ce post-scriptum est stratégique pour deux principales raisons. Tout d'abord, il semble provenir de l'utilisateur et ressemble donc à une recommandation légitime de ce dernier. De plus, la viralité du contenu est assurée par le nombre d'envois de courriels et l'effet viral a lieu au fur et à mesure que le service grandit. Sans aucun effort, les utilisateurs ont donc contribué à la propagation et à la diffusion du lien vers le service de l'entreprise Hotmail. Cette propagation s'est faite avec l'ensemble de leur capital social digital, c'est-à-dire les individus avec lesquels ils ont interagi par courriel. Aujourd'hui, cette astuce est toujours exploitée par les constructeurs de téléphones intelligents qui ont ajouté leur marque dans la signature par défaut des courriels. C'est ainsi que vous observez « Envoyé de mon iPhone » ou « Message envoyé depuis un Samsung » à la fin des messages reçus de certains de vos contacts.

2) Première prise de contact

Les professionnels du marketing savent qu'une prise de contact froide effectuée par courriel envers des prospects potentiels a souvent une probabilité très faible d'aboutir. Pour augmenter l'efficacité de cette prise de contact, certaines astuces de *growth hacking* ont été testées et validées par les professionnels. Celles-ci permettent d'augmenter plus que significativement le taux de conversion. Il convient de préciser que certaines des techniques utilisées dans le cadre du *growth hacking* peuvent s'avérer agressives et même quelquefois à la limite du cadre juridique.

A. Sur les réseaux sociaux

Suite à une mise en relation avec un individu ou une marque sur les réseaux sociaux, votre messagerie instantanée se remplit souvent de messages. Ces derniers proposent un échange, un rendez-vous ou une démonstration au sujet d'une solution proposée par la marque avec laquelle vous êtes entré en contact. Ces messages sont souvent préprogrammés par leurs auteurs qui ont préparé le contenu à transmettre à tous les nouveaux entrants dans le réseau. Si la probabilité que cette mise en relation mène à un échange est assez faible – le caractère impersonnel et automatique du message pouvant se déceler –, des alternatives exploitent le *growth hacking*. Des acteurs vont alors personnaliser le message en utilisant votre nom, mais d'autres vont simuler une coquille ou une erreur de frappe pour renforcer le caractère authentique de la prise de contact. Cette erreur préprogrammée a l'intention de simuler un individu écrivant sur son smartphone et se trompant de touche. Cette coquille sera corrigée ensuite dans un second message afin de mieux imiter un comportement humain. L'ensemble du processus mené par des robots sociaux est automatisé dans l'objectif de leurrer le correspondant et augmenter la probabilité d'attirer le prospect vers un site web.

Certains services génèrent une carte visuelle comportant des remerciements personnalisés de la part de l'entreprise. Là encore, des services de génération d'images permettent l'automatisation de la procédure, qui paraît d'origine humaine. Notons que l'émergence des solutions intégrant l'intelligence artificielle capable d'imiter avec beaucoup de crédibilité des comportements humains va rendre de plus en plus floues les distinctions entre les humains et les robots insaisissables derrière les interfaces digitales. Dans ce cadre, la relation clients est l'un des multiples domaines qui seront impliqués.

B. Par courriel

Obtenir une réponse d'un grand manager d'une entreprise est souvent chose complexe, surtout si aucune prise de contact n'existe en amont. Pour pallier ce problème, deux techniques de *growth hacking* appliquées à l'*emailing* ont émergé.

La première consiste à modifier le sujet du courriel envoyé pour donner l'impression que celui-ci a été transféré au destinataire et non transmis directement. Ainsi « Re : » ou « FW : » sera ajouté au sujet pour feindre une relation de confiance entre l'émetteur et le récepteur.

Pour augmenter ces chances, une stratégie consiste à construire un faux historique d'échange de courriels. Cela signifie qu'avec l'aide du formatage du texte, le courriel transmis donnera l'impression qu'un échange préalable a déjà eu lieu. Ainsi, au lieu de demander une prise de contact, le *growth hacker* va simuler une reprise de contact pour confirmer un rendez-vous obtenu auprès d'un employé fictif de l'entreprise. Précisons que, dans le cadre de ce *hack*, aucun échange n'a réellement eu lieu avec cet employé. Le courriel donne l'impression au manager que la prise de contact était convenue, ce qui augmente significativement les chances de succès.

Les pratiques décrites ci-dessus comportent des risques, car si le destinataire identifie le caractère artificiel de l'approche, celui-ci peut bloquer les courriels. Cela peut de plus nuire à une image de marque ou réputation digitale et générer une perte de confiance. Dans certains autres cas, l'ingéniosité utilisée pour réussir cette première prise de contact peut être saluée.

> Le *growth hacking* est une nouvelle discipline du marketing qui vise à mettre en place des solutions permettant le piratage de croissance d'un service ou d'un produit. Face aux challenges dus aux faibles taux de conversions observés par de nombreux canaux digitaux, le *growth hacking* recherche des actions originales et disruptives pour tendre vers l'objectif. Nombre de techniques de *growth hacking* sont gardées secrètes. En effet, quand les techniques disruptives sont partagées, elles deviennent vite des standards et ne bénéficient plus de la même valeur.

48 Productivité personnelle et digitale

La productivité mesure l'efficacité d'une personne à accomplir une tâche. Les bonnes pratiques et les outils de productivité visent à accompagner les individus vers une manière plus efficace de traiter leurs activités. Être plus productif ne signifie pas travailler plus, mais plutôt travailler mieux. La gestion du temps, l'identification des priorités, la gestion des habitudes et la motivation sont des facteurs importants de productivité. Si le digital est souvent perçu comme source de distraction, des outils digitaux peuvent aussi contribuer à optimiser la productivité. Ces outils ont en commun le souhait d'aider à maximiser la valorisation de l'effort par rapport à l'investissement personnel.

1) Enjeux de productivité

A. Les habitudes

Les **habitudes** sont au cœur de nos occupations et nous permettent d'agir tout en libérant notre réflexion. Tout au long de la journée nous devons réagir à des milliers de stimuli que nous gérons en déléguant la plupart de nos réponses au subconscient. Les signaux sont des combinaisons de stimuli (vue, odeur, goût, toucher, son). Les réponses sont alors des chaînes de pensées et d'actions. Les récompenses sont des augmentations et diminutions de sensations, d'émotions ou de pensées agréables ou désagréables. En conséquence, nous pratiquons la réponse jusqu'à ce que cela devienne une habitude fiable et automatique. La coordination devient indépendante de la prise de décision consciente : on parle quelquefois d'image mentale. Avec le temps, le cerveau commence à attendre et à implorer la récompense dès que le signal se présente. Des travaux de recherche publiés dans la *Revue européenne de psychologie* estiment que le temps de changement d'habitude est très variable et peut aller de 18 à 254 jours avec une moyenne de 66 jours.

B. Les pratiques

Des conseils peuvent être obtenus en observant et analysant les pratiques des personnes les plus productives (entrepreneurs à succès, sportifs de haut niveau, PDG, etc.). En interrogeant ces dernières, certaines tendances se dégagent. La gestion du temps est un facteur clé, les personnes productives gèrent leur agenda à la minute près et non pas par tranche d'heure ou de quart d'heure. Elles allouent une bonne partie de leur temps quotidien (une à deux heures) à une tâche unique qui est celle apportant le plus de valeur. L'usage d'une liste de tâches est remplacé par une planification des tâches dans le calendrier afin d'allouer à toute activité un espace de temps dédié. L'usage du carnet de notes est aussi recommandé pour éviter de perdre une idée et libérer ainsi l'esprit.

À l'époque du digital, la lecture des courriels est une problématique complexe car elle peut s'avérer chronophage. Il est recommandé de ne consulter ses courriels qu'une ou deux fois par jour pour minimiser le temps perdu à leur relecture. Il est de plus conseillé de traiter une tâche une seule et unique fois. Pour un mail, cela signifie qu'il est préférable de répondre instantanément plutôt que de revenir plus tard pour le traiter. La manière dont les réunions sont gérées est aussi un point essentiel. Un ensemble de pratiques sont à appliquer pour s'assurer de leur bon déroulement et de leur efficacité. Parmi les recommandations des managers et des entrepreneurs à succès, il est important de refuser une grande partie des offres et, le plus souvent, de dire « non ». En accord avec la loi de Pareto, seulement une faible proportion des opportunités rapportera une majorité des revenus, apprendre à identifier ces opportunités est alors essentiel. Refuser les autres l'est tout autant.

2) Outils de productivité digitale

Si le digital est souvent perçu comme une source potentielle de distraction, notamment à cause des stimuli (par exemple : notifications, courriels), certains outils exploitent les technologies pour accompagner les utilisateurs vers une meilleure productivité.

Des applications mesurent l'usage des outils digitaux. Elles proposent d'offrir une vision de votre usage (de votre mobile ou de votre ordinateur) et d'identifier vos sources de distraction. Elles permettent de fixer des objectifs tels que la diminution du temps passé sur les réseaux sociaux. Certains logiciels permettent même de couper l'accès à certains sites web, mais aussi de bloquer les notifications et toute autre source de distraction digitale.

De nombreuses solutions accompagnent les entreprises dans la gestion de projets. L'intégration des dimensions de collaboration, de mesure de l'avancement, de gestion financière et des ressources, est au cœur de multiples services. Des applications s'appuient également sur la ludification pour vous accompagner vers des bonnes pratiques, voire même des changements d'habitude, par exemple en exploitant la visualisation des objectifs SMART (spécifique, mesurable, acceptable, réaliste, temporellement défini) par des couleurs et en affectant des scores et bonus que vous pouvez suivre quotidiennement. Des applications proposent de vous aider à gérer vos réunions et à bien les préparer. Elles vous permettent entre autres de vous assurer que toutes les personnes sont bien disponibles aux horaires prévus. Enfin, les solutions proposées vous accompagnent pour la définition des ordres du jour, mais aussi pour le traitement et la gestion de votes en cas de prise de décision, que ce soit de manière anonyme ou non.

> La transformation digitale a modifié nombre de nos comportements et de nos habitudes. Si le numérique a rapproché tous les individus et ouvert de nouvelles sources d'opportunités, sommes-nous pour autant plus productifs ? Nombre de stimuli d'origine digitale sont sources de distractions (notifications, courriels…). Pour tirer profit des solutions numériques, un ensemble d'approches et de solutions existent, notamment pour la gestion du temps, des priorités et des habitudes. Si le temps n'est pas extensible mais que sa gestion est essentielle, l'énergie apportée aux différentes actions est tout aussi importante.

49 Géomarketing

En vous promenant dans la rue, vous passez devant une boutique, instantanément vous recevez un message de réduction provenant de la même enseigne sur votre téléphone. Voici un exemple typique d'action de géomarketing pouvant être mise en œuvre par une marque. Son objectif est simple : générer une offre dynamique, locale et temporelle afin de faire naître une intention d'achat. En France, ce sont plus de 35 % des mobinautes qui accepteraient d'être contactés par une marque grâce à leur localisation lors du passage à proximité d'un magasin. Si cette approche est souvent perçue comme intrusive, recourir à ce type de marketing présente de nombreux avantages. Cette fiche détaille le concept de géomarketing et ses enjeux.

1) Définition

Le succès des *smartphones* et des médias sociaux a permis une augmentation constante du nombre d'utilisateurs de réseaux sociaux mobiles au cours des dernières décennies. Il est désormais possible de partager du contenu avec des métadonnées enrichies. Celles-ci fournissent des éléments sur le contexte de l'utilisateur et, en particulier, les heures et les lieux. Les informations contextuelles associées aux données des messages permettent l'analyse à grande échelle des consommateurs.

Le **géomarketing** ou marketing géolocalisé est une branche du marketing qui vise à analyser le comportement des individus en prenant en compte leurs positions géographiques. Il s'agit de l'activité marketing qui traite des données géolocalisées en vue d'éclairer une décision. Il est présent dans diverses applications telles que les études de zones de chalandise, les études de localisation commerciale, les études de potentiels, la sectorisation, l'optimisation des moyens du marketing direct (publipostage, *phoning*, ISA...) et les optimisations de réseaux.

Pour assurer sa mission, le géomarketing s'appuie sur une approche d'analyse de données en collectant, traitant, croisant et interprétant des données de différentes natures. Ces données peuvent être démographiques, sociologiques, topographiques ou économiques. Le recours à un système d'information géographique (SIG) peut être envisagé pour faciliter le traitement et l'analyse de ce type de données. Le géomarketing constitue aujourd'hui l'un des outils principaux d'aide à la décision.

2) Techniques de géolocalisation

Pour géolocaliser un téléphone intelligent et par extension son utilisateur, différentes approches et technologies peuvent être utilisées.

La **localisation par GPS** (*Global Positioning System*) requiert des satellites en orbite autour de la planète et un capteur GPS positionné dans votre téléphone pour vous localiser. Le capteur est capable de réceptionner les données transmises par les satellites situés à sa portée afin de calculer sa position géographique. La répartition des satellites est telle qu'à chaque instant un appareil est en mesure de réceptionner les messages transmis par au moins quatre d'entre eux. En utilisant entre autres le temps de réception du message par rapport au moment de son envoi par le satellite, il est possible d'identifier la distance entre l'appareil et le satellite. Sur la base de ce traitement sur trois signaux, une trilatération est effectuée pour identifier la position. Notons que le quatrième satellite est utilisé pour la synchronisation des horloges assurant la bonne évaluation de la position. Au final, la précision obtenue par GPS pour la géolocalisation d'un appareil à la surface du Globe est de quelques mètres.

La **localisation par GSM** s'appuie sur les antennes servant aux appareils pour émettre et recevoir des appels. Ce réseau d'antennes permet à un opérateur de localiser le téléphone sur la base des antennes auxquelles il se connecte. Lors de vos déplacements, le téléphone se connecte automatiquement aux antennes relais situées à proximité afin d'assurer en permanence l'émission et la réception d'appels. Ce processus permet à chaque antenne de savoir que vous êtes ou non à sa proximité et d'identifier avec plus ou moins de précision votre position. Par exemple, en exploitant trois antennes, par triangulation, il est possible d'identifier de manière approximative la position de votre téléphone. Pour cela, ce sont les variations de la puissance du signal qui seront utilisées, car elles sont liées à la distance entre l'appareil et l'antenne. Cette approche a des précisions variables mais reste en moyenne bien moins précise que la localisation par GPS.

Les approches par GPS et GSM ne sont souvent pas adaptées pour **la localisation à l'intérieur** des bâtiments. En effet, il est important dans ce cas de pouvoir distinguer les différents étages. Les simples mesures de longitude et de latitude ne sont pas suffisantes. Pourtant, la localisation en interne est essentielle dans le cadre du géomarketing, mais aussi pour tout établissement recevant du public. Celle-ci permet le guidage en interne et l'identification des flux de personnes pour aider à la gestion de la foule. Dans le cadre d'événements, une entreprise peut obtenir des informations précieuses sur le nombre de visiteurs et leur emplacement.

Les *beacons* sont une solution de localisation en intérieur dite de ***geofencing***. Le *geofencing* (en français « gardiennage virtuel ») est un mode de localisation permettant de détecter l'entrée et la sortie d'un appareil dans une zone spécifique. Ceci est rendu possible grâce à une application mobile et à des balises Bluetooth émettant des messages qui sont reçus par les appareils situés aux alentours. Lorsque l'appareil entre dans la zone, on peut déclencher un ensemble d'actions automatiques telles que l'envoi d'une notification avec une offre spécifique. Les enseignes de la distribution ont souvent recours à ce type d'approche. D'autres techniques de localisation en intérieur existent et permettent notamment de reconstruire le parcours utilisateur dans un magasin.

Notons qu'avec l'émergence des réseaux sociaux numériques, d'autres formes de localisation ont vu le jour. Par exemple, le contenu d'un message publié peut permettre d'identifier l'emplacement associé et donc la localisation de l'individu. Le **géocodage** par exemple permet de retrouver les coordonnées géographiques précises d'un endroit à partir d'une adresse postale ou simplement d'un nom de lieu.

3) Intérêt, enjeux et risques

La géolocalisation présente de nombreux axes d'intérêts, car elle apporte la possibilité de cibler une clientèle tout en restreignant l'accès à un périmètre géographique défini.

Le premier enjeu concerne l'**engagement des clients** et la transformation. En permettant de contextualiser les offres et de les personnaliser en fonction des caractéristiques des clients potentiels, le géomarketing garantira mieux que n'importe quelle autre stratégie la bonne acquisition du message tout en optimisant le taux de conversion.

Le recours au marketing géolocalisé va de plus obliger les entreprises à mettre en œuvre des **stratégies plus efficaces** et plus pérennes. Les données de géomarketing récoltées permettent de réaliser des études géographiques pertinentes, en prenant en compte le potentiel d'une zone de chalandise spécifique, son intensité concurrentielle et le comportement des utilisateurs visés. Elles permettent aussi de mieux comprendre les flux de navigation et donc de définir et ajuster les moments optimum de relance commerciale.

Enfin, mettre en place une stratégie d'acquisition ou de transformation basée sur la géolocalisation va amener les entreprises à mieux **ajuster leur offre** par rapport à la demande de leurs clients. Ainsi, en fonction des lieux, des heures et des individus, la marque pourra faire évoluer son offre, ses rabais ou sa distribution.

Si les avantages sont importants, il faut néanmoins, lorsque l'on a recours à ce type d'approche, être conscient des risques et des dangers. Tout d'abord, les informations provenant d'un traceur GPS peuvent être exploitées par des tiers. Ces données de localisation de déplacements augmentent les risques de vol d'identité.

Une étude réalisée sur 100 000 utilisateurs anonymes de téléphones mobiles sur une période de six mois a été conduite par des chercheurs de l'université Northeastern et de l'université Notre-Dame (États-Unis). Les auteurs ont souligné le haut niveau de régularité spatio-temporelle dans les trajectoires. Cette étude démontre que les individus ont tendance à ne se déplacer que dans un nombre de lieux très limité. Cette observation est importante, car elle indique que la mobilité humaine répond à des modèles simples et reproductibles.

Enfin, il convient de faire la distinction entre localisation et surveillance disproportionnée des individus. Dans le cas d'une entreprise souhaitant gérer son parc automobile, celle-ci peut suivre les déplacements des véhicules de l'entreprise, mais pas ceux qui sont individuels. Il est alors de son devoir d'informer l'usager des moments où celui-ci sera suivi ainsi que de l'utilisation qui sera faite des données récupérées.

> Outil efficace des stratégies marketing, la géolocalisation ouvre des pistes d'analyses riches pour l'avenir. En s'appuyant sur le consentement, le lieu et le moment, elle représente un levier efficace pour la transformation. Pour autant, sa réussite dépend des garanties de sécurité, du respect de la vie privée des individus et d'un contrôle et suivi parcimonieux. La géolocalisation permet une passerelle unique entre le monde physique et le monde digital. On parle souvent à ce titre d'espace cyber-physique ou de phygital.

Coût total de possession

50

Toute entreprise a besoin de suivre au mieux ses dépenses et l'investissement dans le digital n'échappe pas à cette règle. Si le traditionnel calcul du retour sur investissement (ROI) s'est imposé comme la norme dans bien des cas, la mesure des coûts n'est pas toujours parfaitement juste. Afin d'être au plus proche de la réalité, les dirigeants ont de plus en plus recours au calcul du coût total de possession.

1) Définition du TCO

Le **coût total d'acquisition** (aussi dénommé coût total de possession), ou **TCO** pour *total cost of ownership*, vise à mesurer le coût réel qu'implique l'achat d'un produit ou d'une prestation de service auprès d'un fournisseur donné. Cette estimation du coût va au-delà du simple prix d'achat. Si les origines du calcul de ce coût remontent à quelques siècles, dans l'ère moderne Bill Kirwin, analyste chez Gartner, a repositionné ce concept. Il définit le TCO comme le coût total d'acquisition, d'utilisation, de gestion et de retrait d'un actif sur l'ensemble de son cycle de vie.

Le coût total de possession intègre donc à la fois les coûts directs (acquisition du matériel, licences, infrastructure…), les coûts indirects (installation, maintenance, formation…), les coûts récurrents, mais aussi les coûts cachés tels que les coûts liés aux arrêts et défaillances. Il est donc par construction plus englobant que le seul coût d'achat du matériel.

2) Calculer le TCO

Il existe divers modèles de calcul du coût total d'acquisition. Ceux-ci divergent en fonction du produit ou du service concerné. Il existera des variantes selon qu'il s'agit de l'achat d'une solution informatique, d'une flotte d'automobiles ou par exemple de la réfection d'un bâtiment.

Une première approche d'estimation de coût total vise à le scinder en 8 éléments qui sont détaillés ci-dessous :

- le **prix d'achat** : prix de revient et marge fournisseur ;
- le **coût induit** : transport, emballage, douane, conditions de paiement ;
- le **coût d'acquisition** : fonctionnement du service achat ;
- le **coût de possession** : locaux, gestion des stocks, coût de dépréciation ;
- le **coût de maintenance** : formation, sécurité, pièces détachées, entretien ;
- le **coût d'utilisation** : personnels, valeur d'usage, exploitation, services ;
- le **coût de non-qualité** : respect des délais, traitement de la non-conformité ;
- le **coût de retrait** : recyclage, revente, destruction.

En prenant en considération l'ensemble de ces éléments, une entreprise sera plus à même de mesurer le retour sur son investissement.

Si au départ le TCO est un indicateur purement économique, il a rapidement évolué comme un indicateur stratégique et au cœur du pilotage des décisions en entreprise. Dans ce sens, Gartner, la célèbre entreprise américaine de conseil, a proposé une nouvelle méthodologie dénommée le *total value of ownership* ou **valeur totale de possession**. Celle-ci vise à considérer les coûts comme le moteur principal des décisions. L'approche suggère d'inclure les bénéfices comme la croissance, la gestion et diminution des risques, ou bien la durabilité. C'est donc un modèle de calcul comparable au TCO, mais qui intègre les bénéfices additionnels et non uniquement monétaires.

Un autre groupe de recherche (Médiation Inter-Entreprises) a proposé d'intégrer au calcul du TCO deux nouveaux critères en lien avec la responsabilité sociétale des entreprises (RSE). Ces éléments sont les risques RSE (par exemple : sous-traitance dissimulée, délais de paiement tardifs) et les opportunités RSE telles que les gains générés par le recours à des PME locales au profit d'un bassin d'emploi.

Le calcul du TCO est nécessaire dans la mesure où la connaissance des coûts (ou plus généralement des dépenses) est un facteur important dans la prise de décisions. Ainsi, avec un TCO connu, il devient possible de disposer de retours sur investissement réels. Ce faisant, les choix d'investissement comme un changement de système peuvent être mieux orientés. Le recours à une solution de type *cloud*, *on-premise* ou Saas doit être pensé également en intégrant le TCO comme l'un des indicateurs clés du choix final.

3) Bénéfices

Si l'on interroge les responsables achats des grandes structures, près d'un tiers d'entre eux reconnaissent que la réduction des coûts totaux d'acquisition est l'une des stratégies les plus plébiscitées pour créer de la valeur pour leur entreprise. En effet, ils s'accordent pour dire que connaître avec précision cet indicateur offre de nombreux avantages :

- un argument pour les négociations fournisseurs ;
- un outil de pilotage réel pour optimiser les coûts directs ou indirects (par exemple éviter le gaspillage, la surqualité) ;
- une aide à la prise de décision pour des opérations d'*outsourcing*, d'internalisation ;
- une mesure de base pour l'évaluation du retour sur investissement ;
- une ligne directe vers l'amélioration de la performance financière à long terme.

> Outil essentiel de suivi des dépenses et donc de la performance à long terme des entreprises, le TCO est un indicateur à mettre en place et à faire comprendre à l'ensemble des parties prenantes d'une organisation. Rouage des acheteurs et des comptables, il représente un outil de contrôle des dépenses à tous les niveaux. En particulier, il offre une approche intéressante et stratégique dans le cadre des investissements réalisés dans le digital.

PARTIE VI

Valeur de la donnée

51 Analyse de données

Nous mesurons de mieux en mieux notre environnement et les comportements humains. Les capteurs sont de plus en plus nombreux et mémorisent sous forme de données l'impact de nos actions et mouvements sur le monde physique et digital. L'analyse de données est une discipline s'appuyant sur les mathématiques et l'informatique ayant pour but d'en extraire de l'information. Ce type d'étude est d'autant plus stratégique que la donnée a pris une place prépondérante dans notre société, elle est souvent mentionnée comme le nouveau pétrole. La maîtrise du processus d'analyse est essentielle afin de pouvoir exploiter efficacement cette source de valeur. Parmi les nombreuses applications, notons : l'étude et l'amélioration de la qualité d'un service, la gestion de la relation client et des ventes, la veille stratégique et concurrentielle, le calcul et la prédiction d'indicateurs clés de performances ou la mise en œuvre de systèmes de recommandation.

1) Définition

A. Les étapes de l'analyse

Il est nécessaire d'aborder le processus d'analyse de données sous forme de projet, car l'exercice est de nature complexe. Ainsi, nombre de questions préliminaires devront être posées avant d'entamer les différentes phases. Quelles données sont nécessaires ? Quels objectifs sont attendus ? Quelle démarche et quelles ressources doivent être allouées ? Les sept phases clés de l'analyse sont présentées ci-dessous.

1. La phase de **collecte** consiste à identifier et à mettre en place les outils nécessaires à la constitution d'une base de données. Celle-ci peut requérir une attention spécifique sur les contraintes juridiques de la collecte, mais aussi sur le format et la qualité des données en question. Les données peuvent être internes ou externes à l'entreprise. Citons par exemple : les données de transaction, de livraison, les données clients, produits, magasins, employés, CRM (social), les indicateurs de diffusion des campagnes marketing et les réactions consécutives aux campagnes marketing, les activités commerciales (rendez-vous, opportunités…) ou bien les données web analytiques et de comportement en ligne. Les données partagées en sources ouvertes dites *open data* sont également des sources intéressantes (par exemple data.gouv.fr, INSEE, INPI, DILA). Notons que les interfaces de programmation peuvent permettre l'automatisation de la collecte, tout comme les outils de type ETL qui offrent la possibilité d'extraire les données, de les transformer pour les déplacer à de nouveaux emplacements. Cette phase est cruciale, car les données sont souvent dispersées ou gardées par un service spécifique dans l'entreprise, le rapatriement de celles-ci en un seul endroit peut s'avérer complexe et stratégique.

2. La phase de **prétraitement** a pour mission de rendre plus facile et plus cohérente la donnée collectée. Celle-ci peut comporter les phases de transformation, de filtrage et de nettoyage. Le filtrage a pour objectif de conserver uniquement la donnée nécessaire à l'analyse en supprimant toutes celles non pertinentes. Le nettoyage permet de traiter les données qui sont incomplètes ou partiellement erronées tout en essayant de les conserver dans l'analyse ; par exemple, remplacer les données manquantes par une valeur moyenne.
3. La **transformation** vise à créer de nouvelles données ou à les modifier ; par exemple, remplacer les dates de naissance par un âge est une transformation possible. De même, la date et l'heure d'un achat peuvent être exploitées pour créer de nouvelles variables telles que le jour de l'achat, achat en week-end, achat sur jour ouvré.
4. Le **stockage** de données permet de conserver la donnée et de lui apporter un support physique. La base de données peut être alimentée sans interruption par de nouvelles données, comme dans le cas de lacs de données. Les technologies de stockage reposent sur les bases de données relationnelles ou plus récemment sur des approches du type NoSQL. Le stockage étant assuré, la donnée peut être modélisée et analysée avec des outils dédiés.
5. La **modélisation de données** s'appuie sur la construction d'un modèle mathématique visant à étudier les observations. Il s'agit souvent de prédire une variable dite dépendante, cible ou classe, avec l'aide de variables indépendantes ou d'attributs. Ainsi, pour prédire les ventes, les données de météo peuvent être exploitées, tout comme certains attributs représentant les tarifs de la concurrence. Les algorithmes d'intelligence artificielle peuvent être utilisés pour construire des modèles complexes au nombre de variables élevé et à forte fiabilité.
6. Il est important de conserver un regard critique sur la démarche et les résultats obtenus : c'est la phase d'**évaluation**. En effet, certains phénomènes complexes que vous souhaitez analyser peuvent s'avérer difficiles à expliquer. Les résultats des approches statistiques, géométriques ou probabilistes de modélisation et de prédiction devront être étudiés de manière fine. Les indicateurs tels que la précision et la validité statistique devront être consultés avant toute exploitation. Par exemple, si une méthode prédictive indique un score AUC de 0,5, celle-ci n'est tout simplement pas plus efficace qu'un lancé de pièce à pile ou face.
7. La dernière phase concerne le **déploiement** de la solution. Cela s'accompagne souvent de la visualisation et la communication des résultats de l'étude. Cette étape peut s'appuyer sur les techniques de visualisation de données voire de *data storytelling*, toujours dans l'optique d'aider au mécanisme de prise de décision.

B. Le métier de scientifique de données

Le métier de **scientifique des données** (en anglais *data scientist*) est un métier d'expertise autour des problématiques de gestion et d'analyse des données. Il a été élu métier le plus sexy du XXIe siècle par la *Harvard Business Review* et est très prisé, car il apporte une grande valeur pour les entreprises. Il est de plus très bien rémunéré et nécessite des compétences variées rendant les profils associés assez rares. Un scientifique des données doit disposer d'une bonne connaissance en analyse de données, une maîtrise des statistiques, de la programmation et de l'ingénierie logicielle. Ce métier requiert aussi la connaissance des technologies du *big data* et de gestion de données. Le *data scientist* maîtrise les algorithmes d'intelligence artificielle qu'il saura appliquer sur de larges volumes de données. Enfin, il est créatif et dispose de bonnes capacités de communication. Une partie non négligeable des scientifiques de la donnée disposent d'un diplôme de doctorat.

2) Le cas Netflix

A. Le contexte

Netflix est une entreprise américaine proposant des films et des séries télévisées en flux continu sur internet. L'entreprise est implantée à travers le monde et a généré un chiffre d'affaires de 11,7 milliards d'euros en 2017. Avec plus de 130 millions d'abonnés, le service de vidéos à la demande créé en 1997 a connu une croissance exceptionnelle ces dernières années. Parmi les enjeux clés pour un service de ce type, la capacité à fidéliser les clients par des recommandations personnalisées et éviter de fait le désabonnement. Grâce à une approche d'analyse de données, le service propose une solution de personnalisation où chaque utilisateur a accès à des recommandations sur mesure. Netflix a organisé entre 2006 et 2009 un concours afin de créer un algorithme de recommandation (dit de filtrage collaboratif). Celui-ci avait pour objectif de prédire au mieux la préférence des utilisateurs dans leurs choix de films. Le gagnant du concours a amélioré de plus de 10 % les performances de l'algorithme de Netflix dans la prédiction des évaluations.

B. En pratique

Dans le cadre de la fidélisation et de la qualité du service Netflix, un axe essentiel est la recommandation de films à consulter par le client. Le processus vise alors à calculer la probabilité que le client soit intéressé et regarde un film spécifique du catalogue. L'étude s'appuie sur un grand nombre de données. Tout d'abord, les données **comportementales** sont captées pour être intégrées dans l'étude. Les listes de films déjà visionnés, les notes affectées à chacun de ces films sont des variables prises en compte.

Des données de **contexte** permettent aussi de calibrer les recommandations. Les catégories de films consultés, l'heure et le jour de visionnage sont des facteurs clés intégrés dans l'analyse.

Au-delà de la donnée de chaque client, les analyses incluent des variables issues de l'étude à large échelle des comportements. Un utilisateur pourra être comparé avec des milliers d'autres afin d'identifier les tendances auxquelles il appartient.

Cette similarité d'un client par rapport à un groupe (obtenu par la segmentation) permet d'ajouter des variables dans l'étude. Il sera envisagé qu'un individu appartenant à un groupe de clients lui ressemblant est plus à même d'aimer les films appréciés par le groupe.

Cela correspond à une recommandation personnalisée, mais aussi **collaborative**. Les variables ainsi générées sont analysées par un algorithme de recommandation qui construit un modèle permettant le calcul de la probabilité de visionner et d'apprécier un film ou une série.

Les algorithmes sont régulièrement mis à jour et ajustés en fonction des changements comportementaux, mais aussi des évaluations effectuées par les utilisateurs. La finalité de l'approche est l'augmentation de la satisfaction client en lui évitant de perdre du temps à rechercher des contenus et en lui proposant à moindre effort un produit qui le séduira.

L'analyse de données est une démarche méthodique qui permet d'extraire des informations et plus généralement de la valeur à partir de données brutes. À l'ère où les données sont omniprésentes et où nous sommes capables de sonder et mémoriser de très grands volumes de données, cette approche est devenue essentielle. De nombreux services ayant intégré ce type de démarches ont vu leurs performances améliorées grâce à une meilleure compréhension de mécanismes complexes. La personnalisation des services, les recommandations et l'optimisation de la relation client en sont des exemples majeurs.

52 *Big data*

Les NTIC ont contribué à la grande transformation digitale de nos entreprises. L'usage de l'internet, des téléphones intelligents, des maisons et des villes connectées, contribue continuellement à l'augmentation du nombre de données. Le *big data* a émergé pour répondre à la problématique rencontrée par les technologies traditionnelles concernant la gouvernance efficace des grandes quantités de données. Face à cette problématique, de nouvelles approches de gestion de larges volumes de données sont apparues, mais aussi une opportunité de penser différemment leur exploitation pour des objectifs métiers. Des innovations sont rendues possibles grâce aux technologies du *big data*. Ces analyses de grande ampleur permettent une meilleure compréhension de phénomènes et mécanismes complexes. Les applications concernent quasiment tous les secteurs.

1) Définition

A. Les 5 V du *big data*

On définit le concept de big data par les 5 V : volume, variété, vélocité, véracité et valeur, qui caractérisent un projet de ce type.

Le **volume** fait référence à la quantité de données générées et mémorisées dans le cadre de l'analyse. Celle-ci est par définition d'un ordre de grandeur très élevé, d'où le terme *big* pour « grand ». La **variété** concerne les différentes sources et formats pouvant être étudiés. Par exemple, des contenus textuels, des images, des transactions, mais aussi des indicateurs marketing, des ventes, peuvent désormais être analysés conjointement. La **vélocité** pose la question du temps de traitement qui doit rester optimale, même pour de grands volumes issus d'origines variées. Un projet de type *big data* devra en complément examiner le niveau de **véracité** ou de confiance que l'on peut accorder à chacune de ces sources. Enfin, la mise en place d'un projet *big data* n'a de sens que si celui-ci peut permettre d'extraire de la **valeur** utile pour l'entreprise ou pour le client.

B. Le *big data* et son usage

Le *big data* permet de nombreux usages qui peuvent s'étendre de l'optimisation d'un processus existant, par exemple pour la gestion des stocks, jusqu'à la création de nouveaux services et produits. Le domaine d'application phare du *big data* est actuellement le marketing digital, avec la possibilité de mieux comprendre le comportement client et d'ajuster et personnaliser de manière très fine la relation client. Les domaines du *big data* permettent la mesure d'indicateurs clés et leur analyse en temps réel pour étudier la performance globale de l'entreprise. Citons par exemple le suivi de la chaîne de production, rendu possible grâce à des capteurs de différentes natures. En ce sens, elle devient stratégique pour le pilotage de l'entreprise.

2) Mise en pratique

A. Airbnb et le succès du *big data*

Brian Chesky et Joe Gebbia ont fondé l'entreprise Airbnb en 2007. L'idée leur est venue en transformant le salon de leur loft de San Francisco en un espace avec lit pouvant accueillir jusqu'à trois personnes. Ce concept de logements temporaires pouvait être accompagné d'un petit-déjeuner (*air bed and breakfast*) et était destiné aux personnes dans l'impossibilité de trouver un hébergement par les moyens traditionnels.

Airbnb a connu un succès exceptionnel avec en 2019 plus de 150 millions d'utilisateurs et une valorisation qui a atteint les 35 milliards de dollars. L'entreprise n'a pas hésité à mettre en place des procédures et analyses *big data* très poussées afin d'optimiser ces actions marketing, son site web et augmenter les transactions. Riley Newman, ancien *data scientist* chez Airbnb, explique que la société scrute et examine les données et comportements des clients. Il indique que, pour comprendre le comportement et les commentaires clients, l'entreprise a besoin de l'analyse des données et exploite ainsi un large volume de données s'appuyant entre autres sur les interactions entre les invités et les hôtes. Les analystes construisent des modèles afin d'estimer une probabilité conditionnelle de réservation dans un lieu donné, en fonction du lieu où la personne a effectué la recherche. En complément, les analyses issues du web analytique ont permis de mieux comprendre les informations utiles pour les clients et les formats visuels les plus appropriés en fonction du public en question.

B. Les outils du *big data*

Le *big data* nécessite des outils dédiés pour les phases de collecte, de stockage et de traitement. Pour le stockage, il s'appuie souvent sur un **lac de données** alimenté par les nombreuses sources. À la différence des méthodes traditionnelles, le lac n'impose pas de structure spécifique. On utilise le terme NoSQL pour *not only SQL*. Les données y sont mémorisées sous leur format original. Leur traitement est complexe et nécessite des architectures et des approches spécifiques. Par exemple, les deux projets de la fondation Apache, dénommés Hadoop MapReduce et Spark, sont deux représentants du *big data*. Ils s'appuient sur un stockage distribué entre de nombreuses machines dont les ressources sont mises en commun.

Le *big data* a été rendu possible grâce à l'émergence et à l'amélioration des technologies de l'information et de la communication : ordinateur, smartphone, internet, réseaux sociaux, etc. Nous disposons désormais de solutions techniques pour la collecte et le traitement de données en masse. C'est aujourd'hui l'un des vecteurs clés pour étudier et comprendre les systèmes complexes qui nous entourent. Pour l'entreprise, ces nouveaux formats d'analyses à large échelle et aux sources variées permettent de proposer des services innovants, mais aussi d'optimiser les processus existants dans presque tous les secteurs d'activité.

53 *Smart data*

Le *smart data* est une approche d'analyse dite intelligente de la donnée qui vise à extraire de grands volumes de données les informations les plus pertinentes pour l'entreprise. Ce type de démarche nécessite une stratégie spécifique pour rendre directement exploitables les résultats de l'analyse. Un exemple d'usage de la démarche *smart data* concerne l'analyse du comportement client afin de comprendre les critères impactant les ventes.

1) Les 5 S du *smart data*

Les *smart data* sont des données issues du *big data* et qui ont été travaillées de façon à être plus faciles à exploiter. La mise en place d'une approche *smart data* passe par les cinq étapes résumées par les 5 S : stratégie, *sourcing*, sélection, signifier et symboliser.

Tout d'abord, il est nécessaire d'élaborer une **stratégie** parce qu'il n'y a pas de bénéfice à une analyse sans réflexion préalable. Il est important de noter que certaines études *big data* n'ont pas de stratégie spécifique et visent uniquement à mieux comprendre la donnée sans hypothèses ni objectifs préalables. À l'opposé, dans le cadre d'une approche *smart data*, la question de départ et les hypothèses de travail sont des éléments essentiels.

La seconde phase consiste à **sourcer** les données depuis leur emplacement premier vers un emplacement dédié à l'étude. Cette phase, qui peut s'effectuer de manière automatique et régulière, s'appuie sur les technologies de collecte. Les données peuvent provenir du système d'information de l'entreprise (par exemple, CRM, service client), mais aussi de sources externes telles que l'*open data* ou les médias et réseaux sociaux.

Une phase essentielle de la démarche consiste à identifier parmi les données collectées celles utiles à votre stratégie. Cette phase de **sélection** suppose que toute donnée n'est pas nécessairement bonne à étudier et que la qualité prime par rapport au volume.

Pour faciliter l'extraction d'information, la donnée est **signifiée**, c'est-à-dire transformée en indicateurs plus simples à manipuler et à appréhender. Par exemple, dans le cadre de l'étude du comportement client, les données brutes issues des ventes peuvent être transformées en indicateurs. Notons par exemple les trois indicateurs suivants : nombre de jours depuis le dernier achat, fréquence d'achat et panier moyen dépensé. Un exemple d'application associée à ces trois indicateurs est la création de groupes de consommateurs homogènes avec les méthodologies de segmentations.

À la fin du processus, la phase de **symbolisation** a pour objectif de représenter les données grâce à la visualisation de données et au *data storytelling*. Cette phase vise à rendre les données compréhensibles par tous. À cette occasion, une donnée numérique pourra être modélisée sous forme de longueurs (par exemple dans un histogramme) et une donnée nominale (comme le type de clientèle, féminine ou masculine) par une couleur.

2) Mise en pratique

A. *Smart data* et e-commerce

Une approche de type *smart data* a pour objectif l'extraction d'informations utiles directement exploitables pour une meilleure connaissance d'un processus complexe. Dans le cadre de l'analyse des ventes et du processus d'achat effectué sur un site de commerce électronique tel qu'Amazon ou Alibaba, l'efficacité de l'analyse permet de dégager des tendances utiles pour l'augmentation des performances. Il devient possible de vérifier statistiquement si certains types de clients sont plus enclins à acheter certains produits à des moments précis de la journée ou de la semaine.

Il est observé que, sur certaines plateformes, les prix des produits proposés sont plus élevés en week-end qu'en semaine. Ceci a été corroboré par des études montrant que les clients ont tendance à consulter les produits pendant la semaine pour finalement les acheter le week-end.

B. Le travail des attributs

Pour illustrer une approche *smart data*, prenons l'exemple de la manière dont une mesure du temps peut être gérée et travaillée. Un client achète un produit à un instant donné ; pour l'ordinateur cela s'exprime par la valeur suivante : 1 545 068 952, qui est mémorisée en tant que variable numérique. Analyser ce chiffre en l'état peut s'avérer infructueux, car aucun contexte ne permet d'en extraire une information utile. Pour faire face à ce challenge, cette donnée peut être convertie en d'autres variables à caractère stratégique. Par exemple : l'achat a-t-il eu lieu en semaine ou en week-end ? Celui-ci a-t-il été effectué en soirée ? En imaginant que ces ventes puissent être impactées par le climat, cet achat a-t-il été effectué un jour pluvieux ou ensoleillé ?

L'intégration de ce type de variable en lieu et place de la simple variable temps va permettre de contribuer à la validation d'hypothèses comportementales fines et orientées métier. On pourra alors confirmer que les achats effectués en semaine sont moins récurrents que les achats en week-end et ajuster une stratégie personnalisée.

Le *smart data* propose une approche d'analyse de la donnée pour répondre à un objectif précis. Il part du principe que certaines données en quantités limitées peuvent permettre de mieux saisir une situation. Orienté sur les objectifs métiers et avec une stratégie dédiée, il propose à moindre coût d'exploiter les petits gisements de données directement utiles à la création de valeur.

54 Collecte et intégration de données

Les nouvelles technologies de l'information et de la communication permettent de mieux capter la complexité du monde moderne en sondant notre environnement, mais aussi nos comportements et les activités de nos entreprises. La phase de collecte de données est essentielle, car d'elle dépend tout le reste du processus de valorisation et d'investigation. Les sources de données sont grandissantes, leurs larges volumes et leurs formats variés rendent l'exercice périlleux.

1) Capter la donnée

Avant l'émergence des TIC, la collecte de données se faisait manuellement par un opérateur qui se rendait directement sur le terrain d'observation. S'en suivait une phase de prise de note puis une transmission orale et écrite. Aujourd'hui, des capteurs de différentes natures permettent de sonder et de partager les données tout autour du Globe dans des laps de temps très réduits.

Nous pouvons identifier trois grandes familles de capteurs : les capteurs humains, les capteurs physiques et les capteurs digitaux.

Le terme **capteur humain** fait référence aux données récoltées et partagées par les internautes en temps réel depuis là où ils se trouvent et *via* les différents canaux digitaux. Des milliards d'utilisateurs sont aujourd'hui à chaque instant et tout autour du Globe en train de partager des données captées par leur téléphone *via* des photographies, mais aussi des messages textuels. Plus d'un événement d'actualité font maintenant référence à une photo ou à une vidéo amateur prise par des internautes à l'affût de la situation.

Les **capteurs physiques**, tels que les télescopes, microscopes, caméras, baromètres, thermomètres, permettent de sonder notre environnement de manière précise et continue. Ces capteurs émettent des signaux électriques qui sont convertis au format digital pour pouvoir être traités par les ordinateurs. De tels capteurs sont de plus en plus sophistiqués et précis. Récemment, un système de captation d'images satellitales s'appuyant sur l'étude du visible, le proche infrarouge, les rayonnements infrarouges et les micro-ondes, a permis la détection de nouveaux sites archéologiques sur le territoire égyptien.

Enfin, les **capteurs digitaux** font référence aux outils et technologies permettant de mémoriser les données relatives aux actions d'un individu sur le web. Les outils de *tracking* utilisateur font partie de cette famille. Ceux-ci s'appuient entre autres sur des *trackers* JavaScript qui sont embarqués dans les pages des sites web.

Il est important de préciser que si les trois catégories de capteurs ont une place importante et grandissante, les approches traditionnelles de collecte de données par questionnaire ou entretiens au format face à face restent toujours d'actualité. En effet, certaines données touchant à la psychologie et à la sociologie ne peuvent être traitées sur la base unique des comportements mesurés. C'est le cas des nombreuses études relatives à la perception humaine.

2) L'intégration de la donnée

Les données nécessaires à une étude peuvent être présentes à différents emplacements et sous différents formats. Afin de pouvoir les traiter efficacement, il convient de les intégrer en un lieu unique qui servira de terrain d'analyse. L'**intégration** de la donnée est la phase qui consiste à combiner les données issues des sources variées pour les déplacer en un emplacement unique, facilitant ainsi leur exploitation. Ce processus est caractérisé par trois étapes qui sont l'extraction, la transformation et le chargement (en anglais ETL pour *extract, transform and load*).

L'**extraction** (notée E pour *extract*) fait référence à la récupération de données issues des différents systèmes étudiés. À cause du format varié de ces données, les outils doivent être adaptés à chaque situation. Cela peut concerner un simple fichier Excel, mais aussi une base de données relationnelle, non relationnelle, un fichier JSON (Javascript Object Notation) obtenu par une interface de programmation, ou enfin les données résultant de la collecte de données sur le web. Pour faciliter la suite du processus, un format unique sera choisi pour représenter toutes ces données.

La phase de **transformation** (notée T pour *transform*) concerne toute manipulation effectuée sur les données et qui a vocation à faciliter leur chargement dans l'emplacement cible. Les enjeux de nettoyage sont essentiels afin de s'assurer que seules les données qualifiées sont transmises. C'est aussi lors de cette étape que des filtres et fonctions peuvent être appliqués afin de ne conserver que les données requises et dont le traitement sera simplifié. Parmi les opérations les plus souvent appliquées, on note les jointures, qui permettent de croiser les données pour les recouper. Il est aussi possible d'effectuer des calculs permettant la remontée de nouveaux indicateurs. Les agrégations pour le calcul de valeurs moyennes en sont un exemple. Certaines données pourront être découpées, voire encodées. L'encodage consistera alors à représenter une situation par un code. Par exemple, utiliser la valeur 1 pour les clients célibataires, 2 pour les clients en couple et 3 pour les clients en couple avec enfant(s).

La phase de **chargement** (notée L pour *load*) va permettre d'alimenter l'emplacement final avec les données extraites et transformées. Cet emplacement peut être de différents ordres : un fichier, une base de données relationnelle, un entrepôt de données, un lac de données, etc. Les technologies utilisées sont des choix essentiels, tout comme leur emplacement (dans le *cloud* ou non), la fréquence d'alimentation (temps réel, quotidien, hebdomadaire), mais aussi le mécanisme d'historisation utilisé.

Notons que les trois phases « extraction, transformation et chargement » présentées peuvent être exécutées dans un ordre varié. Si l'extraction reste toujours la première phase du processus, les étapes de transformation et de chargement sont quelques fois interverties. Cela donne lieu à la coexistence de solutions ETL, mais aussi des ELT. Dans ce dernier cas, le chargement aura lieu après la phase d'extraction et avant la phase de transformation.

Nous disposons d'outils capables de capter des phénomènes qui étaient jusque-là impossibles à monitorer. Les technologies ont rendu possible l'émergence de différents types de capteurs présents en très grand nombre et générant des volumes de données sans précédent. Pour tirer profit de celles-ci, les phases de collecte et d'intégration sont stratégiques. Les choix effectués à ce stade vont impacter le reste de la chaîne de valorisation. La tâche est rendue complexe par l'hétérogénéité des formats et des emplacements. Les techniques d'extraction, de transformation et de chargement de données ont pour objectif de faciliter la suite de l'étude en proposant un format unique pour lequel les données ont été préparées et nettoyées.

Stockage de données

55

En fond de toile de nos technologies et services numériques se trouvent les problématiques associées à la gestion des données. Avec la démocratisation des outils logiciels et informatiques et la connectivité grandissante des utilisateurs, le défi du stockage est devenu une priorité. On estime actuellement que le volume global de données double tous les trois ans. Face à ce besoin grandissant, des technologies et des infrastructures spécifiques se sont développées au fil des décennies. Il existe aujourd'hui deux principales tendances de modélisation de la donnée pour son stockage : les approches relationnelles et les approches de type NoSQL (pour *not only* SQL). Les données prennent aujourd'hui place dans des espaces dédiés : les entrepôts de données.

1) Les bases de données

A. Relationnel

Le terme **base de données** fait référence à l'emplacement où les données sont stockées et mémorisées. Ces systèmes de gestion de stockage permettent d'accéder à la donnée, mais aussi de la modifier ou de la supprimer à convenance. Ces opérations élémentaires sont dénommées transactions.

Un système de gestion relationnel de données suit un paradigme qui modélise l'ensemble des données sous forme de tableaux. Une **table** caractérise le format des données qu'elle mémorise. Par exemple, la liste des clients d'une entreprise pourra être caractérisée par les valeurs suivantes : identifiant, nom, prénom, adresse, courriel, etc. Ceux-ci sont appelés attributs et correspondent aux colonnes de la table client. La liste des clients correspond aux lignes de la table qui sont aussi dénommées tuples. Le catalogue de l'entreprise pourra être mémorisé par une table produit caractérisée par les colonnes : identifiant, nom, prix, marque, disponibilité, etc. Dans ce cadre, lors de l'achat d'un produit, l'information apparaîtra sous un format propre à chaque commande. La table des commandes mémorisera les identifiants du client et des produits concernés, le montant, la date, et elle assurera ainsi la liaison entre les deux tables « client » et « produit ». Dans le modèle relationnel, toutes les données sont contenues dans des tableaux à deux dimensions et les liaisons entre celles-ci sont assurées par les différents identifiants des entités associées que l'on appelle **clés**. Les bases de données relationnelles sont très largement utilisées et le langage SQL (*structured query language* pour langage de requête structurée) fait office de référence pour leur manipulation. Oracle et Microsoft sont deux géants du digital qui proposent des solutions de gestion de bases de données relationnelles.

B. NoSQL

Avec l'augmentation des volumes de données, les approches dites non relationnelles ont connu un intérêt grandissant ces dernières années. Celles-ci imposent moins de rigidité sur le format des données. Le **NoSQL**, pour *Not only SQL*, permet de stocker les données sous forme de documents dont la structure n'est pas figée ni même prédéfinie. Les données peuvent être ajoutées dans une collection sans nécessiter un effort de structuration de celle-ci, ni même l'identification de tables comme pour le format relationnel. Les bases de données de type NoSQL sont reconnues pour leur rapidité de traitement, notamment sur des volumes de données élevés. Les géants Amazon, Google, et Facebook, qui ont rapidement fait face à des problématiques de larges volumes de données (*big data*), font partie des précurseurs des technologies de ce type. Les solutions MongoDB, Cassandra, CouchDB Server sont des exemples de solutions de références dans le domaine.

Les deux catégories d'approches coexistent et des choix stratégiques doivent être réalisés par les entreprises en fonction de leurs besoins. L'approche SQL semble mieux adaptée quand la structure des données est figée et connue, quand une forte intégrité est nécessaire et quand les transactions ne peuvent laisser place à la moindre erreur. Les solutions de type NoSQL sont souvent exploitées pour des projets de type *big data* où les formats et la structure des données sont évolutifs. Les bases de données métiers s'appuient traditionnellement sur des formats relationnels qui sont gérés avec des outils spécifiques dans des systèmes distincts et qui peuvent mener à un stockage en silo des données entreprises (par exemple : marketing, ventes, produits). Dans le cadre d'un projet de recoupement à large échelle, rapatrier les données dans un espace unique de stockage pour effectuer des traitements croisés peut se faire par les technologies non relationnelles. Ces grands volumes de données, lorsque recoupés et croisés, sont des supports sur lesquels il est possible d'appliquer des algorithmes d'intelligence artificielle.

2) Les entrepôts de données

La problématique du stockage de données va au-delà de la manière dont celui-ci est modélisé. En effet, son support physique est aussi un challenge de taille. On a vu apparaître année après année des **entrepôts de données** de très grand volume dits *data centers* dont la vocation est uniquement dédiée au stockage et à la gestion des données. C'est ainsi qu'en France Equinix, le leader mondial, entrepose plus de 12 000 mètres carrés de machines sur un site localisé à Pantin. La question de la consommation électrique est cruciale, tout comme celle de la proximité avec les grandes villes où sont situés les utilisateurs. Face à la problématique de l'électricité consommée non seulement pour alimenter les machines, mais aussi pour le système de refroidissement, des tests étonnants ont été mis en œuvre. Microsoft a par exemple conçu un entrepôt de données expérimental sous forme de capsule de douze mètres de long. Le projet Natick est immergé à trois mètres sous la surface de l'océan. Des tests sont actuellement effectués pour identifier si le projet est viable à large échelle. À ce jour, le plus grand entrepôt au monde appartient au service de télécommunication chinois et occupe un espace total de plus de 600 000 mètres carrés.

Le coût du parc a été estimé à 3 milliards d'euros. Des projets de montage de *data centers* sont aussi prévus dans la zone arctique avec notamment l'ambition d'exploiter l'air extérieur pour les circuits de refroidissement, mais aussi l'énergie hydroélectrique pour l'alimentation des machines.

Le stockage de données est une problématique cruciale à l'ère digitale. Les solutions technologiques ont peu à peu répondu à ce besoin grandissant en ajustant leur offre et optimisant les ressources. Il existe aujourd'hui deux familles d'approches au paradigme distinct : le modèle relationnel et les modèles dits de type NoSQL. Les *data centers* sont aujourd'hui les garants de l'intégrité physique des données et se répartissent tout autour de la Planète. Les problématiques de consommation électrique liées à ces entrepôts amènent les industriels à concevoir de nouveaux entrepôts en intégrant de plus en plus les énergies vertes.

56 *Open data*

À une époque où la donnée se monétise tel un nouveau pétrole, une démarche de partage propose de la rendre gratuitement accessible et utilisable : l'***open data*** ou **données ouvertes**. Ce courant, porté par les services publics et les institutions, vise à échanger les données pouvant contribuer à l'utilité publique. Cette démarche, dont l'impact est grandissant, a permis la création de services et produits innovants utiles aux citoyens. Par exemple, certaines associations telles que Bénévole at home permettent désormais la mise en relation de citoyens solidaires avec les personnes les plus démunies grâce à un service de cartographie s'appuyant sur les données ouvertes.

1) Définition

Dans une politique de partage et de transparence, les services publics et les entreprises publient régulièrement des ensembles de données consultables, exploitables et réutilisables gratuitement. Les données de nature personnelle ne sont pas concernées, tout comme celles ayant un caractère juridique ou stratégique. En France, l'initiative portée *via* la plateforme www.data.gouv.fr regroupe des données pouvant impacter de nombreux domaines. On y trouve des échantillons sur des domaines relatifs à l'agriculture et l'alimentation, la culture, l'économie et l'emploi, l'éducation et la recherche, le développement durable et l'énergie, la santé, les transports et le tourisme.

Huit principes ont été proposés pour qualifier une démarche idéale d'*open data*. Le premier est le principe de **complétude** qui précise que, dans la mesure du possible, toutes les données publiques doivent être mises à disposition. Sont concernées uniquement les données qui ne sont pas soumises à des restrictions en matière de confidentialité, de sécurité ou de privilège. Les données doivent être **originales**, c'est-à-dire collectées à la source, avec le niveau de granularité le plus élevé possible, et non sous forme agrégée. La **rapidité** d'accès, elle, stipule que les données doivent être mises à disposition dans des délais réduits afin de préserver leur valeur et limiter leur obsolescence. L'**accessibilité** fait référence au fait que les données sont disponibles pour le plus grand nombre d'utilisateurs. Dans le cadre de l'*open data*, les données doivent aussi être **structurées** afin de permettre un traitement automatisé sans modifications ou prétraitements requis. Elles sont **non discriminatoires**, **non propriétaires** et sont accessibles à tous, sans obligation d'enregistrement et sans contrôle exclusif. Enfin, les données ne disposent d'aucune **licence**, elles ne sont soumises à aucune réglementation relative aux droits d'auteur, aux brevets et aux marques. Certaines restrictions en matière de confidentialité, de sécurité et de privilèges peuvent cependant être autorisées.

2) Exemple de données en sources ouvertes

Nous présentons dans le tableau ci-dessous quelques sources ouvertes et leur description.

Lien vers les données	Type de données
https://donnees.banquemondiale.org	La banque mondiale a lancé sa politique d'accès à l'information en 2010. Celle-ci met en libre accès des données sur le développement dans le monde.
https://toolbox.google.com/datasetsearch	Google Data Search est le moteur de recherche de la donnée en source ouverte lancé par Google en septembre 2018.
https://data.europa.eu/euodp/fr/data/	Le portail des données ouvertes de l'Union européenne. Elle comporte à ce jour plus de 10000 jeux de données.
http://datahub.io/	Une communauté et plateforme pour découvrir et partager des ensembles de données de haute qualité, pour se connecter avec d'autres internautes et pour partager des connaissances.
http://getthedata.org/	Un forum dédié à toutes les questions relatives aux données (outils, échantillons, nettoyage, analyse, visualisation).
https://data.ratp.fr	Les données partagées par la Régie autonome des transports parisiens. Elle s'inscrit dans la démarche *open data* (Etalab) lancée par l'État français.
http://dataportals.org/	Un annuaire des portails dédiés aux sources ouvertes. Il regroupe plus de 500 portails dédiés à l'*open data* à travers le monde.

3) *Success story* de l'*open data*

L'*open data* est souvent citée comme l'un des vecteurs d'innovation. Cet accès libre à la donnée, et par extension à une information de manière plus globale et généralisée, permet une meilleure connaissance de notre environnement. Cette phase de partage de la donnée est essentielle dans notre compréhension du monde. Elle contribue à la production de services innovants visant à répondre aux nouveaux défis de notre société.

À titre d'exemple, l'entreprise medicat.io s'appuie conjointement sur les données ouvertes issues de l'Agence nationale de sécurité du médicament et des produits de santé (ANSM), de la Haute Autorité de santé (HAS) et de l'Assurance maladie afin d'améliorer l'accessibilité des données liées aux médicaments disponibles à la vente. Elle contribue à l'accompagnement des citoyens pour les aider à mieux s'informer sur les médicaments afin d'en discuter plus efficacement avec leur pharmacien ou leur médecin.

L'*open data* est une démarche de partage de données facilitant leur exploitation et leur usage. Cette approche est soutenue par de nombreux pays dans un objectif de création de valeurs communes. Elle a permis l'émergence de services innovants dédiés aux citoyens. Grâce à l'usage de ces données en sources ouvertes et gratuites, les entreprises peuvent s'appuyer sur une meilleure connaissance de leur environnement.

57 Systèmes de recommandation

La société digitale a fait émerger de nombreux défis, l'un d'entre eux étant la surcharge informationnelle. Face à des volumes d'informations grandissants, il devient complexe pour un internaute d'appréhender et de construire ses choix sur le web. Ceux-ci peuvent concerner les contenus médias à consulter, les produits à acheter, les sites à visiter, les personnes avec qui entrer en relation, etc. Les systèmes de recommandation offrent une solution basée sur des algorithmes afin de faciliter cette tâche et de proposer des contenus appropriés pour les internautes. Cette approche est très développée par les acteurs du commerce électronique, car elle fait preuve d'une redoutable efficacité.

1) Définition

A. La démarche

Les **systèmes de recommandation** s'appuient sur les données utilisateurs afin de leur faciliter l'accès à des ressources pertinentes par rapport à leur profil. Lorsque les contenus sont sélectionnés de manière individuelle, on parle de **personnalisation**, qui peut s'appuyer sur des caractéristiques sociodémographiques, mais aussi sur des variables comportementales. Les recherches effectuées en ligne, les produits consultés, les produits achetés, les ouvertures de courriels peuvent être pris en compte comme variables comportementales. Sur cette base, et appliqué à large échelle, cela permet notamment à Google de proposer des résultats personnalisés en fonction des profils comportementaux construits pour chaque internaute.

La phase de collecte de données comportementales est essentielle afin de pouvoir mettre en place ce type de système. Une telle démarche s'appuie sur l'usage de traqueurs web, des cookies, mais aussi sur le stockage de données à large échelle. La volumétrie élevée due à la quantité de données par utilisateur et à la quantité d'utilisateurs analysés oblige les entreprises à aborder la problématique sous forme de projet *big data*.

B. Les différentes approches

On distingue trois grands types de systèmes de recommandation : les approches basées sur le contenu, les techniques collaboratives et les méthodologies hybrides.

Les **approches basées sur le contenu** s'appuient sur les préférences passées de l'utilisateur afin de lui proposer des items susceptibles de l'intéresser. Dans le cadre du commerce électronique, un internaute ayant déjà acheté à plusieurs reprises des vinyles se verra plus facilement suggérer des produits de la même catégorie ou de rayons associés.

Les **approches de type collaboratif** s'appuient sur l'identification de profils utilisateurs avec des intérêts similaires (à l'image de la segmentation). Dans ce cadre, un utilisateur appartenant à un groupe d'amateurs de lecture classique se verra plus facilement proposer des ouvrages appréciés par ce même groupe. Pour ce type d'approche, les utilisateurs doivent contribuer au système en évaluant la qualité des contenus, des produits et des services auxquels ils ont eu affaire. Le système de notation par étoile proposé par Uber et Amazon est un exemple d'évaluation collaborative. Notons que les sources d'information en ligne, même si elles ne disposent pas toutes de systèmes d'évaluation, utilisent le nombre de vues et le temps passé par chaque utilisateur sur chaque article comme critère de satisfaction. Certains médias se servent de cette approche pour ajuster dynamiquement l'organisation de leurs sites afin de proposer en première page les articles les plus appréciés par les lecteurs.

Notons que des **approches mixtes** s'appuient conjointement sur les techniques centrées sur le contenu et collaboratives pour optimiser la qualité des recommandations. Les deux méthodologies peuvent être imbriquées ou appliquées séparément afin de recommander des produits combinant les meilleures similarités d'intérêt avec les préférences des consommateurs.

2) Exemples de fonctionnement

A. La mesure de l'utilité

Un système de recommandations est souvent construit sur la base d'un score d'utilité *u (p, i)* calculé entre un profil utilisateur *p* et un produit ou service *i*. Cette fonction est évaluée sur la base des données connues sur l'utilisateur et sur les caractéristiques de l'item. Le score est élevé lorsqu'une correspondance forte est mesurée entre l'individu et le produit ; elle est faible, voire nulle, si le profil utilisateur ne correspond pas au produit.

Une approche possible pour calculer ce score consiste à représenter l'utilisateur et le produit sous forme de vecteurs indiquant, parmi une liste de mots clés, ceux caractérisant au mieux le profil et le produit. Pour le profil, cela peut être construit à l'aide de l'historique des achats et des recherches. Pour le produit, tel qu'un ouvrage, cela peut s'obtenir en sélectionnant les mots les plus récurrents dans l'œuvre. Avec l'application de techniques telles que la similarité cosinus qui mesure l'angle entre deux vecteurs, la correspondance de mêmes termes chez l'internaute et le produit augmentera le score d'utilité. Un livre de fitness aura ainsi une plus grande utilité pour un profil de sportif, car ils partageront de nombreux concepts communs.

B. Approche prédictive

Les algorithmes d'intelligence artificielle et les approches de prédiction peuvent être appliqués pour construire des systèmes de recommandation. Ceux-ci pourront prendre en compte une multitude d'indicateurs pour proposer une recommandation mixte et dynamique. Certains algorithmes permettent ainsi d'augmenter la probabilité d'achat d'un produit, en particulier pour un client spécifique à un moment dédié de la journée.

Ces algorithmes exploitent les *big data* et le large historique que peuvent avoir les plateformes de vente en ligne afin d'apprendre du comportement des clients et d'effectuer des prédictions et recommandations sur mesure. Pour ce type d'approche, la qualité du modèle dépend pour beaucoup de la qualité des données utilisées. En ce sens, certaines recommandations peuvent s'avérer quelquefois imprécises et non efficaces.

Face à la variété et à la quantité des produits, des sites web, des services et des individus, il est difficile d'effectuer des choix sur le digital. L'utilisateur se trouve dans l'impossibilité d'analyser la totalité des offres. Afin d'améliorer l'expérience de l'utilisateur et lui faciliter la tâche, les services digitaux intègrent désormais des algorithmes permettant d'assurer des recommandations sur mesure. Qu'elles soient basées sur les préférences de l'utilisateur ou sur les évaluations des autres internautes, ces approches sont désormais incontournables et au cœur de multiples services. Certains porte-paroles du web alertent sur les dangers d'une surpersonnalisation due à l'usage de ce type d'algorithme. L'enfermement des individus dans une bulle (voir fiche 65) est souvent mentionné comme une source d'isolement qui peut s'avérer nuisible.

Prédiction 58

Les études prédictives s'appuient sur de multiples domaines des mathématiques tels que les statistiques, les probabilités, la géométrie, et elles ont pour objectif de prédire des événements futurs sur la base d'éléments connus et mesurés dans le présent et le passé. Les professionnels s'appuient sur ce type d'analyse pour, par exemple, anticiper la perte d'un client, mais aussi pour la prévision des ventes. C'est une approche essentielle dans le cadre de la prise de décision.

1) Définition

De nombreuses **approches prédictives** s'appuient sur une stratégie en deux phases. Tout d'abord, un modèle mathématique est créé à partir de la donnée existante. Ensuite, ces modèles sont utilisés comme références pour la prédiction d'un événement futur. Parmi les méthodes communément employées, notons les régressions linéaires, les régressions logistiques, mais aussi les algorithmes de *machine learning* tels que les arbres de décision, les réseaux de neurones artificiels ou les machines à vecteurs de support.

Nombre d'outils logiciels peuvent être utilisés pour appliquer ce type d'approches sur les données. Il est ainsi possible d'utiliser les algorithmes de prédiction *via* un langage de programmation tel que Python et la bibliothèque Scikit-learn. D'autres outils tels que RapidMiner peuvent s'appréhender sans compétences techniques spécifiques. L'enjeu de la qualité de la prédiction reste crucial dans ce type d'approche, car certaines situations peuvent s'avérer imprévisibles. Le statisticien Nassim Nicholas Taleb fait référence à la **théorie du cygne noir** pour indiquer que certains événements avec une faible probabilité d'occurrence peuvent avoir des conséquences exceptionnelles.

2) Mise en pratique

A. Construire un modèle d'arbre de décision

Considérons les données simplifiées présentées dans le tableau ci-après. Les deux variables étudiées sont l'âge et le niveau d'achat mesuré sur l'année. La variable à prédire est la classe qui indique si le client a été **perdu** ou s'il est toujours **loyal** envers l'entreprise. L'objectif final est de construire un modèle capable de prédire la perte d'un client. Ce problème est important pour les entreprises, car le coût de rétention d'un client est souvent bien inférieur au coût d'acquisition d'un nouveau client.

Tableau 1 : Échantillon de données

Client	Âge	Achat	Classe
1	Faible	Faible	Perdu
2	Moyen	Faible	Perdu
3	Élevé	Faible	Loyal
4	Faible	Moyen	Perdu
5	Élevé	Élevé	Loyal
6	Faible	Élevé	Loyal
7	Moyen	Moyen	Loyal
8	Faible	Moyen	Perdu

La première phase a pour finalité la construction du modèle, en l'occurrence un arbre de décision. La seconde phase consistera à prédire, pour un client dont la classe est inconnue, sa probabilité d'être loyal on non.

Pour construire notre arbre, un premier critère va être identifié comme point de départ de l'arbre. Ici, et conformément à l'image de la figure 1, c'est la fréquence d'achat qui est exploitée en premier. Par l'observation des données, on note que l'ensemble des clients dont le montant d'achat est élevé est resté loyal. La décision pour ce type de client est donc sans ambiguïté. Pour le reste des clients, aucune décision ne peut être effectuée sans vérifier leur comportement par rapport au second attribut : l'âge. En analysant les clients dont la fréquence d'achat est faible, on observe que, mis à part ceux avec un âge élevé qui sont restés loyaux, les autres sont perdus. L'arbre est donc complété par une nouvelle branche. Enfin, pour les clients avec un montant d'achat moyen, il est observé que seuls ceux avec un âge faible sont perdus tandis que les autres sont loyaux.

Figure 1 : Arbre de décision construit à partir des données du tableau 1

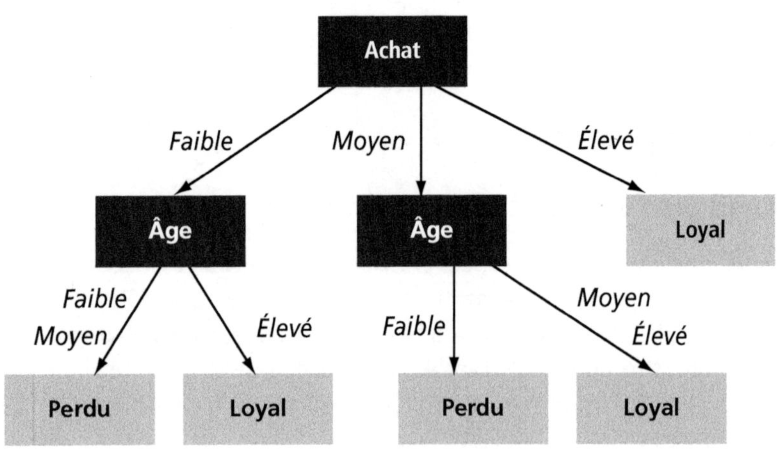

La création de ce type d'arbres est intuitive quand elle est effectuée sur un ensemble de données réduites en nombre et en dimensions. Afin d'exploiter cette même approche à large échelle, il convient de construire mathématiquement le procédé de création de l'arbre. Ensuite, celui-ci est informatisé dans un algorithme qui pourra être déployé. Le choix de l'ordre des critères mais aussi le niveau de profondeur de l'arbre sont définis par des critères et valeurs mathématiques, dont notamment la célèbre mesure d'entropie de Shannon, le père de la théorie de l'information.

Tableau 2 : Échantillon de données

Client	Âge	Achat	Classe
9	Faible	Élevé	?
10	Élevé	Moyen	?

L'arbre obtenu peut désormais servir de modèle pour la prédiction de clients dont les valeurs de la classe sont ignorées. En parcourant l'arbre, nous pouvons alors identifier que les clients 9 et 10 du tableau 2 seront prédits comme loyaux.

B. Évaluer la qualité d'une prédiction

Dans notre exemple, deux critères ont été suffisants pour trier sans aucune ambiguïté l'ensemble des clients. Dans la réalité, certains clients avec les mêmes valeurs peuvent avoir des classes différentes. Une classe devra être choisie malgré cette incertitude et la performance de l'algorithme pourra s'avérer réduite.

Pour identifier la qualité de la prédiction effectuée, la méthode de validation croisée est souvent appliquée. Celle-ci consiste à diviser l'ensemble des données (tableau 1) en deux sous-ensembles. Une partie est exploitée pour la création du modèle et l'autre est utilisée comme test. Les valeurs prédites par le modèle sur les données de test sont comparées avec les valeurs initiales pour évaluer la qualité de la prédiction. La précision qui mesure le pourcentage de clients classés dans la bonne catégorie est l'un des critères de performance pouvant être utilisé.

Les méthodes de prédiction sont parmi les plus avancées en analyse de données. Celles-ci s'appuient sur un historique de données qui est supposé contenir un pouvoir prédictif. Les arbres de décision font partie de cette famille de méthodes qui permet la construction de modèles de référence. Pour maintenir un niveau prédictif suffisant, il est essentiel de disposer de données de qualité et représentant au mieux l'ensemble des comportements possibles. Une remise en question régulière des modèles est nécessaire pour assurer un niveau fiable de performance tout en intégrant de nouvelles tendances jusqu'alors inconnues. La théorie du cygne noir nous rappelle que, malgré la puissance des approches de prédiction, certains événements restent imprévisibles et peuvent malgré tout avoir un fort impact.

59 Visualisation de données

La visualisation est une méthode de représentation graphique des données. Cette technique consiste à illustrer avec des éléments visuels (position, forme, texture, couleur) des attributs de natures différentes (numérique, ordinal, catégorique). La visualisation est une étape essentielle à l'extraction de valeurs à partir de la donnée. La représentation des indicateurs clés de performance est un exemple d'usage de cette technique qui est essentielle pour le pilotage d'une entreprise.

1) Définition

A. Préparer les données

Avant de procéder à une représentation visuelle des données avec des logiciels et outils dédiés, celles-ci doivent être préparées, nettoyées, analysées et formatées convenablement. Dans leur format idéal, les données à visualiser devront être présentées sous forme de matrice organisée en lignes et en colonnes séparées avec des délimiteurs spécifiques. Les lignes représentent alors les populations étudiées (clients, prospects, produits…) et les colonnes les variables ou attributs considérés (âge, sexe, panier moyen, prix, temps de visite…). Ce format structuré est un prérequis pour appréhender l'exercice de visualisation de données de manière optimale.

B. Les types de données

Les données structurées peuvent être catégorisées en trois grandes familles : numériques, ordinales et nominales. Ces types sont importants, car d'eux vont dépendre les attributs visuels qui pourront être utilisés pour les symboliser.

Les variables de type **numérique** prennent des valeurs qui se représentent par des chiffres et qui ont souvent une référence à zéro. C'est le cas des mesures et quantités telles que la température, la pression, le nombre de ventes, une audience, un prix, etc.

Les variables de type **nominal** peuvent uniquement prendre des valeurs qui appartiennent à un nombre fini de possibilités. Par exemple, le genre d'un client qui se caractérise par l'une des deux possibilités : homme ou femme. De même, un département qui se caractérise par son nom ou son code postal.

Les variables dites **ordinales** possèdent aussi un nombre limité de valeurs. Cependant, celles-ci sont comparables, dans le sens où elles peuvent être triées. Tandis qu'il n'y a pas de relation d'ordre entre deux numéros de téléphone, il en existe entre des tailles de T-shirt. Ainsi XXS, XS, S, M, L, XL, XXL représentent des tailles qui sont des variables ordinales. Il en est de même pour les notes ECTS ou pour la lettre présente sur l'étiquette-énergie des appareils électroniques : A, B, C, D, E, F, G.

2) Mise en pratique

A. Les contraintes et les choix à effectuer

La grande majorité des représentations visuelles sont restreintes par le support utilisé pour la communication, à savoir une feuille, un tableau, un écran d'ordinateur. Ainsi, nous disposons seulement de deux dimensions qui sont portées par l'axe horizontal et l'axe vertical. Ces deux dimensions peuvent être exploitées pour positionner un élément dans l'espace. Nous disposons en complément d'attributs visuels pour représenter la donnée : la couleur, la taille, la texture, l'orientation, la forme.

Se pose alors la question du choix du nombre de variables à représenter, de leur importance, et de l'attribut visuel avec lequel nous souhaitons les représenter. La précision des attributs visuels du plus au moins précis suit cet ordre : position, taille, angle, aire, volume, teinte de couleurs. À partir de ces constats, il est important de respecter certaines règles que nous présentons ci-dessous.

La première règle consiste à utiliser les **attributs les plus précis** pour les variables les **plus importantes.** Suivant cette consigne, il convient de limiter au maximum l'usage de formes tridimensionnelles et d'angles pour représenter les données. Les volumes et les aires ainsi que les angles sont mal perçus par l'œil.

La seconde règle nous recommande d'exploiter les attributs visuels les **moins précis** pour **les variables nominales et ordinales** dont le nombre de valeurs est limité (couleur, orientation, texture).

La troisième règle stipule qu'il est préférable de **limiter le nombre d'attributs** représentés afin garder le visuel clair. Dans ce contexte, il est préférable d'user de plusieurs représentations claires plutôt que d'une représentation complète, mais surchargée.

Sur la représentation de la figure 1, le segment A représente 36 % des parts tandis que le segment B représente seulement 32 %. L'usage conjoint de la forme 3D ainsi que des angles rend l'observation très ambiguë. Pour ces différentes raisons, l'usage d'un diagramme circulaire est contre-indiqué dans tout rapport professionnel.

Figure 1 : Représentation en profondeurs d'un diagramme circulaire

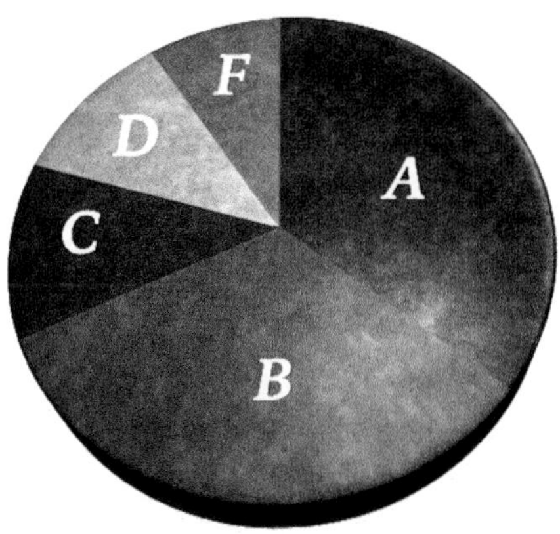

B. Simplifier une visualisation

Dans de nombreux cas, les représentations visuelles sont surchargées. Nous présentons ci-dessous un exemple de simplification d'une représentation graphique. Afin de simplifier une visualisation, il est important de procéder à la suppression de tout élément n'apportant pas d'information.

Le ratio ***ink data*** (encre/données) proposé par Edward Tufte fait référence à cela en mesurant l'encre utilisée pour représenter la donnée par rapport au total d'encre utilisée dans le visuel. Ainsi, les cadres, les grilles secondaires, sont souvent épurés pour laisser place aux valeurs.

Figure 2 : Représentation de données telle que proposée par défaut sur des logiciels de visualisation

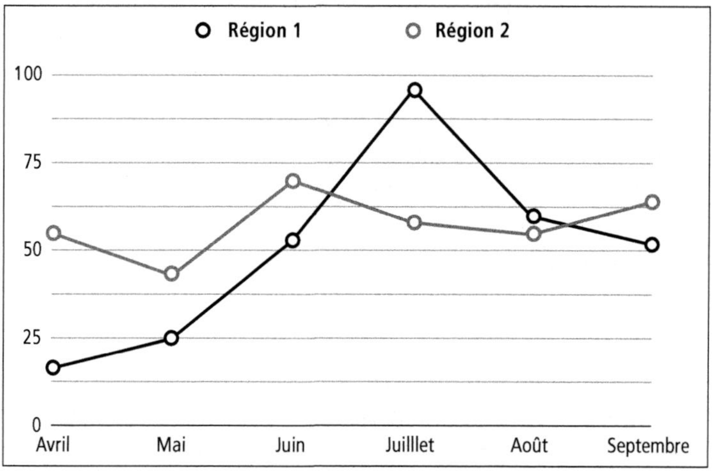

La figure 2 représente visuellement deux listes de valeurs obtenues sur six mois. Celle-ci peut être épurée en supprimant les éléments inutiles. Ainsi, le cadre est effacé puis la légende est déplacée directement à la suite des valeurs. Les axes sont simplifiés et la grille de fond est supprimée.

Figure 3 : Représentation des données après simplification

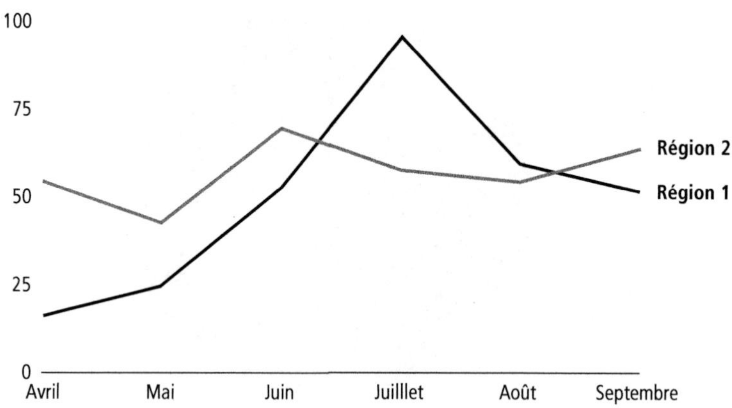

Le visuel de la figure 3 ainsi obtenu est épuré des éléments non nécessaires. En fonction de l'objectif de celui-ci, certains éléments de *data storytelling* peuvent être ajoutés pour préciser le message, le contexte et insister sur l'histoire que l'on souhaite transmettre.

> La visualisation de données est une phase essentielle de l'analyse de données. Nous disposons de nombreux attributs visuels pour représenter les données de manière complète. Ces attributs doivent être utilisés avec parcimonie en fonction de leur efficacité et de leur pertinence par rapport aux types de variables à représenter. Dans un souci d'efficacité, il est souvent important d'épurer au maximum la représentation. Celle-ci pourra alors servir de base pour intégrer des éléments de *data storytelling* qui focaliseront sur le message associé à la visualisation.

60 Data storytelling

Le *data storytelling* est une pratique récente de visualisation et de communication des données qui répond aux besoins de retranscrire les résultats d'une analyse de manière efficace et construite. Cette approche consiste à élaborer et à raconter une histoire à partir des données. Cet effort narratif permet de contextualiser les résultats en les engageant dans une réflexion stratégique. Le *data storytelling* intègre un caractère ludique qui renforce encore son efficacité.

1) Définition

A. Son importance stratégique

L'analyse des données est un enjeu majeur pour l'entreprise. Elle requiert des outils et des techniques spécifiques. Le *data storytelling* est souvent utilisé dans le cadre d'analyse des données de ventes ou du web analytique où les résultats peuvent nécessiter des décisions stratégiques difficiles à prendre. Pour faciliter la réflexion, le *data storytelling* propose de contextualiser le discours et les visuels en racontant une histoire à partir des données. Nous présentons dans la prochaine section un exemple concret issu de la mesure de satisfaction des clients d'une entreprise au regard de quatre produits lancés sur le marché.

B. Étapes clés

Partir d'une visualisation de données simple et efficace est un prérequis nécessaire à une bonne approche de *data storytelling*. Dans la grande majorité des cas, un visuel épuré au maximum est préférable.

L'intégration du **contexte** dans la visualisation est une pratique requise pour notre histoire. Les éléments de contexte doivent être réfléchis en fonction de l'audience, mais aussi des performances visées, des référentiels précédents, etc. Le visuel doit permettre de répondre à des questions simples : quels étaient les objectifs ? Où en sommes-nous ?

Il est aussi important d'attirer l'attention sur un emplacement précis de l'image qui constitue le point culminant de l'histoire : c'est le **point focal**. Pour remplir cet objectif, il est possible d'user de couleurs, d'une surbrillance, de l'ajout d'éléments visuels tels qu'une flèche ou un encadré par exemple. Il convient de conceptualiser et de présenter le visuel de manière à le rendre accrocheur et à transmettre un message engageant qui sera votre **histoire**.

Une illustration de *data storytelling* doit être **autosuffisante** dans le sens où l'histoire est inscrite dans celui-ci. Enfin, il est recommandé de transmettre un message unique pour chaque visualisation. Notons qu'une légende n'est pas toujours nécessaire si les axes sont nommés et si le message est présent dans le graphique à l'emplacement précis où la donnée le traduit.

2) Mise en pratique

A. Règles à suivre

Il est conseillé de faire relire le visuel par des personnes externes afin de s'assurer que celui-ci respecte les éléments clés. Quelle interprétation est faite par l'individu qui le consulte ? Le message est-il clair et efficace ? Le point focal est-il le bon ? Peut-on en extraire des informations utiles pour une prise de décision ? Si ces questions ne reçoivent pas de réponses, votre effort de *data storytelling* n'est pas suffisant et il conviendra d'ajuster à nouveau la présentation pour la clarifier. Notons que les outils de visualisation de données proposent par défaut des graphes qui n'intègrent pas toujours les éléments du *storytelling* que vous seul pouvez ajouter. Cet exercice demande du temps et peut être effectué de manière itérative jusqu'à obtention d'une qualité suffisante.

Pour obtenir une bonne qualité de *storytelling*, il est recommandé d'avoir un usage modéré et juste des couleurs, mais aussi un nombre de données représentées raisonnable. L'usage d'un point focal est essentiel. Le visuel proposé doit contenir un message explicite et visible. Enfin, il doit être porteur d'informations pour la prise de décision.

B. Exemple de *storytelling*

Figure 1 : Visualisation de données

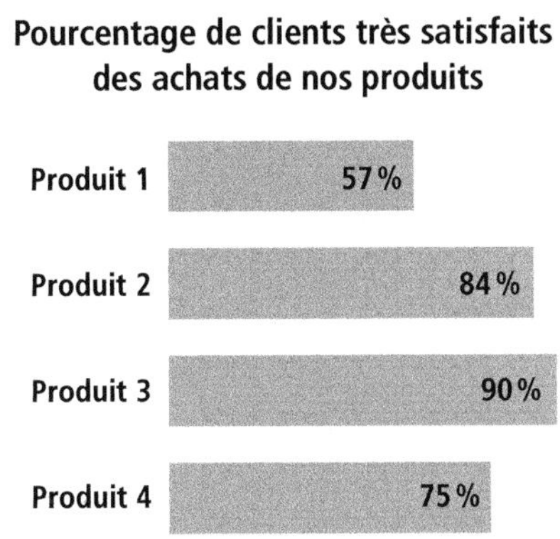

Les figures 1 et 2 reflètent les mêmes données, à savoir les taux de satisfaction de 4 produits phares suite à un sondage réalisé en 2018 sur une marque. La première (figure 1) est un exemple de visualisation efficace et épuré, mais sans effort de storytelling. La seconde (figure 2) intègre des éléments de contexte tels que l'objectif souhaité par l'entreprise et permet de souligner avec force un message afin de raconter une histoire. Un exemple d'histoire est proposé pour accompagner le visuel.

Figure 2 : *Storytelling* avec les données

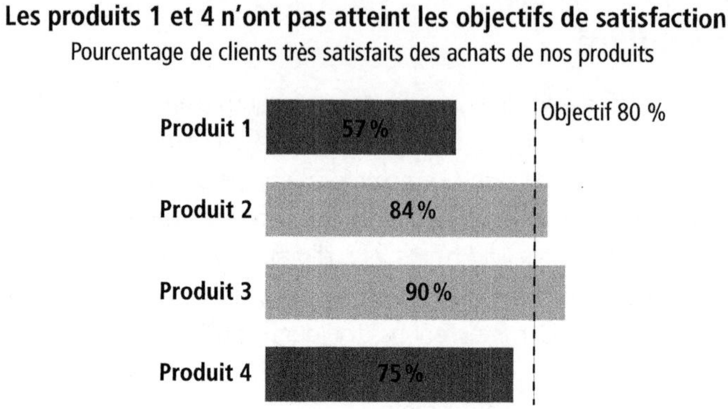

Voici un exemple d'histoire pour accompagner la figure 2. Nous y retrouvons l'ensemble des phases du *storytelling*.

Situation initiale

Pour rappel, nous avions pour objectif d'atteindre les 80 % de satisfaction pour nos quatre produits phares en 2018. Après une étude quantitative, nous avons enfin les chiffres que je vous communique aujourd'hui.

Déroulement

Comme vous pouvez le constater, deux de nos produits n'atteignent toujours pas la qualité escomptée, c'est décevant ! Pour les deux autres, nous sommes parvenus à nos objectifs.

Intrigue

Si nous analysons en profondeur la satisfaction des deux produits en noir, nous sommes totalement passés à côté de l'objectif pour notre offre 1.

Rebondissement

Nos équipes doivent dès à présent relancer un audit de qualité. En règle générale, nous devons retravailler en profondeur les produits concernés (1 et 4) afin de comprendre et améliorer les performances dès l'an prochain.

Dénouement

Je compte sur vous, je sais que nous pouvons améliorer nos produits. Nous allons vous aider et mettre en œuvre plus de moyens pour atteindre les objectifs.

Le *data storytelling* est un outil très efficace pour rendre directement exploitables les résultats des traitements issus de l'analyse de données. Son usage est stratégique en entreprise, car c'est un instrument fort pour la communication et la prise de décision. Afin de réussir un tel exercice, il est fondamental de contextualiser, d'identifier un point focal, d'épurer le visuel et de raconter une histoire avec un message précis.

PARTIE VII

Cybersécurité

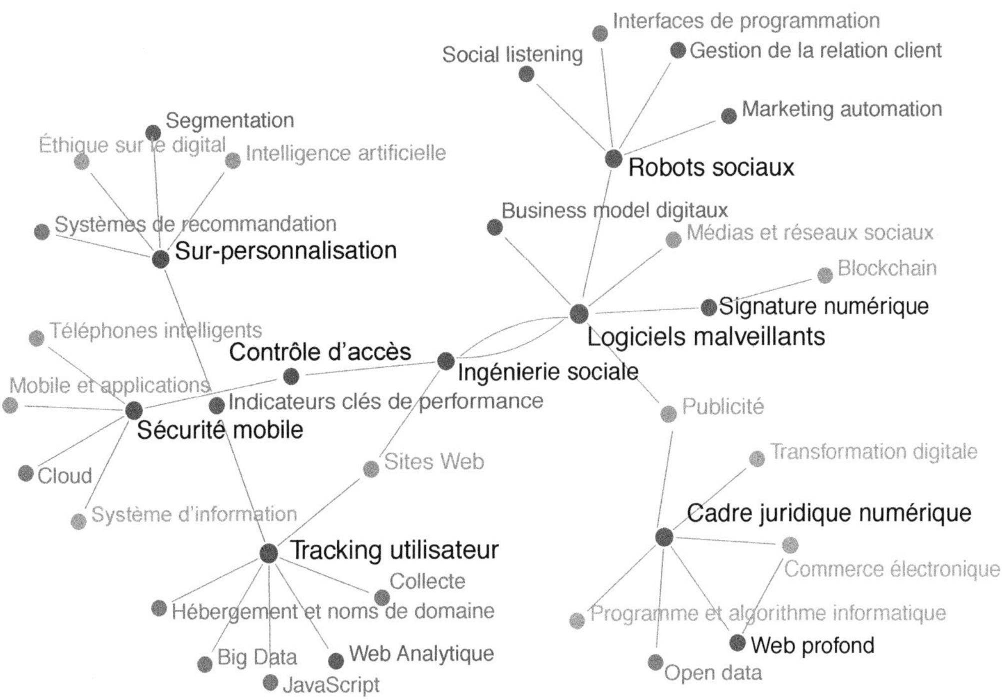

61 Contrôle d'accès

Le contrôle d'accès est un maillon essentiel de notre sécurité digitale. Ce processus vise à garantir votre identité en ligne afin de vous permettre l'accès à vos données et à vos espaces personnels. La mise en défaut du processus de contrôle d'accès par des individus malveillants peut avoir de graves conséquences, car ceux-ci peuvent alors agir et jouir de vos droits à votre place. Pour se prémunir contre ce type de menaces, des bonnes pratiques et des règles simples peuvent être appliquées.

1) Définition

A. Le contrôle d'accès

Le contrôle d'accès s'effectue en trois phases qui sont : 1) l'identification, 2) l'authentification et 3) l'habilitation.

Lors de l'**identification**, un individu proclame son identité. Une fois cette identité affirmée, le système a besoin de la vérifier. Pour cela, l'**authentification** va requérir des preuves concrètes telles qu'un mot de passe ou une empreinte digitale afin de s'assurer qu'il n'y a pas d'usurpation possible. Quand cette phase est terminée, l'**habilitation** permet d'accorder les accès aux services et aux données auxquels l'individu a droit.

Sur internet, l'identification se fait habituellement à l'aide d'un courriel ou d'un pseudonyme. L'authentification s'effectue par l'usage d'un mot de passe et l'habilitation est vérifiée par le système.

B. Les types d'authentification

La phase d'authentification est critique, car elle permet à un individu de prouver son identité. Il existe trois facteurs permettant une identification en ligne : 1) une information privée ; 2) un objet en votre possession et 3) un élément qui vous caractérise. Le mot de passe et le code secret sont des informations privées que vous connaissez. Le smartphone, une clé USB sécurisée ou un badge sont des objets que vous possédez. Enfin, une empreinte digitale, la rétine, l'ADN sont des éléments qui vous caractérisent. Ces trois facteurs d'authentification s'illustrent par la formule : « ce que nous savons, ce que nous avons et ce que nous sommes ».

Une bonne pratique de sécurité consiste à vérifier de plusieurs manières l'identité d'un individu. On parle alors d'une **authentification multifacteurs**. La personne devra prouver au moins de deux manières différentes son identité. Pour effectuer un paiement en ligne, par exemple, l'individu devra renseigner son mot de passe (information privée), mais aussi un code unique reçu sur son téléphone (objet en sa possession).

2) Vulnérabilité des mots de passe

A. Les attaques

Des individus malveillants peuvent tenter d'accéder à votre place à vos comptes en ligne. L'attaque par **force brute** est une pratique de ce type qui consiste à tester toutes les combinaisons possibles de symboles afin de retrouver votre mot de passe. Ces symboles sont à la fois des lettres, des chiffres et des caractères spéciaux. On parle d'alphabet pour dénommer l'ensemble des symboles utilisés par un assaillant. Une attaque de ce type peut nécessiter de nombreuses tentatives. Pour un mot de passe de longueur L et pour un alphabet de taille N, il faudra N^L tentatives afin d'essayer toutes les combinaisons. Cette dernière observation nous indique qu'un mot de passe long est naturellement plus robuste contre ce type d'attaque.

Afin de réduire le nombre de tentatives et maximiser leurs chances, les attaquants peuvent s'appuyer sur un dictionnaire. L'attaque par **dictionnaire** réduit les essais à certains mots de passe spécifiques. Le dictionnaire ainsi constitué peut être alimenté par des bases de mots de passe qui ont été corrompus, mais aussi par les mots de passe le plus souvent utilisés par les constructeurs et souvent non modifiés par les utilisateurs (par exemple : *root*, *password*, 1234).

B. Les recommandations

Il est recommandé d'utiliser un mot de passe de 8 caractères minimum, comportant au moins une majuscule, un chiffre et un caractère spécial. Ceci a pour but de le rendre plus robuste vis-à-vis des attaques par force brute et par dictionnaire. Il est aussi essentiel de ne pas réutiliser les mots de passe d'un service à un autre. Il suffirait qu'un seul service soit malveillant ou corrompu pour qu'il obtienne de fait vos accès sur tous les autres : les réseaux sociaux, vos mails, etc. Afin de minimiser les risques, il est recommandé d'utiliser l'authentification multifacteurs. Il convient de constituer un mot de passe qui ne s'appuie pas sur vos préférences, votre âge, votre famille. Un mot de passe long et complexe sans logique spécifique est à privilégier.

Il est possible d'utiliser un **gestionnaire de mots de passe**, ceux-ci sont des coffres forts qui gèrent les accès à tous vos mots de passe et évitent de les renseigner à chaque fois. Ils requièrent un mot de passe maître qui protège la totalité du contenu du coffre-fort. Il est important de vérifier la qualité de l'éditeur de ce type de solution et d'utiliser un mot de passe maître très fort, car tous vos accès en dépendent.

Enfin, pour les accès critiques et sensibles, des solutions telles que la clé token ou la reconnaissance rétinienne sont envisageables.

Il convient de préciser que votre mot de passe ne doit être ni partagé ni écrit sur un support et qu'il doit être modifié à fréquences régulières.

Le contrôle d'accès est un élément essentiel de la sécurité sur internet. Ce mécanisme en trois phases permet de s'assurer de votre identité sur le digital. Il peut être mis en défaut par des cyberattaquants, d'autant plus si certaines bonnes pratiques ne sont pas respectées. Il est par exemple recommandé d'utiliser une authentification multifacteurs, des mots de passe de taille suffisante, des caractères spéciaux et une combinaison de minuscules et majuscules. Enfin, il est nécessaire d'éviter les mots du dictionnaire et de ne pas réutiliser le même mot de passe pour différents services.

Logiciels malveillants

62

Les technologies que nous utilisons au quotidien ne sont pas infaillibles et comportent des vulnérabilités qui peuvent être exploitées par des logiciels malveillants. En 2018, près de trois personnes sur cinq avaient été victimes d'une attaque informatique. D'importantes conséquences financières sont à déplorer, mais aussi le vol de données, la dégradation d'image et la baisse de confiance des utilisateurs. Ainsi, au même titre que nous avons besoin de sécurité dans le monde réel, il est essentiel de mettre en place des mesures de cybersécurité sur le digital.

1) Les logiciels malveillants

Il existe une grande variété de logiciels malveillants qui se distinguent principalement par leur mode de fonctionnement. Nous présentons ci-dessous quelques familles les plus souvent rencontrées.

A. Les virus, vers et chevaux de Troie

Le terme **virus** par analogie à la biologie fait référence à des logiciels capables d'infecter les fichiers des ordinateurs. Ils accomplissent des actions malveillantes à l'aide d'un programme hôte. Le virus a habituellement pour unique but de nuire au bon fonctionnement de la machine. Il peut être téléchargé à l'insu de l'utilisateur *via* un simple courriel, une navigation sur un site web, *via* une clé USB ou *via* le téléchargement d'un fichier infecté (Word, PDF). Le virus macro DRIDEX caché dans les fichiers Microsoft Word est capable de contribuer au vol de données personnelles et bancaires d'un individu en téléchargeant, à l'insu de l'utilisateur, un virus qu'il peut lui-même exécuter. Le virus a sévi dans plus de 20 pays et aurait causé la perte de 20 millions de livres en Grande-Bretagne et 10 millions de dollars aux États-Unis.

Les **vers**, à la différence des virus, n'ont pas besoin de programme hôte pour se propager. Ils peuvent s'autorépliquer et se propager au travers d'un réseau d'ordinateurs. Ils sont complexes à déceler et à arrêter, car ils se propagent rapidement de machine en machine. Stuxnet est un exemple de ver informatique qui s'est attaqué aux centrifugeuses des centrales nucléaires iraniennes. C'est le premier exemple de ver visant un système industriel. Il aurait touché plus de 40 000 systèmes, dont la majorité en Iran. Microsoft a estimé à plus de 10 000 jours-homme le temps requis pour développer un tel logiciel.

L'expression **cheval de Troie**, en référence à la guerre de Troie, désigne un logiciel installé par l'utilisateur à son insu et qui permet aux cyberattaquants de prendre le contrôle de son ordinateur. Il peut espionner à distance ou bien nuire au fonctionnement du système.

B. Enregistreurs de frappes, publiciels

Les **enregistreurs de frappes** sont des outils qui permettent de capter les frappes effectuées sur le clavier de la victime. Ils peuvent mémoriser ces frappes pendant des jours, des semaines ou des mois et sauvegarder les données dans des fichiers spécifiques. Il existe deux types d'enregistreurs : logiciel et matériel. Un enregistreur logiciel est installé sur un ordinateur et mémorise le comportement du clavier. Les enregistreurs physiques prennent la forme de boîtiers de quelques centimètres qui peuvent se connecter entre le clavier et l'unité centrale de l'ordinateur. À la différence de la version logicielle, celui-ci est quasiment indétectable par les antivirus car ils sauvegardent les données sur leur propre mémoire. Il est important de noter que toute machine laissée à disposition du public (cybercafé, université, lieux publics) peut contenir un enregistreur. Il est essentiel de ne jamais vous connecter à vos comptes personnels sur ce type de machine.

Le **publiciel** est un logiciel qui affiche de manière intempestive des publicités sur l'écran de l'appareil sur lequel il est présent. Celui-ci peut tout à fait proposer un service fonctionnel tout en ayant une activité de publiciel. Notons que certains *business models* des applications mobiles s'appuient sur la publicité, il est dans ce cas assumé et accepté par l'utilisateur. Cependant, les publiciels vont au-delà de ce comportement en exploitant des failles de sécurité pour afficher des publicités même quand l'application n'est pas utilisée. L'affichage intempestif nuit alors aux performances de l'appareil et peut contenir des agents malveillants ou afficher des pages au contenu malveillant.

C. Rançongiciels, *botnets*

Le **rançongiciel** est une forme de logiciel malveillant qui chiffre les données de votre machine pour les rendre inaccessibles. Le logiciel qui a le contrôle sur vos données demande alors une rançon afin de laisser à nouveau le contrôle de celles-ci. La rançon est souvent demandée en cryptomonnaie pour éviter la traçabilité de la transaction. Wannacry est un représentant de cette catégorie qui aurait fait plus de 200 000 victimes à travers le monde. La rançon était de 300 dollars payables en Bitcoin. De nombreuses entreprises et institutions ont souffert du rançongiciel, dont le service public britannique (NHS), la banque centrale russe et de grandes entreprises françaises. Notons que Wannacry s'appuyait sur une faille du système Windows XP qui n'était plus maintenu, car jugé obsolète par Microsoft.

Le ***botnet*** est la contraction de bot et de network et signifie réseau d'ordinateurs robotisé. Un attaquant qui a mis en place un botnet possède une réelle armée d'ordinateurs infectés qui est connectée et peut être contrôlée à distance pour effectuer des attaques de grande envergure. Les étapes de création d'un botnet sont les suivantes : 1) infection d'une machine d'un utilisateur ; 2) connexion de ces machines au réseau ; 3) contrôle du réseau par l'acteur malveillant. Les machines connectées au réseau sont appelées machines zombies. La mise en commun des ressources (ordinateur) et du réseau ainsi créé permet à l'attaquant d'accomplir des actions malveillantes de grande ampleur. Par exemple, les attaques par déni de service visent à rendre indisponible un service en surchargeant les connexions à celui-ci avec le botnet. Notons qu'un botnet peut s'élargir et se propager *via* différents canaux tels que des courriels ou même les réseaux sociaux. Le botnet Srizbi, composé d'environ 450 000 machines, a sévi en 2007 et était capable d'envoyer plus de 60 milliards de courriels indésirables chaque jour. Il a été estimé que, suite à sa mise à l'arrêt, le volume mondial de courriels indésirables a baissé de plus de 75 %.

2. Les bonnes pratiques

A. Suis-je touché ?

Même si certains logiciels malveillants se rendent imperceptibles par l'utilisateur, des symptômes peuvent toutefois vous alerter : si vous observez des problèmes de performance de vos machines, une consommation excessive de la batterie, un matériel qui chauffe plus rapidement et sans raison apparente ; de même si vous notez des actions anormales, des courriels suspects, des actions sur vos comptes en ligne (achats, tentatives d'achat, transactions), des messages envoyés à votre insu par courriel ou sur les réseaux sociaux ; si vous observez des problèmes par rapport aux interfaces des applications tels que l'apparition de publicités intempestives ; enfin, si vous remarquez la perte, la modification ou la création de nouveaux fichiers ou dossiers sur votre machine, tout cela peut être lié à la présence d'un logiciel malveillant.

B. Comment réagir ?

Il est essentiel de disposer d'un **antivirus** sur vos machines et téléphones intelligents. Ceux-ci peuvent vous prémunir contre les actions des logiciels malveillants. Ils ont la capacité de déceler des virus déjà connus et caractérisés, mais peuvent aussi en détecter de nouveaux en analysant les comportements anormaux de votre machine. En complément d'un antivirus, la **mise à jour** régulière des applications, mais aussi de votre système d'exploitation est nécessaire. Dans le cas où des vulnérabilités sont identifiées sur les logiciels que vous utilisez, celles-ci seront corrigées dans les mises à jour. Ne pas effectuer de mise à jour devient problématique, car certaines vulnérabilités connues des cyberattaquants peuvent être exploitées des jours, des mois ou des années plus tard. Enfin, l'usage d'un **pare-feu** personnel est recommandé à tous les utilisateurs. Celui-ci va permettre de filtrer et de réguler les communications entrantes ou sortantes de votre machine. Les pare-feux intelligents permettent désormais, grâce à des sondes d'intrusion mais aussi à une analyse du trafic avec des algorithmes d'intelligence artificielle, de bloquer certaines attaques et de rendre invisibles certains accès à votre machine.

> Au-delà de toutes les opportunités offertes par la digitalisation, celle-ci comporte des risques non négligeables. Les technologies comportent des failles de sécurité qui peuvent être exploitées par des acteurs malveillants. Des logiciels malveillants de différentes natures prennent place sur le digital et peuvent avoir des conséquences dramatiques. Pour limiter le risque et se prémunir, une protection par un antivirus, des mises à jour régulières et un pare-feu personnel sont à prévoir. Notons enfin que de nombreuses attaques s'appuient aujourd'hui non seulement sur des failles technologiques, mais aussi sur les failles humaines : c'est ce que l'on appelle l'ingénierie sociale.

63 Ingénierie sociale

Les attaques informatiques effectuées de front sur les systèmes peuvent s'avérer complexes et coûteuses. Afin de mettre en œuvre plus facilement et à plus large échelle une attaque, les cyberattaquants s'appuient souvent sur des techniques dites d'ingénierie sociale. Celles-ci se basent sur la faille humaine pour faciliter le déploiement de logiciels malveillants. D'un clic sur un courriel frauduleux à de mauvaises pratiques, ou des fautes d'inadvertance, par manque de formation, l'humain peut involontairement mettre à mal le système de sécurité de son ordinateur et du système d'information de l'entreprise.

1) L'hameçonnage

A. Le principe

L'**hameçonnage** ou *phishing* en anglais est une approche malveillante ayant pour objectif d'user de la crédulité de l'utilisateur en usurpant l'identité d'une institution ou d'une entreprise digne de confiance. Le vecteur utilisé est souvent un courriel contenant un hyperlien vers un site web. Le courriel sera clairement identifié comme provenant d'une banque, d'une institution, et il est souvent difficile de déceler son caractère malveillant pour quelqu'un de non averti. Le site sur lequel est redirigé l'utilisateur lui demandera alors de se connecter ou de fournir des informations nécessaires au contrôle d'accès, par exemple identifiant et mot de passe. Dans certains cas, une pièce jointe comportant un logiciel malveillant est transmise dans le courriel. À l'ouverture de celle-ci, le logiciel malveillant pourra se déployer sur l'ordinateur de la cible.

Les attaques par hameçonnage s'effectuent à large échelle, et le logiciel malveillant peut être programmé pour qu'un individu infecté transmette automatiquement le même message à l'ensemble de ses contacts. Ces cyberattaques peuvent avoir de graves conséquences.

B. La détection

Votre gestionnaire de courriels dispose d'un filtre antihameçonnage. Il peut donc lever une alerte sur le niveau de confiance porté au courriel et vous alerter sur la situation. Cependant, celui-ci ne peut détecter l'ensemble des approches de *phishing*. Pour limiter au maximum le risque, il est conseillé de prendre contact direct avec les supposés émetteurs pour vérifier la validité de la requête, en particulier pour tout courriel demandant l'accès à des informations sensibles. À ce titre, vous pouvez utiliser un autre canal de confirmation tel que le téléphone, le SMS ou une messagerie instantanée. Vous pouvez aussi copier-coller le contenu du courriel sur un moteur de recherche pour identifier si d'autres personnes ont déjà levé un doute sur la validité de celui-ci. Notons qu'une variante téléphonique de l'hameçonnage existe où cette fois-ci des informations sensibles sont directement demandées par téléphone.

2) Autres failles humaines

A. Les mots de passe

La gestion des mots de passe est un problème critique sur le digital. Le contrôle d'accès s'appuie sur le couple identifiant et mot de passe et la compromission d'un code secret est possible. Il est recommandé d'utiliser des mots de passe longs et complexes composés à la fois de majuscules, de minuscules, mais aussi de chiffres et de caractères spéciaux. Cette pratique n'est pas toujours appliquée par les utilisateurs et engendre des vulnérabilités face à certaines attaques. En particulier, un problème critique observé est la réutilisation du même mot de passe d'un service à un autre ; cette pratique, simplifiant la vie de l'utilisateur car il n'a plus qu'à se souvenir d'un seul mot de passe, met sa sécurité en danger. Elle est équivalente à celle de créer des copies de clés de maison ou d'appartement et à les distribuer à des inconnus.

L'**empoisonnement des moteurs de recherche** est une technique qui vise, pour des acteurs malveillants, à développer un site web attractif pour les utilisateurs et visible sur les moteurs de recherche. Les accès à des banques d'images gratuites et de téléchargement de films sont des exemples de sites de ce type. L'utilisateur pourra consulter le contenu, à condition de créer un compte. De cette manière, les acteurs malveillants récupèrent une base de données d'identifiants et de mots de passe. L'individu quittera le site sans soupçons, car le service aura bel et bien été rendu. La base de données constituée sera exploitée pour tenter d'accéder à des services de messagerie et à des comptes en ligne.

B. Les bonnes pratiques

Il est essentiel de ne pas stocker les mots de passe dans un fichier de votre ordinateur et de ne pas les écrire sur un support papier. Ceux-ci doivent être tenus secret, à l'image du code de carte bancaire.

Le verrouillage de votre session est à effectuer chaque fois que vous quittez votre machine. Un ordinateur laissé accessible sans être verrouillé est totalement vulnérable. Un film de protection de l'écran peut être utilisé pour éviter la lecture d'informations sensibles et confidentielles par des tiers. Certains téléphones se verrouillent avec un schéma. Il est important de ne pas utiliser de schémas trop simples pour le verrouillage de votre smartphone. Les formes en U, C, Z, S, M, W sont certes faciles à mémoriser, mais sont trop simples pour assurer votre sécurité.

Il est aussi essentiel de ne pas faire confiance aux réseaux wifi publics qui peuvent vous exposer à de nombreuses vulnérabilités.

Les utilisateurs de technologies numériques sont vulnérables, car exposés à de nombreux types de menaces. Ces menaces ne sont pas uniquement dues à des failles technologiques, mais aussi à des failles humaines. Les acteurs malveillants s'appuient sur la crédulité des utilisateurs ou sur les mauvaises pratiques de sécurité pour atteindre leur objectif. Une vigilance est requise, en particulier sur les courriels suspects, les accès wifi publics et la navigation sur le web. Les mots de passe sont par définition secrets et ne doivent pas être réutilisés ni partagés ou même inscrits sur papier.

Robots sociaux 64

Dans une société où les réseaux sociaux sont de plus en plus prédominants, les utilisateurs mais aussi les marques se sont forgés une présence numérique et une réputation digitale. Avec le succès grandissant et l'impact que peuvent avoir l'information mais aussi la désinformation sur le web, des robots sociaux ont peu à peu fait leur apparition sur ces plateformes. Ces comptes automatisés agissent à la volonté de leurs concepteurs fidèlement à leur programme. Quels sont leurs objectifs ? Comment fonctionnent-ils ? Comment s'organisent-ils ? Nous décryptons cette pratique dans cette fiche.

1) Définition

Un **robot social** ou *social bot* est un compte de réseau social dont les actions sont au moins partiellement automatisées (par exemple : publication de messages, relais d'un contenu, « j'aime » d'un message). Ceci est rendu possible sur certaines plateformes par l'usage des interfaces de programmation (API, voir fiche 74). Un concepteur peut alors émettre du contenu, mais aussi récolter automatiquement des données *via* l'usage de ces API. Notons que, sans même l'usage des API, il est possible de programmer le comportement d'un compte de réseau social avec des scripts en Python par exemple. Cette approche peut être explicitement interdite par les réseaux sociaux qui le mentionnent dans leurs conditions d'utilisation.

On observe deux catégories de robots : les passifs et les actifs. Les robots **passifs** font uniquement de l'écoute de ce qui se passe sur le réseau (*social listening*) ; les robots **actifs** tentent de produire du contenu à but commercial, d'influence, de diffamation (*fake news*) ou même de propagation de logiciels malveillants.

2) Mise en pratique

A. Lutte contre les robots

L'automatisation de comptes est une pratique qui n'est pas interdite sur tous les réseaux sociaux mais qui peut nuire à la qualité de l'expérience utilisateur. Ainsi, les réseaux sociaux doivent faire face à un challenge de taille pour gérer efficacement ces comptes atypiques. En effet, certains *bots* sont influents et, au nom de leur nombre de liens et de leur audience, ils contribuent à la propagation efficace des informations. Cependant, d'autres vont diffuser des contenus malveillants ou diffamatoires et nuire à la bienséance de la plateforme. La présence de robots sociaux avec des intentions de manipulation de l'opinion publique a créé de nombreuses polémiques. Plusieurs centaines de milliers de robots sociaux ont ainsi été mis en évidence dans le cadre des élections présidentielles américaines de 2016. Dans un autre registre, certains messages sur les réseaux sociaux sont aujourd'hui responsables de la chute ou de l'augmentation des cours de la Bourse. Des robots utilisés pour le *trading* à haute fréquence s'appuient sur l'analyse des communications sur les réseaux sociaux et peuvent donc se retrouver impactés par des robots sociaux. En 2014, une campagne de communication organisée par des robots sociaux a fait émerger une multitude de conversations artificielles, mais réalistes, autour de l'entreprise Cynk Technology. Celle-ci ne générait aucun chiffre d'affaires et était composée à l'époque d'un seul employé. Sous l'effet de l'influence générée, sa valeur boursière est passée en quelques semaines de moins de 20 millions à plus de 6 milliards de dollars. Sa cotation a été suspendue en raison de soupçons de manipulation.

Les réseaux sociaux ont proposé des réponses pour lutter contre cette pratique. Une première mesure est la limitation et le contrôle de l'usage des API. Il devient alors interdit de publier plusieurs fois le même contenu ou simplement de publier trop de messages par heure ou par jour. Cependant, sans même dépasser ces limites, certains comptes automatisés sont capables d'imiter le comportement humain, de répondre aux questions qui leur sont posées, mais aussi de participer à des conversations.

Une solution complémentaire est la simple éradication de profils trop actifs ou dits anormaux. Le niveau de normalité d'un compte peut par exemple être évalué par la mesure d'entropie (désordre) du comportement. En effet, même si les robots peuvent imiter un comportement humain, ceux-ci ont naturellement une entropie plus faible : leur comportement piloté par logiciel est plus ordonné et moins imprévisible. Si les algorithmes d'intelligence artificielle peuvent être utilisés pour piloter les robots sociaux, ceux-ci peuvent aussi être utilisés pour leur détection.

Figure 1 : Comparaison des tolérances abonnements, abonnés sur Twitter entre 2017 et 2018
Un cercle représente un compte du réseau social

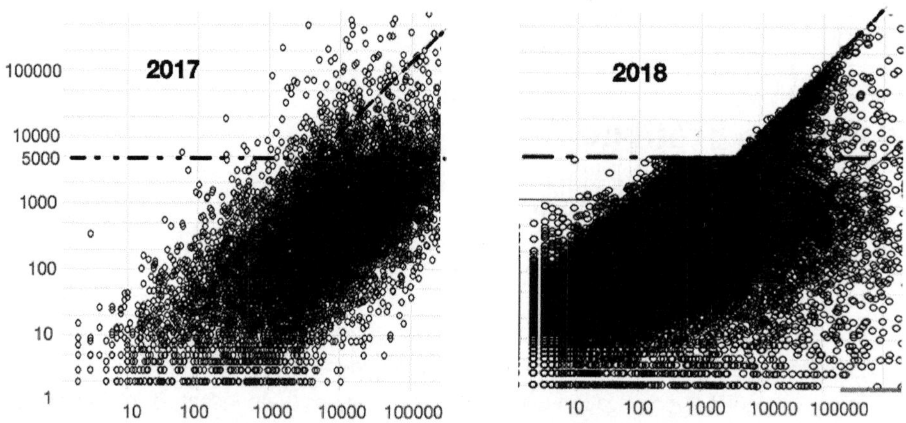

La figure 1 illustre la volonté du réseau social Twitter de limiter certains comportements de comptes jugés trop actifs. En 2018, une double restriction a été mise en place : 1) ne pas autoriser les profils à s'abonner à plus de 5 000 profils s'ils n'ont pas au minimum une audience de cette même taille ; 2) à partir d'une audience de 5 000 et plus, ne pas autoriser les comptes à s'abonner à plus de personnes que la dimension de leur propre audience. Il est désormais impossible pour un robot de suivre 10 000 comptes si son audience est inférieure à ce chiffre. Étant donnée la clarté de la découpe, tout comportement ne respectant pas ces deux règles est exclu définitivement de la plateforme.

B. Les outils et exemples de *bots*

Certains outils de gestion de la relation client sur les réseaux sociaux permettent d'automatiser l'envoi de messages. C'est le cas de Buffer, qui exploite les API pour vous donner la possibilité de programmer vos actions et ainsi de publier des contenus à votre place au jour et à l'heure de votre choix. Ce type de comportement peut s'apparenter à des *bots* s'il est surutilisé. Le *marketing automation* à large échelle et sur les réseaux sociaux semble donc limité, sauf en passant par les modes de financement proposés par ces plateformes.

Notons que certains comptes de personnalité gérés par des équipes de communication peuvent être détectés comme des robots. En effet, ceux-ci sont beaucoup plus actifs que n'importe quel usager de la plateforme. Cependant, ces comptes étant validés et les identités vérifiées, les tolérances ne sont pas les mêmes. Par ailleurs, des outils tels que Botometer permettent de connaître la probabilité qu'un compte de réseau social soit ou non un robot.

> Le terme robot social fait référence à un type de profils dont le comportement est automatisé sur les réseaux sociaux. Avec les enjeux d'influence, notamment vis-à-vis de la désinformation et de la publicité en ligne, les plateformes contrôlent de plus en plus ce type de pratique. Si des tolérances existent pour permettre l'usage des outils de gestion de communautés, des règles strictes s'appliquent. Les plateformes défendent l'expérience utilisateur, mais aussi leur modèle de revenu et encouragent les professionnels à exploiter leur offre pour obtenir le niveau de visibilité souhaité.

65 Surpersonnalisation

Les algorithmes d'intelligence artificielle permettent de dresser des profils comportementaux très fins des individus à partir de données collectées sur le digital. Sur cette base, les entreprises ajustent leur service afin d'augmenter certains indicateurs clés de performance tels que la satisfaction client, le nombre de ventes ou l'engagement avec la marque. Le concept de bulle de filtre (*filter bubble*) fait référence aux effets néfastes et aux problèmes éthiques posés par une surpersonnalisation des services sur le digital.

1) Définition

A. La personnalisation

De nombreuses entreprises, dont les célèbres GAFAM, utilisent les algorithmes d'intelligence artificielle associés aux grands volumes de données utilisateurs pour ajuster dynamiquement leurs services. Les sites de vente en ligne tels qu'Amazon ou Alibaba s'appuient sur les recherches effectuées, les précédents achats et de nombreuses autres variables pour proposer des produits adaptés à un profil type. Cette démarche qui s'appuie sur les systèmes de recommandation permet de réduire le temps de recherche et contribue grandement à la satisfaction client. La personnalisation est utilisée dans de multiples situations, les courriels transmis par les marques, les promotions appliquées sur les produits, les articles visibles sur les pages web, les informations accessibles sur les flux Facebook, les résultats d'une recherche Google ou encore les films recommandés par Netflix.

Tandis qu'historiquement des approches de segmentation proposaient des stratégies adaptées en fonction de groupes de comportements clients, il est aujourd'hui possible de personnaliser un service à chaque individu. Il se retrouve au centre de sa propre bulle où il accède aux contenus conçus et personnalisés pour lui. Cette personnalisation optimisée à outrance est documentée sous le terme de **surpersonnalisation**.

B. Accès à l'information et surpersonnalisation

Le web est initialement un espace d'échange et de partage ; l'accès à l'information de manière neutre et égale fait donc naturellement partie de ses principaux enjeux et objectifs. Pendant des années, les moteurs de recherche étaient conçus pour trier les sites web sur la base unique de leur pertinence/qualité, et ce avec un comportement identique pour tous. Aujourd'hui, plusieurs dizaines de variables sont utilisées pour proposer des contenus pensés et ajustés à chacun. Face à une même recherche, deux utilisateurs aboutiront à une vision différente de l'information. Cette démarche s'appuie sur l'étude des différentes valeurs de leurs variables comportementales. Sur les réseaux sociaux, les messages s'affichant dans les flux d'information sont eux aussi filtrés par un algorithme dédié. Ainsi, en fonction de vos comportements, certains messages postés par vos contacts peuvent avoir été rendus invisibles par les algorithmes.

Ces derniers posent des problèmes d'éthique, car ils rendent les internautes potentiellement inégaux face à l'information, souvent sans leur laisser réellement la possibilité de connaître les raisons qui ont mené aux choix effectués par l'algorithme.

2) Atteindre un équilibre

A. Reprendre le contrôle

S'il est assez logique de réagir aux éléments que nous voyons, il est complexe d'appréhender ce que nous ne voyons pas. Le phénomène *filter bubble* est créé par des algorithmes qui font les choix sur ce à quoi nous avons accès, mais qui taisent ce qui a pu être filtré et rendu invisible. Ce mécanisme silencieux et quasiment imperceptible nous confronte à nos préférences, nos volontés. Le manque de contrôle des paramètres de ces algorithmes est souvent critiqué, tout comme leur automatisation, qui n'intègre pas nécessairement de considération éthique, mais uniquement un objectif de performance.

Il devient essentiel et urgent pour les internautes de pouvoir reprendre le contrôle en décidant ou non d'activer l'usage de la personnalisation.

B. Quels indicateurs optimiser ?

Les algorithmes de recommandation et de filtrage d'informations ou de produits sont majoritairement effectués avec une ambition spécifique qui vise à optimiser certaines valeurs. Ces dernières peuvent être la probabilité d'achat, le temps passé à lire un article, le taux de partage et de commentaires. Si les algorithmes sont très efficaces pour ce type de tâche, la question essentielle est celle des indicateurs qu'ils doivent optimiser. Dans une course au partage, à la consommation, enrichir encore cette tendance est-il nécessairement bon pour l'homme ? Ce que nous souhaitons est-il réellement ce qui est bon pour nous ? Les contenus que nous consommons le plus sont-ils ceux qui améliorent notre expérience client ? Discuter ces questions, c'est replacer les considérations éthiques autour d'un sujet fondamental.

L'intelligence artificielle est un outil exceptionnel qui contribue au développement d'avancées incontestablement bénéfiques. Celles-ci sont exploitées pour personnaliser les services, produits et informations auxquels nous avons accès. Si cette personnalisation a des intentions louables (notamment le gain de temps), elle comporte des effets potentiellement néfastes. Quelle légitimité devons-nous alors donner à un algorithme qui décide pour l'utilisateur et qui détermine les informations, les produits auxquels nous devons avoir accès ? Quelle est la logique employée par ces algorithmes et pour quelle tâche ont-ils été réellement conçus ?

66 *Tracking* utilisateur

Pour être efficaces, les entreprises ont besoin d'obtenir une information de qualité sur leurs prospects et leurs utilisateurs. Pour atteindre ce but, la captation de données comportementales, tant sur les magasins physiques que sur les sites internet, est requise. L'usage de ce type de technique peut permettre de mieux connaître les visiteurs d'un site, d'ajuster les stratégies marketing, d'optimiser les chances d'achat ou de souscription à un service. Cette démarche est une phase essentielle pour la construction des systèmes de recommandation et la mise en œuvre d'un tableau de bord pour la *business intelligence*.

1) Le *tracking* en ligne

La procédure de ***tracking* utilisateurs** s'appuie principalement sur la captation de comportements d'un visiteur sur un site web. Ce tracking a plusieurs objectifs : 1) connaître les pages que l'internaute consulte ; 2) le reconnaître lors de ses multiples passages sur le site ; 3) mémoriser les informations qui lui sont propres ; 4) personnaliser les offres en fonction de son comportement. Le tracking peut s'effectuer en exploitant les cookies ou bien les traqueurs web.

A. Le fonctionnement des cookies

Le **cookie** est un fichier stocké par le navigateur web (par exemple Safari, Microsoft Edge, Chrome et Firefox) et qui permet à un site de sauvegarder certaines données. Ce fichier peut par exemple servir à reconnaître le visiteur lors d'une seconde visite sur un site sur lequel il n'a pas encore de compte. Il peut aussi mémoriser les produits que l'internaute a placé dans un panier puis abandonné. Au retour du visiteur sur la plateforme, le panier sera de nouveau disponible. Par définition, un cookie peut uniquement mémoriser les données relatives à des actions effectuées sur un site précis. Le cookie appartient au site et c'est le nom de domaine associé qui définit sa propriété. Facebook n'est donc pas supposé savoir que vous avez recherché un vinyle sur le site de commerce électronique Amazon. En effet, les deux cookies appartiennent à deux sites différents. Cependant, l'intégration de widgets dans les pages web peut permettre de contourner cette limitation par l'usage de **cookies tiers**. Le widget « j'aime » présent sur nombre de pages web autorise Facebook, dès l'ouverture de la page, à savoir qu'elle a été consultée. L'information peut être mémorisée par Facebook qui est détenteur du cookie, car c'est son propre widget qui en est à l'origine. Un clic sur un bouton « j'aime »/« partager » n'est pas requis pour récolter la donnée, sa seule présence dans la page est suffisante. On comprend l'importance des cookies/widgets et leur relation avec le respect de la vie privée.

B. Les *trackers*

Le ***tracking*** s'appuie sur l'intégration de codes spécifiquement conçus pour capter certaines actions utilisateurs sur les pages d'un site. Pour capter le comportement du visiteur, le webmaster devra intégrer un script développé par lui-même ou par un tiers. Google Analytics est un exemple de traqueur web très répandu. Ce type de traqueurs fournit des informations sur le visiteur du site, par exemple l'adresse IP (*internet protocol*), qui permet de connaître la localisation du visiteur, ainsi que d'autres indicateurs tels que le temps passé, les pages consultées, le taux de rebond, etc.

L'ajout de *trackers* plus sophistiqués peut permettre un regard fin sur le comportement utilisateur. L'utilisation du langage JavaScript permet d'identifier le clic, la sélection ou le passage de la souris au-dessus d'un élément spécifique de chaque page. L'analyse de ce type de données pour chaque visiteur et à chaque instant peut très vite nécessiter une approche de *big data*. Pour faciliter l'exploitation de cette donnée dite de web analytique, des services se chargent de les étudier et proposent directement des tableaux de bord interactifs présentant les chiffres clés obtenus pour les différents indicateurs de performance.

Notons que si un individu est connecté à son compte sur un service digital, l'entreprise peut mémoriser ses actions et les associer à son profil. Pour cela, elle pourra s'appuyer sur l'analyse des pages consultées et sur les *trackers* s'activant en fonction de son usage.

2) Usage des traqueurs et s'en prémunir

Le *retargeting* dynamique est un exemple de pratique qui peut être mis en œuvre grâce au *tracking* utilisateur. Celui-ci consiste à proposer, à la suite d'une visite effectuée sur un site, une campagne personnalisée s'appuyant sur les produits consultés dans l'objectif de conclure la vente. Le principe de l'approche est de faire revenir le client potentiel sur le site de la marque. Notons que l'utilisateur pourra retrouver des publicités contextuelles intégrées dans les prochaines pages visitées.

Pour identifier l'usage des traqueurs sur un site web, il est possible d'utiliser des extensions de navigateur permettant de détecter cette pratique. Celles-ci analysent le fonctionnement de la page et détectent les portions de codes pouvant correspondre à des traqueurs connus. Comme exemples d'outils de ce type, peuvent être cités uBlock Origin, Ghostery, Privacy Badger, AdBlock, AdGuard. Il est intéressant de noter que, du côté des marketeurs, le terme *tag* est préféré au terme *tracker*.

> Le *tracking* est une pratique de collecte des données comportementales des utilisateurs sur le digital et en particulier sur le site web d'une entreprise. Cette approche permet d'obtenir des données en temps réel sur le trafic généré, mais aussi sur le comportement des visiteurs. L'usage combiné des cookies et du *tracking* rend possible la pratique du *retargeting* de manière dynamique. Cette technique est redoutable pour accroître la probabilité d'achat dans le cas où une première visite n'a pas été concluante.

67 Sécurité mobile

Les activités en ligne ont peu à peu progressé jusqu'à devenir aujourd'hui plus importantes sur les mobiles que sur les ordinateurs traditionnels. Les téléphones intelligents sont devenus l'emblème de nos changements de comportements et l'un des exemples phares de notre ultra-connectivité. Ceux-ci permettent de mettre à la disposition des individus, en temps réel, depuis n'importe quel endroit du Globe, l'ensemble des services digitaux. Le smartphone étant le nouveau point central de nos cyberactivités, la question de la sécurité mobile est essentielle. La menace est forte : en 2017, Google a indiqué avoir neutralisé plus de 700 000 applications malveillantes sur son magasin officiel d'applications mobiles.

1) Risques liés au smartphone

Nos téléphones intelligents sont vulnérables, au même titre que l'ensemble des technologies digitales. Ils le sont d'autant plus qu'étant donné la capacité limitée des téléphones, il est difficile d'y appliquer des mécanismes de sécurité avancés. Les cybermenaces provenant des sites web, mais aussi des courriels, des logiciels malveillants, se transposent sur le mobile. Cependant, des spécificités existent sur ces terminaux. Notons tout d'abord que le téléphone intelligent vous accompagne en permanence et que celui-ci est accompagné d'une multitude de capteurs. Les données mémorisées et accessibles sur les smartphones s'étendent aux agendas, aux courriels, aux appels et SMS, à la position géographique, à la voix et à la caméra.

Les terminaux mobiles proposent une personnalisation des services par le biais des applications mobiles. Ces applications téléchargeables sur les kiosques mobiles peuvent obtenir des accès à des données sensibles. Dans certains cas, elles peuvent traquer vos paroles, filmer à votre insu, obtenir vos positions géographiques, accéder à votre agenda, voler vos photos, etc. Le contrôle des applications est donc essentiel, d'autant plus que le smartphone peut être utilisé dans un but professionnel et personnel. Les problématiques sur le niveau de sécurité des données manipulées et le cadre juridique illustrent la complexité de la situation. Les téléphones mobiles se connectent aussi à des réseaux wifi ouverts notamment dans les lieux publics. Ces réseaux ne sont pas toujours fiables et peuvent intercepter l'ensemble de vos communications. Un téléphone vulnérable connecté au système d'information d'une entreprise peut mettre en péril la cybersécurité de l'établissement tout entier. Enfin, les terminaux mobiles sont des appareils de petite taille qui peuvent être volés ou perdus. Le contrôle d'accès sur ces terminaux est donc essentiel et la gestion des données en cas de perte doit être prévue. L'ensemble de ces enjeux font de la cybersécurité sur les terminaux mobiles un défi crucial.

2) Mesures de sécurité

A. Contrôle des applications mobiles

Les applications téléchargeables sur les kiosques de téléchargement (Google Play pour les terminaux Android et App Store pour Apple) sont analysées par les professionnels. Une vérification de la qualité et du niveau de sécurité est effectuée à la fois par des outils automatiques et par des humains. Aujourd'hui, malgré ces vérifications, nombreuses sont les applications passant au travers des mailles du filet.

Une application mobile dispose par défaut des droits réduits au strict minimum qui lui interdisent les accès à des données sensibles : c'est le principe du **bac à sable**. Les droits s'obtiennent au cas par cas et uniquement après le consentement de l'utilisateur. Les applications doivent donc demander les accès aux données ou aux services et aux capteurs. L'utilisateur a le choix de les accepter ou de les refuser. Il est observé que la liste des permissions demandées par les applications est souvent acceptée par défaut et le mécanisme de sécurité n'est donc pas efficace. Il est essentiel de bien vérifier les droits accordés à ces applications, car elles peuvent permettre l'accès à des données et capteurs sensibles. À titre d'exemple, il est aujourd'hui techniquement possible d'activer le microphone et d'effectuer une écoute même si l'application n'est pas en cours d'usage. Les accès peuvent en règle générale se vérifier *via* les paramètres système de votre appareil.

B. Bonnes pratiques

Afin de minimiser les risques, un ensemble de bonnes pratiques peuvent être mises en place. Tout d'abord, il est recommandé de ne pas télécharger d'applications en dehors des kiosques officiels. Il est important de vérifier les **permissions** accordées aux applications lors du téléchargement, mais aussi de celles déjà installées. Il convient de s'assurer que les accès aux données à caractère sensible ou personnel sont restreints au maximum. Il est recommandé d'installer un **antivirus mobile** provenant d'un éditeur officiel. Les antivirus permettent de détecter la présence de logiciels malveillants, mais aussi d'analyser le comportement du téléphone pour identifier des anomalies. Certains antivirus analysent aussi le niveau de sécurité des réseaux wifi auxquels vous vous connectez.

La mise en place d'un **code d'accès** à votre téléphone permet d'assurer un contrôle d'accès efficace. La possibilité de bloquer à distance le téléphone en cas de perte ou de vol est aussi une fonction à activer. Enfin, notons que des failles de sécurité sont décelées régulièrement et les corrections sont apportées par les mises à jour. Il convient donc de **mettre à jour** son appareil de manière régulière, si ce n'est de manière automatique. Pour éviter la perte définitive de données en cas de vol ou de logiciel malveillant, il est recommandé de **sauvegarder** les données de votre appareil sur votre ordinateur personnel ou dans le *cloud*.

Les téléphones intelligents ont pris une place prépondérante dans notre société. Celui-ci étant au cœur de nos actions sur l'espace digital, des données sensibles, personnelles et professionnelles y sont stockées ou y transitent. Face aux menaces issues des logiciels malveillants, les utilisateurs doivent acquérir les bonnes pratiques. Une grande vigilance est nécessaire sur les applications téléchargées et en particulier sur les permissions accordées à celles-ci. L'usage d'un antivirus, d'un code d'accès, des mises à jour et de sauvegardes régulières est requis.

Signature électronique

68

La signature électronique, aussi dénommée **signature cryptographique**, est le procédé technologique permettant de reproduire l'acte de signature manuscrite sur le digital. Il est souvent à tort interprété comme l'apposition d'une signature scannée sur un document. En réalité, la signature électronique a le double objectif de pouvoir garantir l'émission d'un document, mais aussi la non-modification de ce dernier entre le moment de la transmission et sa réception. Ce processus cryptographique dématérialisé a une valeur juridique attestée par la réglementation eIDAS (Electronic IDentification and Trust Services) et permet ainsi de réduire les délais et les coûts liés à la production de documents et à leur transmission postale.

1) Hachage et chiffrement

Pour comprendre le mécanisme de signature numérique, il convient de présenter deux concepts clés de la **cryptographie**, qui est la science des secrets. Ces deux composantes sur lesquelles repose le procédé de signature numérique sont les fonctions de hachage et le chiffrement.

A. Les fonctions de hachage

Une fonction de hachage est une fonction capable de générer une empreinte d'un message digital aussi dénommé **condensat**. Ce condensat possède une taille réduite et a les caractéristiques suivantes : il ne permet pas de retrouver le document initial (la fonction est à sens unique), deux documents distincts ne peuvent générer la même empreinte, la moindre modification du document initial modifie complètement la valeur du condensat.

Les fonctions de hachage utilisées aujourd'hui appartiennent à la famille SHA-2 (SHA-256 et SHA-512). Une fonction de hachage permet d'assurer l'**intégrité** d'un document électronique, c'est-à-dire le fait qu'il n'ait pas été modifié. Pour garantir l'intégrité des données, avant toute transmission de document, le condensat est calculé puis ajouté au fichier : c'est ce que l'on appelle une **somme de contrôle**. À réception du fichier, l'empreinte du document reçu est calculée puis comparée avec la valeur de référence. Si les deux sont identiques, aucune modification n'a eu lieu et l'intégrité du document est respectée.

Ce type de fonction est particulièrement utile lorsque vous souhaitez transmettre un document à un tiers de confiance tout en garantissant qu'aucune manipulation du fichier n'aura lieu en cours d'acheminement.

Il est courant d'observer des condensats de fichiers sur les sites de téléchargements en ligne. Ceux-ci ont pour objectif de s'assurer qu'aucune manipulation de fichier (par exemple infection par un logiciel malveillant) ne s'est produite.

B. Le chiffrement

Le chiffrement fait référence à l'action de rendre inintelligible un message afin de garantir son caractère secret. Ainsi, un message chiffré peut être transmis entre deux acteurs souhaitant communiquer à distance de manière sécurisée *via* un réseau non sécurisé (p. ex. internet) sans qu'un individu tiers puisse y accéder. Il existe deux types de chiffrement : symétrique et asymétrique.

À l'image d'un manuscrit que l'on enferme à clé dans une boîte avec un cadenas, le **chiffrement symétrique** repose sur l'usage d'une clé secrète. Cette clé est utilisée pour chiffrer le message et le rendre inintelligible. Cette même clé devra être employée pour déchiffrer le message, c'est le seul moyen d'accéder au contenu du document. Deux acteurs souhaitant échanger des messages secrets devront en amont partager la clé secrète qui sera utilisée. Pour qu'un individu garde secret l'ensemble de ces interactions avec des interlocuteurs différents, il devra partager des clés différentes et uniques avec chacun d'entre eux.

Le **chiffrement asymétrique**, ou chiffrement à clé publique, a un mode de fonctionnement qui repose sur une biclé. Cette biclé est un couple de clés interdépendantes, reliées mathématiquement, mais dont il est impossible de retrouver l'une à partir de l'autre. Avec le chiffrement asymétrique, la clé publique est utilisée pour chiffrer le message et la clé privée est utilisée pour le déchiffrer. Tandis que la clé publique peut être partagée et n'a pas de caractère confidentiel, la clé privée doit être gardée secrète. Notons qu'un tiers de confiance est requis pour permettre de garantir que la clé publique utilisée par une des parties est bien celle de l'émetteur.

Le chiffrement asymétrique est par exemple employé pour signer les transactions qui ont lieu sur la *blockchain* Bitcoin. L'algorithme RSA (pour Ron Rivest, Adi Shamir et Len Adleman) est un algorithme de chiffrement asymétrique très utilisé en informatique. Celui-ci s'appuie entre autres sur les mathématiques relatives à la factorisation des nombres premiers et à la fonction exposant. Pour mettre en défaut la sécurité d'un tel algorithme, il serait nécessaire de pouvoir factoriser un très grand nombre en produits de deux nombres premiers. Avec les algorithmes et les ordinateurs traditionnels, le temps requis pour une telle opération augmente de manière exponentielle avec la longueur de la clé. Étant donné la taille des clés utilisées et les performances des ordinateurs actuels, un tel algorithme est supposé impossible à contrecarrer.

2) Mise en œuvre de la signature

Pour décrire le mécanisme de **signature numérique**, prenons le cas de deux individus, Alice et Bob, souhaitant échanger un document signé numériquement. Avant de procéder à l'émission et à la réception du message, certains prérequis sont nécessaires entre les deux protagonistes. Tout d'abord, ceux-ci auront convenu de l'algorithme de chiffrement asymétrique utilisé, mais aussi de la fonction de hachage. Préalablement à toute communication, Alice aura généré une clé privée et une clé publique, conformément aux règles du chiffrement asymétrique. La clé publique sera transmise à Bob en amont de toute transaction, la clé privée est gardée secrète par Alice.

A. Préparation et transmission du message

Avant de transmettre un message, Alice va accomplir certaines opérations. Tout d'abord, elle va appliquer la fonction de hachage au document en question, ce qui va produire le condensat du message. Ce condensat obtenu est ensuite chiffré à l'aide de sa clé privée : elle obtient ainsi la **signature du message**. Cette signature est ajoutée au document pour former le message signé qui sera transmis à Bob *via* un canal de communication.

B. Réception du message

Lors de la réception du message, Bob va procéder à un ensemble d'opérations permettant de s'assurer de l'identité du signataire, mais aussi de l'intégrité du message en question. Tout d'abord, Bob va générer le condensat du document reçu à l'aide de la fonction de hachage. Il va ensuite déchiffrer la signature du document en utilisant sa clé publique. Il pourra alors comparer la signature déchiffrée avec le condensat qu'il a lui-même calculé. Si les deux sont égaux, il obtient alors la garantie de l'émetteur du message et de sa non-modification.

La signature électronique est un processus qui permet de garantir l'intégrité et l'émetteur d'un document. Ce processus similaire à la signature traditionnelle sur document papier s'appuie sur les fonctions de hachage et sur les algorithmes de chiffrements asymétriques. Il a en Europe une valeur juridique identique aux signatures manuscrites traditionnelles. La signature numérique est aujourd'hui utilisée dans de nombreux secteurs (banque, immobilier, fintech, assurance) et permet de réduire la bureaucratie tout en assurant une plus grande digitalisation des processus.

69 Profondeurs du web

Nous naviguons sur le web de manière quotidienne sans nécessairement avoir connaissance de toutes ses formes. Il existe toutefois différents niveaux de profondeur au web qui est souvent illustré comme un iceberg dont la partie cachée et profonde est assimilée au *dark web*. Nous présentons dans cette fiche les différents types de web : surfacique, opaque, privé et profond.

1) Le web surfacique

Les sites web consultés *via* l'usage des moteurs de recherche traditionnels (par exemple Google, Bing, Yahoo!) font partie du **web surfacique** ou **référencé**. Notons qu'à ce jour il existe plus d'1,5 milliard de sites web. Pour pouvoir être visibles et proposés par les moteurs de recherche, ces sites sont régulièrement visités et analysés par leurs robots d'indexation. Ces robots programmés par les moteurs de recherche parcourent le web pour identifier les sites, les pages des sites et définir leur importance ainsi que les mots-clés associés. C'est grâce à cette approche que les moteurs de recherche permettent de consulter un site à partir d'une requête. C'est aussi pour cette raison qu'un site web récemment créé n'apparaît pas immédiatement sur les moteurs de recherche. Un délai est nécessaire, le temps que le moteur d'indexation visite le site.

2) Le web opaque

Le **web opaque** fait référence aux contenus qui sont indexables, mais pas encore référencés. Les pages du web opaque deviendront visibles dès qu'un robot d'indexation lui rendra visite. Il est possible de demander explicitement au robot d'indexation de Google de rendre visite à une nouvelle page. Pour cela Google Search Console pourra être utilisé. Le géant du web indique que le processus d'indexation peut prendre jusqu'à deux semaines.

3) Le web privé

À un niveau moins visible, le **web privé** fait référence à l'ensemble des ressources présentes sur le web, mais auxquelles les robots d'indexation n'ont pas les droits d'accès. Chaque site peut en effet décider de rendre ou non indexable une de ses pages ou une de ses ressources (par exemple des images, des vidéos) à l'aide de configurations spécifiques. Si le site interdit explicitement la visite de ces pages ou ressources, alors ce contenu appartient au web privé.

4) Le web profond

Le **web profond** est composé de contenus inaccessibles et non visibles par les moteurs de recherche traditionnels. Ils sont uniquement accessibles à travers les *darknets* : réseaux d'ordinateurs de particuliers qui hébergent eux-mêmes les contenus avec des règles spécifiques. Le *dark web* se base sur un réseau décentralisé de type pair-à-pair où les communications sont chiffrées et de multiples relais exploités pour assurer une confidentialité maximale. Notons que l'accès au *dark web* requiert une connexion internet. Pour accéder au contenu du web profond, il est nécessaire de se connecter à un *darknet* tel que Tor ou I2P. Une fois connecté au réseau Tor, les sites en extension «.onion», invisibles depuis un moteur de recherche traditionnel, deviennent alors accessibles.

Même si l'usage du *dark web* n'est pas illégal, nombre d'individus s'appuient sur ces réseaux pour mener à bien des actions illégales. Nous observons ainsi sur ces réseaux nombre d'activités illicites de commerce électronique telles que la vente de drogues, d'armes, de médicaments et produits contrefaits, de bases de données marketing et même la location de services de piratage. Les différentes parties procèdent aux transactions en s'appuyant sur les cryptomonnaies telles que Bitcoin afin d'assurer leur anonymat.

Le web s'est démocratisé en trois décennies pour atteindre aujourd'hui plus de 1,5 milliard de sites et plus de 50 % de la population mondiale connectée. Derrière notre usage régulier de ce web dit surfacique, d'autres formes existent : le web privé, dont certaines ressources sont inaccessibles par les moteurs de recherche ; le web opaque, qui n'a pas encore été indexé par ceux-ci et le web profond qui est invisible de tels moteurs. Le web profond, qui s'appuie sur un réseau pair-à-pair, permet à des particuliers de partager des ressources et d'accéder à des contenus invisibles autrement.

70 Cadre juridique numérique

Pendant de longues années, nombre d'acteurs ont pensé pouvoir agir sans contraintes sur le digital. La possibilité de cacher son identité et ses activités par des artefacts technologiques a apporté un sentiment d'impunité qu'il a fallu combattre avec des solutions techniques, mais aussi juridiques. Si l'on parle quelquefois de l'internet ou de certaines strates du web comme d'un espace de non-droit, des sanctions régulières nous montrent que ce n'est pas le cas. Le numérique a besoin d'un cadre juridique afin d'en faire un espace de droits et de devoirs. Au cours de ces dernières décennies, de nouvelles lois, directives et règlements ont permis de consolider ce cadre. La loi numérique, mais aussi le règlement n° 2016/679, dit Règlement général sur la protection des données (RGPD), mis en application en 2018, ont par exemple redonné aux utilisateurs le contrôle sur leurs données personnelles.

1) Lois historiques

Il est important de préciser que sans même la prise en compte de lois spécifiquement dédiées au numérique, toute infraction au sens traditionnel du terme commise sur le digital reste une infraction punie. Dans ce cas, même si les textes de loi ne précisent pas son applicabilité à l'internet, ceux-ci lui sont appliqués par défaut. C'est notamment le cas pour les problématiques de contrefaçon ou de diffamation. Un cadre complémentaire ajusté sous l'effet de la transformation digitale a permis de rendre encore plus étoffé le système juridique.

A. La loi informatique et libertés

Avec l'usage des bases de données et la création de fichiers pouvant contenir des données personnelles, une prise de conscience sur l'impact de l'informatique a lieu en France dès les années 1970. Les problématiques de contrôle de ces fichiers et du respect de la vie privée ont alimenté les débats de l'époque. Cela a mené très tôt à la mise en place de la **loi informatique et libertés**. L'article 1 de cette loi stipule que l'informatique doit être au service de chaque citoyen. De plus, son développement doit s'opérer dans le cadre de la coopération internationale. Elle ne doit porter atteinte ni à l'identité humaine, ni aux droits de l'homme, ni à la vie privée, ni aux libertés individuelles ou publiques.

Pour répondre à ces enjeux, le 6 janvier 1978, la **Commission nationale de l'informatique et des libertés** (CNIL) est créée. Quelques décennies plus tard, la CNIL exerce toujours sa mission de régulateur national, notamment au sujet du traitement de données personnelles. Notons que la CNIL n'a pas uniquement un rôle de contrôle, mais aussi et surtout d'accompagnement des entreprises vers leur mise en conformité. Elle accompagne aussi les particuliers pour les aider à faire valoir leurs droits. La Commission garde un œil sur les constantes évolutions digitales et publie régulièrement des rapports comportant des recommandations sur les usages et les risques potentiels des nouvelles technologies. Le pouvoir de la CNIL a été renforcé au fil des années.

La directive européenne du 24 octobre 1995 sur la protection des données a institué un groupe de travail rassemblant les représentants de chaque autorité de protection des données nationales, dont la CNIL pour la France. Ce groupe dénommé G29 avait des missions liées au conseil de la commission européenne ; il a été récemment remplacé par le Comité européen de la protection des données.

B. La loi pour la confiance dans l'économie numérique

La loi n° 2004-575 du 21 juin 2004 pour la **confiance dans l'économie numérique** est connue sous l'acronyme LCEN. Elle apporte des modifications à la loi du 30 septembre 1986 relative à la liberté de la communication. Parmi les principaux points traités, elle précise rigoureusement le cadre définissant le commerce électronique. Elle souhaite promouvoir ce type de commerce en apportant un cadre juridique de confiance pour les internautes. Elle stipule les types d'activité qui peuvent s'exercer librement sur le territoire national et celles qui sont interdites. Cette loi aborde également la publicité par voie électronique, précisant que toute publicité doit pouvoir être clairement identifiée comme telle. Elle réprime les pratiques commerciales trompeuses à ce sujet afin de renforcer la confiance des consommateurs. Son article 22 précise par exemple qu'il est interdit d'effectuer de la prospection directe au moyen d'un automate d'appel, d'un télécopieur ou d'un courrier électronique utilisant, sous quelque forme que ce soit, les coordonnées d'une personne physique qui n'a pas exprimé son consentement préalable. La loi participe aussi au renforcement de la lutte en faveur de la cybersécurité en définissant clairement les activités de cryptologie et en y appliquant un cadre. Par exemple, elle stipule que la fourniture de prestations de cryptologie doit être déclarée auprès du Premier ministre. Elle renforce aussi la responsabilité des services proposant des solutions de cryptologie dans le cas de faute intentionnelle ou négligence en indiquant qu'ils sont responsables, au titre de ces prestations, du préjudice causé aux personnes.

2) Les récentes évolutions

A. La loi numérique

La **loi pour une République numérique** a été promulguée le 7 octobre 2016 et affiche la volonté de mise en œuvre d'une République française dite numérique ouverte à tous et où les opportunités liées à la grande transformation digitale profitent à chacun. Elle souhaite encourager la création par le partage simplifié des données et des connaissances. Elle encourage les initiatives *open data* via, entre autres, la gratuité des données de l'INSEE, la gratuité des échanges entre les administrations de l'État, l'ouverture des données des administrations publiques. Elle stipule aussi la possibilité de demander de manière explicite les règles concernant l'usage d'un traitement algorithmique dans le cadre d'une décision administrative.

Cette loi vise à favoriser la formation et la recherche, notamment en reconnaissant le concept de « formation en ligne ouverte à tous » (FLOT ou MOOC en anglais). Dans le cadre d'une meilleure diffusion des connaissances, elle stipule le libre accès aux publications scientifiques de la recherche publique. Au sujet de la formation et de l'emploi, la loi prévoit une bourse pour les apprenants de la Grande École du numérique. Cette dernière, s'adressant aux personnes peu qualifiées, propose aujourd'hui plus de 700 formations dédiées au numérique et a contribué à la formation de plus de 10000 personnes.

Un pan important de cette loi est consacré à la protection des internautes. La loi renforce le pouvoir de sanction de la CNIL envers les entreprises ne respectant pas le cadre juridique. Elle reconnaît aussi l'existence de «*hackers* blancs», *hackers* dont l'objectif est d'identifier des failles dans les systèmes informatiques. Ceux-ci doivent désormais transmettre les failles trouvées à l'Agence nationale de la sécurité des systèmes d'information (ANSSI) afin de ne pas encourir des sanctions pénales pour leur action. Un aspect de la loi est destiné aux acteurs des télécommunications. Il vise l'accès non discriminé au réseau dans l'objectif de garantir le maintien de la neutralité de l'internet et participer à l'accessibilité numérique. Cette neutralité a notamment pour objectif de garantir la transmission des données par les opérateurs sans examiner, filtrer ou modifier les contenus. Enfin, la loi numérique prévoit des aides pour faciliter le déploiement du très haut débit sur le territoire national.

B. Le règlement général sur la protection des données

Le règlement n° 2016/679, dit Règlement général sur la protection des données (RGPD ou GDPR en anglais), a été adopté le 14 avril 2016 et est entré en vigueur le 25 mai 2018. Son objectif principal est d'apporter plus de clarté et de contrôle concernant les traitements des données personnelles. Le RGPD est le texte de référence européen visant à harmoniser la régulation des données personnelles des résidents de l'Union européenne. Les termes **données personnelles** font référence ici à toute donnée permettant d'identifier directement ou indirectement un individu de manière unique. Le nom, prénom, mais aussi la date de naissance, la commune de résidence sont par exemple considérés comme des données personnelles. Ce règlement stipule qu'il s'applique à tous les acteurs économiques qui procèdent à des traitements de données personnelles se rapportant aux résidents européens. Ceci concerne les entreprises, les organismes et les associations, qu'elles soient situées sur le territoire européen ou non. L'objectif est d'apporter visibilité et contrôle sur les données et les traitements associés. Une clarté doit être apportée par les organismes au sujet des données personnelles concernées, mais aussi de l'objectif d'usage de celles-ci et de leur durée de conservation. Les entreprises doivent désormais être en mesure de restituer les données d'un utilisateur. Il devient possible, pour un individu, de faire valoir son droit d'opposition aux traitements de ses données.

Les entreprises doivent prendre les mesures pour garantir leur conformité et pouvoir le prouver. Le principe de ***privacy by design*** est mis en avant dans le règlement. Celui-ci stipule que, dès la phase de création d'un produit ou service, la problématique du respect de la vie privée doit être intégrée. Le concept de *privacy by design* est habituellement décrit au travers de 7 points :

1. la **protection de la vie privée** doit être un élément important de la conception du système : les possibilités de violation de la vie privée doivent être identifiées lors de la conception du système et la protection doit être anticipée ;
2. la **confidentialité** : par défaut, tous les systèmes doivent être configurés en respectant les principes de confidentialité. Les principes tels que la minimisation des données utilisées, l'agrégation des données, la limitation de l'utilisation et la spécification de l'objet doivent être appliqués ;
3. la **confidentialité intégrée à la conception** : les fonctionnalités de confidentialité spécifiques au système doivent être identifiées et intégrées dès la conception ;
4. la **fonctionnalité complète** : ce principe consiste en l'intégration de la confidentialité en maintenant la fonctionnalité complète sans sacrifier la sécurité ;
5. la **sécurité de bout en bout** : des mécanismes de sécurité appropriés doivent être appliqués pour garantir la sécurité des données tout au long de leur cycle de vie ;
6. la **visibilité et la transparence** ; le service et l'utilisation des données doivent être clairs pour l'utilisateur : il doit comprendre quelles données sont utilisées et à quelle fin, et il doit pouvoir contrôler ses informations personnelles ;
7. le **respect de l'utilisateur** : le système devrait proposer à l'utilisateur un certain nombre d'options d'autonomisation de la vie privée.

Afin d'assurer la mise en conformité des entreprises, un délégué à la protection des données (DPO pour *data protection officer*) pourra être nommé dans le but de coordonner les équipes dans cette mission. Il servira de point de contact avec les autorités compétentes. Le non-respect du règlement pourra être sanctionné par une amende allant jusqu'à 4 % du chiffre d'affaires annuel mondial ou 20 millions d'euros. Des dommages et intérêts sont prévus pour les individus concernés.

> Le cadre juridique français et européen s'est peu à peu consolidé afin de faire du monde numérique un espace de droit et de devoir. Apporter un cadre protecteur et renforcer la confiance des internautes sont au cœur des préoccupations. Ce cadre vise à favoriser l'émergence d'un espace de confiance, à protéger et à sanctionner les éventuelles déviances, notamment dans le cadre de l'usage des données personnelles. Le récent RGPD concernant les citoyens de l'Union européenne a eu un impact mondial. Une sanction unique de 50 millions d'euros a été prononcée par la CNIL à l'encontre de Google pour un manquement au respect du règlement.

PARTIE VIII

Solutions technologiques

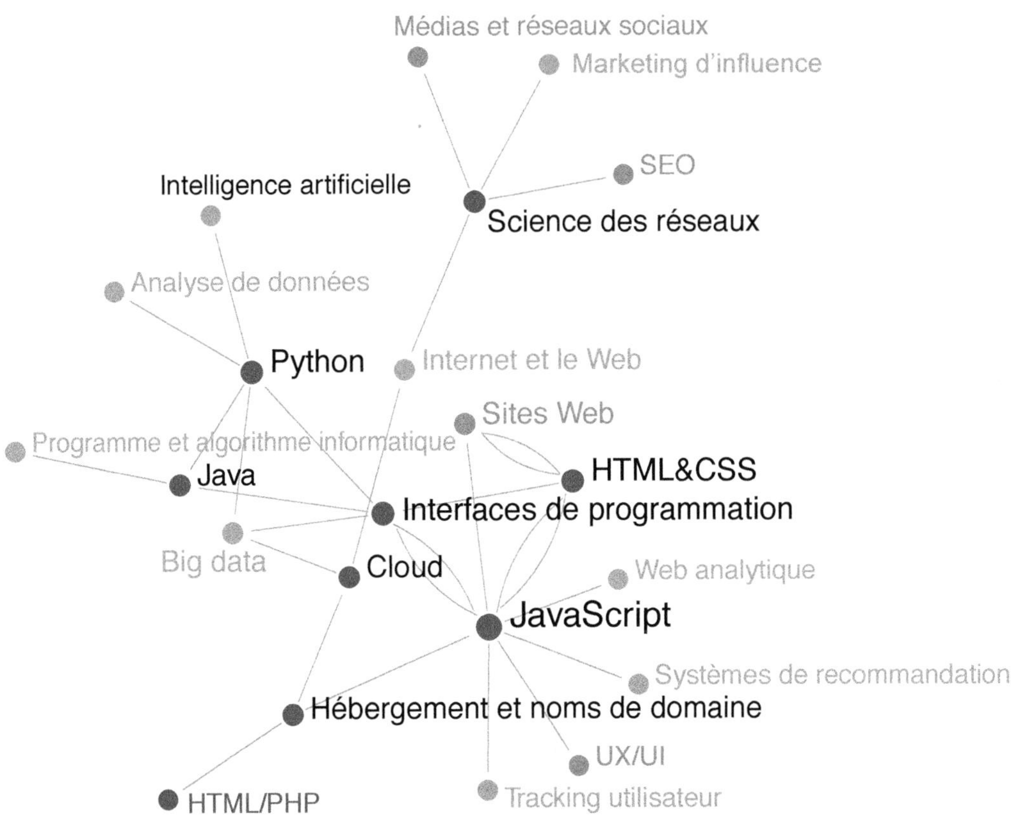

71 Hébergement et nom de domaine

À ce jour, plus de 1,5 milliard de sites web sont accessibles *via* internet. Un site web est identifiable de manière unique grâce à son nom de domaine, qui contribue à son identité digitale. Vous reconnaîtrez sans doute ces services à partir de leur simple nom de domaine : google.com, leboncoin.fr, amazon.fr. Afin de rendre accessible un site web, les entreprises font habituellement confiance à un hébergeur. C'est ce dernier qui assurera les services essentiels à sa mise à disposition sur le web.

1) L'hébergement

Un **site web** est, à son essence, un simple ensemble de fichiers de type HTML, CSS, PHP, JavaScript, qui sont mémorisés sur une ou plusieurs machines. Il est possible de mettre en ligne un site en stockant ces fichiers sur un ordinateur personnel disposant d'une connexion internet. Cette solution n'est cependant pas réaliste dans de nombreux cas. Si la connexion est perdue ou en cas de coupure de courant, le site n'est alors plus disponible. De plus, quand le nombre de visiteurs augmente, les besoins en disponibilité pour assurer la charge nécessiteront des moyens en machines et réseaux bien plus élevés que ceux d'un simple ordinateur.

Pour assurer la mission de stockage et de mise à disposition d'un site, il est recommandé de s'appuyer sur un **hébergeur**. L'hébergement est un service de location de ressources informatiques (par exemple, espace disque, réseau), à l'image de certains services du *cloud*. Ce dernier stocke les fichiers, les images, mais aussi les données associées et propose des services connexes tels que la création de courriels. Les ressources sont allouées sur des serveurs distants qui prennent place dans des *data centers*. Les hébergeurs permettent d'accéder à un nombre de ressources bien plus élevé qu'une simple machine. De plus, ils assurent une redondance du site web à plusieurs endroits, ce qui leur permet d'être tolérants aux pannes et de proposer une disponibilité quasi permanente. Parmi les hébergeurs les plus utilisés au monde, on note par exemple Bluehost, OVH, HostGator, Inmotion, 1&1 IONOS, Wix ou Hostinger.

2) Nom de domaine

Lorsqu'un périphérique informatique est connecté à un réseau tel que l'internet, il est identifié par une adresse que l'on appelle adresse IP pour ***internet protocol***. Cette adresse (pour la version IPv4) s'exprime sous forme de quatre chiffres séparés par des points. Par exemple, l'une des adresses du moteur de recherche Google France est la suivante : 216.58.213.163. Si cette adresse est, à un instant donné, suffisante pour identifier l'emplacement d'un site web et donc accéder à son contenu, la mémorisation de ces valeurs (qui de plus sont changeantes) s'avère très fastidieuse. Afin de rendre un site facilement accessible et mémorisable, on va préférer lui attribuer un nom : c'est l'objet du **nom de domaine**. Le site de Google France est accessible par l'usage du nom de domaine google.fr, *via* la barre d'adresse d'un navigateur, à la place d'une de ces adresses IP. À la manière d'un carnet d'adresses téléphonique, il est plus simple de mémoriser un nom qu'un numéro. Grâce à la connaissance du nom de domaine, les visiteurs peuvent accéder au site. La correspondance est effectuée de manière invisible entre un nom de domaine et une adresse IP. Elle s'appuie sur un système de noms de domaine souvent abrégé en DNS.

Le nom de domaine désigne un emplacement et une propriété sur internet. Il dispose d'extensions telles que « .com », « .net », « .org. », « .fr », « .paris ». La société pour l'attribution des noms de domaine et des numéros sur internet (ICANN en anglais pour Internet Corporation for Assigned Names and Numbers) est l'autorité en charge de la régulation de l'adressage IP et des noms de domaines de premier niveau.

La majorité des sites sont aujourd'hui en .com pour commercial et donc historiquement utilisés par des entreprises à but lucratif. Par contre, .net était dédié aux entreprises proposant des services liés aux réseaux et .org aux organisations à but non lucratif. Cette distinction n'est plus d'actualité et les domaines dits ouverts sont accessibles à tout type de services.

Il est possible d'enregistrer un nom de domaine pour une durée variant d'une à plusieurs années. Afin d'enregistrer un nom de domaine, il est nécessaire de passer par un bureau d'enregistrement. En France, l'Afnic (Association française pour le nommage internet en coopération) tient le registre des noms de domaines, dont le célèbre .fr pour la France. Le registre concerne aussi les domaines associés à la France d'outre-mer, tels que .re pour l'île de La Réunion ou .yt pour Mayotte.

Notons que le choix d'un nom de domaine est important pour une entreprise, car il dénote une identité sur la sphère digitale. Pour une meilleure efficacité, il est usuel de recommander l'usage d'un nom de domaine court, si possible en .com, facile à mémoriser et sans traits d'union. Certains noms de domaine peuvent se vendre plusieurs millions d'euros de par la visibilité qu'ils apportent. Cela a été le cas pour le rachat des noms de domaine suivants : carinsurance.com, insurance.com, internet.com, vacations.com, privatejet.com, hotels.com.

> Le recours à un hébergeur est une solution simple pour pouvoir bénéficier des ressources nécessaires à la mise en ligne d'un site web. Cette solution permet à la fois le stockage des fichiers du site, mais aussi des ressources et des données associées. Elle garantit une disponibilité quasi permanente pour les visiteurs. Des mesures sont prises pour assurer la disponibilité et la sauvegarde des données, et ce même en cas de sinistre majeur. En complément d'un hébergement, un nom de domaine est une manière simple de se faire reconnaître et de marquer une propriété sur internet. Point d'entrée vers l'accès au site, les termes et les extensions associées doivent être choisis avec une attention toute particulière.

72 Cloud

Le *cloud* ou « informatique en nuage » a fait évoluer peu à peu nos usages. L'objectif premier du *cloud* est de s'affranchir de la dépendance à une seule machine et à ses possibilités statiques et locales pour rendre accessibles à tout moment et depuis n'importe quel appareil tous types de ressources digitales. L'informatique en nuage s'est démocratisée avec les solutions de mise à disposition à la demande de musiques, de films ou de photos accessibles et stockés à distance. Avec le *cloud*, nombre de services ne sont désormais plus rendus par des logiciels installés sur les machines, mais simplement par un accès en ligne. Le *cloud* s'appuie sur internet, il doit son nom à sa représentation historique sous forme de nuage.

1) Définition

Le ***cloud*** désigne un type d'approche informatique consistant à partager de manière distante des ressources (logiciels, fichiers, puissance de calculs, espace de stockage...). Les utilisateurs du *cloud* ne sont plus dépendants des ressources des appareils personnels. Le *cloud* est un modèle permettant de gérer, de stocker et de traiter les données en ligne et à distance.

L'application Dropbox reflète l'usage de l'informatique en nuage pour le partage et le stockage de fichiers. L'espace de stockage des fichiers ainsi positionnés dans des dossiers Dropbox se fait à distance et ceux-ci deviennent accessibles depuis n'importe quel appareil. L'utilisateur dispose aussi d'une meilleure autonomie vis-à-vis des appareils électroniques (qui pourraient tomber en panne) et peut travailler de manière collaborative. Avec le stockage dans le cloud, les données ne sont pas stockées sur votre ordinateur, mais sur des machines distantes (serveurs) : on parle d'une indépendance vis-à-vis de l'emplacement. De nos jours, nombre de services d'accès à la demande, telle la *video on demand* (VoD), s'appuient sur le *cloud*.

Notons que si le principe du *cloud* apporte un renouveau de par les usages qu'il a générés, les technologies sous-jacentes ne sont pas nouvelles. Le degré de disruption est porté par le modèle économique proposé aux utilisateurs du *cloud*. La notion de **consommation à la demande** de ressources informatiques est innovante. De même, là où les ressources d'ordinateurs traditionnels sont limitées, les accès à des ressources par le *cloud* peuvent être adaptés en temps réel au niveau de consommation requis.

Dans le cadre d'un traitement de type *big data*, grâce aux solutions du *cloud* qui peuvent héberger à la fois les programmes de calculs et les données, si le nombre de données mémorisées augmente très significativement, le fournisseur va ajuster l'espace pour répondre à la demande. De même, si la puissance de calcul requise augmente, il sera possible d'ajuster les ressources allouées aux traitements, et ce de manière temporaire pour répondre à un pic de besoin : c'est le principe d'**élasticité**. La facturation se fait de manière proportionnelle à l'usage et les ressources sont partagées intelligemment entre l'ensemble des clients du fournisseur *cloud*. Celui-ci peut donc être interprété comme un ensemble d'ordinateurs regroupés et capables de mutualiser leurs ressources.

2) Les types de *cloud*

Il existe aujourd'hui trois grandes familles de solutions cloud : SaaS, Iaas, PaaS.

Les solutions de type ***software as a service*** **(SaaS)** font référence à des applications fonctionnant à l'aide d'un navigateur. Ce sont par exemple les solutions de bureautique telles que Google Document ou Microsoft 365. Ces solutions permettent de travailler sur des fichiers à distance. Ceux-ci sont toujours accessibles puisque stockés dans le *cloud*. Si les fichiers sont accessibles depuis tous les appareils, ils ne sont stockés sur aucun d'entre eux. Cela permet le partage et le travail collaboratif sur un même document. Dans ce modèle, le fournisseur *cloud* prend à sa charge l'ensemble des ressources requises pour la mise à disposition du service, à savoir : réseau, stockage, serveurs, données, virtualisation et application. Le format SaaS ne requiert aucune installation de logiciel pour pouvoir être utilisé et il est compatible avec tout type d'ordinateur. Il s'appuie uniquement sur un accès internet et un navigateur web.

L'approche dite ***infrastructure as a service*** **(IaaS)** fait référence à la mise à disposition de ressources de type matériels et réseaux. Avec un accès de type IaaS, une entreprise peut bénéficier de la mise à disposition de serveurs, d'un réseau, d'un espace de stockage et de machines virtuelles. Sur cette base, qui constitue un socle, l'entreprise peut construire à sa convenance les outils nécessaires à son service. Elle devra par exemple développer et mettre en place des connecteurs (*middleware*) et des applications pour construire une plateforme sur mesure. Les administrateurs système peuvent avoir recours à cette approche afin de bénéficier d'une infrastructure à la demande sans avoir à investir dans des parcs informatiques coûteux.

Le *cloud* dit de ***platform as a service*** **(Paas)** met à disposition tous les éléments requis pour un développement sur mesure. Il apporte les ressources fondamentales que sont le réseau, le stockage, les serveurs, la virtualisation. L'entreprise devra alors exploiter cette plateforme en gérant la partie liée aux données et aux applications qu'elle souhaite utiliser ou proposer. Dans ce format, des composants logiciels sont intégrés, tout comme des gestionnaires de base de données. Les développeurs peuvent utiliser ce format pour construire des applications sans avoir à se soucier des problèmes d'infrastructure. Amazon Web Service (AWS) et Microsoft Azure sont des exemples de solutions de type PaaS.

Notons qu'il existe des *clouds* publics, privés et hybrides. Le *cloud* public propose des ressources qui sont ouvertes à tous et mutualisées entre les différents acteurs. Le *cloud* privé est réservé à l'usage d'une entreprise et aucune connexion publique n'y est autorisée. Le *cloud* hybride fait référence à un *cloud* privé qui peut, sous certaines conditions, faire appel à un *cloud* public pour répondre à un besoin spécifique.

Le *cloud* a fait évoluer l'informatique en apportant un regard nouveau sur la manière de gérer les ressources (matériel, stockage, réseau, application, etc.). Tandis que pendant des années l'usage de l'informatique personnel était limité aux possibilités offertes par un simple appareil, le *cloud* a ouvert de nouvelles pistes. Les solutions de consommation à la demande et à distance de contenus (photos, films, logiciels, infrastructures, plateformes) ont permis de simplifier les usages et de dépasser certaines contraintes. Les contenus et applications sont désormais accessibles depuis n'importe quel appareil en s'appuyant sur une simple connexion internet.

HTML et CSS

73

Le HTML et le CSS sont deux langages essentiels permettant de caractériser le contenu et l'apparence des pages d'un site web. Tandis que le HTML permet de donner une structure au contenu de la page, le CSS permet de définir sa mise en page (par exemple, couleur, taille, style). Ces deux premiers sont complétés par le langage de programmation JavaScript qui apporte une gestion des interactions et qui donne notamment la possibilité de modifier le contenu de manière dynamique.

1) Le HTML

A. Définition et premier exemple

Le HTML (*hyper text markup language*) est le langage utilisé pour définir le contenu et la structure des pages d'un site web. Celui-ci exploite le concept de **balises** pour signaler le type de contenu associé au texte de chaque page. Ces balises indiquent les éléments auxquels nous avons affaire ; par exemple, il existe une balise pour indiquer un titre (h1), un tableau, une liste à puces, un hyperlien, etc. La ligne 1 du code proposé en exemple ci-dessous indique que « Les concepts du digital » est le titre de la page web que nous sommes en train de créer. La balise indiquant le début du titre est définie par des chevrons entourant le code h1 <h1>. Pour indiquer la fermeture de la balise h1 et donc la fin du titre, le symbole barre oblique </h1> est ajouté. Si vous consultez le code source d'une page (clic droit sur une page puis inspecter le code), vous vous rendrez compte qu'un grand nombre de balises existent et peuvent s'imbriquer les unes dans les autres pour donner une structure de page sophistiquée. On parle d'arbre HTML pour signaler la métaphore entre les ramages des branches d'un arbre et la ramification des balises imbriquées.

```
1. <h1>Les concepts du digital</h1>
2.  <ul>
3.    <li>Fondamentaux
4.       <ul>
5.          <li>Transformation digitale</li>
6.          <li>Internet et le web</li>
7.       </ul>
8.    </li>
9. </ul>
10. <a href=«https://fr.wikipedia.org/wiki/Digital»>Pour en savoir plus</a>
```

Des balises dédiées permettent d'indiquer les types d'éléments de la structure de la page. Citons par exemple : <p> pour indiquer un paragraphe, <li> pour une liste, <img> pour une image, <a> pour un lien.

Dans l'exemple ci-dessus, la structure de liste est créée grâce à la balise <ul> qui débute en ligne 2 et se termine à la ligne 9. Les éléments de la liste sont ajoutés en utilisant les balises <li>. Dans notre cas, la liste comporte un premier élément textuel «Fondamentaux» qui contient lui-même une sous-liste de deux éléments : «Transformation digitale», «Internet et le web». Au final, la page ainsi créée sera interprétée par votre navigateur web (Microsoft Edge, Mozilla Firefox, Google Chrome...) et affichée de la manière suivante :

Les concepts du digital

- Fondamentaux
    - Transformation digitale
    - Internet et le web

Pour en savoir plus

B. Les hyperliens

À la base du concept de web se trouve la notion de lien pouvant exister entre les pages. Ces liens permettent de donner une cohérence entre les pages d'un même site, mais aussi de naviguer de site en site. Ainsi, pour faire référence à un article lu dans la presse depuis un compte de réseau social, un lien peut être partagé. S'il est possible de partager des liens sur les réseaux sociaux, il est aussi possible d'intégrer dans le code d'un site web des **hyperliens**. Cela s'appuie sur une balise dédiée du langage HTML (<a>) et permet, en cliquant sur le texte ou l'image associée, de naviguer vers une nouvelle page.

La ligne 10 présente un exemple de lien créé grâce à la balise <a>. Le lien sera appliqué à l'intégralité du texte qui est indiqué entre les balises. Un clic sur l'un de ces mots suffira pour visiter la destination du lien. Pour indiquer la page à consulter en cas de clic, un attribut dénommé href est renseigné. Dans l'exemple, le lien correspond à la page Wikipédia associée au terme digital.

2) Le CSS

Le **CSS** (*cascading style sheets* ou feuille de style en cascade) est le langage de référence pour définir la mise en forme des pages web. Il permet de changer la couleur, la taille du texte, mais aussi d'ajouter des effets de style sophistiqués.

Les spécifications de style CSS peuvent se faire en début de page HTML ou dans un fichier spécifique à l'extension .css. Au plus simple, le style visuel de chaque balise est indiqué entre accolades. Dans un format plus avancé, il est possible de personnaliser chaque contenu individuellement, même quand ils sont du même type tel que deux éléments d'une liste. Pour cela, le code HTML est ajusté pour pouvoir donner un label unique à chaque élément.

Le code présenté ci-dessous illustre une feuille de style CSS pour notre page web. La ligne 2 stipule le style que l'on souhaite appliquer aux balises de type ul (la liste). Les lignes 6 à 8 sont dédiées au titre et la ligne 12 à l'hyperlien.

Les spécifications traduisibles depuis l'anglais indiquent que la liste sera composée de puces carrées (*square*), le titre sera en taille 36 en gris sombre avec un effet d'ombre (*shadow*). Enfin, l'hyperlien sera affiché en rouge.

```
ul{
    list-style : square;
}

h1{
    color: #333333;
    font-size : 36px;
    text-shadow : 0 2px white, 0 3px #777;
}

a{
    color: red;
}
```

Notons que le fichier HTML doit contenir le lien vers le fichier CSS pour pouvoir appliquer le style souhaité. Conformément à notre feuille de style, la page affichée par le navigateur sera modifiée. Le visuel ci-dessous illustre la nouvelle apparence de la page.

Notons que le style appliqué aux éléments peut être ajusté de manière dynamique pour, par exemple, signaler si un lien a déjà été consulté (par un changement de couleur) ou pour modifier le curseur de la souris quand celle-ci passe au-dessus d'un hyperlien.

Le HTML et le CSS sont deux langages essentiels à la création de pages web. Ils permettent à la fois de définir le contenu, la structure et le style visuel de ces pages. Aujourd'hui les technologies web vont bien au-delà d'un simple affichage de pages statiques tel que présenté dans cette fiche. Des interactions sophistiquées avec des services évolués prennent place au travers de pages web. Ceux-ci s'appuient sur des technologies complémentaires tels que le langage JavaScript, les interfaces de programmation et bien plus encore.

74 Interfaces de programmation

Les interfaces de programmation (API) font office de référentiel commun de communication pour tout échange de données sur le web. Il est ainsi possible de faire interagir des services digitaux de nature différente lorsque les éditeurs ont mis à disposition ce type d'interface. Les API contribuent à la création d'un véritable écosystème de partage et de collaboration. Cette technologie a encouragé le développement de nouveaux services s'appuyant sur des données de partenaires externes. Elle a aussi favorisé les traitements *big data* permettant le mouvement de données de manière simplifiée et automatique.

1) Définition

A. Le concept

Les **interfaces de programmation** (API) sont une technologie permettant à différents services digitaux de communiquer entre eux. Par exemple, l'usage des interfaces de programmation Twitter et Google Map sur un même site web peut permettre d'afficher les tweets en temps réel sur une carte interactive (ceci en quelques lignes de code seulement). C'est aussi grâce aux API des différents réseaux sociaux qu'il est possible de préprogrammer l'envoi de messages avec des outils tels que HootSuite, Hubspot ou Buffer.

Les API sont, par définition, des ensembles de fonctions permettant les interactions entre applications de natures variées. Ces interactions sont soumises à condition et permettent d'accéder à des données (lecture), de modifier des données (modification) ou de transmettre des données (écriture). Les concepteurs de logiciels peuvent utiliser les API de manière automatique dans tout service digital.

B. L'usage et les possibilités

On accède aux fonctionnalités des services proposés par les API en utilisant des langages de programmation tels que JavaScript, Python, Ruby, Java. Notons que, dans certains cas, les API permettent d'interagir avec un service à la place de l'utilisateur et en son nom, il convient donc de s'assurer de leur consentement explicite. Les services accédant à des données personnelles sont contrôlés par les plateformes et des restrictions s'y appliquent.

Tout service digital fait le choix de développer ou non une API accessible à la communauté. Ils n'ont aucune obligation de le faire, c'est donc un choix stratégique à effectuer. Les services souhaitant favoriser les interactions avec d'autres produits proposent une API publique tandis que d'autres souhaitant garder un contrôle total ne le font pas. Puisqu'une API permet d'interagir avec d'autres services, elle favorise l'émergence de nouvelles offres et l'enrichissement de l'écosystème des utilisateurs d'un produit. Dans le cas de Twitter, proposer une API permet de publier un message depuis des outils et applications n'appartenant pas à Twitter. Cette approche contribue à la notoriété du service ainsi qu'à son modèle de revenu.

Un annuaire d'API dénommé « programmable web » recense plus de 20 000 API et peut être utilisé comme référence. Les API rendent les données consommables et réutilisables, elles deviennent donc de plus en plus faciles à accéder et à intégrer dans le cadre d'une stratégie *big data* par exemple.

2) Mise en pratique

A. Comment fonctionne une API

L'intégration d'API provenant de sources de données variées peut permettre d'analyser une situation de manière globale. Les analystes de données peuvent extraire plus rapidement les nouvelles sources de données et les insérer dans une plateforme d'analyse. Par exemple, l'intégration de la météo dans la prévision des ventes peut être un facteur clé. Dans ce cas, l'entreprise pourra s'appuyer sur des API permettant de récupérer les données météorologiques sur tous les emplacements du Globe et à tout instant du passé. Un exemple d'API de ce type est https://openweathermap.org/. Pour accéder à l'historique météo d'une ville, la requête prend la forme suivante :

```
http://history.openweathermap.org/data/2.5/history/city?q={cityID},{countrycode}
```

Contextualisée pour obtenir la météo relative à la ville de Londres, celle-ci devient :

```
https://samples.openweathermap.org/data/2.5/history/city?q=London,UK
```

L'automatisation par un langage de programmation permettra de venir intégrer les données géographiques directement dans une base de données. Le format de réponse suite à l'appel à l'API est présenté ci-dessous. On comprend entre autres qu'il pleut à Londres sur la période concernée.


```
{"message" :««,»cod»:«200»,«city_id»:2 643 743,«calctime»:0.0875,«cnt » :3,«list»:[{«main»:{«temp»:279.946,«temp_min»:279.946,«temp_max»:279.946,«pressure»:1016.76,«sea_level»:1024.45,«grnd_level»:1016.76,«humidity»:100},«wind»:{«speed»:4.59,«deg»:163.001},«clouds»:{«all»:92},«weather»:[{«id»:500,«main»:«Rain»,«description»:«lightrain»,«icon»:«10n»}],«rain»:{«3h»:2.69},«dt»:1485717216}
```

B. Exemple de services disposant d'interfaces de programmation

Parmi les API les plus utilisées, on note : Google Map, Facebook, Twitter, TripAdvisor, YouTube, Yahoo Weather. Cela met en exergue l'importance des réseaux sociaux et leur forte intégration dans de nombreux services web. On dénote aussi la présence des plateformes de recommandation par la foule, des services de météo ainsi que des cartographies interactives. Nombre de services du marketing digital s'appuient sur l'usage des API. C'est notamment le cas des outils de web analytique.

Les API sont de véritables connecteurs entre les données et par extension entre les applications digitales. Celles-ci sont très nombreuses et contribuent à l'existence de services hybrides s'appuyant sur des données de natures différentes. Les API autorisent sous certaines conditions d'écrire, mais aussi de mettre à jour et de lire les données d'un service. L'intégration d'une API s'effectue *via* un langage de programmation. Celle-ci peut permettre d'enrichir une approche d'analyse, mais aussi d'améliorer un service en élargissant le spectre de ses possibilités.

JavaScript 75

Le JavaScript est un langage de programmation historiquement associé aux sites et aux pages web. Il est aujourd'hui compatible avec la totalité des navigateurs et permet une meilleure interactivité et dynamique des sites web. Le développement multiplateforme orienté web a contribué au succès du JavaScript qui est aujourd'hui utilisé pour les applications mobiles, mais aussi dans le contexte des objets connectés ou des bases de données. L'apparition de plateformes logicielles libres en JavaScript a aussi contribué au développement de son usage. Il est aujourd'hui au sixième rang des langages de programmation selon l'index TIOBE.

1) Principe général

Les sites web sont développés grâce et avec plusieurs langages de programmation, dont entre autres le HTML et CSS, le PHP et le **JavaScript**. Ce dernier permet d'assurer des actions impliquant les interactions des pages avec l'utilisateur. Il accomplit des tâches relatives à la dynamique des pages telles que l'ajout ou la suppression du contenu en temps réel. Par exemple, dans le cadre d'une réservation de billets de train ou d'avion, le JavaScript permet l'affichage d'un calendrier pour permettre de choisir les dates de départ et de retour plus facilement.

Parmi les fonctionnalités clés assurées par le JavaScript, celui-ci a la possibilité de réagir à certaines actions utilisateurs sur la page. La méthode *addEventListener()* lui permet d'ajouter un mécanisme d'écoute sur tout élément HTML du site afin d'enclencher une série d'actions dans le cas où un événement se produit. Citons, à titre d'exemple, les événements *click* pour indiquer un clic sur l'élément (par exemple un bouton ou une photo) et *mouseover* pour le passage du curseur de la souris au-dessus de l'élément. Le code JavaScript est intégré directement dans les pages HTML grâce aux balises <script> et </script> qui signalent le début et la fin du script.

Notons que le JavaScript est un langage qui permet d'interagir avec les interfaces de programmation (API). Les API offrent alors la possibilité d'accomplir des actions complexes de manière simple en intégrant des scripts dans la page et en s'appuyant sur des services distants pour accomplir ces actions.

2) L'exemple de Google Maps

Google Maps est un service qui, par le biais d'une API, permet à tout site web de visualiser une carte interactive du monde. Celle-ci peut s'afficher en mode satellite, comporter des marqueurs, mais aussi des itinéraires. Nous présentons son fonctionnement pour l'affichage d'une carte interactive centrée sur Paris.

La dizaine de lignes ci-dessous constitue le corps d'une page web capable d'effectuer cette action sans à aucun moment avoir à gérer la complexité de la création de la carte.

```
1. <div id=«map»></div>
2.  <script>
3.  var map;
4.  function initMap() {
5.  map = new google.maps.Map(document.getElementById('map'),     {
6.        center: {lat: 48.8534, lng: 2.3488},
7.        zoom: 8
8.     });
9. }
10. </script>
11. <script src=«https://maps.googleapis.com/maps/api/js?key=maclé
12. &callback=initMap»
13. async defer></script>
```

La première ligne permet de créer une balise (<div>) qui servira de zone de réception pour la carte transmise par Google. Elle porte le nom *map* qui permet de l'identifier de manière unique.

Le script des lignes 5 à 9 comporte une fonction **initMap** permettant de créer une carte qui sera centrée sur la latitude et la longitude de Paris et avec un niveau de zoom de 8. Pour pouvoir s'exécuter, la carte est créée avec l'usage de la méthode fournie par Google : google.maps.Map (ligne 5). Toute la complexité de création de la carte est alors cachée derrière l'usage de cette simple méthode de l'API Google Map.

Afin d'obtenir la carte, la ligne 11 se connecte à l'API et indique de faire appel à la fonction d'initialisation de la carte **initMap**. La fonction est alors appelée et la carte est créée dans la balise map définie en première ligne.

3) Les tags

À l'image de la carte Google Map, le JavaScript peut interagir avec des services distants dans l'objectif de recevoir, mettre à jour ou transmettre des données. Dans le cadre du marketing digital, les possibilités offertes par le JavaScript permettent d'intégrer facilement des services gérés par des tiers. Notons par exemple l'ajout d'un code JavaScript pour analyser le comportement des visiteurs avec Google Analytics, l'intégration d'un chatbot, d'un système de recommandation ou tout autre service relatif à l'expérience utilisateur. Les API des réseaux sociaux permettent aussi d'afficher sur une page web les messages postés sur ces réseaux. L'ensemble des scripts comportant des appels à des services distants *via* les API sont dénommés **tags**. La multiplicité des tags et la complexité de leur gestion ont conduit à la création de gestionnaires de tags. Ceux-ci permettent de gérer la mise à jour des tags, leur ajout et leur suppression dans les pages web de manière simplifiée.

Le JavaScript est un langage de programmation utilisé pour des objectifs variés. Son usage dans le cadre des technologies du web est omniprésent. Afin d'assurer l'interactivité des pages et de ses composants, il dispose de la possibilité de *tracking* sur tous les éléments de la page. Associées avec l'usage des interfaces de programmation, ce langage permet de tirer profit de services externes pour enrichir significativement les possibilités d'un site. C'est ainsi qu'avec le simple ajout de quelques lignes de JavaScript il devient possible d'intégrer l'usage d'outils du web analytique tels que Google Analytics.

76 Python

Python est un langage de programmation qui fait aujourd'hui partie des langages de référence. Avec une syntaxe simple et accompagné d'outils de haut niveau, il permet une productivité optimale pour les développeurs, notamment dans le cadre de l'analyse de données. L'index TIOBE place le Python au troisième rang des langages les plus populaires. Depuis la rentrée 2017, l'algorithmique et la programmation avec le langage Python sont au programme des cours de mathématiques dans les filières générales du lycée.

1) Définition

Python est un langage orienté objet, modulaire, multi-plateforme, extensible et gratuit. Il a été conçu par Guido van Rossum en 1989 et peut être téléchargé depuis le site python.org. Pour utiliser le langage avec plus de facilité, les développeurs peuvent s'appuyer sur des environnements de développement (IDE) tels que IDLE, Spyder ou Jupyter Notebook.

Le Python est reconnu pour un ensemble d'avantages. Tout d'abord, il permet un prototypage et un développement rapide d'applications ; pour cette raison, il est souvent utilisé dans la réalisation de preuves de concept (POC) par les startups. Python est, de plus, un langage dont la syntaxe est épurée, ce qui permet une lecture facile et un nombre de lignes réduit. Il est soutenu par une grande communauté de programmeurs (plusieurs millions) qui font évoluer le langage de manière régulière. Enfin, Python fait office de référence dans le domaine de l'analyse de données. Il évolue de pair avec nombre de technologies du *big data* telles que Spark, MapReduce et les systèmes de gestion de données.

A. Anaconda

Anaconda est un outil dédié aux traitements et études relatives à l'analyse de données. Il comporte Python ainsi que le logiciel de traitements statistiques R. Il intègre leurs IDE Jupiter, Spyder pour Python et R Studio pour R. Il contient également plus de 1 000 librairies facilitant l'intégration de fonctionnalités supplémentaires dédiées aux données et à leur analyse. Il permet des traitements de type *big data* mais aussi l'analyse prédictive, les approches de classification et autres algorithmes de l'intelligence artificielle. Anaconda comporte aujourd'hui plus de 5 millions d'utilisateurs répartis à travers le monde.

B. Les outils pour apprendre Python

De nombreuses ressources en ligne sont disponibles pour tous ceux qui souhaitent apprendre Python de manière ludique et interactive. Les vidéos, outils et cours en ligne issus de plateformes tels que Realpython, Repl.it, Learn Python, Code Academy, Code

School ou edX sont de bons points de départ. Citons aussi quelques ouvrages de référence : *Think Python: An Introduction to Software Design* ; *Python Cookbook* ; *Fluent Python: Clear, Concise, and Effective Programming*.

2) Python par l'exemple

A. Un premier script

Vous trouverez ci-dessous un script Python contenant une seule instruction. Il s'appuie sur la fonction **print** et transmet la demande d'affichage du message **Hello World!** qui est indiqué entre parenthèses. Ce dernier est dénommé **argument** de la fonction. Contrairement à notre langue naturelle et à d'autres langages de programmation, on note l'absence de symbole pour clôturer la ligne.

```
1. print('Hello World!')
```

Le résultat obtenu lors de l'interprétation du script sera le suivant :

Hello World!

B. Un second script

Le second programme présenté ci-dessous est organisé en 4 lignes. On reconnaît sur les première et quatrième lignes les instructions d'affichage des mots **Début** et **Fin**. Entre ces deux moments, les instructions des lignes 2 et 3 sont à prévoir.

La ligne 3 indique une demande d'affichage avec cette fois-ci deux arguments séparés par une virgule qui sont passés en paramètres. Le premier argument est **Nombre** et le second **i**. On dit de **i** que c'est une **variable** : entité dont les valeurs peuvent changer au cours d'un programme. La variable fait sa première apparition sur la seconde ligne. Cette ligne commence par l'instruction **for**, symbole de répétition. Certaines instructions seront donc répétées à plusieurs reprises. Les conditions de la répétition sont explicitées juste après le **for** et s'arrêteront au symbole « : ». Ces conditions sont définies par **range(5)** indiquant que **i** devra varier 5 fois en partant de 0 et en augmentant de 1 à chaque étape. Les valeurs successives de **i** seront donc **0** puis **1, 2, 3** et **4**. La tabulation à peine visible au début de la ligne 3 indique que la répétition s'appliquera uniquement pour la troisième ligne. Si cette tabulation est retirée, la répétition ne s'appliquera pas à celle-ci. On comprend l'importance du moindre symbole, même quasi imperceptible, dans la syntaxe simplifiée du Python.

```
1. print('Début')
2. for i in range(5):
3.     print('Nombre :', i)
4. print('Fin')
```

Le second script affichera donc comme résultat :

1. **Début**
2. **Nombre : 0**
3. **Nombre : 1**
4. **Nombre : 2**
5. **Nombre : 3**
6. **Nombre : 4**
7. **Fin**

> Le Python est un langage qui émerge ces dernières années comme référence pour l'analyse de données et l'intelligence artificielle. Son intégration simple, avec des modules complémentaires et avec les technologies de collecte, de traitement et de stockage de données *big data*, a contribué à son succès. Ce langage gratuit, à la syntaxe simplifiée et au déploiement aisé, a su séduire les grandes entreprises tout autant que les startups. Python est aujourd'hui au troisième rang des langages les plus populaires derrière le Java et le C.

Java 77

Java est le langage de programmation qui possède la plus grande communauté de développeurs au monde. Il existe aujourd'hui plus de 3 milliards d'appareils fonctionnant sous Java. Ce langage créé par James Gosling et Patrick Naughton en 1995 est aujourd'hui maintenu par la société Oracle. Java offre une compatibilité avec de nombreux systèmes d'exploitation et couvre des usages variés (ordinateurs, systèmes embarqués, téléphone, etc.). En mars 2019, l'index TIOBE nous indique que Java est le langage de programmation le plus populaire.

1) Les caractéristiques du Java

A. Multiplateforme

Le langage **Java** permet la création de programmes et de logiciels informatiques. Il possède la caractéristique d'être **multiplateforme** : un même programme peut être exécuté sur des ordinateurs aux systèmes d'exploitation et processeurs de nature différente. La majorité des langages traditionnels requièrent un compilateur dédié pour transformer un programme en un fichier compréhensible par la machine. Ceci peut poser des problèmes de compatibilité, car de multiples compilateurs sont nécessaires pour assurer la compréhension d'un programme sur les différentes machines. Ces machines peuvent être différentes de par leur système d'exploitation (Windows, Linux et Mac), mais aussi par les processeurs qu'elles comportent. Le langage Java propose une solution à ce problème en compilant les programmes pour les traduire en format bytecode. Ce bytecode est compréhensible par la **machine virtuelle Java** (JVM) dont l'environnement est capable de convertir le code intermédiaire en un code compréhensible par chacun des systèmes natifs. Un code compilé peut ainsi s'exécuter sur tout ordinateur disposant de la JVM, autrement dit sur les 3 milliards d'appareils disposant de Java.

B. Orienté objet

Le Java est un langage orienté objet qui permet de modéliser des situations complexes. La **programmation orientée objet** se base sur une représentation des objets ou concepts du monde réel par des composantes logicielles. À l'image du fonctionnement de notre monde, ces objets sont caractérisés par des attributs et permettent d'accomplir des actions. Ceux-ci peuvent interagir les uns avec les autres, réagir à des événements et se créer tout comme disparaître. Un programme Java peut être perçu comme un ensemble d'objets interagissant les uns avec les autres afin d'accomplir un objectif.

Pour un système de réservation de billets d'avion, un programme pourra s'appuyer sur deux types d'objets qui sont les clients et les vols. Les clients sont alors caractérisés par leurs données personnelles et les vols par leur code, l'heure, le jour ainsi que la ville de départ et celle de destination. La création et la manipulation des objets sont assez simples lorsque le fonctionnement de ceux-ci a été stipulé. Par exemple, pour valider une réservation, le code simplifié ci-dessous peut être suffisant :

```
1. Vol parisnewyork = new Vol("Paris","New York",516)
2. Client pierre = new Client("Pierre","pierre@gmail.com")
3. parisnewyork.reserveuneplacepour(pierre)
```

La première ligne permet de créer l'objet « Vol » dans le système. Le mot clé « new » indique la création de l'objet de type Vol qui démarre à Paris et a pour destination New York avec 516 places disponibles. Notons que d'autres valeurs peuvent être transmises pour modéliser de manière plus fine la réalité. La ligne 2 indique comment un client est créé pour modéliser la personne Pierre. Celui-ci est caractérisé par son prénom et son courriel. La troisième ligne se sert du vol « parisnewyork » afin de « reserveruneplacepour(pierre) ». Le symbole « point » est utilisé pour indiquer que l'on demande un service au vol parisnewyork. En l'occurrence, ce service est la réservation d'une place pour Pierre. Dans un langage orienté objet comme le Java, une simple ligne de code peut générer l'exécution de centaines ou milliers d'instructions cachées. On parle d'un langage de haut niveau pour qualifier le fait qu'il utilise des mots usuels pour programmer et accomplir des actions (par exemple, client, réserver une place, vol).

2) Exemple avec récursivité

A. Récursivité

Nous illustrons tout l'intérêt d'un langage de programmation à travers l'exemple de la **récursivité**. Il s'agit d'un cas où, en quelques lignes, nous pouvons commander à la machine d'exécuter une multitude d'instructions, les unes imbriquées dans les autres. Tandis que celles-ci seraient très pénibles pour un humain, la machine peut traiter ce type de problème de manière simple et automatique. Le programme de la page suivante illustre comment, en quelques lignes, il est possible de calculer la valeur de n'importe quel élément de la suite de Fibonacci.

Suite de Fibonacci

La suite de **Fibonacci** est une suite mathématique dont chaque élément se calcule comme la somme des deux précédents. Le premier élément étant zéro et le second un. Ces deux premiers servent de base au calcul des autres éléments. Les dix premières valeurs sont présentées dans le tableau 1. Par exemple, le troisième élément se calcule comme la somme de l'élément 0 et du second élément 1. Le quatrième s'obtient en additionnant 1 avec 1 et ainsi de suite.

Tableau 1 : Liste des 10 premières valeurs de la suite de Fibonacci

Élément	1	2	3	4	5	6	7	8	9	10
Valeur	0	1	1	2	3	5	8	13	21	34

Le principe de récursivité algorithmique permet au programme présenté ci-dessous de calculer n'importe quel élément de la liste sans occuper plus de six lignes d'instruction. La **récursivité** est une approche algorithmique qui, pour résoudre un problème dédié, va décomposer ce problème en instances plus petites du même problème. Ainsi, pour pouvoir calculer le sixième élément de la suite fibonacci(6), le programme va faire appel au calcul des deux termes fibonacci(5), et fibonacci(4) tel qu'indiqué ligne 5. Cette opération se répétera automatiquement, car, pour calculer fibonacci(4), le programme va exécuter à nouveau la ligne 5 qui s'appuiera sur les valeurs de cette même fonction, mais qui seront cette fois-ci fibonacci(3) et fibonacci(2). En essayant d'évaluer fibonacci(3), le programme va de nouveau avoir besoin de fibonacci(2) et fibonacci(1). Tandis que fibonacci(1) est obtenu par la ligne 4 et vaut 1, fibonacci(2) fera à nouveau appel à la même fonction fibonacci(1) et fibonacci(0) qui seront obtenus par les lignes 3 et 4. Au terme de la récursivité, le programme est capable de dépiler l'ensemble des instructions jusqu'à obtenir la valeur finale.

```
1. public static int fibonacci(int n)
2. {
3.     if(n==0) return 0;
4.     if(n==1) return 1;
5.     return fibonacci(n-1) + fibonacci(n-2);
6. }
```

B. Fibonacci et le nombre d'or

Les valeurs de la suite de Fibonacci ont fait l'objet d'observations surprenantes dans la nature. Par exemple, le nombre de spirales mesurées dans les fleurs de tournesol est égal à 21 dans un sens et à 34 dans l'autre : ce sont deux valeurs de la suite. Le nombre de pétales de la marguerite est aussi toujours une valeur de la suite de Fibonacci et il en est de même pour le nombre de spirales du chou romanesco.

Le **nombre d'or**, aussi dénommé proportion divine, est en un lien étroit avec cette suite. Ce célèbre nombre dont la valeur est Phi = (1+sqrt(5))/2 ≈ 1,62 correspond à une proportion dont « le tout est à la partie ce que la partie est au tout ». La suite de Fibonacci permet d'obtenir une approximation de ce nombre. En effet, en divisant deux termes consécutifs de cette suite, le ratio se rapproche du nombre d'or. Par exemple, 5/3 ≈ 1,66, 8/5 ≈ 1,6 et ainsi de suite. Certaines feuilles rencontrées dans la nature (par exemple celles du figuier) tiennent dans un rectangle d'or (rectangle dont le rapport des mesures de sa longueur et de sa largeur est égal au nombre d'or). La spirale de la coquille d'escargot respecte les dimensions de la spirale d'or, spirale logarithmique dont le facteur de croissance est le nombre d'or.

L'homme s'est aussi inspiré de ce nombre dans ses réalisations : le Parthénon à Athènes semble respecter les ratios du rectangle d'or. Le nombre d'or est d'ailleurs dénommé Phi en l'honneur de Phidias, l'architecte du Parthénon. Certains scientifiques accordent une importance au nombre d'or dans la réalisation du portrait de la Joconde et même de la grande pyramide de Khéops en Égypte. De par leur caractère esthétique, les spirales d'or et les rectangles d'or sont largement utilisés de nos jours. Les dimensions de nos feuilles de papier, des toiles de maître, de nos cartes de crédit, sont fidèles à ce ratio. Le logo de la National Geographic est un rectangle d'or, et même le logo d'Apple aurait été créé à partir de la suite de Fibonacci.

Le langage Java est un langage de haut niveau multiplateforme et orienté objet. Ce type de programmation permet de modéliser un programme en s'appuyant sur le concept le plus commun du monde : les objets. Ces objets logiciels sont des éléments qui sont caractérisés en fonction de leur nature et qui permettent d'assurer des services. Un programme est alors perçu comme un ensemble d'objets interagissant ensemble. Ce paradigme simplifie l'approche de conception logicielle. Face à des problèmes de nature complexe, la récursivité est une pratique de développement permettant de découper la complexité d'un problème en instances plus petites du même problème. Cette approche est redoutable pour effectuer des actions telles que la recherche de valeurs ou de documents dans un ensemble de données.

Ordinateur quantique

78

L'ordinateur quantique est peut-être sur le point de révolutionner la manière dont nous concevons l'informatique. En rupture totale avec le mode de fonctionnement des ordinateurs traditionnels, les ordinateurs quantiques exploitent les propriétés quantiques de la matière pour effectuer des opérations sur les données. Les performances obtenues par ce type d'ordinateur sur certains problèmes d'optimisation peuvent s'avérer jusqu'à 100 millions de fois plus rapides qu'un ordinateur traditionnel. Même si son usage est aujourd'hui très limité, l'informatique quantique devrait permettre l'émergence d'un marché d'au moins 500 millions de dollars d'ici 2024.

1) L'ordinateur classique

A. Principe de fonctionnement

Nos **ordinateurs classiques** sont composés de circuits imprimés fonctionnant notamment grâce à des milliards de transistors. Ces transistors (sortes d'interrupteurs électroniques) permettent le contrôle de signaux électriques et leur association *via* des opérations sur ces signaux. Un signal électrique pouvant exister ou être nul, l'informatique s'appuie sur une dualité : présence ou absence de signal. L'informatique traditionnelle est donc par nature déterministe : à un instant donné, un seul des deux états est possible. Le **bit** pour *binary digit* est un chiffre binaire qui peut uniquement prendre les valeurs 0 ou 1. Cette binarité est à l'origine de l'ensemble de nos ordinateurs modernes. Depuis la création de l'informatique, nous n'avons cessé d'améliorer les performances de nos ordinateurs en réduisant la taille des transistors, augmentant ainsi leur nombre.

B. La loi de Moore

La célèbre **loi de Moore**, qui porte le nom du cofondateur d'Intel, nous indique dès 1975 que le nombre de transistors de nos microprocesseurs double tous les deux ans. Cette loi a surpris par son caractère prédictif qui a été corroboré pendant de longues décennies. Nous sommes désormais capables de graver le canal des transistors des microprocesseurs à l'échelle du nanomètre. Il est vraisemblable que cette loi ne puisse s'appliquer indéfiniment et que des limites infranchissables empêchent cette évolution de perdurer : on parle d'un mur impossible à franchir d'ici 2021. Bien que nos ordinateurs semblent aujourd'hui répondre à une grande partie de nos besoins, il existe des problèmes complexes pour lesquels ils ne sont toujours pas assez puissants et rapides. C'est notamment le cas de certains problèmes d'optimisation. L'ordinateur quantique offre une nouvelle vision de l'informatique qui peut permettre une puissance de calcul bien supérieure et aider à résoudre des problèmes d'une complexité élevée.

2) L'ordinateur quantique

L'**ordinateur quantique** s'appuie sur les mécanismes issus de la physique quantique, il fonctionne donc à l'échelle des particules. Il existe aujourd'hui quelques prototypes de ce type d'ordinateurs, dont ceux conçus par la société D-Wave, mais aussi par Microsoft ou bien IBM. À l'instar des bits utilisés par les ordinateurs traditionnels, on parle de **qbit** (*quantum bit*) pour les ordinateurs quantiques. L'intérêt de travailler avec ces qbits à l'échelle des particules s'explique par deux propriétés essentielles de la physique quantique : la superposition et l'intrication quantique.

A. La superposition quantique

Les systèmes quantiques peuvent s'avérer déroutants de prime abord. En effet, les mécanismes de la physique traditionnelle ne s'y appliquent pas. Ainsi, toute illustration de son fonctionnement par des métaphores utilisant des objets de notre quotidien aurait du mal à séduire car elle serait par définition incorrecte. Une célèbre citation du physicien Richard Feynmann à ce sujet indique que «si vous croyez comprendre la mécanique quantique, c'est que vous ne la comprenez pas ».

L'état d'un système quantique est dit non déterministe, c'est-à-dire qu'il est impossible de connaître son état précis avant de l'observer et de le mesurer. C'est le cas de la position d'une particule mais aussi de certaines de ses caractéristiques telles que son spin. Une particule peut se trouver dans une multitude d'états différents et son observation obligera le système à la figer dans un état spécifique. Ce principe de multitude d'états possibles est connu sous le nom de **superposition quantique**. Pour un système à deux états observables, celui-ci est à la fois dans plusieurs états superposés et non figés sur un unique état. En ce sens, un qbit peut porter beaucoup plus d'informations qu'un bit traditionnel puisqu'il a une infinité d'états possibles. Le qbit permet à l'ordinateur quantique de traiter l'ensemble de ses états de manière simultanée, chose impossible pour un ordinateur traditionnel. Son usage et sa mise en pratique restent toutefois d'une bien plus grande complexité, car, par nature, l'informatique quantique n'est pas déterministe.

B. L'intrication quantique

L'**intrication quantique** fait référence à un phénomène pouvant exister entre deux particules lorsqu'elles sont enchevêtrées. Il est observé que des particules intriquées peuvent avoir des états quantiques dépendants. Cela signifie que l'observation de l'état d'une des deux particules (par exemple le spin d'un photon) est corrélé avec l'état pouvant être mesuré sur la deuxième particule (le spin d'un photon intriqué). La seconde particule se fige dans un état dépendant de la première particule, et ce de manière « instantanée ». Notons que ces observations ont pu être mesurées et corroborées sur des particules séparées de plusieurs kilomètres de distance. Le changement d'état quantique de la particule semble se transmettre de manière instantanée, ce qui viole le principe de réalisme local défini par Albert Einstein. Le système composé de deux ou plusieurs particules intriquées forme un ensemble dont il est impossible de décrire séparément les composants. L'intrication quantique est l'une des propriétés clés du fonctionnement des qbits.

C. Application

Pour certains problèmes d'optimisation dont le nombre de variables est important, les ordinateurs quantiques peuvent s'avérer plus rapides que les ordinateurs traditionnels. Hartmut Neven, directeur du Quantum AI Lab de Google, note le comparatif de la manière suivante : « une seconde de traitement pour D-Wave revient à 10 000 ans pour un ordinateur traditionnel ».

Un exemple pratique d'application des ordinateurs quantique est associé à la sécurité de nos ordinateurs. En effet, une grande partie de notre sécurité digitale s'appuie actuellement sur la cryptographie et en particulier le chiffrement RSA portant les initiales des concepteurs Ronald **R**ivest, Adi **S**hamir et Leonard **A**dleman. Le RSA s'appuie sur la complexité de factorisation de deux nombres premiers pour assurer la sécurité de nos transactions. S'il est possible de décomposer des nombres de tailles réduites en produits de deux nombres premiers, la complexité de ce problème est très forte pour des nombres de grandes tailles. C'est le niveau de complexité de cette tâche qui garantit aujourd'hui la robustesse du chiffrement et donc la sécurité de nos communications. Il faudrait un temps gigantesque pour tenter de casser la sécurité RSA, ce chiffrement est donc supposé incassable.

Avant même l'existence matérielle des ordinateurs quantiques, Peter Shor a présenté en 1999 un algorithme exploitant le formalisme théorique de l'ordinateur quantique pour proposer un algorithme de décomposition d'un nombre en facteurs de deux nombres premiers. En exploitant les opérations possibles à l'échelle quantique, il a développé un algorithme pour assurer cette tâche à un niveau de complexité réduit et donc plus rapide. En théorie, il permettrait à un ordinateur quantique suffisamment puissant de pouvoir casser la sécurité des ordinateurs traditionnels en une fraction de seconde. En 2011, l'algorithme de Shor a pour la première fois été testé par IBM sur un ordinateur quantique de 7 qbits. Celui-ci a accompli avec succès la factorisation du nombre 15 en produits de 3 et 5. Si nous sommes encore loin de mettre en danger la sécurité de nos communications modernes, notamment à cause du faible nombre de qbits des ordinateurs quantiques actuels, cette expérimentation a confirmé par la pratique la validité de l'algorithme de Shor.

L'ordinateur quantique est une invention qui a connu de longues décennies entre sa conceptualisation théorique et son développement matériel. Celui-ci s'appuie sur les propriétés quantiques de la matière avec pour objectif d'atteindre une puissance de calcul inspirée de notre physique quantique et sans comparaison possible avec les ordinateurs traditionnels. Deux principes clés illustrent le mode de fonctionnement unique des qbits, l'intrication et la superposition quantique. Même si l'ordinateur quantique en est toujours à ses prémices, des avancées récentes et certains algorithmes historiques pourraient être sur le point de révolutionner l'avenir de l'informatique. Notons finalement que des freins technologiques majeurs rendent toutefois incertain l'avenir de l'ordinateur quantique.

79 Prototypage d'objets connectés

Les objets connectés font partie de notre quotidien. Bracelets, montres, lumières, capteurs de sommeil, assistants personnels, dispositifs médicaux ont pris place dans notre maison intelligente. D'ici 2020, plus de 50 milliards d'objets de ce type sont attendus sur notre Planète avec en fer de lance les villes intelligentes. Pour mieux comprendre le fonctionnement de ces objets incontournables, il est désormais possible d'apprendre à en concevoir avec l'aide de kits spécialisés. Ces solutions permettent de comprendre les principes de la programmation et de l'électronique de manière simple et ludique.

1) Le matériel

A. La carte et le micro-contrôleur

La conception d'un objet connecté est historiquement une tâche relativement complexe nécessitant des compétences avancées en électronique et en informatique. Pour démocratiser leur conception, des kits dédiés à la pédagogie ont très grandement simplifié l'approche de création de ces objets en mettant à disposition du matériel et des outils aisés à appréhender.

Le composant clé pour la conception d'un objet capable de sonder et réagir en fonction de son environnement est le **micro-contrôleur**. Celui-ci est une sorte de mini-ordinateur comportant les éléments essentiels (microprocesseur, mémoire). Il possède la propriété importante d'être programmable et donc ajustable au besoin. C'est aussi lui qui servira de point central pour interagir avec les autres composants.

Pour simplifier la création d'objets connectés, des cartes dotées des composants de base d'un objet connecté, dont le micro-contrôleur, sont disponibles sur le marché et à des tarifs réduits (de quelques euros à quelques dizaines d'euros).

Figure 1 : Carte Arduino Uno pouvant servir de base à la création d'un objet connecté

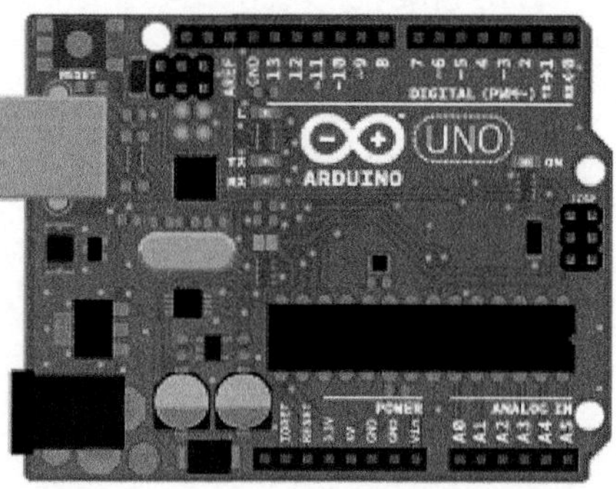

La carte Arduino présentée sur la figure 1 comporte un micro-contrôleur, mais aussi une source d'alimentation, un port USB (permettant la programmation), un bouton de remise à zéro, quelques diodes lumineuses et une grande quantité de broches numérotées sur les extrémités hautes et basses de la carte. Ces dernières permettent de connecter des composants externes avec le micro-contrôleur. La programmation de la carte et la possibilité d'y associer des composants pour la création d'objets sur mesure contribuent au succès de ce type de kit.

B. Les capteurs et autres interfaces

Afin d'interagir avec son environnement, un objet connecté a besoin de capter et de traiter des données. Nombre de **capteurs** peuvent sonder des variables environnementales (température et pression, distance, clavier numérique, bouton poussoir, baromètre, mouvement...). Afin de restituer et d'agir sur l'environnement, des relais permettent le pilotage d'appareils électriques, mais des écrans d'affichage, des signaux sonores ou lumineux sont également possibles. Parmi les afficheurs disponibles, on note le célèbre afficheur 7 segments (en anglais *digital display*) permettant de représenter un digit avec des diodes électroluminescentes. Le terme **digital** pourrait provenir de ce petit composant et de sa popularité dans le langage anglo-saxon. Véritable symbole de la digitalisation, il est aujourd'hui utilisé par abus de langage en lieu et place du terme numérique.

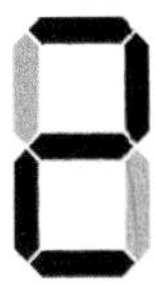

Enfin, pour être connecté, l'objet a besoin de pouvoir réceptionner et transmettre des données. Cela permet à la fois de piloter un objet à distance, mais aussi d'en récupérer les mesures. Les technologies de l'information et de la communication telles que le wifi ou le Bluetooth peuvent être intégrées par l'ajout de composants et de modules dédiés. Il est par exemple possible d'utiliser un téléphone intelligent pour contrôler un objet. Certains groupes d'objets peuvent aussi communiquer et échanger entre eux avec le protocole de communication ZigBee.

Précision que, pour configurer un composant (par exemple capteurs, afficheurs), il est essentiel d'étudier sa documentation qui précisera ses conditions d'utilisation et son mode de fonctionnement.

2) Allumer une diode électroluminescente

Dans cet exemple, nous décrivons les étapes de conception d'un objet capable de faire clignoter une **diode électroluminescente** (DEL) avec l'aide d'une carte Arduino Uno. Une DEL comporte deux broches : l'anode et la cathode. Dans une utilisation normale appelée polarisation, la tension à l'anode doit être supérieure à la tension à la cathode. Dans ce cas, elle convertit l'énergie électrique en énergie lumineuse : elle s'allume.

A. Le montage électronique

Une DEL a une tension de référence pour laquelle elle fonctionne correctement et qui est indiquée dans sa fiche technique. En lisant cette documentation, nous pouvons identifier qu'elle se situe généralement entre 1,2 V et 1,8 V avec un courant associé de 20 mA.

La valeur du signal électrique de la carte étant de 5 V (500 mA), la DEL ne peut pas être directement connectée à celle-ci. Il convient alors d'utiliser un résistor pour limiter la tension et le courant électrique. Pour ce faire, il convertit une partie de l'énergie électrique en chaleur. Cela permet d'éviter la détérioration du composant. La valeur de la résistance requise est obtenue en utilisant la célèbre loi d'Ohm.

Figure 2 : Montage de la DEL sur la carte électronique

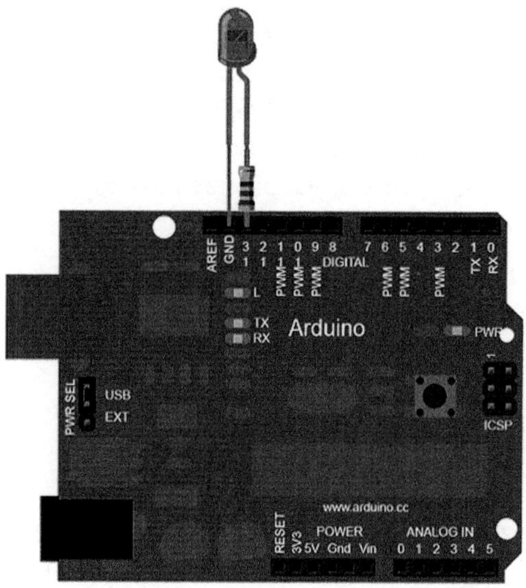

Pour connecter la DEL et pouvoir la contrôler, il convient de relier une de ses broches au micro-contrôleur et l'autre à la masse (GND ou 0 V). Dans la figure 2 la broche 13 a été choisie. Si le micro-contrôleur ordonne l'alimentation de sa broche avec 5 V, la DEL s'allumera ; dans le cas contraire (broche 13 à 0 V), la DEL sera éteinte.

B. Le programme

En connectant la carte à un ordinateur *via* un câble USB, celui-ci pourra communiquer avec le micro-contrôleur pour pouvoir le programmer. Le programme définit alors le comportement du microcontrôleur vis-à-vis de l'ensemble des composants auxquels il est connecté. Dans cet exemple, nous utilisons l'environnement de développement proposé par Arduino pour programmer la carte. Le programme développé sera ensuite chargé sur le module.

Afin de faire clignoter la DEL, notre programme doit consécutivement mettre la broche 13 à l'état haut 5V pendant quelques instants puis à l'état bas 0V et ainsi de suite.

Le programme est composé d'une phase d'initialisation « **setup**() » suivie d'une boucle principale « **loop**() ».

La phase d'initialisation comporte une seule instruction (ligne 2) qui indique que la broche 13 sera utilisée pour envoyer un signal (mode OUTPUT). Dans le cas où l'on souhaite lire une donnée transmise par exemple par un capteur de température, le mode INPUT doit être utilisé.

```
1. void setup() {
2.  pinMode(13, OUTPUT);
3. }
4. void loop() {
5.  digitalWrite (13, HIGH);
6.  delay(1000);
7.  digitalWrite (13, LOW);
8.  delay(1000);
9. }
```

La **phase de boucle,** qui est répétée indéfiniment, transmet une tension de 5V (ligne 5), pendant 1 seconde (ligne 6), puis bascule à 0V pendant une seconde et ainsi de suite. La commande **digitalWrite** (13, LOW) permet d'écrire un signal haut (HIGH) ou bas (LOW) sur la broche souhaitée.

3) Exemple de projets

Le prix abordable des cartes et des composants électroniques a mené nombre de passionnés à développer des projets d'objets connectés suivant la mouvance du *Do it yourself* (DIY). Ces projets sont partagés publiquement par leurs concepteurs sur des plateformes dédiées. Parmi les exemples les plus aboutis, on note la réalisation de stations météo connectées, un portail électrique, un système de gestion de piscine, un système d'arrosage automatique ou même un ballon sonde. Dans les projets plus insolites, le Studio diip a développé un aquarium monté sur châssis roulant permettant à un poisson rouge de piloter ses déplacements. Une caméra accompagnée d'une reconnaissance de forme permet de distinguer la position du poisson dans l'aquarium. Celui-ci ajuste le déplacement de l'aquarium en fonction de la position du poisson dans son bac.

> Les objets connectés sont voués à partager de plus en plus notre quotidien. Leur conception, qui semblait accessible uniquement aux spécialistes il y a quelques années, est désormais démocratisée *via* l'usage de kits ludiques et simples d'utilisation. Les passionnés de technologies mais aussi les néophytes peuvent à moindre coût investir du temps dans la création de ce type d'objet. Ces *makers* débordent de créativité et arrivent à mener à bien des projets de belle envergure.

80 Science des réseaux

L'analyse des réseaux est une science récente qui a émergé de l'étude à large échelle de nos systèmes complexes. Tenant sa source des mathématiques et plus tard de la physique, de la sociologie et de l'informatique, cette science propose d'analyser une situation en fonction des interactions entre ses composants. Des exemples de systèmes traités sont les réseaux sociaux, le web, les réseaux de neurones, les réseaux biologiques ou les réseaux électriques. Nous présentons cette discipline et son usage dans le cadre du digital.

1) Définition

A. Un modèle quasi universel

Le concept de réseau, ou **graphe social**, fait référence à un ensemble d'entités en interaction les unes avec les autres. Un réseau peut permettre de modéliser différents types de systèmes : médias sociaux, web, échanges commerciaux, télécommunications, etc. Leur représentation se caractérise sous forme de graphe. Nous nous focalisons ici sur l'analyse des réseaux digitaux qui sont en lien direct avec nombre de concepts du numérique.

Figure 1 : Exemple de réseau social égocentrique

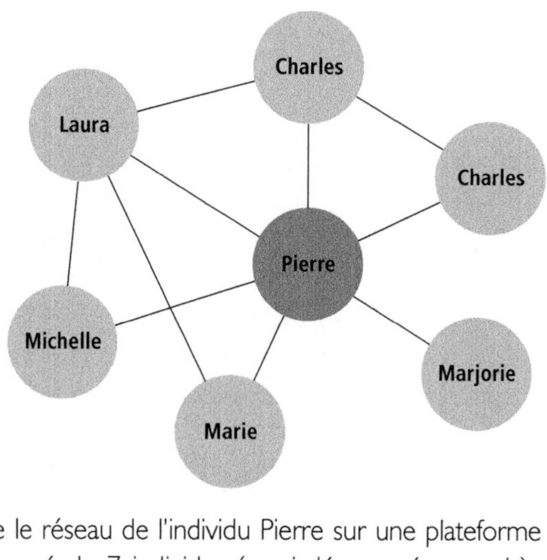

La figure 1 présente le réseau de l'individu Pierre sur une plateforme telle que Facebook. Ce réseau est composé de 7 individus (aussi dénommés nœuds) reliés entre eux par 10 liens. Un lien représente une forme d'interaction au sens défini par le concepteur du réseau. Dans le cadre d'un réseau social digital, nombre de significations peuvent être données à la notion de relation. Une interaction peut par exemple symboliser :

– une appartenance à la liste des amis ;
– l'usage d'un même mot clé ;
– l'action d'aimer ou de relayer un contenu ;
– l'action de mentionner un individu ;
– la relation d'abonnement.

Il n'existe pas de standard pour l'identification du type de lien. C'est à l'analyste de juger de la relation la plus pertinente en fonction de son cas d'étude.

Lary Page, fondateur de Google, a publié en 1998 un article proposant un algorithme de tri des pages web en fonction de leurs relations : les hyperliens. Cette approche, qui s'appuie sur le modèle en réseau, est à l'origine du moteur de recherche Google. L'algorithme **PageRank** accorde plus de visibilité à une page web si elle recueille beaucoup de liens entrants (*backlink*) provenant d'autres sites. Ce phénomène est mis en exergue lorsque les sites mentionnant ce dernier possèdent eux aussi un nombre important de liens entrants. Si le moteur de recherche Google comporte aujourd'hui des règles de classement beaucoup plus complexes, les bases de PageRank sont toujours prises en compte. Dans ce cadre, afin d'obtenir une visibilité plus forte, les entreprises mettent en place une stratégie dite de ***netlinking***. Celle-ci vise à augmenter le nombre de liens entrants vers son site afin d'améliorer sa visibilité. C'est un axe de développement propre à l'optimisation pour les moteurs de recherche. On parle de stratégie SEO pour *search engine optimisation* en anglais.

B. Trois constats de l'étude des réseaux sociaux

L'étude à large échelle des réseaux sociaux numériques tels que Facebook, Twitter, mais aussi des médias sociaux a mis en évidence nombre de phénomènes surprenants sur leur organisation.

Tout d'abord, l'observation des réseaux sociaux nous indique une faible quantité d'interactions entre tous leurs membres. À titre d'exemple, il existe moins de 0,001 % de chance que deux profils Facebook soient connectés entre eux. Cela met en évidence les limites des réseaux et la faible maturité de ceux-ci au regard du régime optimal qu'ils pourraient couvrir. Cette observation est valide pour une grande quantité de réseaux sociaux et peut s'expliquer par les contraintes cognitives et de temps de leurs utilisateurs.

Le **nombre de Dunbar** est le nombre maximum de relations possibles qu'un individu peut maintenir de manière durable. Ce nombre est fixé à 150 et a été évalué en fonction de la taille du néocortex. Notons que la valeur moyenne de contacts Facebook dépasse de loin ce chiffre (il est d'environ 330), ce qui ouvre deux pistes de réflexion : 1) certains contacts non durables sont présents dans nos listes d'amis ; 2) le digital permet une augmentation de nos interactions sociales, notamment grâce aux rappels et aux notifications.

La science des réseaux a permis d'identifier qu'il existe un très faible nombre d'intermédiaires entre tous les individus de la Planète. Les intermédiaires sont ici définis comme les personnes qui nous séparent d'un autre individu. Cette proximité contre-intuitive avait été mise en exergue avant l'époque des réseaux numériques par Stanley Milgram en 1967. Celui-ci s'était appuyé sur l'envoi de courriers pour mesurer cette distance moyenne à l'échelle des États-Unis. Il obtenu 5,2 intermédiaires sur un échantillon de 300 individus. On dénombre aujourd'hui à peine plus de 3 personnes entre tout couple de profils Facebook. L'hypothèse du **petit monde** de Milgram est donc toujours d'actualité. Notons que cette organisation en petits mondes rend possible l'émergence de phénomènes de buzz et favorise la propagation de messages dans le réseau.

Une dernière observation fondamentale s'obtient en consultant la répartition des liens entre les membres d'un réseau.

Figure 2 : Répartition des contacts sur un réseau social

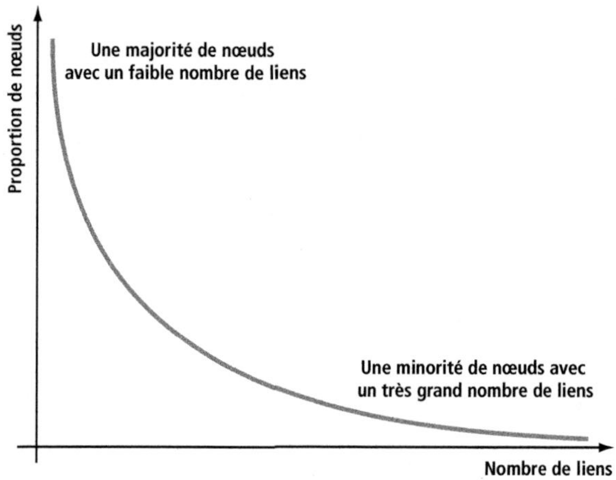

La répartition suit une **loi en puissance décroissante**, ce qui nous indique que, tandis que nombre de profils sont très peu enclins à obtenir des liens, certains profils (les *hubs* ou influenceurs) peuvent attirer une multitude de connexions. La figure 2 présente cette loi, qui nous indique une inégalité de répartition. Nombre d'usagers sont présents avec peu de connexions et ceux-ci ont tendance à suivre les influenceurs, corroborant leur importance et creusant les inégalités. Ainsi, pour une marque, faire confiance à un seul influenceur peut s'avérer dans certains cas plus efficace que de cibler 500 personnes qui ne le seraient pas. Ceci explique notamment le succès du marketing d'influence.

2) Le réseau individuel professionnel

A. Le graphe social

Votre graphe social professionnel est composé de l'ensemble de vos contacts professionnels et de leurs relations mutuelles. Celui-ci s'organise de différentes manières en fonction de vos parcours et de vos orientations professionnelles. Un expert d'un domaine précis aura tendance à se retrouver au sein d'une communauté relativement fermée et dense. *A contrario*, quelqu'un dont la nature des activités est pluridisciplinaire observera des groupes distincts correspondant à chacun de ses sous-réseaux d'intérêt. Un ensemble de mesures permet alors de qualifier votre réseau avec des indicateurs issus de la science des réseaux.

B. Qualifier l'accès à l'information

Dans de nombreux travaux de recherche, le sociologue américain Ronald Burt emploie la notion de **capital social** structurel pour mettre en évidence la position stratégique de certains individus dans un réseau. Il a démontré sur des exemples concrets (réseaux de managers) que certaines positions pouvaient être avantageuses. Des individus situés à ces positions bénéficient de meilleures performances et d'un meilleur accès à l'information. Il a proposé la mesure dite de contrainte pour identifier à quel point un réseau personnel est regroupé autour d'une seule communauté ou se trouve à l'intersection de plusieurs communautés. En accord avec les travaux de Burt, l'accès à l'information est optimisé dans le second cas, car le niveau de redondance est plus faible, favorisant l'accès à de nouvelles sources d'informations.

Graphe des 100 concepts

Des représentations sous forme de réseaux sont proposées pour illustrer les interactions entre les 100 concepts de cet ouvrage. Le réseau est obtenu en reliant les concepts en fonction de leur mention dans les autres fiches. Le graphe global final est visualisable à l'adresse suivante https://www.charlesperez.fr/digital

La science des réseaux propose une approche pour l'analyse à large échelle des systèmes complexes impliquant des relations entre les acteurs. Appliquée au digital, celle-ci peut permettre une visualisation et une analyse des interactions, notamment pour découvrir des influenceurs. L'étude du graphe autour d'un individu met en évidence les opportunités de collaboration et permet d'évaluer la maturité d'un réseau. Les jeux d'influences, les buzz et autres mécanismes de la communication digitale peuvent s'expliquer par la topologie sous-jacente de nos réseaux numériques.

PARTIE IX

Secteurs

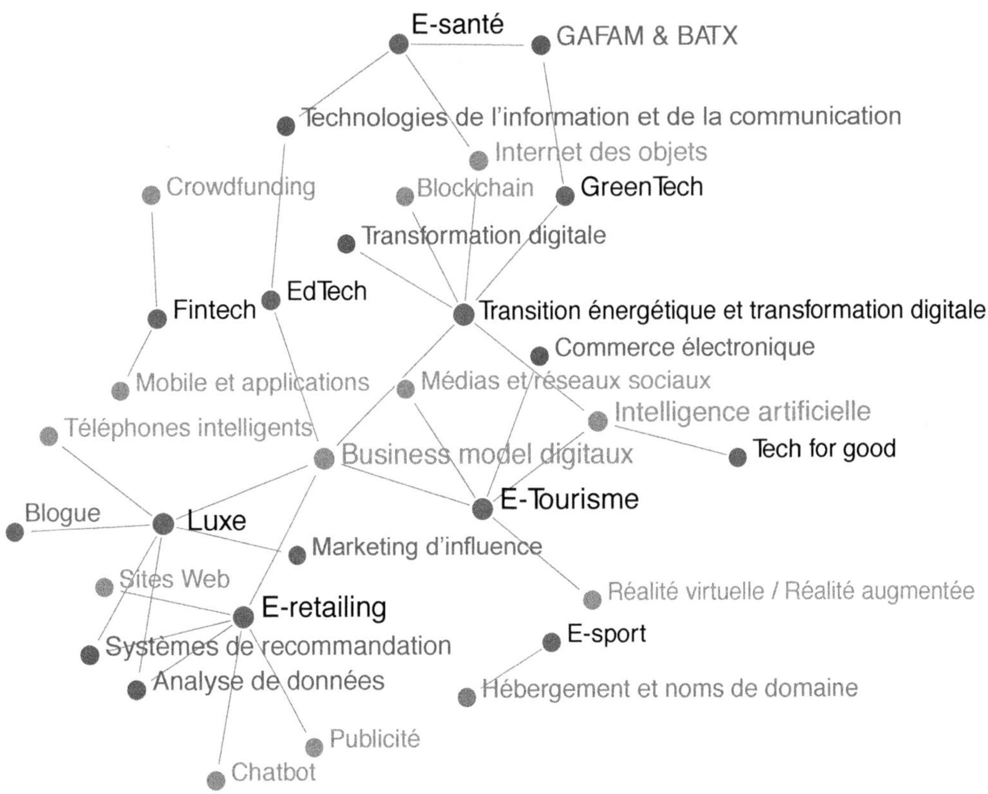

81 Luxe

Après avoir longuement hésité à s'implanter sur internet et à utiliser le digital, l'industrie du luxe a désormais trouvé sa place en ligne. Elle intègre de mieux en mieux ce canal dans ses stratégies. Un produit de luxe se caractérise par une très grande qualité, un prix élevé et bien sûr une rareté qui garantit aux consommateurs une différenciation importante et une originalité avérée. Cependant, l'avènement du digital est venu bouleverser certains codes : aux critères d'excellence et d'élitisme sont venus se confronter l'instantanéité, la perte de contrôle et surtout une plus grande accessibilité des produits. Qu'en est-il aujourd'hui du marché du luxe sur le digital, quelles sont les orientations à prévoir et les enjeux auxquels le secteur est confronté ?

1) Dates et chiffres clés

Il est important de constater qu'aujourd'hui le luxe a acquis l'ensemble des codes du digital. Cependant, cette démarche a pris du temps et l'on peut distinguer trois périodes clés qui ont accompagné ce rapprochement :

- la **découverte et les premiers essais** (2000-2005) : les premières marques de luxe (Hermès, Tiffany, Burberry, Gucci) se lancent sur le web et proposent leurs produits à la vente en ligne ;
- la **communication et la diffusion** (2006-2012) : entre réseaux sociaux et stratégies e-marketing, les entreprises font évoluer leur modèle d'affaires pour y intégrer des composantes digitales. Le recours aux influenceurs et les stratégies de contenus spécifiques voient alors le jour ;
- l'**expérientiel** (2013-) : les marques ont repris le chemin de la personnalisation du produit, appuyée par une meilleure analyse des données clients.

Ces évolutions se traduisent actuellement par les sources de revenus des marques. Ainsi, le chiffre d'affaires mondial réalisé par le secteur dans l'e-commerce, qui n'est actuellement que de 8 %, devrait monter à 12 % en 2020 et à 20 % en 2025 (Boston Consulting Group). Cette croissance est portée par plusieurs tendances. La première, la plus importante, est la part de plus en plus prépondérante du marché chinois. Les consommateurs chinois représentent entre 40 et 60 % des consommateurs du luxe mondial. Ces derniers n'imaginent plus le luxe sans internet.

Deuxièmement, si les acheteurs traditionnels du luxe appartiennent encore aux générations X et baby-boomers, la génération Y reste une cible à privilégier pour les maisons de luxe. Les acheteurs de cette génération prévoient d'accorder des dépenses plus importantes pour l'achat d'articles de luxe. Certaines marques ont déjà su en tirer des bénéfices importants. Selon UBS dans sa dernière enquête, les revenus de Saint-Laurent proviennent à

65 % de la génération Y et ceux de Gucci sur cette tranche d'âge sont estimés à 50 %. Enfin, la marque française Louis Vuitton a pour sa part réalisé environ 33 % de ses bénéfices auprès de consommateurs âgés de 21 à 37 ans. Ces acheteurs sont sensibles aux nouvelles technologies comme canal de communication.

Enfin, le support mobile et la stratégie omnicanale sont plébiscités par les acheteurs. En France par exemple, 76 % des clients français du luxe commandent au moins une fois en ligne et près d'un quart des clients du luxe achètent désormais sur téléphone intelligent. En Chine, plus de 50 % des points de découverte d'une marque de luxe se passent en ligne et principalement *via* le mobile et les applications dédiées.

Ces changements forcent les marques à se questionner sur leur futur et donc à appréhender au mieux les enjeux du secteur.

2) Les enjeux actuels et futurs du e-luxe

Si certains analystes avaient prédit l'absorption du luxe par le digital, en réalité l'industrie du luxe a su s'approprier le digital et ses possibilités. N'oublions pas qu'une des principales valeurs du luxe est la qualité de la relation client. En s'appuyant sur le digital, il est possible d'apporter ce service et même de le rendre meilleur. Ainsi, les marques ont fait évoluer leurs stratégies narratives pour passer d'un message unique à des campagnes sociales, avec un *storytelling* continu. Cela a conduit les marques à repenser leurs contenus et leurs exigences. Le triptyque clé semble être actuellement Instagram, YouTube et le traditionnel magasin physique.

L'omnicanal est aussi un enjeu clé des marques de luxe. Il représente déjà 48 % des achats de luxe dans le monde entier, et 61 % en Chine. Les études montrent qu'après une stabilisation l'année dernière, ce pourcentage devrait repartir à la hausse dans les prochaines années, porté notamment par la génération Y.

Du point de vue de la communication, le recours plus important aux sites et blogs de passionnés devra permettre aux marques de renforcer leur stratégie. En complément d'une présence sur les réseaux sociaux et sur leur site, les marques peuvent intensifier leur présence, tout en gardant un contrôle sur leurs messages. Enfin, ces plateformes renforcent la relation client par un meilleur suivi, un rapprochement entre marque et clients, une plus grande réactivité et des possibilités de co-création.

Du point de vue opérationnel, le recours au web doit permettre aux marques d'être plus visibles, mais surtout de mieux vendre. En effet, il devient possible d'accélérer l'enregistrement et la livraison des commandes, de vérifier la disponibilité en temps réel d'un produit en boutique et d'être informé sur les nouveautés. De plus, la géolocalisation permet d'aider la clientèle à repérer les boutiques à proximité et de combiner expérientiel en ligne et expérience en magasin.

Enfin, et c'est la contrepartie majeure du web, les marques peuvent suivre les avis laissés par leurs consommateurs. Souvent nanties d'une très forte réputation, certaines enseignes peuvent appréhender ce passage, car elles craignent pour leur image. Les avis en ligne représentent aujourd'hui 30 % des incitations à l'achat dans le domaine du luxe, et sur l'ensemble des acheteurs en boutique 75 % ont commencé par se renseigner en ligne sur le produit.

Longtemps en retrait, le luxe a désormais comblé son retard et a fait du web un canal important, voire déterminant, de sa stratégie de croissance. Le digital est maintenant perçu comme un élément essentiel permettant l'accès à des nouveaux marchés, l'analyse des données combinée à la personnalisation et à la connaissance accrue de ses clients. Si le secteur voit dans le digital un relais important de son développement, il est pour autant toujours conscient du rôle central joué par ses boutiques physiques.

E-retailing 82

La vente de biens en ligne connaît un essor exponentiel depuis l'apparition du web. En France, le montant total des ventes effectuées sur internet a dépassé les 100 milliards d'euros. Certes, les chiffres sont encore inférieurs aux ventes physiques, mais néanmoins les changements amenés par ce nouveau canal se sont largement diffusés. Cette fiche présente les spécificités du commerce en ligne dénommé aussi e-retailing ou encore e-tailing.

1) Définition

Le commerce de détail électronique, dit **e-retailing**, est le processus de vente de biens et de services par le biais de médias électroniques, et plus précisément internet. Cette vente peut se faire entre entreprises, on parle alors de modèle B2B, ou bien d'une entreprise vers un consommateur dénoté B2C. Le fait de réaliser des ventes en ligne exige des entreprises une adaptation de leurs modèles commerciaux pour capturer les ventes sur internet. Ceci peut inclure la création de canaux de distribution tels que des entrepôts, des sites web et des centres d'expédition de produits.

Les vendeurs sont majoritairement de deux types : 1) des détaillants totalement en ligne dénommés ***pure players***. Ils ne sont présents que sur le digital et n'ont aucun canal physique pour les clients ; 2) des détaillants ***brick and click***, comme Nike ou bien Adidas, qui vendent leurs produits *via* internet, mais également dans leurs magasins physiques ou *via* des revendeurs.

Comment fonctionne la vente au détail électronique ?

Si les modèles d'affaires (*business models*) sont variés, il existe toutefois des similitudes entre la plupart des entreprises de commerce en ligne. Elles vont notamment miser sur un site web attractif, une stratégie de marketing en ligne, une distribution efficace de produits ou de services et enfin l'analyse de données clients.

Le succès de la vente en ligne nécessite une stratégie de marque forte. Cela passe par un site attrayant, facilement navigable et régulièrement mis à jour pour répondre aux demandes des consommateurs. Les produits et services offerts *via* cette plateforme doivent être présentés (par une image, un descriptif) et apporter une vraie valeur ajoutée pour les consommateurs. Concernant les tarifs affichés, la norme est bien souvent un prix inférieur de 10 à 15 % par rapport à l'offre physique afin d'attirer de nouveaux clients *via* ce canal. En support à ce site, la création de réseaux de distribution fiables et rapides est nécessaire pour ne pas faire attendre trop longtemps la livraison du produit commandé en ligne.

2) Les avantages et inconvénients de la vente en ligne

Du point de vue consommateur, se servir du support digital pour acheter présente de nombreux avantages :

- grâce à la vente au détail électronique, les clients peuvent économiser à la fois leurs efforts et leur temps : tout est disponible en quelques clics, plus besoin de se déplacer ;
- la vaste gamme de produits est disponible en ligne, ce qui facilite la comparaison avant l'achat ;
- le client peut faire ses achats à tout moment et de n'importe où, les installations sont disponibles 24 heures sur 24 et 7 jours sur 7 : plus besoin de se questionner sur les horaires d'ouverture ;
- les rabais et ventes privées sont nombreux afin d'attirer le prospect ;
- les informations détaillées sur le produit sont disponibles en ligne : cela aide le client à prendre la décision d'achat. Les avis clients sont aussi important, tout comme les systèmes de recommandation ;
- la vente au détail électronique offre des conditions de paiement simples, rapides et de plus en plus sécurisées.

Concernant les entreprises, les gains à investir dans un support digital sont également légion. Tout d'abord, les coûts d'infrastructure sont moins élevés que dans les magasins traditionnels. Les entreprises peuvent déplacer leurs produits plus rapidement et atteindre une clientèle plus large en ligne qu'avec les sites physiques traditionnels. Par exemple, une marque de luxe ne peut ouvrir des boutiques dans toutes les grandes villes de la Planète, le web lui permettra de tester certains marchés avant de se lancer physiquement. D'un point de vue économique, les ventes et les achats automatisés réduisent les besoins en personnel. En outre, les sites web coûtent moins cher que les magasins physiques. Cela concerne les frais liés à l'ouverture, l'usage, l'entretien, tout comme la publicité et le marketing. Les clients peuvent facilement trouver les magasins *via* les moteurs de recherche ou les médias sociaux. L'analyse des données récupérées grâce à ce support va permettre aux détaillants de mieux suivre le comportement d'achat des consommateurs et ajuster les pages, les produits présentés et les offres transmises.

En ce qui concerne les **inconvénients**, pour un consommateur, il est parfois difficile d'être certain de la qualité des produits proposés en ligne, et ce malgré les avis. Le manque de confiance dans les outils de paiement peut également être un frein à l'usage. La crainte du vol de données bancaires est réelle en France.

Au moment de l'achat, si le client peut visualiser le produit, il ne peut pas le toucher, le tester ou le sentir. Cette dimension expérientielle qui vient jouer sur l'affectif est totalement absente en ligne. De même, l'absence du support d'un vendeur peut être perçue comme un manque. L'usage d'un chatbot peut au moins partiellement répondre à ce problème.

Enfin, il est important de mentionner que lorsqu'un individu réalise un achat en ligne, il ne repart pas avec le produit, ce qui peut renforcer sa crainte quant à la livraison du produit.

Certaines entreprises peuvent être réticentes à se lancer en ligne, conscientes du nombre d'inconvénients qui existent. Tout d'abord, la création et la maintenance d'un site, bien que moins onéreuse qu'un lieu de vente au détail traditionnel, peuvent être coûteuses. Les différentes mises à jour, la numérisation du catalogue, les frais de référencement peuvent augmenter les investissements nécessaires. De la même manière, les coûts d'infrastructure peuvent être importants si des entrepôts et des centres de distribution doivent être construits pour stocker et expédier les produits. En outre, des ressources adéquates sont requises pour traiter les retours en ligne et les différends avec les clients.

La vente en ligne ne fournit pas l'expérience d'achat émotionnelle que les magasins physiques peuvent offrir. En effet, les achats émotionnels entraînent souvent des dépenses supplémentaires de consommation, dépenses qu'un site aura du mal à reproduire.

Deux leaders mondiaux de la vente au détail électronique

Amazon.com (AMZN) est le plus grand détaillant en ligne proposant des produits de consommation et des abonnements *via* son site web. En 2018, les revenus du géant étaient estimés à plus de 230 milliards de dollars, tout en affichant un bénéfice de plus de 10 milliards de dollars.

Alibaba Group (BABA) est le plus grand détaillant en ligne de Chine. La firme a adopté un modèle commercial qui inclut le commerce à la fois B2C et B2B. Grâce à Alibaba, les exportateurs chinois sont connectés aux entreprises du monde entier qui cherchent à acheter leurs produits. Le programme Taobao rural de la société aide les consommateurs ruraux et les entreprises chinoises à vendre des produits agricoles dans les zones urbaines. En 2018, Alibaba a généré un chiffre d'affaires de près de 40 milliards de dollars tout en enregistrant un bénéfice d'un peu moins de 10 milliards de dollars.

La vente en ligne est, pour beaucoup d'entreprises traditionnelles, un vecteur de croissance intéressant tant les opportunités sont réelles. Du développement de clientèle à une meilleure connaissance des besoins, les gains de chiffres d'affaires sont attendus. Pour autant, bon nombre de clients mettent en avant l'expérience et le contact physique comme enjeux fondamentaux de leurs achats. L'e-retail devra les intégrer de plus en plus sous peine de perdre du terrain.

83 E-sport

Faire du sport sans sortir de son salon est déjà possible depuis longtemps. Imaginer que cela devienne un marché de plusieurs milliards de dollars était cependant un mythe que beaucoup ne pensaient pas devenir réalité. Pourtant l'e-sport est en train de présenter une tout autre vision de l'effort. Cette fiche présente un tour d'horizon de ce secteur atypique.

1) Définition

L'**e-sport** ou sport électronique désigne la pratique sur internet ou en LAN-party d'un jeu vidéo seul ou en équipe, par le biais d'un ordinateur ou d'une console de jeux. L'essor du sport électronique commence à la fin des années 1980 pour émerger massivement ces dernières années grâce au financement de grandes structures et à la médiatisation des événements. Dans les faits, peu de choses pouvaient laisser présager un tel succès, car bien que tous les jeux vidéo supportant des parties en multijoueurs soient susceptibles de faire partie du sport électronique, seul un nombre restreint en a porté le succès.

Depuis, 2010, l'e-sport a intégré un nombre grandissant de jeux, couvrant un spectre plus large. Ainsi, aux précurseurs que sont StarCraft 2 Hearthstone : Heroes of Warcraft, Call of Duty, FIFA, ShootMania, Counter-Strike, Dota 2, League of Legends (LoL) ou Rainbow Six, sont venus s'ajouter StarCraft (très populaire en Corée du Sud) ainsi que certains jeux de combat (Super Street Fighter IV, Tekken Tager Tournament, Super Smash Bros). Ces jeux sont présents dans les principales compétitions mondiales que sont par exemple EVO, Tougeji, ou l'Electronic Sport World Cup.

2) Le marché

Le marché de l'e-sport connaît une croissance forte depuis cinq ans avec près d'un milliard de dollars de revenus en 2018 contre environ 650 millions en 2017 et moins de 500 millions il y a deux ans. La plus grosse part du chiffre d'affaires de l'e-sport provient des sponsors : environ 40 % du montant total. Suivent la publicité, qui compte pour 19 %, et les droits de rediffusion, qui représentent 18 %.

Ce marché de près de 400 millions de spectateurs attire les grands noms du sport traditionnel, à tel point que le FC Barcelone, le PSG ou encore Manchester créent des équipes. Notons de plus que des groupes tels que Voyages-SNCF, Lagardère et même Twitter investissent dans le secteur.

Les chiffres de l'e-sport

- 3 milliards de dollars : marché estimé en 2022 ;
- 30 millions de dollars : la dotation totale pour la Fortnite World Cup ;
- 99,6 millions : nombre de spectateurs de la finale e-sport des mondiaux de League of Legends ;
- 29 millions d'euros : le montant du marché de l'e-sport en France ;
- 5 millions : le nombre de personnes suivant l'e-sport en France ;
- 34 ans : âge moyen d'un pratiquant d'e-sport en France ;
- 72 % : pourcentage d'hommes pratiquant l'e-sport.

3) Les acteurs

Si les joueurs sont bien entendu au cœur de l'univers e-sport, reconnus maintenant comme des athlètes ayant leurs propres fans, ce ne sont pas les seuls contributeurs à la croissance du secteur.

A. Les développeurs et éditeurs de jeu

Sans jeu, pas d'e-sport. Pour autant, tel que mentionné, tout jeu ne réussira pas dans l'e-sport, et il existe encore une certaine crainte à se lancer dans le développement de jeux. Trois entreprises peuvent être considérées comme de réels contributeurs de l'univers de l'e-sport : Blizzard Entertainment, Riot Games et Valve Corporation. Elles ont créé plusieurs jeux phares du e-sport qui font référence au niveau professionnel. **Blizzard Entertainment**, tout d'abord, a commencé à créer des jeux vidéo en 1991. Son jeu de stratégie StarCraft II a été l'un des premiers à être joué professionnellement. Depuis, l'entreprise a lancé d'autres œuvres comme Heroes of the Storm et Overwatch. La seconde est **Riot Games**. Créée plus récemment (2006), l'entreprise est à l'origine du succès mondial qu'est League of Legends (LoL). Ce dernier possède une communauté de plus de 100 millions de joueurs. Enfin **Valve Corporation** possède dans son portefeuille deux jeux ayant fait forte impression dans le jeu compétitif : Counter-Strike: Global Offensive et Dota 2.

Parmi les autres développeurs, nous pouvons citer Activision (Call of Duty), Microsoft Studios (Halo), EA (FIFA), Capcom (Street Fighter), Hi-Rez Studios (Smite), Wargaming (War of Tanks) ou bien encore Psyonix (Rocket League).

B. Les organisateurs et hébergeurs de compétition

Les organisateurs de compétitions constituent les autres acteurs majeurs de la galaxie e-sport. Ce sont ces entreprises qui offrent aux équipes et à leurs meilleurs joueurs une plateforme internationale pour mettre en avant leur dextérité. Ces tournois sont maintenant diffusés en direct et prennent place dans des arènes de plus en plus grandes.

Il existe deux grandes familles d'hébergeurs de compétition. D'un côté, les développeurs de jeu qui gèrent le tournoi en lien avec leur création. C'est le cas notamment de Riot Games, qui organise le championnat du monde de League of Legends ; Valve Corporation organise plusieurs tournois pour Dota 2 et Counter Strike, tandis que Blizzard Entertainment anime plusieurs événements pour tous ses jeux d'e-sport. De l'autre côté, un nuage d'entreprises qui organisent et animent des tournois e-sport professionnels. Parmi les plus importantes, citons Electronic Sports League (ESL) et Major League Gaming. Créé en 2000, ESL fut l'une des premières entreprises à organiser des tournois d'e-sport professionnel. Elle gère les ESL Pro Leagues de plusieurs jeux célèbres ainsi que les séries de tournois ESL One. De son côté, Major League Gaming (MLG) a été fondée en 2002. Elle est basée aux États-Unis et organise des compétitions e-sport pour toute l'Amérique du Nord. Le MLG Pro Circuit est l'une des plus anciennes ligues d'e-sport et inclut des jeux comme Starcraft II et League of Legends.

C. Les sponsors et investisseurs

Troisième famille d'acteurs importants : les sponsors. Ce sont eux qui financent la plus grande partie du chiffre d'affaires de l'e-sport. Si récemment des entreprises de sport traditionnelles ont investi dans le secteur, il est important de mentionner les premiers contributeurs comme Google, Intel, Microsoft, Coca-Cola, Gillette, HTC ou encore Sony, Comcast et YouTube. Le marché a tellement progressé que certaines personnalités du sport ont aussi investi dans ce domaine (par exemple Alex Rodriguez, Shaquille O'Neal, Magic Johnson, Ashton Kutcher).

D. Les instances dirigeantes

Accompagnant ce développement, des structures dirigeantes se sont mises en place afin de réglementer le développement et assurer la promotion de l'e-sport. S'il n'existe pas encore une instance reconnue par tous, plusieurs proposent un certain nombre de règles : leSF (pour International Esport Federation) est l'une d'entre elles. Créée en 2008, elle est située en Corée du Sud et comprend plus de 40 États membres. Créée au départ dans le but de faire reconnaître l'e-sport comme un sport légitime, elle se tourne désormais vers l'unification de l'industrie sous une seule institution.

E. Les autres acteurs

Un certain nombre d'acteurs complémentaires viennent s'ajouter. Parmi eux, notons tout d'abord les *streamers*, qui sont chargés de diffuser leurs parties. Célèbres sans pour autant nécessairement être professionnels, ils présentent ce qui se passe dans le jeu. Les *streamers* utilisent principalement Twitch pour les diffusions. Viennent ensuite les commentateurs, aussi nommés *shoutcasters*, qui ont le même rôle qu'un commentateur sportif, à savoir rendre le suivi de la partie palpitante. Dans les structures les plus importantes, les joueurs sont accompagnés de managers, d'entraîneurs et mêmes d'analystes. Enfin, la communauté de fans, qui sont parfois des joueurs également, assure une audience forte et un engouement continu autour de l'e-sport.

L'e-sport est un secteur en pleine croissance. Cette croissance s'accompagne depuis quelques temps d'une quête de reconnaissance qui passe par : 1) une meilleure structuration des institutions dirigeantes ; 2) une mise à égalité avec les autres sports (le comité Paris 2024 a lancé des discussions pour éventuellement intégrer la discipline aux Jeux olympiques) ; et 3) un meilleur suivi et contrôle des athlètes, allant même jusqu'à la lutte contre le dopage. Ce sont à ces conditions que l'e-sport pourra continuer sa croissance et s'émanciper du regard communautaire qu'il porte encore.

84 E-santé

Suivre son rythme cardiaque en temps réel, être alerté quand notre température dépasse un certain seuil, recevoir à l'avance des médicaments alors que l'on n'est pas encore malade… Réalité ou fiction ? La mise en place de technologies dans notre quotidien apporte déjà beaucoup. L'e-santé promet à moyen terme de révolutionner l'avenir de tous.

1) Définition

L'**e-santé** (ou santé numérique) fait référence à l'application des technologies de l'information et de la communication (TIC) à l'ensemble des activités en rapport avec la santé. Cela concerne des domaines comme la télémédecine, la prévention, le maintien à domicile, le suivi d'une maladie chronique à distance (diabète, hypertension, insuffisance cardiaque…), les dossiers médicaux électroniques ainsi que les applications et la domotique, en passant même par la création de textiles intelligents. Le recours à des outils technologiques dans ces domaines doit permettre à l'Union européenne d'économiser près de 99 milliards d'euros.

L'e-santé doit aider à pallier les difficultés rencontrées par les systèmes de soins, par exemple le vieillissement de la population, la gestion de la dépendance, l'accès universel à une prise en charge de qualité, l'accroissement significatif des dépenses de santé, l'augmentation des maladies chroniques, et enfin l'évolution de la démographie médicale qui menace l'accès égalitaire aux soins.

En France, la perception de l'e-santé est très positive. Ainsi, 81 % des médecins sont convaincus des bienfaits de l'e-santé pour la qualité des soins et près de 3 Français sur 4 se disent prêts à communiquer par des canaux numériques (par exemple visio, SMS, objets connectés) avec leurs praticiens (source www.fhpmco.fr). Pour autant, 41 % des mêmes répondants expriment des doutes sur la sécurisation de leurs données médicales numériques.

Quelques chiffres sur l'e-santé

Près de 410 milliards de dollars seront investis d'ici 2022 sur le marché des objets connectés, des logiciels et des services numériques pour la santé (rapport du cabinet d'études Grand View Research du 23 mai 2016). Le marché français de l'e-santé est estimé entre 2,2 et 3 milliards d'euros en 2016. Ce marché emploie entre 28 000 et 38 000 personnes (étude e-santé de la DGE publiée en février 2016). Enfin, 60 % des personnes atteintes de maladies chroniques et utilisatrices d'applications mobiles de santé affirment qu'elles les aident à mieux gérer leurs pathologies (enquête Le Lab e-Santé, juin 2015).

2) Attentes et craintes autour de l'e-santé

La mise en place de tels outils, outre les gains financiers importants attendus, doit permettre à tous les acteurs de la santé un meilleur traitement et suivi. De tels systèmes peuvent notamment améliorer la prise en charge du patient, son confort, mais également son niveau de confiance envers les institutions médicales. Le gouvernement français estime par exemple que la télésurveillance du rythme cardiaque fœtal, pour le suivi des grossesses, peut éviter une hospitalisation prolongée dans 95 % des cas. De même, la télémédecine peut, dans certains cas, s'affranchir du contact direct avec le patient, réduisant fortement les délais de prise en charge de celui-ci, la mise en place d'accompagnement se faisant alors plus rapidement, avant même l'arrivée du patient dans un établissement de santé. Pour le patient toujours, le recours aux technologies peut permettre de l'éduquer, voire de le responsabiliser. Du côté des professionnels de santé, la collaboration est plus facile, rapide et aisée. En donnant un accès simplifié à l'information de leurs patients, il est possible d'offrir à ces derniers une communication plus homogène entre les professionnels de santé.

À un niveau plus global, le développement de l'e-santé doit permettre aux institutions internationales, laboratoires et professionnels, de mieux comprendre les maladies, les thérapies, et de partager les résultats plus rapidement. De plus, dans un contexte où la pénurie de professionnels se fait sentir, la télémédecine pourrait aider. Enfin, grâce aux analyses et suivis en quasi-temps réel, il serait possible de passer à une médecine préventive et non curative.

Mais ne soyons pas trop optimistes, car de réelles craintes existent. L'un des freins majeurs est le problème de la confidentialité des données.

Notons enfin que les GAFAM sont aussi très présents dans le secteur de l'e-santé. Si la donnée médicale est protégée dans certains pays, ce n'est pas une généralité autour du Globe. De nombreuses start-ups rêvent de disrupter le secteur sans se soucier des réglementations associées. Les données personnelles (poids, taille, âge...) servent de rémunération à beaucoup d'entreprises, et même si certains gouvernements mettent en place des lois rigides, les applications développées par les fabricants ne les respectent pas systématiquement.

> Afin de mettre en place un écosystème digital cohérent autour de la santé, il est important que l'ensemble des acteurs s'entendent autour de trois éléments liés à la confiance : confiance dans les parties prenantes, confiance dans les données et confiance dans les dispositifs utilisés. Le recours à des applications ayant les agréments de santé ainsi qu'une charte de protection des données devrait permettre de créer un climat sécuritaire. De plus, si le souhait est de développer à large échelle une e-santé, il faut qu'elle soit pour tous. Les risques de fracture numérique sont importants tant le coût des appareils de suivi est élevé. Enfin, dans un souci de partage et d'unification des données de patients, il faut pouvoir disposer de standards communs entre les plateformes et les acteurs, ce qui est loin d'être le cas à ce jour.

85 E-tourisme

Booking, AirBnB, Expedia ou bien encore lastminute.com, le nombre d'entreprises qui sont venues bouleverser les habitudes des consommateurs dans le domaine du tourisme sont nombreuses. Si elles ont permis d'offrir une plus grande gamme de services, elles ont aussi poussé les acteurs classiques à modifier leur modèle d'affaires.

1) Définition

L'**e-tourisme**, ou tourisme électronique, désigne les activités du secteur du tourisme qui prennent place sur le digital. Pour les usagers, l'e-tourisme offre des moyens de préparer, d'organiser et de réserver leurs voyages grâce au web. Ce processus inclut l'identification de la destination, l'achat du transport, l'élaboration d'un itinéraire, la réservation d'un hébergement, ou encore l'échange d'informations avec les autres internautes. Pour chaque étape du processus, un ou plusieurs acteurs peuvent intervenir.

A. L'e-tourisme en chiffres

En termes de valeur, l'e-tourisme est l'un des acteurs majeurs de l'e-commerce. Avec un chiffre d'affaires global de 20 milliards d'euros (Phocuswright, 2017) et une croissance à plus de 11 % sur les deux dernières années, le secteur affiche une forme flamboyante. Porté par les millennials, qui révolutionnent le voyage en promouvant des plateformes telles qu'Airbnb, les comparateurs de prix et les sites de réservations d'hôtels, les réservations de voyage en ligne généreront près de 300 milliards d'euros de chiffre d'affaires à l'horizon 2022 (Statista). Les services de mobilités profiteront encore plus de l'e-commerce, et leur chiffre d'affaires devrait atteindre 635 milliards d'euros en moins de cinq ans.

B. Les acteurs de l'e-tourisme

Le nombre d'acteurs de l'industrie touristique est impossible à quantifier tant il est important. Cependant, cinq grandes familles ont trouvé leur place et forment un ensemble au sein duquel ces acteurs sont dépendants les uns des autres. Ils imposent leur présence et dictent au marché leurs orientations. Acteurs historiques du tourisme mondial, les **entreprises de voyage** sont les premiers acteurs clés. Elles comptent par exemple les agences de voyages, les compagnies aériennes, les hôtels et les tours-opérateurs. Elles veillent activement à ce que chaque voyage se déroule sans encombre, se sachant de plus en plus scrutées, notées et fortement concurrencées. Ensuite, viennent les différentes **institutions** qui aident à améliorer la qualité et la sécurité des deux parties (agences et consommateurs). Troisième type d'acteurs à présenter : les **éditeurs**, tels que les guides touristiques et les sites. Enfin, les **offices du tourisme** et les **créateurs d'outils** comme les moteurs de recherche ou les applications sont également des vecteurs de l'e-tourisme. Tous les professionnels doivent faire face à l'évolution de leur marché et surfent au gré des nouvelles demandes et tendances.

2) Les tendances actuelles de l'e-tourisme

En matière d'e-tourisme, les tendances sont nombreuses et portées par les innovations technologiques. Cependant, au cœur de toutes ces évolutions restent deux principes forts : l'expérience client et l'immersion. Il est devenu crucial pour toute entreprise de l'e-tourisme de proposer à un client une **expérience** singulière. Cela demande une connaissance accrue des besoins et donc des outils permettant de récupérer et d'analyser un grand nombre de données. Dans le même temps, avec les réseaux sociaux, le nombre d'images, sur chaque pays ou ville, est quasi-infini. Il faut alors repenser le séjour en mettant en avant **l'immersion**. Ceci se traduit par le développement de solutions intuitives, originales et qui permettront un gain de temps significatif pour l'internaute.

La première tendance est l'intelligence artificielle. L'IA dans le tourisme n'est pas une technologie si nouvelle, mais ce qui surprend c'est le nombre croissant d'acteurs qui aujourd'hui avancent que l'on ne pourra plus s'en passer dans les années à venir. En effet, que cela soit sur un lieu culturel, dans les transports ou bien encore lors d'une visite, la technologie va permettre au visiteur une immersion totale grâce à des visuels de plus en plus précis et détaillés. Que l'on parle de Google Museums® ou de bornes interactives, la réalité virtuelle et augmentée apporte une expérience qui fera vivre différentes émotions à son utilisateur.

La seconde tendance apparue en 2018, et qui prend encore plus d'ampleur depuis, est le recours aux outils de messagerie. Les outils de chatbots sont présents sur la quasi-totalité des plateformes de tourisme (contre moins de 20 % sur l'ensemble des sites web existants), et permettent de créer un lien instantané avec les visiteurs. En répondant rapidement, le prospect se trouve dans une dynamique permettant une meilleure conversion.

La dernière tendance, plus classique, est le développement du mobile. Quand la volonté des marques est de développer leur service client, de continuer à présenter leur offre au mieux et à fidéliser, le mobile est l'outil le plus adapté. Pourtant, ce support est souvent exploité en dessous de ses possibilités. La base est constituée de la géolocalisation, de l'optimisation du parcours d'achat, des contenus enrichis et des notifications *push* en fonction de l'activité. Pour ce faire, de nombreux outils sont mis à disposition, dont les réseaux sociaux et le géomarketing, afin d'améliorer les parcours d'achats et proposer des usages innovants.

Secteur majeur de l'e-commerce français et mondial, l'e-tourisme a révolutionné la manière dont tout un chacun organise ses voyages, les acteurs traditionnels se tournant vers le digital, les acteurs digitaux se tournant vers le local. Cet alignement des visions a pour effet un regard orienté vers l'expérience client, la satisfaction, l'immersion et la qualité. Le tout renforcé par une demande toujours plus experte des acheteurs.

86 Fintech

Les startups de la finance ont levé un montant record de 20 milliards de dollars au deuxième trimestre 2018, c'est 60 % de plus que sur l'ensemble de 2017. Au-delà de l'introduction en Bourse de la pépite néerlandaise Adyen et de la plus importante levée de fonds de l'histoire du chinois Ant Financial (14 milliards de dollars), les startups de la finance révolutionnent ce secteur. Mais de quoi parle-t-on et quelle est la place de la France dans ce secteur en pleine croissance ?

1) Définition

Fintech est un mot valise construit à partir des termes finance et technologie. Elle désigne de manière très simple une startup innovante qui utilise la technologie pour repenser les services financiers et bancaires.

Si l'on remonte dans le temps, après la crise économique de 2008, les professionnels du secteur ont cherché à faire évoluer le modèle de la finance grâce à l'innovation technologique. Une idée forte est de rendre la finance plus simple et plus accessible en proposant des services de meilleure qualité et moins coûteux. Tous les secteurs de la finance sont aujourd'hui touchés par ces changements.

La fintech française en quelques chiffres

Il existe plus de 500 startups identifiées fintech fin 2018 en France, plus de la moitié de celles-ci enregistrant un chiffre d'affaires annuel inférieur à 300 000 euros. Le total des levées de fonds en 2018 représente 365 millions, dont 61 pour la seule Ledger et 32 millions pour October (ex-Lendix). Elles représentent 1 % du montant généré par l'industrie financière. À titre de comparaison, en Grande-Bretagne, elles représentent 13,7 % du marché, soit 28 milliards d'euros.

2) Les grandes familles de fintech

S'il existe de nombreuses applications à la fintech, nous en présentons quelques unes ci-après. Tout d'abord, la plus connue et médiatisée : le ***crowdfunding*** ou financement participatif. Via une plateforme dédiée, les particuliers et les entreprises peuvent financer des projets d'entreprise ou de création artistique. Ce financement peut se faire sous forme de don avec ou sans contrepartie matérielle, d'une participation aux fonds propres de la société ou d'un prêt aux PME (*crowdlending*) ou à un particulier (*P2P lending* ou prêt de particulier à particulier). Autre cas d'usage, les **applications mobiles** et plateformes qui permettent la gestion de ses activités bancaires, du suivi des dépenses aux choix d'investissements. Certaines applications permettent désormais un suivi en temps réel des dépenses effectuées.

La fintech a aussi vu émerger les **monnaies virtuelles** dénommées sous l'anglicisme cryptomonnaie, dont la plus connue est le système Bitcoin. Ces systèmes monétaires alternatifs se sont fortement développés sur d'autres plateformes grand public, par exemple Second Life, ou encore Facebook.

Enfin, il est possible de bénéficier du **paiement électronique** *via* son smartphone et sur internet, chez des commerçants ou sur les plateformes de e-commerce.

Le nombre de fintech ne cesse d'augmenter et de se développer dans des domaines de plus en plus étendus. De belles réussites françaises telles que Leetchi ou Piggy sont à mentionner.

Citons enfin d'autres exemples selon les domaines :

– *crowdfunding* (don) : Ulule, KissKissBankBank, Indiegogo ;
– *crowdlending* (prêt) : Bolden, Prosper ;
– *crowdlending equity* (actionnariat) : WiSEED, Anaxago, SmartAngels ;
– néobanque : Soon, N26 ;
– moyen de paiement : PayPal, ApplePay, Square ou cryptomonnaie ;
– gestion de patrimoine : Yomoni, Advize, Fundshop, eToro.

3) Les challenges des fintech

Après un premier bouleversement des secteurs de la finance, les fintech sont aujourd'hui à un nouveau stade de maturité, portées par l'élargissement de leurs offres de services et la volonté de prendre leur indépendance. Pour autant, deux nouvelles législations viennent modifier leur approche.

Tout d'abord, le Règlement général sur la protection des données (RGPD). La donnée étant au cœur du business modèle des fintech, celles-ci doivent démontrer l'intégrité et la validité du consentement des clients quant au partage et à l'exploitation marketing et commerciale des données personnelles.

Deuxièmement, dans la seconde version de sa directive concernant les services de paiement (Payment Service Directive, PSD2), dont la période de mise en conformité court jusqu'en septembre 2019, l'Union européenne redéfinit les règles du jeu en matière de services de paiement bancaires. Ce texte :

1) annonce l'ouverture de l'open banking ;
2) oblige les banques à instaurer un droit d'accès aux comptes bancaires en faveur de prestataires tiers (Third Party Payment Services Providers, TPP) ;

3) force les institutions à une diffusion accrue de l'information relative aux services de paiement mis à la disposition des clients.

Ce texte est perçu comme fondamental pour les fintech, car il pose les bases d'un nouveau marché pour les néobanques qui souhaitent utiliser les infrastructures bancaires et de paiement existantes.

Disrupteurs du secteur bancaire, les organismes de financement portés par la technologie forcent cette industrie historique à changer. Conscientes que l'avenir de la banque passe par une prise en charge plus poussée de l'individu et plus agile, les fintech sont particulièrement prometteuses.

Transition énergétique et transformation digitale

87

Comme d'autres secteurs, l'énergie est au cœur des mutations économiques de nos sociétés. Et comme ces autres secteurs, le digital apporte son lot de changements. Dans un contexte où la concurrence est de plus en plus forte, il devient aujourd'hui indispensable de réussir cette transformation digitale afin de s'adapter rapidement aux nouvelles tendances du marché.

1) La transition énergétique

Née dans les années 1980 en Allemagne, la **transition énergétique** est un concept qui désigne l'ensemble des changements à réaliser en vue d'adopter un modèle plus respectueux de l'environnement, tout en réduisant notre consommation d'énergie. Il se rapproche donc des concepts de *tech for good* et de *greentech*. Il s'agit par exemple d'étudier comment passer d'une consommation majoritairement basée sur l'exploitation des énergies fossiles (pétrole, gaz naturel, charbon) à une consommation où les énergies renouvelables (solaire, éolien, biomasse) occupent une place prépondérante.

On imagine l'importance des enjeux associés. Tout d'abord, du point de vue économique, cela doit permettre de réduire la dépendance énergétique, de créer de l'emploi et de gagner en compétitivité. Ensuite, du point de vue social, il devient possible de contrôler les variations des prix de l'énergie et donc de diminuer les risques de précarité énergétique. Enfin, du point de vue écologique, il devient possible de réduire durablement les émissions de gaz à effet de serre.

En France, il a fallu attendre 2015 pour voir une concrétisation juridique de ce concept. Il s'agit de la **loi de transition énergétique pour la croissance verte**. Ce texte fige les objectifs à atteindre à moyen terme sur le plan énergétique. On y mentionne notamment les objectifs de réduction des émissions de gaz à effet de serre (– 40 % d'ici à 2030), d'énergies fossiles (– 30 % d'ici à 2030), de diversification de la production d'électricité, tout en diminuant la part du nucléaire ou de déchets en décharge. L'idée est donc de passer à une consommation plus raisonnée et efficiente, mais aussi de gagner en indépendance. Cette démarche impacte *de facto* l'ensemble de l'écosystème énergétique français.

A. Qui sont les acteurs français de cette transition ?

On peut distinguer deux grandes familles d'acteurs : les acteurs historiques et les nouveaux entrants. En ce qui concerne les **acteurs historiques**, citons tout d'abord EDF, qui est de loin le premier énergéticien de France avec 84 % de couverture de la population en électricité. En son sein, une filiale dédiée aux énergies renouvelables (EDF Énergies nouvelles) et une pépinière à startups (EDF Nouveaux Business). Du côté du gaz, Engie (ex-GDF Suez) détient 66 % du marché. L'objectif annoncé est de devenir le leader mondial de la transition énergétique, avec plus de production décarbonée et décentralisée, mais aussi plus de services, en particulier dans l'efficacité énergétique. Le groupe a ainsi acquis une participation de 95 % du capital de Solairedirect pour devenir le numéro un du secteur en France.

En ce qui concerne les **nouveaux entrants**, citons Direct Energie, créé en 2003, qui est aujourd'hui le troisième acteur de l'électricité et du gaz et premier fournisseur alternatif de France avec plus de 2,5 millions de particuliers. L'entreprise est fortement engagée dans les énergies renouvelables *via* l'éolien, le photovoltaïque et la méthanisation. Elle a d'ailleurs racheté en 2017 Quadran, l'un des premiers producteurs indépendants d'énergie renouvelable en France. Il est important de mentionner que les grands groupes énergétiques et entreprises pétrolières s'engagent aussi dans la transition (par exemple Total).

B. Digitaliser pour réussir

La réussite des acteurs traditionnels et le succès des nouveaux entrants sont portés par une transformation réussie vers le digital. Dans les faits, chaque acteur investit aujourd'hui près de 20 % de ses revenus dans la transformation digitale. Ceci se matérialise par trois grands axes de transformation.

La première transformation est la remise à plat de la **chaîne de valeur et des activités**. En effet, les modèles d'affaires changent (soit directement soit *via* l'acquisition d'entreprises innovantes) et forcent les entreprises à revoir l'ensemble de leurs processus de production jusqu'à la distribution. Ceci est accompagné par l'intégration de technologies numériques plus poussées comme l'internet des objets ou l'intelligence artificielle. Concrètement, les entreprises mettent aujourd'hui en place des réseaux intelligents ou ***smart grids***. Les *smart grids* sont des technologies informatiques capables d'adapter les flux d'électricité entre fournisseurs et consommateurs en permettant une meilleure adéquation entre production, distribution et consommation. Autre technologie mise en place actuellement, mais pas encore complètement déployée : les **compteurs intelligents**. Qu'ils s'appellent Linky chez Enedis ou Gazpar chez GRDF, ils permettent aux ménages de calculer et de suivre en temps réel le niveau de leur consommation d'énergie et ainsi de prendre les mesures nécessaires pour réduire leurs coûts énergétiques. À ce sujet, 70 % des clients actuels estiment que ces nouveaux modèles de compteurs leur permettront de mieux suivre leur consommation d'énergie. Ensuite, les objets connectés permettent également une transition plus rapide. Que l'on parle de thermostat intelligent ou d'ampoule connectée, les consommateurs disposent aujourd'hui d'objets permettant de mieux maîtriser leur consommation.

La seconde transformation est celle de la **relation client**. Quand on est en situation de monopole, on doit moins se préoccuper de l'opinion de ses clients. Cependant, les consommateurs actuels demandent un service de plus en plus personnalisé. En effet, 94 % des consommateurs français seraient plus satisfaits si leur fournisseur d'énergie personnalisait leur expérience client (Accenture 2018).

Enfin, le troisième et dernier changement majeur est la **dimension culturelle**. Il faut intégrer de nouvelles compétences, insuffler une culture digitale au sein de structures pas toujours réceptives et se tourner vers des modèles de gouvernance plus agiles. Si ces changements sont déjà en cours de mise en place, d'autres tendances vont venir accélérer encore ce secteur.

2) Tendances technologiques

A. La modification du réseau

Avec l'arrivée de nouveaux acteurs et le développement de nouvelles énergies, il est envisageable de voir apparaître des réseaux locaux d'électricité permettant de désengorger le réseau national. Ceci amènerait une baisse des coûts de l'électricité, car le réseau et les taxes associées représentent près de 70 % de la facture d'électricité. Dans la même mouvance, des modèles d'échange pair-à-pair se développent, donnant une dimension sociale à l'énergie. Ainsi un consommateur pourrait partager le surplus de l'électricité produite par son panneau solaire avec un parent ou ami. Portée par la *blockchain* et les *smart contracts*, la traçabilité de l'énergie échangée et les transactions monétaires entre les acteurs seraient contrôlées.

B. L'intelligence artificielle

Comme dans beaucoup d'autres secteurs, l'intelligence artificielle accompagne la mutation du secteur de l'énergie. Ses algorithmes doivent permettre, grâce à un traitement en temps réel des données, de faire de la maintenance préventive et prédictive. Il s'agit alors d'identifier des anomalies matérielles, de remplacer plus rapidement les équipements, et ainsi de maximiser l'efficacité énergétique en évitant le gaspillage.

Longtemps orienté autour d'acteurs dominants et d'un marché fermé, le secteur de l'énergie est en train de vivre une mutation portée par la technologie. Les moyens investis sont importants et les changements sont nécessaires, car demandés et attendus par des consommateurs toujours plus exigeants et une Planète toujours plus fatiguée.

88 *Tech for good*

Emmanuel Macron déclarait au salon Viva Technology 2019 que la technologie n'a de sens que si elle est encadrée et mise au service de l'humain. Depuis maintenant deux ans, le président français réunit à Paris les principaux dirigeants des grands acteurs de la technologie connus sous le slogan « *Tech for good* ». Cette fiche déchiffre les tendances de ce mouvement.

1) Définition

La ***tech for good*** est un mouvement mondial aspirant à utiliser la technologie pour le bien de l'être humain et de la Planète. L'expression a été popularisée pour la première fois au Royaume-Uni par Paul Miller, anciennement de Social Innovation Camps et maintenant président directeur général de Bethnal Green Ventures.

Ce mouvement porte l'idée de passer de **l'innovation au progrès** et rassemble différents acteurs, principalement des entrepreneurs sociaux, des associations ou encore des chercheurs qui souhaitent mettre le digital au service de la résolution des problématiques sociales et écologiques. Les entreprises désireuses de rejoindre ce mouvement se penchent sur les sujets de l'inclusion, de la pauvreté, ou encore de l'environnement.

Par hyperbole, une technologie pour le bien peut être considérée comme celle qui apporte des solutions aux problèmes du monde ou apporte la joie et l'espoir aux peuples. À l'inverse, une mauvaise technologie méconnaît les droits des personnes ou utilise des schémas sombres pour influencer ses utilisateurs.

> **La tech for good version française FEST**
>
> France Eco-Sociale Tech est un mouvement d'entrepreneurs mettant l'innovation technologique et le digital au service des 17 objectifs de développement durable. Lancée en 2018 par plus de 70 entrepreneurs et investisseurs de la *tech* et de la *science for good*, cette initiative est abritée par France Digitale et a pour ambition de fédérer l'écosystème afin de faciliter le rayonnement de celui-ci.

On peut segmenter le mouvement *tech for good* en trois grands sous-ensembles :

1) Le premier traite des enjeux « vie privée » et « bien-être public » et plus précisément le développement durable et la conscience écologique.
2) Le deuxième porte un regard à plus long terme, l'idée étant de savoir jusqu'où la technologie peut aller et comment ; à l'heure actuelle, les innovations peuvent intégrer les conséquences futures.

3) Le troisième et dernier sous-ensemble est l'intégration de messages portés par la *tech for good* au sein des institutions. Quel modèle de financement (peut-on mixer bien-être et rentabilité ?) et quelle place pour le gouvernement ?

Suite à ces premières réflexions, de nombreux géants du web ont promis d'en faire plus pour une meilleure utilisation des technologies dans la société. Même si beaucoup y voient des approches semblables au *green washing*, il n'en reste pas moins qu'elles représentent déjà de réelles avancées. Parmi ces précurseurs, citons notamment Mark Zuckerberg qui va investir dans 48 bourses et 8 thèses, axées principalement sur l'intelligence artificielle. OpenClassrooms projette de former près d'un million de personnes par an et cela jusqu'en 2025. La Fondation Google quant à elle investira 100 millions de dollars durant cinq ans en Europe, au Moyen-Orient et en Afrique dans la formation aux métiers du numérique. Le secteur de la santé bénéficiera aussi des avancées de la technologie. SAP va élaborer un logiciel à l'intention des personnes autistes, tandis qu'Intel va collaborer avec l'Institut Curie afin d'introduire l'IA dans le domaine de l'oncologie. Deliveroo et Uber enfin promettent quant à eux de prendre soin de leurs employés. Le premier proposera une assurance santé accidents et responsabilité civile, et le deuxième offrira à ses chauffeurs et coursiers en Europe une assurance sociale gratuite.

2) Quelques startups de la *tech for good*

Les startups qui se sont tournées vers l'amélioration et le bien-être sont déjà nombreuses. Petit focus sur certaines d'entre elles :

- Ces entreprises qui répondent aux problèmes de production et de gaspillage : des startups comme La Ruche qui dit oui ! permettent de regrouper en un seul lieu des producteurs locaux pour des acheteurs responsables. La Louve à Paris s'est lancée dans le supermarché coopératif permettant à tous de bénéficier de tarifs attractifs contre des heures de travail. Yuka s'est fait un nom dans la traçabilité et la lisibilité des étiquettes et reste indépendante des marques. Enfin Too good to go ou Optimiam se sont, elles, intéressées à la lutte contre le gaspillage alimentaire.
- Parlons inclusion des sans-abri : en téléchargeant Entourage, il est possible de se connecter entre particuliers pour agir contre l'exclusion. Sans A permet de mettre en lumière les invisibles en mettant en scène leur histoire et leur parcours.
- Celles tournées sur les minorités sont également nombreuses : citons notamment Techfugees, qui organise des hackathons entre réfugiés et non-réfugiés sur les enjeux de la crise humanitaire ; Wheeliz est une plateforme de location de voitures aménagées pour les personnes handicapées, le tout entre particuliers ;
- Enfin, parmi les startups qui cherchent des alternatives à l'énergie traditionnelle, citons Glowee qui crée de la luminosité sans aucune électricité, ou Soccket, un ballon de foot qui produit de l'énergie grâce à l'énergie cinétique de chaque coup de pied (15 minutes de jeu équivalent à 3 heures d'énergie pour une lampe).

Œuvrer pour le bien commun, voici la raison d'être des entreprises appartenant au mouvement de la *tech for good*. Elles ont à cœur de montrer que le digital et la technologie peuvent être un levier de l'innovation sociale et d'une économie positive.

89 *Greentech*

Est-il possible de mixer écologie et technologie, apporter un regard social et sociétal aux investissements technologiques tout en accompagnant la croissance de notre société et de ses entreprises ? C'est un des enjeux de la *greentech*. Comment nos pays se positionnent-ils face à un monde en pleine mutation, forts de leur croissance, mais dans un espace et avec des ressources en nombre limité ?

1) Définition

La ***greentech*** pour *green technology* (en français technologie verte) est aussi appelée *clean-tech*. Ce mouvement défend l'idée qu'il est possible de produire de façon non agressive envers l'environnement, tout en étant au moins aussi performant qu'avec des technologies classiques. Ce concept est étroitement lié à la transition énergétique portée par les différents pays du monde. Cette démarche vise le passage d'un modèle de production de masse très gourmand en consommation d'énergie à un système énergétique bien plus durable.

Du point de vue technologique, la *greentech* fait référence aux technologies dont l'usage n'est pas ou est très peu néfaste pour la Planète. Sont donc associés à ce concept les techniques et les services industriels utilisant les ressources naturelles – l'énergie, l'eau, les matières premières – dans une perspective d'amélioration de l'efficacité et de la productivité de tous.

Les problématiques portées par la *greentech*

La *greentech* cherche à se positionner sur un ensemble de problématiques aussi larges que spécifiques. On parlera notamment de :

1) la transition énergétique à l'international : comment intégrer les énergies renouvelables, l'écomobilité, l'efficacité énergétique, dans un environnement en pleine mutation ?

2) comment assurer une transition verte dans l'industrie ?

3) comment faire des villes des *smart cities* ? En réfléchissant sur la végétalisation, les modes alternatifs de consommation énergétique, le recyclage, les bâtiments économes voire autosuffisants en énergie ;

4) la lutte pour une meilleure alimentation par l'agriculture et donc un travail sur le gaspillage alimentaire, les modes de culture biologiques, viables et alternatifs, la mise en avant des circuits courts et la lutte contre les pesticides ;

5) et enfin un travail important est à effectuer sur la réduction des gaz à effet de serre et la protection à long terme de l'environnement.

Ce mouvement technologique et écologique ne concerne pas uniquement les entreprises de secteurs spécifiques, mais touche directement les consommateurs et les institutions. En effet, décider de se tourner et d'investir dans la *clean technology*, et donc être plus proche de l'environnement, peut coûter cher. Tous les secteurs sont touchés, que ce soit bien entendu l'industrie énergétique (solaire, éolien ou géothermie), mais également l'alimentaire (de l'agriculture au traitement de l'eau), l'automobile et plus généralement le transport, et enfin l'urbanisme et l'architecture.

La problématique et les enjeux soulevés sont suffisamment importants pour que, dans chaque coin du monde, les initiatives *greentech* apparaissent.

2) Tour du monde du positionnement *greentech*

À tout seigneur, tout honneur, l'Europe, berceau de l'énergie verte, a longtemps été leader en la matière. Et même si l'Asie, portée par la Chine, semble prendre le relais, les ambitions affichées par l'Union européenne restent uniques au monde. Déjà en 2016, la part des énergies renouvelables dans l'énergie consommée était de presque 20 %, avec une prévision de presque 30 % d'ici à 2030. On note des variations par pays, le Danemark culminant à près de 75 % de ses énergies, l'Allemagne étant à près de 40 %, contre 17 % en France à la fin 2018. L'Italie est le pays d'Europe qui intègre le plus l'énergie solaire dans son mix énergétique, quand le Royaume-Uni est le premier producteur d'éolien marin.

Les principaux acteurs du domaine jouent le jeu, portés par des plans d'investissements importants. Notons par exemple la COP21, la loi de transition énergétique ou le plan Juncker : 500 milliards d'euros d'investissements et l'apparition de produits financiers responsables (les obligations vertes ou *green bonds*). Francfort et Paris sont aujourd'hui les deux places financières les plus vertes du monde.

Deuxième acteur majeur de la scène *greentech* (et en passe de détrôner les Européens), l'Asie voit cohabiter le pire de la consommation et le meilleur de l'innovation. En effet, nous parlons ici du continent qui a vu sa consommation globale d'énergie augmenter le plus rapidement depuis deux décennies. Ainsi, les énergies fossiles représentent 76 % de cette consommation. Moteur de la croissance asiatique, la Chine est le pays de tous les records : désastreux d'un côté comme le montre son triste record de pollution (la Chine est de loin le premier émetteur de CO2 au monde) ; grandiose de l'autre avec un record d'investissement dans les énergies renouvelables puisque le pays représente 16 % des investissements mondiaux (il est largement en tête dans le solaire photovoltaïque et l'éolien). À lui seul, le vent a permis à la Chine de produire, en 2017, 4 % de son électricité. Dans le cas du solaire, le leadership de la Chine est encore plus frappant. En 2017, plus de 56 % des capacités solaires supplémentaires mondiales sont à mettre à son actif. La Chine s'est donné un objectif de 20 % d'énergies renouvelables d'ici 2030. Cette démarche est portée par les leaders mondiaux de la *greentech* que sont Goldwind, Trina Solar ou Jinko Solar.

Qu'en est-il de l'Amérique du Nord ? Car si la Chine pollue, les États-Unis détiennent le titre de plus grand émetteur de gaz à effet de serre par habitant (16,6 tonnes/hab. contre 7,3 en Europe). Ils auraient pu être dans les premiers à mener un changement drastique.

Le contraire s'est produit avec le coup de frein donné par l'administration Trump, symbolisé notamment par la sortie des engagements de la COP21. Mais pour autant, de nombreux États ont compris l'enjeu sociétal et économique de ce secteur. Ainsi, en Californie, 80 % de l'électricité est issue d'énergies renouvelables (contre 10 % au niveau national). Le Dakota et l'Iowa poursuivent leurs investissements, allant à l'encontre de l'administration. Du côté des entreprises, Google et Apple (membre des GAFAM) s'imposent publiquement des objectifs en termes d'économie d'énergie, annonçant un objectif de « zéro émission » dans un avenir proche. Elon Musk, qui recycle ses fusées, a décidé d'investir des sommes considérables dans des projets futuristes et propres, que l'on parle de la voiture électrique Tesla ou des champs de panneaux solaires Solar City. Enfin, au Canada, les initiatives sont nombreuses, portées par des investissements financiers importants, notamment dans l'agriculture, le traitement des eaux, les énergies durables et le traitement des ressources naturelles.

3) Quelques *greentech* à suivre

Les acteurs sont nombreux et en France comme ailleurs des startups se sont développées dans l'univers de la *greentech*. Sans chercher à être exhaustifs, nous présentons ici quelques-uns des fleurons nationaux.

- Aurore Market : premier supermarché en ligne proposant du bio de – 25 à – 50 % en circuits courts, moyennant une modique inscription annuelle et avec un système d'inscription solidaire pour donner aux plus démunis un accès au service ;
- Cleanfox : spécialisé dans le nettoyage des boîtes mail et l'impact environnemental du stockage des données non utilisées sur des serveurs distants ;
- Effy : aide à l'optimisation de la consommation d'énergie ;
- eLichens : focus sur la pollution atmosphérique maîtrisée ; la startup a développé une plateforme qui intègre des capteurs basse consommation et des stations de qualité de l'air ;
- Gifts for change : créateur de solutions avec un impact en communication *via* des objets promotionnels à impacts sociaux et environnementaux positifs. L'entreprise a déjà planté plus de 80 000 arbres, restauré plus de 500 coraux et parrainé plus de 110 000 abeilles ;
- GreenFlex : accompagnement des entreprises vers un modèle d'affaires durable et respectueux de leur croissance.

Élément incontournable d'un futur réussi, les *greentech* cherchent à faire du monde un environnement plus sain porté par des technologies responsables et respectueuses de tous les acteurs. Du consommateur au décideur, chacun devra jouer son rôle de maillon afin de porter ce changement dans nos sociétés actuelles et futures.

Edtech 90

Ne plus sortir de chez soi pour accéder au savoir est déjà une réalité. Les MOOC (*massive open online classes*) permettent à toutes et à tous de suivre à distance des cours de grandes écoles et d'obtenir des diplômes. Aujourd'hui, grâce à internet et aux autres technologies de l'information et de la communication, ce n'est plus uniquement l'école qui est en charge et en droit de former les jeunes et les moins jeunes. En réinventant les usages et les pratiques tant sur les outils que sur les modèles pédagogiques, le secteur de l'*edtech* offre à l'éducation un renouveau.

1) Définition

Le terme ***edtech*** englobe l'ensemble des organisations qui sont dotées d'un savoir-faire technologique et/ou d'outils technologiques innovants dédié à la connaissance, son apprentissage, ainsi que sa transmission (Educpro).

Si en France, le phénomène *edtech* est apparu récemment, celui-ci s'est déjà développé tout autour du Globe. Une étude de Navatis Ventures parue en juillet 2018 montrait que trois villes leaders se dégagent dans le monde (note sur 100) : dans l'ordre, Pékin avec un score de 88, San Francisco avec 86 et New York avec 85. Paris, première ville française n'est classée ni dans les leaders ni dans les challengers avec un indice de 58, soit juste au-dessus de la moyenne, mais tout de même deuxième ville d'Europe après Londres (72).

En France, ces acteurs sont représentés par le label **Edtech France**, créé en 2017. Pour ses créateurs, Edtech France est l'initiative d'entrepreneurs français qui ont décidé de rendre la technologie utile à l'éducation et à la formation. Le marché de l'*edtech* en France connaît une forte croissance et un succès grandissant. Sur les trois dernières années, le nombre de startups qui se déclarent en lien avec l'éducation grâce à la technologie a augmenté de 47 % (Deloitte Digital et Caisse des Dépôts, 2017). Au total, on comptait début 2018 plus de 360 acteurs *edtech* innovants dédiés à améliorer la formation et l'éducation. Parmi ceux-ci on ne compte pas moins de 300 acteurs uniquement en région parisienne. À titre de comparaison, Pékin comptabilise plus de 3 000 startups *edtech*.

Les startups françaises axent principalement leurs offres sur des contenus innovants, des jeux sérieux ainsi que des applications d'apprentissage qui entrent dans le cadre du *mobile learning* (apprentissage sur smartphone). Les contenus diffusés *via* les plateformes en ligne ont fait des MOOCs leur spécialité. Parmi les métiers des acteurs *edtech* en France, on retrouve essentiellement les suivants :

- les médias spécialisés sur l'apprentissage comme studyrama et educpro.fr ;
- ceux qui travaillent sur des supports pédagogiques comme LeLivreScolaire ou CyberLibris ;

- ceux qui développent des outils B2B professionnels comme Ubicast et InTeach ;
- les développeurs d'applications web et/ou mobiles pédagogiques comme EduPad et Memrise ;
- les *marketplaces* de professeurs particuliers comme Digicours ;
- les formateurs spécialisés, dont Membus et Ornicar ;
- ceux qui permettent d'apprendre des langues étrangères comme Tolktoo ou Speaken ;
- ceux qui participent à améliorer l'orientation scolaire, comme Diplomeo ;
- les plateformes de cours en ligne et de MOOCs, comme Edumedia ou OpenClassrooms.

Du point de vue du modèle d'affaires, les edtech se tournent à la fois sur le B2B, le B2C, mais aussi le B2B2C. La compagnie XAnge, fonds d'investissement, a réalisé une cartographie des startups françaises (sous la responsabilité de Gabrielle Thomas, et présentée ci-après) regroupée selon deux grandes familles de savoirs : 1) élémentaires et académiques et 2) pratiques et professionnels.

2) Quels changements pour l'Éducation nationale telle qu'on la connaît ?

La première révolution des *edtech* concerne l'**individualisation de l'apprentissage**, ce que ne peut offrir aujourd'hui l'Éducation nationale. Cependant, parler d'individualisation ne signifie pas pour autant apprentissage par niveau, tant les outils proposés restent encore aujourd'hui généralistes. L'essoufflement des MOOCs observé actuellement montre les limites de la transposition du présentiel en ligne sans reconsidérer les modes d'apprentissage.

Le second enjeu réside dans l'**accompagnement** concernant les ressources et les infrastructures techniques, sachant que la qualité de la connexion varie selon les heures de la semaine et le nombre de classes simultanément connectées. Une des valeurs fortes d'un professeur est le suivi de ses élèves pendant les temps de classe. Transposer cela en ligne est compliqué, d'autant plus quand les enseignements sont dispensés à différents publics et à différents moments. Certaines plateformes en ligne contrôlent cet aspect en ouvrant leurs cours sur un créneau spécifique, reprenant ainsi le format classique d'apprentissage par session.

Le troisième enjeu est la **qualité**. Le référentiel produit par l'Éducation nationale exige un niveau minimal d'apprentissage par élève et par année, le tout sanctionné par des examens et des diplômes (brevet, baccalauréat, DEUG, master). Les plateformes en ligne transforment radicalement ce schéma en offrant des certifications pas toujours reconnues au niveau national, questionnant l'apprentissage et la qualité de ceux-ci.

> Si l'*edtech* n'a pas révolutionné drastiquement l'apprentissage, il n'en reste pas moins que ses défenseurs ont permis de modifier certains aspects de l'enseignement. Ils permettent de remettre au cœur de l'apprentissage les notions de collectif (tout le monde peut apprendre, tout le monde peut apprendre de tout le monde et chacun s'améliore) mais aussi l'apprentissage constant (nul besoin d'être dans un lieu spécifique pour apprendre) et, enfin, la personnalisation (tout le monde n'apprend pas de la même manière, à la même vitesse et sur les mêmes supports).

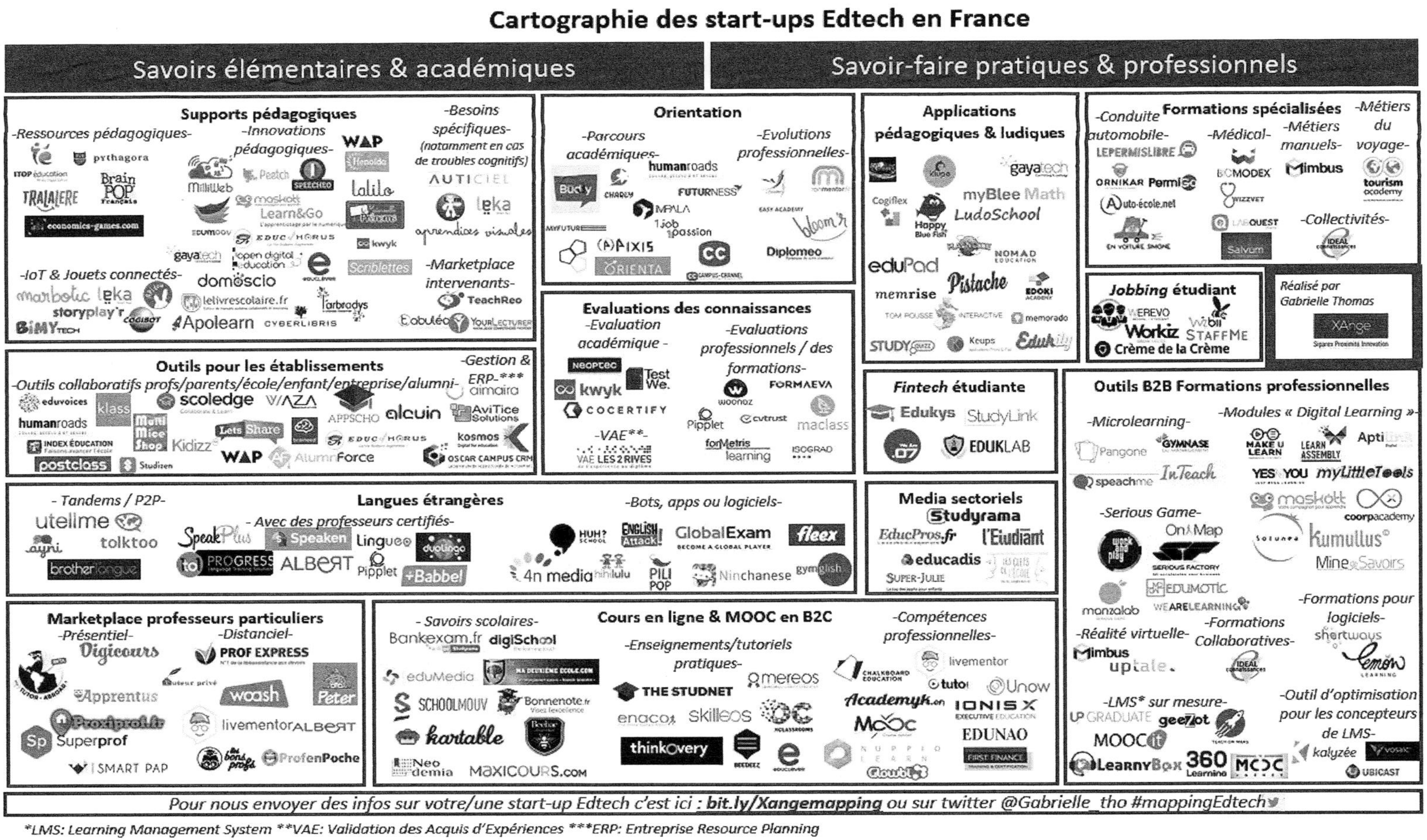

Source : https://medium.com/xangevc/cartographie-des-startups-edtech-en-france-a6f50f3a3398

PARTIE X

Nouvelles technologies

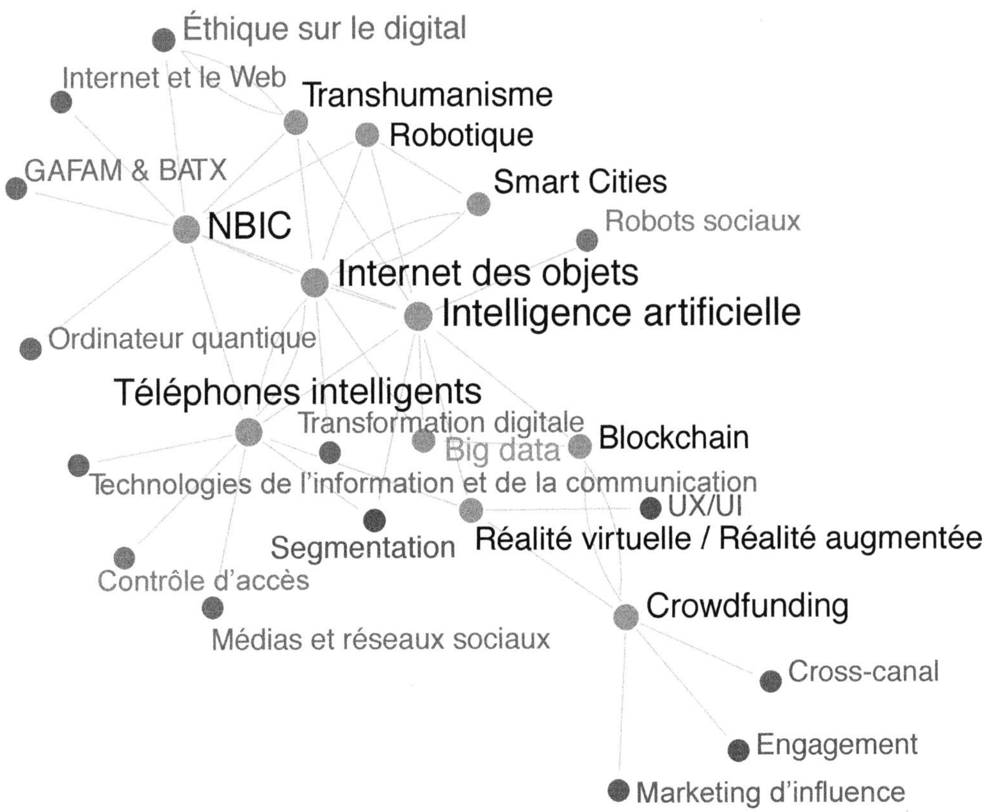

91 Intelligence artificielle

L'intelligence artificielle (IA) confère aux machines une forme nouvelle d'intelligence nécessitant jusqu'alors une intelligence de type humaine. Celle-ci ouvre de nouvelles perspectives dans des domaines aussi variés que la santé, le transport, la finance, les télécommunications, le marketing, la robotique, l'écologie, etc. Les approches d'intelligence artificielle ont recouvré leur superbe grâce aux grands volumes de données qui peuvent aujourd'hui les alimenter ainsi qu'à la puissance des nouveaux processeurs graphiques. En 2016, le montant investi par les entreprises dans l'intelligence artificielle s'élève à plus de 40 milliards d'euros. L'IA est de plus en plus considérée comme source d'une possible révolution, au même titre que la révolution industrielle, et qui aura un impact profond sur nos vies, nos métiers et nos entreprises.

1) Principe de l'intelligence artificielle

A. Définition

L'**intelligence artificielle** englobe l'ensemble des technologies informatiques capables de sonder leur environnement, mais aussi de le mémoriser, de l'analyser, voire d'apprendre, de « penser » et de prendre des décisions adéquates en fonction de situations qu'elles rencontrent. L'automatisation de l'ensemble de cette procédure est à la source de la rupture attendue et de son impact sur les métiers. Selon une étude menée par Dell et le think tank l'Institut du futur, 85 % des emplois de 2030 n'existent pas encore aujourd'hui.

Le duel aux échecs entre IBM Deepblue et le grand maître Gary Kasparov est resté dans la mémoire collective. Pour autant, l'algorithme utilisé par Deepblue à l'époque n'était pas réellement doué d'une intelligence artificielle. Celui-ci s'appuyait sur un supercalculateur pour analyser l'ensemble des possibilités de jeu et identifier le meilleur coup. Il était ainsi capable de tester des millions de combinaisons à la seconde, là ou un humain ne peut en traiter que quelques-unes. Plus récemment, Google AlphaGo, en 2016, a été confronté au champion du monde du jeu de Go. Ce jeu est d'une complexité forte, car il laisse beaucoup de place à la stratégie de jeu. L'intelligence artificielle AlphaGo Zero a ceci d'intéressant qu'elle ne disposait au départ que de notions relatives aux règles du jeu sans aucun historique de parties. C'est en jouant contre elle-même que l'intelligence artificielle a pu apprendre à jouer et finalement vaincre les meilleurs joueurs de la discipline. Cette intelligence s'appuie sur l'approche par réseau de neurones et a permis d'élaborer de nouvelles stratégies qui n'avaient jamais été utilisées par les joueurs humains auparavant.

Un exemple illustratif des enjeux d'éthique est la voiture autonome où l'IA pilotant le véhicule est capable d'analyser en temps réel les données provenant de l'ensemble des capteurs environnementaux pour ajuster sa conduite. L'IA pose nombre de questions d'éthique car, par exemple, quel comportement doit adopter le véhicule si un accident est inévitable et des vies en danger ? Faut-il protéger un passager du véhicule ou dévier la trajectoire pour sauver un passant? Qui pourra être tenu responsable de l'accident? À ce jour, jamais une machine n'a été en mesure de décider qui devait vivre ou bien mourir. Une étude récente publiée dans la célèbre revue *Nature* tend à vouloir dépasser ce cap en s'appuyant sur les résultats d'une enquête qui identifie les choix moraux des différentes cultures sur cette question bien précise.

B. *Machine learning*

Le ***machine learning*** ou apprentissage automatique est une famille d'approches qui vise à faire « apprendre » une machine. Le *machine learning* s'appuie sur de grands amas de données pour permettre à la machine d'identifier des règles afin de répondre à un problème. Il existe deux types d'approches : les approches supervisées et les approches non supervisées.

Les **approches supervisées** ont un objectif précis : expliquer et prédire une variable d'intérêt, par exemple pour diagnostiquer une maladie chez un patient. Pour accomplir cette tâche, la machine doit disposer d'une base de données annotée de cas réels renseignés et connus comme étant sains ou malades. Si chaque cas est caractérisé par des variables morphologiques, mais aussi des résultats d'analyses et autres paramètres biologiques, la machine va pouvoir caractériser les valeurs permettant de décrire un risque de maladie. Ainsi, elle sera capable d'émettre un diagnostic sur l'état de santé de la personne. La connaissance de nombreux exemples de la variable à prédire (malade ou saine) est essentielle pour l'apprentissage supervisé. L'échantillon de données doit donc être de bonne qualité et les cas correctement renseignés.

Les approches d'**apprentissage non supervisées** ne disposent pas de connaissances *a priori* sur des catégories ou variables d'intérêt. Elles s'appuient sur l'ensemble des données dans l'objectif d'en dégager des tendances générales. Les approches de groupements de données ou segmentation appartiennent à ce type d'apprentissage. Celles-ci sont par exemple capables, à partir d'une base de données décrivant les différentes caractéristiques de fleurs et tiges de plantes, de dessiner des familles et de les regrouper en fonction de leurs similarités. Elles sont aussi capables d'identifier des sous-groupes de plantes d'une certaine espèce sur la base de données récoltées. Aucune connaissance sur les variétés et les espèces n'est connue de l'algorithme.

C. *Deep learning*

L'approche dite des **réseaux de neurones artificiels** est certainement l'une des approches informatiques illustrant le mieux le concept d'intelligence artificielle. Cette approche par apprentissage profond (*deep learning*) est aujourd'hui utilisée pour des tâches complexes telles que la reconnaissance d'objets sur une image ou la reconnaissance vocale. Un exemple d'application concerne la voiture autonome avec la possibilité d'identifier en temps réel des obstacles sur la route et de piloter la réaction optimale du véhicule. Comme son nom l'indique, cette approche s'inspire du mode de fonctionnement de notre cerveau.

Le cerveau humain est composé de près de 100 milliards de neurones interconnectés au travers d'un quadrillion de synapses. Le réseau de neurones artificiel imite le mode de fonctionnement des neurones. Sur le cerveau humain, le mécanisme d'apprentissage peut se traduire par une évolution de l'efficacité des synapses à transmettre l'influx nerveux entre les neurones. Dans le cadre de l'intelligence artificielle, ces neurones artificiels sont représentés par des fonctions mathématiques. Précisons que ceux-ci ont un mode de fonctionnement bien plus simple qu'un neurone non artificiel et sont exploités en nombre bien inférieur à ceux d'un cerveau humain. Un neurone artificiel reçoit un signal provenant des autres neurones. À partir de ces signaux, la fonction mathématique représentant le neurone va décider de transmettre ou non un signal de sortie.

L'objectif du réseau de neurones artificiels est de simuler l'apprentissage en exploitant des données pour tracer, organiser et pondérer le réseau de manière optimale afin de répondre à une tâche telle que la reconnaissance d'objet sur une image. Sur la base des données en grand nombre (*big data*), la phase d'apprentissage va s'appuyer sur ces données pour définir la meilleure combinaison de signaux pour prendre la décision. Suivant cette métaphore de l'apprentissage humain, le modèle de réseau artificiel va pondérer les fonctions mathématiques reliant les neurones artificiels de sorte à optimiser sa capacité de prédiction.

En pratique, les neurones sont organisés en couches (quelquefois plus d'une centaine). On parle de *deep learning* pour illustrer ce nombre de connexions et la complexité du modèle généré. L'intérêt de tels algorithmes est la capacité pour la machine d'identifier elle-même les caractéristiques permettant de prendre la décision.

Notons que des algorithmes de *deep learning* sont capables de générer des photos de célébrités complètement artificielles. Cela peut poser un certain nombre de problèmes, surtout dans le cadre de la circulation de fausses informations (robots sociaux, désinformation).

On parle de **singularité technologique** pour mentionner le momentum où les avancées technologiques permettraient à une intelligence artificielle de dépasser les capacités du cerveau humain. Ce concept au caractère transhumaniste prédit une brutale accélération de la connaissance et de la trame de l'histoire de l'humanité. Ce phénomène et ses implications sont toujours sujets à controverse.

2) Exemple d'applications de l'IA

A. La santé

L'intelligence artificielle a démontré toute son efficacité dans certaines disciplines telles que la santé. Ainsi, aux États-Unis, l'IA développée par IDx-DR est la première habilitée à établir un diagnostic à la place d'un médecin. Celle-ci concerne le dépistage de routine de la rétinopathie diabétique, une complication grave qui atteint les diabétiques de type 2. Suite à la photographie de la rétine, le fichier est transmis au logiciel qui établit le diagnostic en moins d'une minute. L'intelligence artificielle apparaît ainsi comme un outil permettant au médecin de s'acquitter de certaines tâches redondantes et à faible valeur ajoutée. Il s'agit de pouvoir proposer une médecine plus humaine qui permettra au médecin de consacrer plus de temps au patient. Il est d'usage de considérer l'IA comme un outil au service d'une médecine aux 4 P : plus précise, plus personnalisée, plus prédictive et plus préventive.

B. Le commerce

Dans le secteur du commerce, l'IA va apporter nombre de bouleversements qu'il est déjà possible de percevoir aujourd'hui. Il existe par exemple des magasins entièrement autonomes où il n'y a pas besoin de scanner les produits ni d'effectuer d'actes de paiement pour procéder aux achats. L'analyse vidéo associée à de nombreux capteurs permet, avec l'appui d'IA, de rendre cette utopie possible. Amazon a ainsi déjà lancé deux magasins Amazon Go autonomes sans aucun personnel dans la ville de Seattle. Celui-ci permet d'effectuer ses achats sans sortir de moyen de paiement et sans aucun délai d'attente aux caisses. Il suffit de scanner son téléphone à l'entrée du magasin. La livraison à domicile par des drones et la personnalisation des offres sont d'autres exemples qui illustrent l'usage possible de l'IA dans le secteur du commerce.

L'intelligence artificielle, qui a au départ fait ses preuves sur des jeux de logique, a peu à peu trouvé son chemin avec des applications concrètes et facilement déployables. L'émergence des technologies du *big data* permet aujourd'hui à nombre d'algorithmes d'apprendre à accomplir des tâches complexes qui nécessitaient autrefois une intelligence humaine. Face à la probable émergence d'une nouvelle révolution de nos sociétés, l'humain devra apprendre à évoluer et à progresser conjointement avec le soutien de l'IA.

92 Réalité augmentée et virtuelle

La réalité augmentée (RA) et la réalité virtuelle (RV) sont deux technologies cousines qui ont fait leurs preuves dans de nombreux domaines. Elles visent respectivement à enrichir une capture vidéo en temps réel grâce à des incrustations numériques et à immerger totalement un individu dans un environnement virtuel. Les smartphones et les casques de réalité virtuelle sont deux moyens de profiter de telles technologies désormais accessibles au tout public. Ce marché devrait dépasser une valeur de 140 milliards de dollars d'ici 2020.

1) La réalité augmentée

La réalité augmentée est une technologie qui permet d'incruster en temps réel sur une vidéo des éléments visuels digitaux. En ce sens, la **réalité augmentée** est une version enrichie de la réalité proposée grâce à la superposition d'images générées par ordinateur. Les lunettes de réalité augmentée telles que les HoloLens 2 de Microsoft ou les Google Glass 2 sont des technologies de ce type. Les versions de lunettes intelligentes dédiées aux professionnels permettent par exemple à un agent de la chaîne de production de bénéficier d'instructions en temps réel sur les objets à manipuler. Cette solution permet d'augmenter la productivité en visualisant directement les instructions concernant les actions à effectuer et la localisation des objets.

La célèbre application mobile Pokemon Go développée par Niantik a permis de démocratiser à très grande échelle l'usage ludique de cette technologie. Les joueurs de Pokémon Go partaient à la recherche de petits êtres virtuels, les « pokémons », cachés dans le monde réel et que l'on pouvait retrouver en suivant les images filmées par la caméra de l'écran du téléphone intelligent. L'entreprise spécialisée dans la réalisation de jeux en réalité augmentée a en 2019 une valeur de plus de 4 milliards d'euros.

Suivant la mouvance de Pokemon Go, et afin de réinventer l'expérience client, l'entreprise Nike a proposé une solution basée sur la réalité augmentée. Sur la base d'une application mobile, les fans de la marque peuvent retrouver des modèles rares de chaussures cachés en réalité augmentés dans certains lieux. Les utilisateurs qui arrivent à retrouver ces modèles peuvent alors prendre une capture d'écran pour débloquer l'achat de ces modèles en série limitée. En plus de rendre l'expérience utilisateur ludique, le processus permet de lutter contre l'achat en masse de ce type de chaussures par des robots, cette démarche frauduleuse visant à les revendre sur un marché secondaire à un prix beaucoup plus élevé.

La réalité augmentée peut bénéficier aujourd'hui d'avancées technologiques issues de l'intelligence artificielle concernant les reconnaissances de forme. Celle-ci permet par exemple de détecter un lieu, un individu, un magasin, depuis un flux vidéo et d'y apposer en temps réel des informations complémentaires. Il devient possible de retrouver son chemin grâce au GPS et à l'incrustation de flèches directionnelles sur les routes à suivre. Des constructeurs travaillent actuellement sur l'intégration de la réalité augmentée directement dans le pare-brise des véhicules autonomes. Celle-ci permettrait un système de guidage intégré dans le pare-brise, mais aussi l'identification de lieux d'intérêt et le lancement d'alertes en cas de danger. De nombreux acteurs tels qu'Apple ou Nvidia travaillent sur ce type de solution. La réalité augmentée est une technologie prometteuse, car elle peut permettre une amélioration de l'expérience utilisateur dans de nombreux secteurs.

2) La réalité virtuelle

La **réalité virtuelle** est une technologie qui repose sur l'usage d'un casque immersif qui nous déconnecte de la réalité pour nous projeter dans un univers totalement virtuel. Grâce à des images de synthèse, cette technologie permet d'évoluer dans cet univers grâce à des gestes effectués dans le monde réel. Des caméras identifient les mouvements et déplacements dans le réel pour les retranscrire dans le digital. Cette technologie immerge un individu dans un environnement digital représentant le réel ou l'imaginaire. Il devient possible de se projeter dans des endroits inaccessibles, de rencontrer des individus virtuels, de visiter des sites disparus, etc. Des contrées imaginaires peuvent se transformer en une réalité virtuelle. Ces environnements simulés par ordinateurs offrent de nombreux cas d'usages et possèdent des avantages extrêmement prometteurs pour l'industrie. Il est possible de visualiser un prototype de produit fini sans avoir à assumer son coût de production. Il est aussi possible d'identifier des dysfonctionnements ou problèmes d'ergonomie par l'interaction et la projection virtuelle d'objets.

Dans le cadre éducatif, la réalité virtuelle peut faciliter l'apprentissage par la mise en situation : prise de parole en public, apprentissage de la conduite, entraînement de certains gestes, projection en situation de négociation, etc. Pour l'entraînement au vol et la mise en situation réelle, les pilotes de ligne bénéficient des environnements créés par la RV. Les coûts des heures d'entraînement en environnement virtuel sont bien moindres par rapport aux coûts de réelles heures de vol.

Dans le cadre de la santé, la réalité virtuelle permet aux professionnels d'acquérir des compétences par la pratique sur des sujets virtuels. Des solutions telles que celles proposées par la startup américaine Osso VR contribuent à la formation en chirurgie. Leur offre permet des opérations chirurgicales virtuelles dans un environnement immersif contenant des procédures et des dispositifs de pointe.

> La réalité virtuelle et la réalité augmentée sont des technologies à la jointure du digital et du réel. L'enrichissement du réel par l'incrustation d'éléments virtuels permet d'accompagner l'humain dans ses activités afin de lui apporter sans aucun effort des informations lui permettant d'optimiser ses actions. En complément, la création d'environnements totalement virtuels au pouvoir immersif et réaliste s'ajoute à la croisée des deux mondes.

93 *Crowdfunding*

Le *crowdfunding* ou financement participatif signifie littéralement financement par la foule. Ce concept fait référence à une nouvelle forme de levée de fonds en faveur d'un projet soutenu par un grand nombre d'investisseurs ou de donateurs issus du grand public et qui apportent chacun une contribution modeste. Le financement participatif est une alternative au financement traditionnel qui prend de plus en plus d'ampleur. En 2017, 5,5 milliards de dollars américains ont été générés par des campagnes de financement participatif.

1) Le *crowdfunding*

A. Définition

Le ***crowdfunding*** s'appuie sur le pouvoir que la foule peut exercer lorsqu'elle mobilise des ressources financières pour soutenir des projets. Sur des plateformes dédiées telles que Kickstarter, Indiegogo, Kisskissbankbank ou Ulule, les porteurs de projet peuvent présenter leur ambition afin de récolter des fonds. Le *crowdfunding* a connu un essor considérable en Europe et en Amérique du Nord, les investissements y ont atteint plusieurs millions de dollars sur certaines plateformes. Dans un contexte où les banques sont de plus en plus vigilantes avant d'accorder des prêts, le financement participatif offre un nouveau levier de mobilisation des épargnants. La popularité du financement participatif peut s'expliquer non seulement par les difficultés d'accès aux fonds des entrepreneurs, en particulier dans leurs phases de lancement, mais également par la facilité et la rapidité de collecte de fonds offertes par ce mécanisme. Enfin, les investisseurs deviennent souvent porte-parole des projets et contribuent ainsi à leur visibilité.

B. Les différentes formes de *crowdfunding*

Le *crowdfunding* est réparti en quatre catégories qui se distinguent par le type de retour sur investissement (ROI) proposé aux investisseurs : le don, la récompense, le prêt et l'investissement.

Le **prêt par la foule**, aussi connu sous le nom de *crowdlending*, permet à un porteur de projet d'emprunter de l'argent prêté par ces financeurs. Certains de ces prêts seront rémunérés et d'autres non. Ce format est innovant puisqu'il n'est autorisé en France que depuis fin 2014. Le crédit n'est donc plus aujourd'hui uniquement un monopole bancaire et le recours à la foule est devenu possible.

Le modèle par **investissement ou équité** permet à une startup ou une entreprise de lever des fonds en capital, souvent en échange d'actions.

Un nouveau format se rapprochant du format par investissement et s'appuyant sur l'émission de *token* ou jetons s'est grandement démocratisé avec le succès de la technologie *blockchain*. Ainsi, nombre de startups proposent désormais des levées de fonds par l'échange d'actifs numériques obtenus *via* des cryptomonnaies. Ce format dénommé ICO pour *initial coin offering* séduit, car les investissements peuvent se faire avec des montants très faibles.

Les modalités par **don et par récompense** consistent pour le donateur à engager une somme d'argent sans contrepartie ou avec une contrepartie minime telle que par exemple des *goodies* ou une précommande du produit. Pour ce type de projet, le porteur dispose de deux alternatives de financement.

Le format « tout ou rien » fait référence aux projets qui ont un objectif d'investissement explicite. Dans ce cadre, le montant des fonds nécessaires à la réussite du projet et la date à laquelle ils sont dus sont indiqués dès la création du projet. Le propriétaire du projet ne reçoit l'investissement total que si le projet atteint l'objectif d'investissement avant la date limite. Dans le cas contraire, les fonds sont reversés aux investisseurs.

La seconde catégorie de projet ne mentionne pas d'objectif financier spécifique. Le bénéficiaire du projet recevra tous les fonds après un délai prédéfini. Cette approche est considérée comme plus efficace pour des projets modestes et serait moins risquée pour l'entrepreneur. En revanche, les projets plus ambitieux reçoivent plus facilement les fonds nécessaires *via* un format tout ou rien.

Les investisseurs dans le financement participatif fondé sur les avantages, tels que Kickstarter, MyMajorCompany, Ulule ou KissKissBankBank, peuvent obtenir une contrepartie de leurs investissements sous forme de cadeau symbolique ou de produit ou service liés au projet. Les participants peuvent choisir le montant qu'ils souhaitent investir dans la liste prédéfinie et obtenir ensuite la récompense correspondant à l'investissement qu'ils ont réalisé. La précommande est légalement distinguée du financement participatif basé sur la récompense, puisqu'un investisseur paie le produit souhaité à l'avance. Le *crowdfunding* basé sur des dons, tel que Leetchi, Tilt, Colleo, n'assume aucun retour sur investissement. Habituellement, le donateur est libre de choisir le montant qu'il souhaite donner, mais certaines plateformes suggèrent un montant.

2) Succès des projets

A. Les bonnes pratiques

Le choix de la plateforme est un premier élément à déterminer en fonction de l'audience et du type de projet de *crowdfunding*. De nombreuses études ont analysé les facteurs influençant le succès d'une campagne. Les premiers types d'indicateurs sont issus de la manière dont le projet est présenté sur la plateforme. La longueur et la qualité de la description sont des éléments essentiels au succès des projets. La présentation efficace du projet influence positivement l'empathie et la crédibilité influence positivement la volonté de faire un don. Les projets expliquant précisément l'usage prévu des fonds sont aussi plus facilement financés. Il est essentiel de bien définir l'objectif financier à atteindre.

La deuxième famille d'indicateurs concerne la communauté qui promeut le projet sur les réseaux sociaux. Ces éléments sont importants, car ils sont à la base même de la transformation d'un capital social en capital financier. Assez logiquement, les promoteurs des projets réussis ont souvent plus d'audience que les projets en situation d'échec. L'organisation d'une campagne de communication sur les réseaux sociaux est souvent recommandée. Il est aussi important d'identifier les premiers donneurs et de s'assurer de leur engagement envers le projet. L'engagement de la communauté tout au long du projet montre logiquement des corrélations avec le succès. Le fait d'instaurer une activité régulière sur les réseaux sociaux pendant les jours de collecte est un facteur de succès. On note que les projets à succès ont une grande variété de profils dans la communauté et attirent des profils matures et actifs. La présence d'influenceurs dans la communauté est aussi un élément positif. Enfin, remercier la communauté qui a contribué est une bonne pratique qui favorise la réussite.

B. Exemples de *success-stories*

Le projet de casque de réalité virtuelle Oculus Rift, conçu pour l'usage des jeux vidéo, a réussi à engager en 2012 plus de neuf mille contributeurs *via* la plateforme Kickstarter. Le montant récolté a dépassé 2 millions de dollars. La qualité de l'appareil, son champ de vision et son affichage haute résolution sont des facteurs de succès du produit. En 2014, Facebook rachète Oculus et son casque pour 2 milliards de dollars.

L'entrepreneur en série Daniel Larimer a développé un projet ambitieux de réalisation d'une *blockchain*. Le projet nommé EOS, porté par l'entreprise Block.one, permet le déploiement d'applications décentralisées intégrant les fameux contrats intelligents (en anglais *smart contracts*). Le projet détient aujourd'hui le record de levée de fonds obtenue par *crowdfunding*. L'ICO proposé par Block.one a permis une levée de 4 milliards de dollars.

Dans le registre culturel, notons que de nombreux artistes ont pu se faire connaître du grand public en obtenant les financements nécessaires au développement de leurs travaux *via* le *crowdfunding*. C'est le cas des chanteurs Grégoire, Joyce Jonathan puis Irma, qui se sont appuyés sur le soutien de fans pour financer leur projet. L'album studio *Theatre Is Evil* d'Amanda Palmer et The Grand Theft Orchestra a été produit grâce à une levée de fond de 1,2 million d'euros sur Kickstarter.

Le *crowdfunding* est un nouveau mode de financement s'appuyant sur la foule. Les porteurs de projets peuvent désormais, *via* des donations, des prêts ou des actions, requérir les fonds nécessaires à la réalisation de leur projet. Des projets phares ont pu aboutir grâce à ce mode de financement, et ce dans de nombreux domaines. L'étude des facteurs de succès nous indique que l'engagement de la communauté est essentiel et que les projets doivent être accompagnés d'une campagne de communication efficace et *cross-canal*.

Internet des objets

94

L'internet des objets (IdO) désigne un ensemble de périphériques dotés d'une connexion à l'internet. Les appareils ou objets présents dans l'IdO peuvent être de nature différente, mais possèdent systématiquement un dispositif permettant leur connectivité. Nombre d'appareils de notre vie quotidienne sont désormais connectés : cela inclut les téléphones intelligents, les tablettes, les montres, les téléviseurs, les lumières, les caméras de surveillance, mais aussi certaines cafetières, machines à laver. Il existe aujourd'hui plus de 7 milliards d'objets connectés recensés sur la Planète. Ces objets sont des vecteurs clés de la transformation digitale qui rend de plus en plus impalpable la frontière entre monde physique et monde digital. Les bâtiments et les villes intelligents, mais aussi le corps humain connecté sont des illustrations de l'impact de l'internet des objets.

1) L'internet des objets

A. Définition

L'**internet des objets** (IdO ou IoT en anglais pour internet of things) fait référence à l'ensemble des appareils possédant la capacité d'être connectés à internet. On désigne souvent ce type d'appareil sous le nom d'objet connecté ou d'objet intelligent. Afin d'être connectés, ils sont dotés de dispositifs électroniques ainsi que d'un système d'exploitation leur permettant de communiquer et de réagir à leur environnement. La capacité de ces objets à collecter, traiter, partager les données de manière autonome sans interventions humaines fait partie du succès de cette technologie. Ainsi, dans le cadre de la domotique, votre maison peut devenir intelligente et réagir face à une tentative d'intrusion grâce à des appareils situés sur la porte ou les fenêtres et à des caméras. Vous recevrez alors un SMS ou un courriel vous alertant de la situation et vous permettant de prendre la décision adéquate. Selon une étude Forbes, il existera plus de 80 milliards d'objets connectés d'ici fin 2020. Il est envisagé à long terme de pouvoir laisser communiquer les objets entre eux afin de pouvoir agir de manière coordonnée et intelligente. Pour favoriser les communications, il est possible de construire des ontologies permettant d'assurer une compatibilité sémantique entre les différents dispositifs. Avec l'ajout des algorithmes d'intelligence artificielle, les objets connectés devraient pouvoir offrir une nouvelle forme d'intelligence : on parle alors d'**IdO cognitif**.

Le domaine des objets connectés bénéficie d'investissements très importants et d'applications dans des domaines variés, avec en tête de liste : les transports, la fabrication et les services publics. Le récent rapport de l'International Data Corporation (IDC) indique une augmentation des investissements de 800 milliards de dollars en 2017 à 1,4 billion en 2021.

B. Technologies

Les appareils appartenant à l'IdO transmettent et reçoivent des données sans fil. Il existe une multitude de protocoles de communication permettant de connecter des périphériques. Le bluetooth, wifi, Zwave ou Zigbee en sont des exemples. La norme bluetooth répond aux besoins d'un réseau personnel (PAN pour *personal area network*) à faible consommation. Le wifi, ou standard IEEE 802.11 a/b/g/n, est une solution de réseau sans fil grand public. Le Zigbee est basé sur le standard IEEE 802.15.4, norme de radio sans fil polyvalente et à faible consommation d'énergie qui permet d'établir différents protocoles sur la radio standard. Le Zwave est conçu pour transférer une communication hautement fiable. La portée est d'environ 30 mètres à l'intérieur et de 100 mètres dans un espace ouvert, sans aucune interférence avec les appareils ménagers.

Avec le succès de l'internet des objets, nombre d'acteurs se sont positionnés pour proposer des solutions facilitant le déploiement de ce type d'objets. Ces plateformes assurent de multiples fonctions, dont la gestion de la communication entre les objets et des serveurs distants, la gestion des transmissions de données ainsi que la compatibilité entre les objets et les applications. Certaines de ces solutions sont hébergées dans le *cloud* et disposent donc d'une capacité de traitement important. Parmi les plateformes les plus connues, notons AWS IoT la solution d'Amazon, Oracle IoT Cloud, Microsoft Research Lab of Things et IBM IoT. Notons que IBM IoT intègre désormais dans sa plateforme sa solution d'intelligence artificielle Watson : il est ainsi désormais possible d'intégrer l'assistant dans tout objet connecté.

2) Applications

Si le concept d'internet des objets apparaît uniquement à la toute fin du XXe siècle, le premier appareil connecté à l'internet est identifié dès 1980 à la Carnegie Mellon University. Il s'agissait d'un distributeur de Coca-Cola capable de signaler son inventaire et permettant de vérifier sans se déplacer si les boissons ajoutées récemment étaient suffisamment fraîches. De nos jours, des applications dans le domaine des *smartgrids* et de la e-santé révèlent à quel point la transformation digitale de nos objets est en route.

A. Les *smartgrids*

Le terme ***smartgrid*** signifie littéralement réseau intelligent. Il s'agit d'un réseau de transport d'énergie devenu intelligent et capable d'ajuster du mieux possible la production à la demande. Tandis que les besoins en énergie sont variables à la fois dans le temps et dans l'espace, l'impossibilité de stockage de celle-ci rend la gestion du réseau complexe et peut mener à des périodes de surtension, mais aussi de sous-tension. De plus, avec l'arrivée de nouveaux usages, dont la voiture électrique, mais aussi les nouvelles sources de production d'énergie renouvelable (comme l'éolien), il est essentiel de pouvoir ajuster la consommation avec la production. Pour pallier cette situation, le réseau électrique sera désormais pilotable grâce à un réseau de capteurs issu de l'internet des objets, mais aussi à des techniques d'analyse du type *big data* et algorithmes d'intelligence artificielle. Ce réseau intelligent permet non seulement de détecter des défaillances jusque dans les différents foyers, mais aussi de prévenir les instabilités. Le **compteur intelligent** est un des vecteurs essentiels de cette technologie, car il permet la remontée de données en temps réel, l'avertissement des usagers pour ajuster leur usage ainsi que les interventions à distance. Plus de 35 millions de compteurs sont attendus en France d'ici 2020. Les villes intelligentes intègrent ce type de solution dans un objectif d'optimisation de la consommation électrique. Le marché français des *smart grids* est supposé atteindre 1,4 milliard d'euros d'ici 2022 et le marché mondial plus de 700 milliards de dollars.

B. La e-santé

Grâce à l'internet des objets, il est désormais possible de mesurer en temps réel les données physiologiques des individus.

La bague connectée proposée par l'entreprise Oura est un exemple de succès commercial du secteur de la e-santé. Celle-ci est capable de capter les données relatives à votre activité et à votre rythme cardiaque pour vous accompagner dans votre sommeil. Elle est dotée d'une application mobile qui permet de garder un œil sur la qualité et le cycle de sommeil. Elle permet d'identifier le temps passé dans chacune des différentes phases de sommeil : lent léger, lent profond ou paradoxal. Elle accompagne aussi les activités du jour et propose par exemple des recommandations visant à optimiser le bien-être.

Avec l'usage des capteurs connectés et une plateforme distante récoltant les données, il est possible de suivre le poids, la pression artérielle et le pouls des individus de manière longitudinale. Des travaux de recherche publiés dans le *Journal of Clinical Oncology* par des chercheurs de l'université du Texas ont étudié en particulier ces mesures sur les patients atteints d'un cancer de la tête et du cou et soumis à la radiothérapie, l'objectif de l'étude étant de mesurer la réaction du corps des patients aux traitements et de pouvoir ajuster les soins. Il s'agit de proposer des contre-mesures si certains signaux aggravants sont détectés par les cliniciens. Les données récoltées sont analysées sur une base quotidienne pour déceler et prévenir les complications telles que la déshydratation. Les résultats de l'étude ont montré que les complications sont réduites pour les patients suivis grâce au système de remontée de données et aux objets connectés. De même, ces patients ont indiqué avoir une meilleure qualité de vie et une atténuation des symptômes liés au traitement.

L'internet des objets est un vecteur de la grande transformation digitale. Ces technologies embarquées dans des capteurs et objets du quotidien contribuent à une meilleure connaissance de notre environnement. Mis en œuvre de manière intelligente et avec une possibilité de s'ajuster en temps réel, les réseaux intelligents sont au cœur des maisons et des villes connectés. Si les possibilités et les applications sont très prometteuses, il convient toutefois de garder une vigilance quant à la sécurité de ces appareils. En effet, le développement rapide du marché fait des objets connectés une source de vulnérabilité importante.

95 *Blockchain*

La *blockchain* est une technologie de stockage et de partage de données qui s'est fait connaître du grand public en 2008 par sa mise en œuvre dans la monnaie virtuelle Bitcoin. Cette technologie assure la sécurisation et la transparence des transactions malgré l'absence totale d'organe central de contrôle. Cette absence de tiers, tout en maintenant la confiance, en fait l'une des technologies les plus prometteuses et disruptives de ces dernières années. Les principaux secteurs concernés sont aujourd'hui la banque, l'assurance, la santé et la sécurité.

1) Le principe de fonctionnement

A. La monnaie de l'île de Yalp

Certains principes de fonctionnement de la ***blockchain*** sont très similaires à ceux mis en œuvre il y a plusieurs centaines d'années déjà par les habitants de l'île de Yalp. À l'époque, dans cet état de Micronésie situé dans l'océan Pacifique, la monnaie de pierre était utilisée. Certaines de ces pierres pouvaient atteindre plus de 4 mètres de haut et leur poids plusieurs tonnes. Elles étaient percées en leur centre et se dénommaient « Rai ». Impossibles à déplacer, ces pierres étaient toutefois utilisées comme monnaie. Pour chaque transaction financière telle que l'achat d'un bien, le vendeur et l'acheteur se réunissaient devant l'ensemble de la population locale. Des accords verbaux étaient alors passés devant l'auditoire, garant de la transaction par mémoire collective. Le changement de propriétaire de la pierre était annoncé et mémorisé par tous dans la plus grande transparence et sans autorité centrale de contrôle. L'usage de pierres lourdes et l'éloignement des autres îles garantissaient la non-falsification de la monnaie, trop complexe et lourde à acheminer. La transparence, la sécurité et l'absence de tiers de confiance sont des principes communs entre cette monnaie de pierre et la *blockchain*.

B. Principe de la *blockchain*

La ***blockchain*** tient son nom de la traduction de l'expression chaîne de blocs. Cette technologie repose sur un ensemble de blocs chaînés les uns aux autres. La *blockchain* se construit suite à une succession de phases : tout d'abord, deux entités se mettent d'accord pour engager une transaction ; ensuite, la transaction prend forme en ajoutant tous les éléments relatifs à celle-ci tels que la date, le montant, l'heure, les parties prenantes, etc. La transaction entre les deux protagonistes est alors ajoutée à un bloc qui regroupe un ensemble de transactions récentes. Ce bloc est transmis pour validation à l'ensemble des membres du réseau. Dans le cas où la validation est confirmée, le bloc est ajouté à la chaîne suite à un consensus entre les membres. Chaque bloc est horodaté et signé cryptographiquement. La chaîne est alors mise à jour dans le réseau et la transaction est effective. La chaîne ainsi créée fait office de registre qui est partagé et constamment tenu à jour entre les membres du réseau. Les transactions peuvent être retrouvées grâce à des algorithmes de recherche dans la chaîne. Techniquement parlant, la technologie *blockchain* s'appuie à la fois sur les approches de chiffrement asymétriques, les fonctions de hachage et un réseau pair-à-pair. La nouveauté apportée par la *blockchain* est la dilution de la confiance dans l'ensemble des acteurs du réseau. L'anonymat est maintenu, car les membres du réseau ne sont pas identifiés personnellement. De plus, le registre est public, ce qui assure la transparence des transactions.

2) Applications

A. Banque et assurance

Il existe de nombreuses initiatives construites autour de la *blockchain*. Bitcoin est de loin la plus connue, mais d'autres initiatives tentent d'apporter de nouvelles fonctionnalités. Ethereum est un exemple de technologie *blockchain* permettant d'ajouter la notion de **contrats intelligents**. Ces contrats sont présents dans la chaîne et peuvent s'activer automatiquement dès que les conditions d'exécution sont réunies. Ainsi, dans le monde de l'assurance, on pourrait projeter à moyen terme l'exécution automatique de remboursement des dommages liés à un accident automobile en temps réel grâce à l'usage de la *blockchain*, des *smart contracts* et de véhicules intelligents. D'autres exemples concernent la maison connectée, mais aussi les couvertures en cas de retards dans les transports.

Le consortium R3 a été lancé en septembre 2015 par une startup américaine regroupant dès sa création neuf banques (Barclays, BBVA, Commonwealth Bank of Australia, Crédit suisse, Goldman Sachs, JP Morgan, Royal Bank of Scotland, State Street et UBS) afin d'étudier la mise en pratique de la *blockchain*. Aujourd'hui, le consortium est composé de plus de 80 institutions financières, dont de nombreuses banques et assureurs.

La ville de Zoug, petit canton de Suisse, est connue sous le nom de **Crypto Valley**. Elle est surnommée ainsi à cause du nombre d'entreprises travaillant sur les technologies liées aux cryptomonnaies et à la *blockchain* qui s'y sont implantées. Elle fut la première ville à ouvrir la possibilité de paiement en Bitcoin pour ces citoyens.

B. Les ICO

L'offre initiale en pièces de monnaie (ICO pour ***initial coin offering***), également appelée « vente de jetons », est définie comme un appel ouvert, *via* internet, à la fourniture de cryptomonnaies en échange de jetons générés *via* des contrats intelligents et reposant sur la *blockchain*. C'est une forme de levée de fonds utilisée pour la phase de démarrage d'un projet. Il permet au garant de jouir d'un droit exclusif, de récompenses ou de droits financiers. Le modèle est une alternative aux intermédiaires traditionnels. Il permet d'émettre et de vendre des actifs numériques à petit prix. En ce sens, cette démarche partage des points communs avec le *crowdfunding*.

Les actifs numériques émis par une entreprise peuvent être des monnaies (cryptomonnaies) ou des jetons. On parle de monnaie pour indiquer qu'il s'agit de la monnaie d'origine de la *blockchain* correspondante. Par exemple, Bitcoin est la devise native de la *blockchain* Bitcoin. Éther est la devise native de la *blockchain* Ethereum. Aujourd'hui, la plupart des ICO sont des jetons, des actifs numériques créés sur une *blockchain* existante. Les jetons sont beaucoup plus faciles à mettre en œuvre qu'une ICO. Notons que les *tokens* sont échangeables sur des plateformes dédiées et donc sujets à fluctuation, leur valeur étant associée à celle du projet développé à terme.

En 2015, le NASDAQ (National Association of Securities Dealers Automated Quotations) a dévoilé la première plateforme d'émission d'actions privées entièrement gérée par la *blockchain*. Ce système dénommé Linq permet aux investisseurs privés de obtenir des actions de compagnies privées. Ils n'ont ainsi plus besoin d'avoir recours aux certificats d'émission d'actions ou de détention de parts des entreprises. Les transactions sont mémorisées dans la *blockchain*.

> La *blockchain* permet de créer un réseau de confiance entre acteurs en certifiant des transactions *via* un registre anonymisé, dématérialisé et décentralisé. Elle assure de plus la transparence et la traçabilité des transactions. Une source forte d'innovations de cette technologie est la dilution de la confiance parmi les acteurs du réseau et sans tiers de confiance. La *blockchain* promet aujourd'hui la possibilité de rendre l'écosystème économique plus transparent, plus facilement gérable et moins coûteux pour toutes les parties prenantes.

Smart cities

96

Les villes sont des vecteurs du développement urbain et de la croissance économique. Certaines études indiquent que, d'ici à 2050, 600 des plus grandes villes du monde devraient représenter 60 % du PIB mondial. De nombreuses villes ont connu une croissance rapide et constante de leur population, ce qui les a amenées à ajuster leurs ressources et a limité leur capacité à répondre aux besoins de leurs citoyens. Cela les a contraintes à explorer des moyens novateurs pour servir leurs communautés de manière plus efficace. Les nouvelles technologies et notamment les objets connectés sont vecteurs d'évolution des villes, les rendant idéalement intelligentes.

1) Définitions

A. La ville intelligente

La **ville intelligente** (en anglais *smart city*), ou ville numérique, exploite les technologies de l'information et de la communication pour se rendre plus efficace et répondre à nombre de services et challenges clés du monde moderne. Une ville reliant des infrastructures physiques, des infrastructures informatiques, sociales et commerciales pour tirer parti de l'intelligence collective de la ville est dite ville intelligente. Elle vise à agir sur plusieurs piliers : les services urbains intelligents, les bâtiments intelligents, la planification du développement de la ville intelligente et la santé et sécurité publique intelligente. Son ouverture aux nouvelles technologies a aussi pour objectif de lui permettre de saisir de nouvelles opportunités économiques et de rendre son territoire attractif. Le rapport sur les villes intelligentes proposé par McKinsey en 2018 nous indique que sur ces territoires intelligents et empreints de technologie, les taux de criminalité et de maladie sont en recul et des économies d'eau sont aussi réalisées. Enfin, le temps d'intervention des services d'urgence aurait aussi diminué.

B. Exemples de villes intelligentes

Singapour, New York, San Francisco, Séoul, Barcelone et Londres sont des villes qui portent des projets prometteurs s'inscrivant dans la mouvance de *smart city*. Leurs principaux atouts sont des projets pilotes d'énergie durable et de réseau intelligent associés à leur plan complet de réduction des émissions carbone. Ces villes ont commencé à déployer un éclairage LED intelligent et ont lancé un vaste réseau de détection pour surveiller les niveaux de trafic. Des villes nouvelles sont construites en intégrant les nouvelles technologies et sont aussi qualifiées de villes intelligentes. Ces dernières intègrent les algorithmes d'intelligence artificielle pour assurer leur fonctionnement. La ville de Songdo en Corée du Sud en est un des exemples phares : elle dispose de la fibre optique, de capteurs routiers, les citoyens disposent de cartes à puce, les éclairages sont intelligents grâce à des capteurs d'énergie, la gestion des déchets est automatique et sans camion poubelle. Les Émirats arabes unis ont aussi investi dans ce modèle de nouvelles villes, notamment pour la construction de Masdar. Cette dernière est entièrement autonome en énergie et fonctionne par énergie renouvelable ; par exemple, elle exploite les eaux usées pour irriguer les espaces verts.

C. La place des objets connectés

Nombre de services de la ville intelligente sont rendus possibles grâce à l'internet des objets. En effet, les *smart cities* doivent avoir la capacité de mesurer l'état des divers services par l'usage de capteurs et de réagir, mais aussi prévenir intelligemment l'évolution de ceux-ci. En ce qui concerne l'usage de capteurs, la température, la lumière, les places de parking, les capteurs d'analyse de particules de l'air, mais aussi les caméras de surveillance et les technologies mobiles peuvent être utilisés. Ces capteurs contribuent à la création de bâtiments intelligents grâce à la gestion énergétique optimisée et aux compteurs connectés.

Pour pouvoir traiter les données provenant de ces capteurs, la ville doit être pourvue d'une infrastructure urbaine évoluée et capable de stocker et de traiter les données. Cette problématique est de l'ordre du *big data*.

2) Santé du citoyen connecté

En augmentant le nombre d'habitants et en modifiant le mode de vie, il est important d'améliorer le système de santé afin de continuer à fournir aux citoyens des soins de bonne qualité. L'utilisation de la technologie dans la santé a radicalement changé, passant d'une phase traditionnelle à une phase intelligente. La gestion de la santé de manière améliorée devrait représenter près de 15 % de toutes les activités des villes intelligentes d'ici 2020. L'entreprise Smart Healthcare propose un dispositif permettant de surveiller la santé des citoyens, de fournir des solutions au bon moment et d'aider à la détection précoce de problèmes. Selon une étude de Gartner, le secteur de l'internet des objets dédié à la santé et au bien-être devrait peser près de 38 milliards de dollars en 2020.

Certains services utilisent des systèmes qui transfèrent les informations du patient aux médecins, aux professionnels de la santé ou aux chercheurs pour obtenir des conseils. Les appareils numériques sont d'excellentes solutions pour la surveillance des maladies chroniques et le transfert de données vers d'autres sites à des fins d'évaluation. Enfin, certaines autres applications peuvent être utilisées pour sensibiliser à la santé et rappeler aux citoyens les vaccins, l'hygiène ou la physiothérapie.

> Ces dernières années, de nombreuses villes du monde ont modernisé leurs infrastructures en utilisant des technologies de monitoring, de stockage et de traitement de données. Ces outils permettent de traiter l'information de la ville en temps réel, notamment par l'usage des objets connectés. La gestion de l'énergie, de la sécurité, la réduction de l'impact carbone, la gestion du trafic sont des exemples de domaines d'action prioritaires pour les villes intelligentes. Le marché des objets connectés lié à ce type de ville pourrait atteindre une valeur de plus de 400 milliards de dollars en 2020.

Robotique

97

La robotique est une branche de l'ingénierie et de la technologie qui traite de la conception et de l'exploitation des robots. Les robots sont des machines contrôlées par ordinateur et programmées pour se déplacer, manipuler des objets et accomplir des tâches tout en interagissant avec leur environnement. Ils sont utilisés dans le monde entier pour faciliter le travail des humains et accomplir des tâches pénibles, dangereuses ou répétitives. Les pays exploitant le plus de robots sont à ce jour la Corée du Sud, Singapour, le Japon et l'Allemagne.

1) Définition et terminologie

En 1979, les membres du Robot Institute of America se réunissent pour élaborer la première définition du robot. Ils caractérisent alors un **robot industriel** comme un manipulateur reprogrammable et multifonctionnel conçu pour déplacer des matériaux, des pièces, des outils ou des dispositifs spécialisés selon divers mouvements programmés afin d'effectuer diverses tâches.

Les robots sont ainsi capables d'accomplir des tâches variées et d'être reprogrammables afin de modifier leur usage. Ce dernier point les distingue des machines, qui ne peuvent accomplir que la tâche pour laquelle elles ont été développées. L'oiseau volant du célèbre philosophe grec Archytas en 428 avant J-C. ne peut pas être qualifié de robot, même s'il s'agissait d'une machine remarquable.

Si la majorité des robots n'ont pas de formes spécifiques, les **robots humanoïdes** (ou androïdes) sont une catégorie à part qui possède des ressemblances fortes avec les humains. Erica, créée par le japonais Hiroshi Ishiguro, est un robot humanoïde dont le visage est fait de silicone et qui a la possibilité d'exprimer des émotions. Erica est capable de réciter du texte, de tenir une conversation et d'imiter le comportement humain, notamment dans le cadre d'interactions sociales. C'est le premier robot humanoïde à être employé comme présentatrice pour la télévision japonaise.

Des robots ont été développés dans de nombreux domaines, dont le militaire, l'agriculture, la santé, la fabrication et l'assemblage. Ils sont capables d'explorer des mines et des lieux de naufrage, de renforcer la sécurité ou même d'accompagner dans la pédagogie. Leurs formes et tailles variées leur permettent de s'ajuster à la réalisation de tâches complexes pour les humains.

L'intelligence artificielle est une source d'avancée majeure pour la robotique. En effet, elle permet d'ajouter aux robots la possibilité d'apprendre. Sur la base de capteurs, une machine pourra interpréter son environnement et ajuster son comportement. Un atout majeur concerne la possibilité, pour le robot, d'apprendre par lui-même de nouveaux mouvements afin d'améliorer la performance de ses actions. Ainsi, et à l'image du programme AlphaGo, au lieu de respecter un schéma d'action préprogrammé, le robot est capable d'identifier de nouvelles approches et stratégies pour résoudre un problème de manière autonome et optimale.

2) Quelques exemples

A. Robots industriels, domestiques et de services

Les **robots industriels** sont utilisés dans les industries. Ils sont capables de gérer des tâches difficiles, notamment à l'aide de bras artificiels. Ces bras mécaniques peuvent effectuer des rotations à 360 degrés sur plusieurs axes, ce qui leur confère une liberté de mouvement supérieure aux bras humains. Ils sont utilisés pour des travaux tels que le soudage, la peinture, l'assemblage, l'emballage et l'étiquetage. Le marché des robots industriels pourrait dépasser 73 milliards de dollars américains d'ici 2023.

Les **robots domestiques** gèrent les tâches d'ordre domestique. Ils sont capables de faire le ménage, de tenir compagnie aux personnes âgées, de surveiller les enfants et de contrôler leurs activités. Ces robots domestiques sont de plus en plus populaires en raison de leurs services. Les ventes ont atteint près de 30 millions d'unités entre 2016 et 2019.

Les **robots de service** tels que les fauteuils roulants automatisés et robots d'aide sont utilisés à domicile.

Enfin, les robots professionnels sont généralement exploités par du personnel qualifié pour des tâches commerciales. D'autres robots sont désormais chargés du nettoyage des lieux publics, des livraisons ou même de de lutter contre les incendies.

B. Le cas des agrobots

L'agriculture s'approprie les nouvelles technologies pour former ce que l'on appelle l'**agritech** ou l'agtech. L'apport de nouvelles technologies pour l'agriculture s'appuie entre autres sur l'usage de robots et de l'internet des objets. Ainsi, les agrobots peuvent surveiller la santé des plantes, participer à la lutte contre les mauvaises herbes, procéder aux récoltes, analyser le sol et même assurer la pollinisation des cultures. À l'image des villes intelligentes, le domaine de l'agritech vise à améliorer les activités de l'agriculture dans le cadre des fermes intelligentes.

La pollinisation est un problème essentiel, car elle est assurée à plus de 70 % par des animaux, dont une partie non négligeable par les abeilles qui sont classées, depuis 2017, comme espèce en voie de disparition. Si nos abeilles et autres espèces viennent à disparaître, qu'adviendra-t-il de la pollinisation ? Sans celle-ci, les espèces ne peuvent se reproduire et l'écosystème végétal floral pourrait être dégradé. De plus, la production alimentaire est dépendante de cette pollinisation puisque plus 75 % des cultures vivrières en dépendent. Face à ce problème, les chercheurs d'Harvard travaillent depuis 2013 sur des robots de petites tailles dans le but de remplacer le travail des abeilles. Ces robots de 80 grammes aux ailes de 3 cm sont capables de battre des ailes à la fréquence de

120 battements par seconde. D'autres solutions s'appuient sur les drones associés à du crin de cheval et un gel ionique permettant de récupérer le pollen. Walmart a déposé un brevet d'abeilles robotiques autonomes avec des ambitions similaires.

Qu'il s'agisse de robots humanoïdes, de robots industriels, de services, de robots spatiaux, militaires ou intelligents, la robotique se développe dans de nombreux secteurs. Ces robots, qui ont permis l'accompagnement des humains sur certaines tâches répétitives, complexes ou dangereuses, ont des applications variées qui favorisent leur démultiplication. Les avancées en intelligence artificielle et en nanotechnologies laissent présager une augmentation de leurs possibilités et de leur nombre dans un avenir proche. Face à ces avancées en robotique, une question de taille reste à traiter : le droit des robots intelligents.

98 Téléphones intelligents

Les smartphones sont des téléphones mobiles dotés de capacités dignes de celles d'un ordinateur et qui offrent une connectivité permanente à l'internet. Si les ancêtres du smartphone ont fait leur apparition dès les années 1990, les premiers succès commerciaux ont eu lieu vers la fin des années 2007-2008, révolutionnant alors le secteur en proposant des fonctionnalités telles que les interfaces à écran tactile, la caméra haute définition et la possibilité de le personnaliser en téléchargeant des applications. Aujourd'hui, il existe près de 3 milliards d'utilisateurs de smartphones sur la Planète. En 2019, le temps moyen d'usage du smartphone chez les millenials est de plus de 2 heures quotidiennes.

1) Définition

Les smartphones sont des **téléphones intelligents** dotés d'un système d'exploitation dont les fonctions se rapprochent de celles des ordinateurs traditionnels. Ils assurent un ensemble de fonctionnalités dont, a minima : la téléphonie, la photographie, la gestion de contacts, la bureautique et la messagerie. Selon le rapport de l'International Data Corporation (ICD), les livraisons mondiales de smartphones s'élèvent à 1,462 milliard d'unités en 2018. Ceux-ci sont dotés de seize capteurs intelligents en moyenne qui leur permettent de sonder et de réagir par rapport à leur environnement. Ils sont en général dotés d'un microphone, d'un accéléromètre, d'un gyroscope, d'un magnétomètre, d'un GPS, d'un capteur de proximité, d'un capteur à écran tactile, d'une ou plusieurs caméras, d'un capteur d'empreintes digitales. Les capteurs peuvent être utilisés par les applications et logiciels à des fins spécifiques. Par exemple, le capteur d'empreintes digitales mais aussi la caméra frontale peuvent participer au contrôle d'accès. Ils permettent d'accéder au téléphone et de vous authentifier lors des paiements en ligne. Certaines applications d'analyse comportementale utilisent les capteurs de l'iPhone pour détecter automatiquement votre type d'activité en cours : en réunion, en train de manger, dans les transports, au bureau, en train de faire du sport. Ce type d'application s'appuie sur les algorithmes d'intelligence artificielle et sur les approches de segmentation.

Les principaux constructeurs de téléphones intelligents sont Samsung, Huawei, Apple, Xiaomi et OPPO. Samsung est en tête de liste grâce à ses produits phares tels que les Samsung S10/S9 et Galaxy J. Huawei est en deuxième position sur le marché mondial et continue de dominer le marché des smartphones en Chine. Apple a été l'un des précurseurs des téléphones à écran tactile avec le premier iPhone lancé en 2007. Depuis, une succession de générations de téléphones et tablettes intelligents ont été proposées au public. Apple développe un système d'exploitation dénommé iOS uniquement accessible sur les appareils à la pomme. C'est aujourd'hui l'entreprise la plus rentable au monde.

En 2017, elle affichait plus de 45 milliards de dollars de bénéfices. Xiaomi est le leader du marché en Inde et l'entreprise se développe sur le marché étranger par le biais de partenariats. OPPO, détenu par la firme multinationale BBK Electronics, est une entreprise chinoise développée sur les marchés indien, japonais et australien. Depuis peu, ils sont positionnés sur le marché européen et français.

2) L'évolution

Le premier mobile a été introduit par John Mitchell et Martin Cooper de Motorola en 1973. Au milieu des années 1980, la plupart des pays développés ont un réseau de téléphonie mobile. Il s'agissait d'un réseau analogique n'ayant que des capacités d'appel vocal dénommé 1G pour première génération.

Au début des années 1990, la seconde génération 2G est introduite sur le marché avec des technologies comme le GSM (système mondial de communication mobile), qui permet un transfert de données à une vitesse de 30 à 35 kilo-octets par seconde. Peu après, le GPRS fait son apparition (système de transmission de paquets à une vitesse de 110 kilo-octets par seconde) suivi de EDGE (débits de données améliorés pour l'évolution GSM) avec une vitesse de 135 kilo-octets par seconde. Cette génération devenue numérique a permis d'échanger de l'information par le biais des SMS (messages textuels) et des MMS (images, vidéos, sons). Au début des années 2000 apparaît la 3G, une technologie avec des taux de transfert de données pouvant atteindre 2 mégabits par seconde, une communication rapide permettant l'envoi et la réception de courriels volumineux, une navigation plus rapide sur le web et le streaming vidéo. La troisième génération de mobiles a permis l'augmentation significative des débits et le transfert de la voix et des données numériques en simultané. Cette évolution technologique a par exemple rendu possible l'intégration de la gestion des courriels et des réseaux sociaux numériques, qui ont permis d'élargir les moyens de communication à disposition d'un utilisateur nomade. À la fin de l'année 2009 a eu lieu le lancement commercial de la 4G, offrant une vitesse de transmission des données pouvant atteindre 100 mégabits par seconde, puis peu après celui de la 4G LTE (*long term evolution*), une architecture de réseau redéfinie et simplifiée pour réduire le temps de latence et augmenter l'efficacité.

La 5G en est aujourd'hui à ses débuts et devrait être lancée courant 2020. L'objectif du réseau 5G est d'augmenter la vitesse de transfert des données de 1 gigabit par seconde à 10 gigabits par seconde. Elle a l'ambition de pouvoir prendre en charge un grand nombre de dispositifs et objets connectés.

3) Applications

Depuis quelques années, grâce à la réussite d'Apple avec l'App Store (mais historiquement proposé par Nokia avec l'Ovi Store), le principe des **magasins d'applications mobiles** semble avoir fait l'unanimité. Ce principe de mise à disposition d'un lieu de partage pour la création et le téléchargement d'applications a été repris par Google avec Google Play,

BlackBerry avec le BlackBerry App World. Cette évolution permet désormais à chacun de personnaliser son smartphone et de profiter de services adaptés aux usages. Les applications mobiles sont des logiciels fonctionnant sur un smartphone ; elles permettent de personnaliser le téléphone en téléchargeant de nouveaux services.

Les différentes catégories d'applications sont : « Outils », « Communications », « Voyage et local », « Social », « Livres et références », « Jeux », « Lecteurs vidéo », « Divertissement », « Musique et audio », « Éducation », « Productivité », « Finance », « Mode de vie », « Fitness », « Photographie », « Nourriture et boissons », « Rencontres », « Médical », « Nouvelles et magazines », « Shopping ». Les applications les plus téléchargées à ce jour sont Facebook, Facebook Messenger, WhatsApp, Instagram, Skype, Subway Surfers et Twitter.

Il existe aujourd'hui 2,1 millions d'applications disponibles sur le marché Android et 2 millions d'applications disponibles sur l'App Store. Les utilisateurs ont en moyenne plus de 35 applications sur leur smartphone. Ces dernières années, le mobile est devenu le moyen d'accès principal à l'internet, devant les ordinateurs et les tablettes.

> Les nouvelles technologies de l'information et de la communication, en particulier les smartphones et réseaux sociaux numériques, ont permis le développement d'une grande variété de canaux de communication (appels, SMS, MMS, chat, blog, wiki). L'utilisateur évolue désormais dans un espace numérique relativement libre où il est possible de communiquer avec n'importe quel autre individu de la Planète quel que soit son emplacement géographique et quelle que soit sa nature. Les téléphones intelligents sont maintenant le dispositif d'accès et de communication le plus utilisé au monde.

NBIC 99

Le sigle NBIC fait référence à quatre disciplines qui sont souvent considérées comme des vecteurs d'innovation : la nanotechnologie, la biotechnologie, les technologies de l'information et les sciences cognitives. Les promesses apportées par les récentes avancées dans ces quatre domaines ont su séduire les investisseurs du monde entier. Des montants sans précédent ont été investis par des acteurs privés, mais aussi publics sur des projets de type NBIC. Les ambitions les plus remarquables de ces domaines concernent entre autres la quête d'une meilleure compréhension du cerveau humain et la lutte contre le vieillissement.

1) Les quatre piliers des NBIC

A. Nanotechnologies

Le domaine des **nanotechnologies** est relatif aux technologies qui permettent d'observer, d'analyser et de manipuler des matériaux à l'échelle du nanomètre. Le nanomètre fait référence à ce qui est un milliard de fois plus petit qu'un mètre. À titre de comparaison, un cheveu mesure 100 000 nanomètres tandis que la taille d'un atome est de l'ordre de 0,1 nanomètre. Il est désormais possible d'observer des structures naturelles de l'ordre du nanomètre et on a ainsi découvert des agencements d'une complexité exceptionnelle. Le microscope à force atomique est l'outil qui permet d'observer la matière à l'échelle des atomes.

Un axe important des nanotechnologies est la création de nouveaux matériaux aux propriétés nanométriques. En étant à l'origine de la structure du matériau, il devient envisageable de concevoir ou de modifier des structures pour leur permettre de bénéficier de nouvelles propriétés. La matière à l'échelle du nanomètre est complexe à manipuler car il faudrait théoriquement pouvoir organiser une à une chaque particule, ce qui est une tâche impossible à réaliser à large échelle. Pour accomplir cette mission, l'usage de la chimie est l'une des pistes exploitées.

Pour illustrer ces propos, aujourd'hui, nous sommes capables de synthétiser des nanotubes de carbone. Ces structures observées dans la nature possèdent des propriétés de conductivité électrique et thermique exceptionnelles.

Certains projets en nanotechnologie étudient les formes et structures de la nature pour identifier des pistes pour un meilleur stockage de l'énergie : c'est notamment le cas du prometteur graphène. D'autres travaux étudient la synthèse de matériaux capables de capturer la lumière du soleil et de la convertir en électricité de manière beaucoup plus optimale que les solutions actuelles. Le borophène, dont l'épaisseur est d'un seul atome, a suscité l'intérêt des scientifiques. En effet, celui-ci fait preuve d'une flexibilité et d'une solidité exceptionnelles. Il possède des propriétés électroniques remarquables qui pourraient permettre des innovations dans le domaine des capteurs et de l'énergie.

B. Biotechnologies

Le domaine des **biotechnologies** est le résultat de la convergence de la science des êtres et matières vivantes (la biologie) avec les nouvelles technologies. Ce domaine nourrit des ambitions variées qui touchent à la santé, l'agriculture, l'environnement et l'énergie. La possibilité de concevoir des organismes génétiquement modifiés s'intègre dans le domaine des biotechnologies. Les organismes de type transgénique ont subi des ajouts de gènes afin de leur permettre d'acquérir de nouvelles propriétés. Leur génome modifié permet par exemple de les rendre plus nutritifs et plus résistants aux maladies. Le maïs, le soja et le riz doré sont trois exemples d'organismes modifiés. En particulier, le riz doré est une espèce transgénique dont l'objectif est de réduire le déficit en vitamines A du riz, augmentant ainsi son pouvoir nutritionnel.

Certains projets de biotechnologies permettent de capter de l'énergie à partir des plantes. En effet, lors de la photosynthèse, une plante produit une matière organique. Tandis que celle-ci est en partie exploitée par la plante pour sa propre croissance, une partie est rejetée dans le sol. Au niveau des racines, des bactéries se chargent de la décomposition de cette matière. Durant la phase de décomposition, des électrons sont libérés. Certaines technologies telles que les piles combustibles microbiennes permettent d'utiliser ces électrons comme sources d'électricité. Cette démarche de chimie verte peut permettre de produire de l'énergie à partir de déchets organiques.

C. Technologies de l'information

Les **technologies de l'information** font référence à l'ensemble des ressources matérielles et technologiques qui sont développées et agencées dans le but de traiter, mémoriser, organiser, distribuer les données et de contribuer ainsi au partage et à la diffusion de l'information. Des technologies phares telles que l'internet, mais aussi le web, permettent une propagation et une communication entre tous les individus connectés de la Planète. Autre symbole de ces technologies, le téléphone intelligent, qui apporte un point d'accès mobile à l'information *via* une connexion à l'internet à tout instant et depuis tout emplacement. En complément, les capacités de calculs des ordinateurs et la mise en commun de leurs ressources (*cloud*) pour traiter des problèmes complexes offrent de nouvelles possibilités. L'émergence de l'internet des objets contribue à la forte digitalisation de notre Planète, toujours mieux sondée et disposant désormais d'objets capables de communiquer ensemble. Des supercalculateurs permettent de modéliser *via* l'informatique des problèmes de complexité sans précédent. Il n'en demeure pas moins que ceux-ci ne sont toujours pas assez puissants pour résoudre certains types de problèmes particulièrement complexes ; l'ordinateur quantique pourrait alors être une alternative.

D. Sciences cognitives

Les **sciences cognitives** sont un regroupement de sciences qui visent à comprendre et expliquer comment la pensée et le cerveau fonctionnent. En particulier, elles visent à comprendre la manière dont les cerveaux humain et animal traitent l'information et la mémorisent. Une telle ambition requiert une approche interdisciplinaire regroupant des sciences telles que la philosophie, mais aussi la biologie, les neurosciences ou l'intelligence artificielle. S'il reste énormément de chemin à parcourir pour obtenir les réponses à l'ensemble des questions liées aux sciences cognitives, nous savons désormais que le cerveau humain est composé d'environ 100 milliards de neurones, chacun ayant plus de 15 000 connexions. Les axones (composés de synapses) sont les connexions dans le réseau de neurones et sont donc à l'intersection de ceux-ci. Ils s'activent par procédé chimique et peuvent mettre en relation des neurones par le biais de signaux bioélectriques. L'activation régulière de certaines mêmes successions de neurones dans le réseau a l'effet de renforcer les connexions et de créer des schémas. Ces derniers sont liés à la faculté de mémoriser les données et expliquent pourquoi nous reconnaissons si facilement des formes que nous avons l'habitude de voir régulièrement autour de nous. Si nous ne disposons pas encore d'une compréhension exhaustive du fonctionnement du cerveau, nous avons tout de même pu identifier le lien entre des fonctions cognitives et des zones spécifiques du cerveau. Par exemple, nous savons que la zone du lobe temporal situé derrière l'os temporal est responsable de fonctions telles que, par exemple, la mémoire et le langage.

L'intelligence artificielle et en particulier les réseaux de neurones artificiels sont largement inspirés de la manière dont les neurones et les axones fonctionnent. Cette métaphore mathématique et informatique du fonctionnement biologique de notre cerveau a permis aux ordinateurs d'accomplir des tâches complexes telles que la reconnaissance d'objets dans une image. Si nous sommes toujours très loin de pouvoir comparer les performances de l'un et de l'autre, cela a tout de même permis de développer un nouveau champ des possibles. En effet, sur la base de gros volumes de données alimentant les réseaux de neurones artificiels, la machine a acquis une certaine faculté d'apprendre : il s'agit pour elle d'optimiser l'organisation et la valeur des signaux pour accomplir une tâche.

2) Deux challenges majeurs

A. Étude du cerveau humain

Les quatre domaines des NBIC montrent sur de nombreux projets une convergence vers l'objectif ultime de l'amélioration de l'humain. Cet objectif au caractère transhumaniste est porté par des projets aux dimensions exceptionnelles à hauteur de leurs ambitions. Le projet **Blue Brain** a l'ambition, grâce une analyse poussée du fonctionnement du cerveau, de pouvoir synthétiser un cerveau artificiel. Ce projet de neuroscience a déjà permis, en s'appuyant sur des supercalculateurs, de simuler le fonctionnement d'une partie de cerveau de rat. C'est au total 31 000 cellules cérébrales connectées par 37 millions de synapses qui ont été virtualisées. Notons que des travaux publiés récemment par ce projet ont permis pour la première fois de catégoriser les formes de neurones. Cela permet l'élaboration d'un catalogue des différents types de cellules du cerveau. Ce premier pas pourrait permettre d'identifier le lien entre les types de cellules cérébrales et leur fonction au regard des maladies.

Le projet **Human Brain**, financé à hauteur de plus d'un milliard de dollars, fait appel à plus de 500 chercheurs internationaux avec l'ambition de produire une imagerie dans l'espace et le temps capable de montrer comment interagissent les cellules et les circuits neuronaux dans un cerveau humain. Ce projet très controversé et aux ambitions exceptionnelles a débuté en 2014 pour une durée de dix ans. Il fait partie des « Initiatives phares des technologies futures et émergentes » portées par la Commission européenne.

B. Repousser l'espérance de vie

Google X est une filiale d'Alphabet travaillant sur des projets de natures diverses liés aux NBIC. Dans le cadre de la biotechnologie, Calico vise à utiliser les nanotechnologies et la biotechnologie dans le but de pouvoir traiter les maladies plus efficacement. Beaucoup d'espoir est mis sur la guérison du cancer, mais Lary Page affiche des ambitions plus grandes, estimant que cela permettrait seulement d'augmenter l'espérance de vie moyenne de trois ans. Les avancées et ambitions liées à la génétique laissent entrevoir la possibilité de traitement et de guérison du corps humain. Jeff Bezos, fondateur d'Amazon, ainsi que Peter Thiel, cofondateur de PayPal, ont investi dans l'entreprise Unity Biotechnology, dont l'objectif est de diminuer les effets de l'âge et de la maladie. En particulier, l'entreprise travaille sur l'étude des cellules sénescentes qui sont des cellules en fin de vie. Des travaux effectués sur des souris ont notamment montré que l'élimination de cellules de ce type peut avoir un effet positif sur l'état de santé de l'animal.

Les domaines convergents des NBIC surprennent par leurs avancées scientifiques progressives et régulières. Une meilleure compréhension de la nature, avec souvent en point focal l'homme, illustre les préoccupations liées à ce type de projets. Une observation plus fine du plus petit, une plus grande puissance de calcul, une meilleure compréhension du cerveau humain et une meilleure compréhension de la nature sont au cœur de ces sciences. Nombre d'acteurs clés appartenant aux GAFAM ont investi et encouragé, avec un pouvoir financier très élevé, les initiatives de ces projets, notamment dans le domaine de la santé. En Chine, des chercheurs travaillent sur l'étude de la génomique cognitive avec l'ambition de trouver les racines génétiques du génie. Notons que nombre de pratiques et de projets liés aux NBIC soulèvent des problématiques éthiques.

Transhumanisme

100

Le transhumanisme est un mouvement culturel et intellectuel souvent représenté par les symboles H+ ou Humanity+. Le concept apparaît dès les années 1950, porté par Julian Huxley, directeur de l'UNESCO et fondateur de WWF. Le terme est alors utilisé pour faire référence à une amélioration possible de l'homme avec l'aide de la science et des technologies. Le transhumanisme est non seulement un mouvement de pensée, mais aussi une pratique visant à renforcer les capacités intellectuelles, physiques et psychologiques des humains. Très souvent évoqué dans la cinématographie de science-fiction (*Robocop, Avatar, Terminator*...), des exemples récents illustrent à quel point ce phénomène est déjà bel et bien présent dans notre quotidien.

1) Transhumanisme et *biohacking*

A. Le transhumanisme

La définition du **transhumanisme** est sujette à débat et à controverse. Anders Sandberg le définit comme la philosophie selon laquelle nous pouvons et devons nous développer à des niveaux plus élevés, à la fois physiquement, mentalement et socialement, en utilisant des méthodes rationnelles. Max More cite l'utilisation de la technologie en conjonction avec des principes et des valeurs qui favorisent la vie. Le transhumanisme fait souvent référence à l'amélioration de la condition de l'être humain avec l'aide des sciences et des technologies. Les bénéfices sont à mettre en perspective avec les risques et considérations éthiques qu'engendrent de telles pratiques. Le généticien britannique John Burdon Sanderson Haldane met en exergue ce point dès 1923, dans son essai *Daedalus, or Science and the Future*, où il met en évidence les avantages et dangers des technologies émergentes susceptibles de surmonter les limitations humaines fondamentales. L'organisation non gouvernementale internationale Humanity+, créée initialement en 1998 sous le nom de World Transhumanist Association (WTA) par Nick Bostrom et David Pearce, milite pour une exploitation éthique des nouvelles technologies dans le cadre du transhumanisme.

L'auteur britannique FM-2030 (Fereidoun M. Esfandiary) s'est rendu célèbre en publiant un ouvrage publié en 1989 intitulé *Êtes-vous un transhumain ? Surveillance et stimulation de votre rythme d'évolution personnel dans un monde en rapide changement*. Passionné par les nouvelles évolutions technologiques et par la place de l'humain dans ce cadre, il mentionna dès le début des années 1980 les perspectives offertes par la manipulation génétique et la télémédecine. Il annonçait : « Je suis un homme du XXIe siècle accidentellement lâché dans le XXe. J'ai une profonde nostalgie du futur. »

Si le transhumanisme fait référence à l'homme amélioré grâce aux technologies, nous avons aujourd'hui nombre d'exemples pratiques qui vont en ce sens : les implants, les prothèses, les stimulateurs cardiaques, les stents, les remplacements d'articulations sont des progrès de la médecine qui font déjà partie de notre société.

De nouvelles procédures et technologies émergent régulièrement des laboratoires de recherche. Les drogues qui altèrent l'humeur, des substances qui permettent de favoriser la prise de masse, l'effacement de la mémoire de manière sélective, le diagnostic prénatal (DPN) sont autant d'exemples qui illustrent à quel point les avancées technologiques sont déjà sur le point « d'améliorer » les espèces, pour soulager ou atténuer les maladies. Certains médicaments et substances de la catégorie des nootropiques sont souvent mentionnés dans le cadre du transhumanisme de par leurs effets sur les capacités cognitives de l'homme. Si ces substances sont controversées, certaines sont prescrites dans le cadre de la dyslexie chez les enfants, pour lutter contre les vertiges ou pour prévenir certains effets de la maladie d'Alzheimer.

B. Le *biohacking*

Le ***biohacking***, ou biologie participative, désigne des groupes d'individus ou citoyens qui participent à des expériences scientifiques pouvant impliquer du matériel biologique et technologique. Ces groupes se réunissent en dehors des institutions et universités traditionnelles avec l'ambition de faire émerger une science citoyenne, l'objectif étant pour les citoyens de se réapproprier l'usage et la création de projets autour des technologies et des biotechnologies. En France, le laboratoire citoyen La Paillasse est ouvert à tous et suit cette mouvance pour soutenir et mener à bien des projets à caractère scientifique, entrepreneuriaux et artistiques. Ce phénomène s'inscrit dans la mouvance du faire soi-même (en anglais DIY pour *Do it yourself*).

Le phénomène est assez développé en Suède, avec des projets pouvant associer les technologies et les organismes vivants. Hannes Sjöbald est un militant suédois du *biohacking* extrêmement progressiste et promoteur de l'usage des implants NFC (*near field communication*) sur les humains. Biohax, le leader mondial de l'installation de la technologie NFC dans le corps humain, est une entreprise qui aurait à ce jour posé à plus de 4 000 personnes un implant. Les usages sont multiples et pourraient séduire des grandes entreprises britanniques dans l'objectif du contrôle d'accès. En effet, cette puce peut jouer le rôle de badge d'authentification requis pour accéder aux locaux des entreprises. L'implant NFC pourrait aussi être utilisé pour l'accès à certaines ressources telles que les imprimantes, les salles, les entrepôts. La Confédération de l'industrie britannique et le Congrès des syndicats ont actionné le signal d'alerte concernant les risques et déviances pouvant être générés par ce type de pratique.

2) Le corps humain 2.0

A. Les nanorobots biologiques

Ray Kurzweil, employé par Google en 2012 en tant que directeur technique, décrit dans un rapport sa vision de « l'humain version 2.0 » dans lequel il expose les avancées technologiques des futures décennies qui permettront une amélioration radicale des systèmes physiques et mentaux du corps humain. Selon lui, l'utilisation des nanorobots permettrait de remplacer les organes. D'ici 2030, il estime que l'intelligence non biologique fusionnera avec nos cerveaux biologiques.

De nombreuses technologies sont en cours d'exploration et d'étude, comme les nanotechnologies qui pourraient révolutionner le domaine de la médecine. Dès demain, des nanorobots, des robots de taille comprise entre 0,1–10 micromètres, pourraient participer à l'amélioration de notre santé. Une équipe de chercheurs chinois et américains a réussi à développer des **nanorobots** autonomes à ADN programmé capables de se déplacer dans le corps humain et de trouver les tumeurs afin d'y appliquer une substance de soin. La technique de construction du robot s'appuie sur l'origami d'ADN qui permet de réaliser des formes arbitraires en deux et trois dimensions à partir de brins d'ADN. L'ouverture mécanique du nanorobot se fait par un déclencheur moléculaire au contact direct de la tumeur. Les nanorobots ainsi développés ont été testés *in vivo* sur des souris et l'expérience a montré une inhibition de la croissance tumorale.

B. Le corps humain connecté

Une nouvelle forme de réseaux de télécommunication fait son apparition, le ***wireless body area network***, pour réseau du corps humain sans fil. Celui-ci fait référence à un ensemble de dispositifs numériques interconnectés autour et dans le corps des humains. Un tel réseau basé sur une technologie de capteurs sans fil pourrait profiter aux systèmes de surveillance des patients dans les hôpitaux. Les objets connectés miniatures peuvent être intégrés au corps, mais aussi positionnés à sa surface. De tels capteurs peuvent communiquer avec des dispositifs médicaux et transmettre ainsi en temps réel des données relatives aux paramètres physiologiques du patient. Le débit sanguin, la glycémie, la fréquence respiratoire, la position du corps humain, la pression artérielle, le pH sanguin, la température corporelle sont des exemples de paramètres qui peuvent être analysés avec cette technologie.

Les avancées récentes dans des domaines aussi variés que les nanotechnologies, les biotechnologies, la robotique et l'intelligence artificielle posent des questions quant à l'avenir de l'humain et son amélioration par ces technologies. Si certaines améliorations sont acceptées par nos sociétés, de nouvelles évolutions sont à prévoir et pourraient bousculer certaines normes collectives. Le mouvement de pensée transhumaniste et les pratiques technologiques associées font aujourd'hui l'objet de nombreuses controverses. Les questions d'éthique sont essentielles et doivent rester au cœur du débat de notre société moderne.

Index des mots-clés

Les termes recensés dans cet index sont accompagnés du numéro de la fiche dans laquelle ils apparaissent.

E

F

G

H

I

J-K

L

Achevé d'imprimer en septembre 2019
sur les presses de la Nouvelle Imprimerie Laballery
58500 Clamecy
Numéro d'impression : 906314

Imprimé en France

La Nouvelle Imprimerie Laballery est titulaire de la marque Imprim'Vert®